U0819246

权威·前沿·原创

皮书系列为
“十二五”“十三五”国家重点图书出版规划项目

传媒蓝皮书
**BLUE BOOK** OF
CHINA'S MEDIA

# 中国传媒产业发展报告（2017）

REPORT ON DEVELOPMENT OF CHINA'S MEDIA INDUSTRY (2017)

主　编／崔保国

社会科学文献出版社
SOCIAL SCIENCES ACADEMIC PRESS (CHINA)

图书在版编目（CIP）数据

中国传媒产业发展报告. 2017 / 崔保国主编. --北京：社会科学文献出版社，2017. 5
（传媒蓝皮书）
ISBN 978-7-5201-0796-9

Ⅰ. ①中… Ⅱ. ①崔… Ⅲ. ①传播媒介-产业发展-研究报告-中国-2017 Ⅳ. ①G219. 2

中国版本图书馆 CIP 数据核字（2017）第 092000 号

传媒蓝皮书
中国传媒产业发展报告（2017）

主　　编 / 崔保国

出 版 人 / 谢寿光
项目统筹 / 宋月华　范　迎
责任编辑 / 范　迎

出　　版 / 社会科学文献出版社 · 人文分社（010）59367215
　　　　　地址：北京市北三环中路甲 29 号院华龙大厦　邮编：100029
　　　　　网址：www. ssap. com. cn
发　　行 / 市场营销中心（010）59367081　59367018
印　　装 / 北京季蜂印刷有限公司

规　　格 / 开 本：787mm × 1092mm　1/16
　　　　　印 张：25. 5　字 数：383 千字
版　　次 / 2017 年 5 月第 1 版　2017 年 5 月第 1 次印刷
书　　号 / ISBN 978-7-5201-0796-9
定　　价 / 98. 00 元

皮书序列号 / PSN B-2005-035-1/1

本书入选 CSSCI（中文社会科学引文索引）
2016～2017 年来源集刊

This Blue Book is authenticated as a source periodical
of CSSCI (Chinese Social Sciences Citation Index)
2016 – 2017

# 传媒蓝皮书出品方

清华大学传媒经济与管理研究中心

中国新闻史学会传媒经济与管理委员会

清华大学文化产业研究中心

清华—日经传媒研究所

艾瑞咨询集团

中国新闻出版研究院《传媒》杂志社

央视市场研究股份有限公司

中国广视索福瑞媒介研究有限公司

# 传媒蓝皮书
# 课 题 组


**课题组组长** 崔保国

**课题组副组长** 杭　敏　赵曙光　鲁传颖　何丹嵋

**课题组成员** （排名按姓氏拼音为序）

陈媛媛　崔保国　邸　一　韩　博　杭　敏
郝　强　何丹嵋　姜　姝　金文恺　李克宇
李明华　林　杨　刘金河　刘思言　鲁传颖
孟湛东　邵　鹏　孙　平　王朝阳　王竟达
徐　佳　徐　谭　张　琛　张　锐　赵曙光
周　逵　朱鸿军

# 传媒蓝皮书
# 编　委　会

石义彬　武汉大学教授、博导、新闻与传播学院院长

孙宝寅　清华大学新闻与传播学院教授

孙立军　北京电影学院副校长、教授、博导，中国动画研究院院长

孙　平　北京电影学院副研究员

唐绪军　中国社会科学院新闻与传播研究所所长、教授、博导

魏玉山　中国新闻出版研究院院长、党委副书记、研究员

吴信训　上海大学教授、博导、传媒经济研究中心主任，中国新闻史学会传媒经济与管理委员会常务副会长

熊澄宇　清华大学新闻与传播学院教授、博导、国家文化产业研究中心主任

徐　佳　复旦大学新闻与传播学院副教授

杨驰原　《传媒》杂志社主编

姚　林　央视市场研究股份有限公司（CTR）资深研究顾问

尹　鸿　清华大学新闻与传播学院教授、博导、影视研究中心主任

喻国明　北京师范大学教授、博导，新闻传播学院执行院长，中国新闻史学会传媒经济与管理学委员会会长

张惠建　南方广播影视传媒集团总裁

张　锐　北京电影学院副教授

# 主要编撰者简介

**崔保国** 清华大学教授、博导、清华大学新闻与传播学院副院长、清华大学传媒经济与管理研究中心主任，中国科技新闻学会科技传播委员会理事长，中国新闻史学会传媒经济与管理委员会副会长。主要研究方向：传播学理论、传媒经济与管理、文化传播研究。

主要著作：从2004年开始担任“传媒蓝皮书”主编，专著有《媒介变革与社会发展》、《信息社会的理论与模式》、《走进日本大报》等，发表论文100余篇。

# 摘　要

"传媒蓝皮书"（《中国传媒产业发展报告》）自2004年立项起，由清华大学新闻与传播学院传媒经济与管理研究中心牵头，联合国内外学术界众多专家学者共同编撰。报告在对当年中国传媒各领域发展状况进行分析的同时，也对未来中国传媒产业的走势进行分析与预测。《中国传媒产业发展报告》已经成为研究和分析中国传媒产业的权威工具书，并于2012年起被认证为"中文社会科学引文索引"（CSSCI）来源集刊。

《中国传媒产业发展报告（2017）》从结构上分为传媒产业总报告、传媒核心产业报告、传媒关联产业报告、国际及港澳台地区传媒产业报告、传媒产业未来展望五大板块，内容上覆盖影视、报刊、图书、广播、互联网、移动媒体、广告等近20个行业，并结合全球各地区传媒产业发展状况进行对比和趋势分析。

2016年，中国传媒产业体现出移动化、内容化、智能化、深融合的特点。产业内外部环境变化加剧了产业发展的不确定性，技术和资本对媒体的影响力日益增强，科技的迭代更新加速了传媒产业的变革，移动互联网的市场主导地位进一步凸显。市场化的传统媒体继续呈现"断崖式"下跌，转型艰难；体制内媒体仍须面对受众媒体使用习惯改变的巨大挑战，报纸停刊、电视台两极分化、传统媒体中坚力量流失，不仅造成产业的空心化，也动摇了传统新闻界的根基。而随着版权意识觉醒，内容成为传媒产业发展的追逐点，媒体开始寻求广告之外的更多元化的盈利模式。

本报告对传媒产业及关联产业的发展热点、发展趋势所做的解析，不仅对政府主管部门、传媒管理和运营机构具有重要的参考意义，也会对国家信息传播体系的顶层设计、传媒政策的制定、传媒机构的运营战略等产生重要影响。另外，本报告对于从事新闻传播特别是传媒经济与管理教学的高校教师以及研究人员来说是一本有意义的参考书。

# Abstract

*Report on Development of China's Media Industry* is an annual work edited by the Tsinghua University School of Journalism and Communication. The Center of Media Economy and Management Studies and many domestic and foreign media experts contributed articles. The contributors to the book offer extensive observations on all aspects of the development of the media industry, as well as scientific analyses of media trends. The report has now become one of the authoritative reference books on the study of China's media industry. *Report on Development of China's Media Industry* has been authenticated as a source periodical of Chinese Social Sciences Citation Index (CSSCI) since 2012.

*Report on Development of China's Media Industry 2017* is divided into five parts: Media Industry General Report, Media Main Industry Reports, Media Related Industry Reports, Media Industry Development Reports of Overseas, Hong Kong, Macao and Taiwan as well as Media Industry Outlook. The report covers nearly 20 industries, including television & film, newspapers & periodicals, books, radio, the Internet, mobile media and advertising, etc. , as well as the study on media industry in a global perspective.

In 2016, China's media industry showed features of mobile, content - driven, intellectualized, and deeply integrated. The changes of internal and external environment of China's media industry led to the uncertainty of industrial development. The impacts of technology and capital on the media are growing increasingly, the iterative update of technology is accelerating the change of media industry, and the Mobile lnternet has further underlined its market leadership. Correspondingy, the commercial traditional media continued to suffer "a bluff type" fall with difficult transformation, and the offical mealia still has to face the huge challenge of audience behavior's change. The closure of newspapers, polarization of television stations, loss of backbone of traditional media, not only caused the "hollowing out" of the media industry, also shook the foundation of News. With the awareness of the copyright, the content has came to be the target of the media industry. The media began to seek more diversified profit patterns besides advertising.

*Report on Development of China's Media Industry 2017*, with systematic reviews and analyses of the media industry and its sub - sectors, is a useful reference for government designing of media system, for government policymaking, and for setting operational strategy by media enterprises. It is also valuable to researchers, teachers specializing in journalism and communications, especially in media economy and management studies.

# 目 录

## Ⅰ 传媒产业总报告



## Ⅱ 传媒核心产业报告

## Ⅲ　传媒关联产业报告



## Ⅳ　国际及港澳台地区传媒产业报告

## V 传媒产业未来展望



皮书数据库阅读使用指南

# CONTENTS

## I Media Industry General Report



## II Media Main Industry Reports

## Ⅲ Media Related Industry Reports

## Ⅳ Media Industry Development Reports of Overseas, Hong Kong,Macao and Taiwan



## Ⅴ Media Industry Outlook

# 传媒产业总报告

Media Industry General Report

## B.1

# 2016年中国传媒产业发展分析

崔保国*

摘 要: 2016年，世界局势动荡不安，英国脱欧、法国恐袭和美国新总统上台后的不确定性使国际局势异常复杂动荡。中国经济稳中有增，国内生产总值（GDP）增长6.7%。稳定的发展环境为传媒产业奠定了发展基础，2016年中国传媒产业总体规模超过1.6万亿元人民币，同比增长19.1%。传媒业快速发展伴随着深刻的结构调整，传统媒体仍在持续下滑，移动互联网占据市场主导位置。在政治与经济双向引导、技术和资本合力作用以及内容与渠道的博弈之下，媒体生态环境重塑，产业边界日渐模糊，中国传媒产业正在构建新格局。

关键词: 传媒产业 产业秩序重构 媒体生态 网络经济学

* 崔保国，清华大学新闻与传播学院教授，副院长。

## 一 传媒产业研究方法论

“传媒蓝皮书”自2004年起已经连续出版了13年，“传媒蓝皮书”主要是基于政府部门、市场和专业机构的数据整理和挖掘，勾勒中国传媒与中国传媒产业的发展态势，对中国传媒产业未来发展趋势进行科学分析与研判。

传媒产业（media industry）是本报告的核心关键词，我们对传媒产业的定义是：从事信息内容生产和传播运营服务等业务的企业与实体机构的集群。传媒产业是一个聚合了传媒产品、传媒企业、传媒市场和用户、传媒行业等多种经济元素的集合体。传媒产业的结构和分类有多种视角，从大类上来讲可以分为纸质媒体、电波媒体、互联网媒体、移动媒体等；也可以细分为若干行业，如报纸、期刊、图书、电视、广播、电影、门户网站、视频网站、游戏、搜索、社交媒体等；还可以分为文字、图形、艺术、语言、影像、声音、数码等各类不同符号形态对应的信息内容产品的企业与行业。当然，传媒产业按照产业链划分包括其上下游产业以及产业政策、产业环境等。

“传媒蓝皮书”课题组经过多年的研究积累，把对传媒产业的结构性描述分为两大部分：传媒核心产业与传媒关联产业。传媒核心产业聚焦主要媒介形态业态并形成若干行业报告，同时在传媒关联产业领域也形成了若干行业报告，虽然无法做到对整个传媒产业的全覆盖，但也反映了主要方面，基本可以体现传媒产业的全貌。

传媒蓝皮书课题组对传媒产业的分析方法也已形成一个独有的体系，把不断变化的传媒概念理解为媒介、媒体、传媒3个层次，并从产品、企业、行业、市场等多个层面来把握传媒产业的概念。课题组主要通过媒介形态、媒体业态、传媒生态、传媒动态4个层面对传媒产业进行研究分析，构建了传媒产业研究的范式（见表1）。

第一，在媒介形态层面，主要对传播渠道、传播内容和传媒产品形态等进行分析，具体范围包括报刊图书、电视广播、电影、互联网和移动终端等；

**表1　传媒产业研究范式**

| 分析层次 | 研究内容 | 理论基础 | 分析方法 |
|---|---|---|---|
| 媒介形态 | 传播渠道与终端（纸质媒体、电波媒体、互联网媒体、移动媒体等）<br>内容形态（包括文字、语言、影像画面、音乐等）<br>产品类型（产品形态、价值构成、产品定价、产品创新等） | 信息技术创新研究、产业竞争理论、组织管理理论与市场营销理论 | 产业组织分析，产品、市场、终端设备的用户体验分析 |
| 媒体业态 | 企业、行业、产业规模、产业结构、产业集中度、产业链、产业管理模式 | 商业模式理论、产业经济学理论与政治经济学理论 | 产业结构分析、集中度分析、管理模式分析 |
| 传媒生态 | 传媒政策、经济、法规、文化、技术环境与传媒伦理 | 生态环境理论、传媒法规与伦理 | 市场环境分析、系统影响因素分析 |
| 传媒动态 | 媒体市场动态、企业动态、产业动态、发展水平、变化周期 | 战略发展理论、大数据、统计分析 | 产业动态分析、战略博弈分析 |

从传播内容看，研究的内容包括文字、语言、影像、音乐、画面等；从传媒产品看，研究的内容包括媒体产品类型、媒体价值构成、产品定价和产品创新等。媒介形态层面研究主要基于信息技术创新研究、产业竞争理论、组织管理理论与市场营销理论，具体分析方法包括媒介形态变化分析，产品、市场与用户体验分析等。

第二，在媒体业态层面，主要对传媒产业的市场发展状态进行研究，具体内容包括：媒体企业、商业模式、行业组织、产业规模、产业结构、市场集中度、产业链和产业经营管理模式等。研究主要基于产业经济学和政治经济学理论，常用的分析方法包括产业结构分析、产业集中度分析和管理模式分析等。

第三，在传媒生态层面，主要对传媒生态环境（如政策法律环境、宏观经济环境、社会文化环境、技术资源环境）、新闻自由与控制、媒体伦理等进行分析。研究基于生态环境理论、传媒法规与伦理等相关理论，分析方法包括市场环境分析和系统影响因素分析等。

第四，在传媒动态层面，主要基于传媒市场的动态监测和时间序列进行分析，并通过结构化市场的增长量、增长速度、平均发展水平、变动周期、指数分析等指标来考察传媒产业发展变化的过程与趋势。研究主要基于战略发展理论等，分析方法包括产业动态分析与战略博弈分析等。

从整体结构上来看，传媒产业是由传媒企业和组织机构形成的集群，这些集群又可以按照行业和区域进行划分与对比研究。从行业上看，我们将中国传媒产业分为印刷媒体、广电媒体、互联网、移动互联网 4 大板块进行结构分析，形成中国传媒产业的生态体系图谱（见图 1）。

## 二 2016年中国传媒业发展环境

### （一）2016年中国传媒产业宏观经济环境

政治经济环境是影响产业市场发展的重要宏观因素。2016 年是中国共产党成立 95 周年，也是我国国民经济和社会发展第十三个五年规划的开局之年。这一年，世界经济低迷，中国不断面临新的挑战。然而，在“稳中求进”的总基调引领下，我国政治经济社会保持了平稳健康的发展态势。根据国家统计局发布的数据，2016 年，我国国内生产总值（GDP）达 744127 亿元，较上年增长 6.7%，GDP 增长率位居世界第一。

尽管 2016 年的 GDP 增长率比 2015 年下降了 0.2 个百分点，但中国整体经济发展基本稳定。随着我国居民年人均可支配收入超过 5000 美元的标准线，社会经济消费结构调整快速展开，第三产业步入快速发展通道，以互联网、文化传媒为代表的新兴产业展现出强大的发展潜力。然而，传媒产业的产业规模以及占 GDP 的比重仍然较小，影响力有待提高的同时也说明其仍具有较大提升空间。

### （二）2016年中国传媒产业政策环境

中国传媒产业持续发展，规模不断扩大，但发展环境复杂多变，因

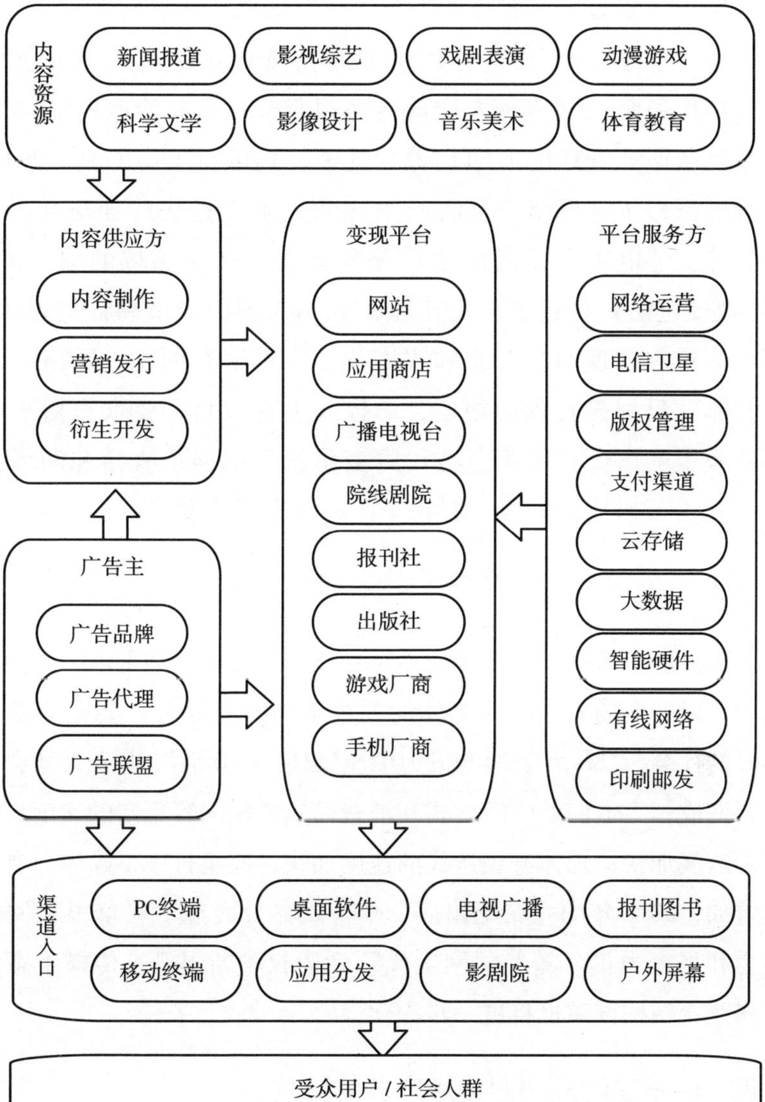


**图1　中国传媒产业链体系图谱**

此国家也相继出台了多项引导性政策法规。2016 年出台的传媒产业相关政策涉及范围广泛，从内容到广告，从传统媒体到新媒体，从综艺节目到电影、电视剧，从传媒机构到从业人员，体现出国家推动传媒产业健康发展的决心，如国家工商总局公布的《互联网广告管理暂行办法》、国家新闻出版广电总局颁布的《网络出版服务管理规定》、“限童令”、《电视剧内容制作通则》、《专网及定向传播视听节目服务管理规定》、《关于移动游戏出版服务管理的通知》等。其中特别值得关注的是，2016 年全国人大批准出台了《网络安全法》、《电影产业促进法》等与文化、传媒相关的法律。《电影产业促进法》是我国文化产业领域的第一部法律，《电影产业促进法》促进了电影产业正式纳入国民经济和社会发展规划，促进了电影审查管理的公开化和程序化。一系列对网剧、网络大电影以及网络自制节目加强管理的规定，严控真人秀节目，要求直播平台持证上岗等些政策的出台，无疑会给“野蛮生长”的网络直播和网络视频行业以一定打击，但从长远看，有利于产业健康持续发展。

### （三）2016年中国传媒产业社会环境

今天的社会生活中，媒体无处不在。社会发展和人们生活方式的改变深刻影响着传媒产业的发展，而媒体的变革也同时引导着社会生活模式的演变。今天的社会，“80 后”逐渐成为中流砥柱，“90 后”也步入社会，他们伴随互联网成长，他们的生活方式和消费模式迫使内容更新的速度加快、信息传播的速度加快、媒体升级迭代的速度加快，甚至打破了媒体原有的议程设置。譬如，2016 年的“帝吧出征”事件就充分展现了“草根”网民的自组织能力和强大力量。随着“网生代”话语权不断提升，传媒生态将被重塑，传媒产业结构调整也将进一步深化。

### （四）网络空间战略对传媒产业的影响

2016 年，英国脱欧、美国大选、叙利亚战乱、朝鲜半岛局势等事件引发全世界的关注，也牵动着中国国民和媒体的神经。随着经济实力的增强，中国的国际影响力不断提高，这些都要求中国媒体在面对复杂多变的国际关系时，不仅要担负起正确引导舆论的责任，更应提升国际传播能力和产业发展水平，更快更好地向世界传递“中国声音”。在出台《网络安全法》的基础上，2017 年 3 月 1 日，外交部和国家互联网信息办公室共同发布的《网络空间国际合作战略》提出，应在和平、主权、共治、普惠四项基本原则基础上推动网络空间国际合作。从“周边命运共同体”到“亚洲命运共同体”再到“人类命运共同体”，中国展现出和平合作求发展的大国风范。而网络空间战略的逐步成型和完善正是中国参与国际传播新秩序构建的重要举措。在此背景下，互联网等新兴媒体的主流地位将得到强化，战略地位也将得以提升，传统媒体与互联网从业务融合到流程融合，从组织融合到理念融合，从业内融合到跨业融合，未来将形成你中有我、我中有你的新传媒生态环境。

## 三　2016年中国传媒产业概况

传媒产业是全球范围内的朝阳产业，根据普华永道的数据，2016 年全球娱乐及媒体市场规模预计可达 1.79 万亿美元。其中亚太地区是全球媒体及娱乐产业最大的市场。从规模看，美国、中国、日本是全球前三大娱乐传媒大国。从全球范围看，网络媒体和年轻人是推动传媒产业快速增长的关键因素。2016 年，在宏观环境的外部影响以及政府、企业、受众等传媒产业中各个参与方内部变革等相互交织的作用下，中国传媒产业呈现整体繁荣发展，结构调整呈显著的态势，产业总规模达 1.6 万亿元人民币，较上年同比增长 19.1%（见图 2）。

中国传媒产业增长率大幅超出 GDP 的主要贡献来自移动互联网的快速发展。根据工信部最新统计数据，2016 年中国移动数据及互联网增值业务收入达到 4330 亿元，较上年增长了 39.7%（见图 3）。移动数据与增值业务占电信运营商总收入的比例达到 60% 以上，超过了传统语音业务。人们对于移动智能终端高度依赖，手机成为人们沟通联系、获取信息的主要渠道。

这一趋势也从传媒产业形态上表现出来。与传统媒体企业机构数量和产量不断收缩相对应的是，互联网媒体用户规模与基础设施投资建设的不断增

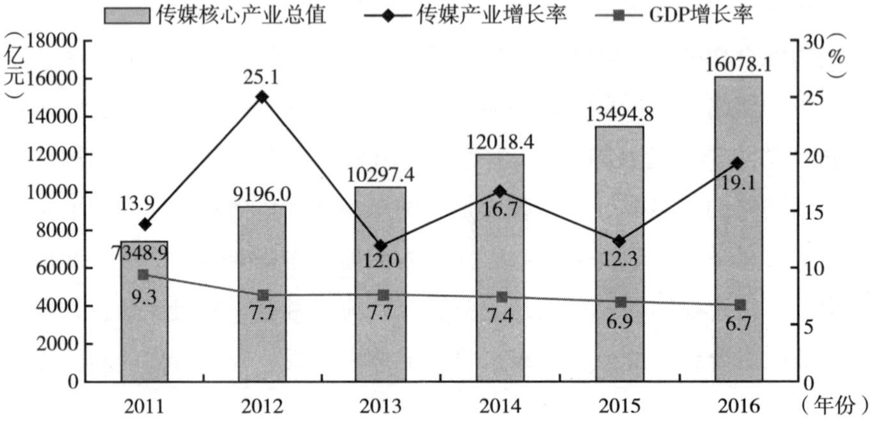


**图 2　2011～2016 年中国传媒产业总值与年增长率**

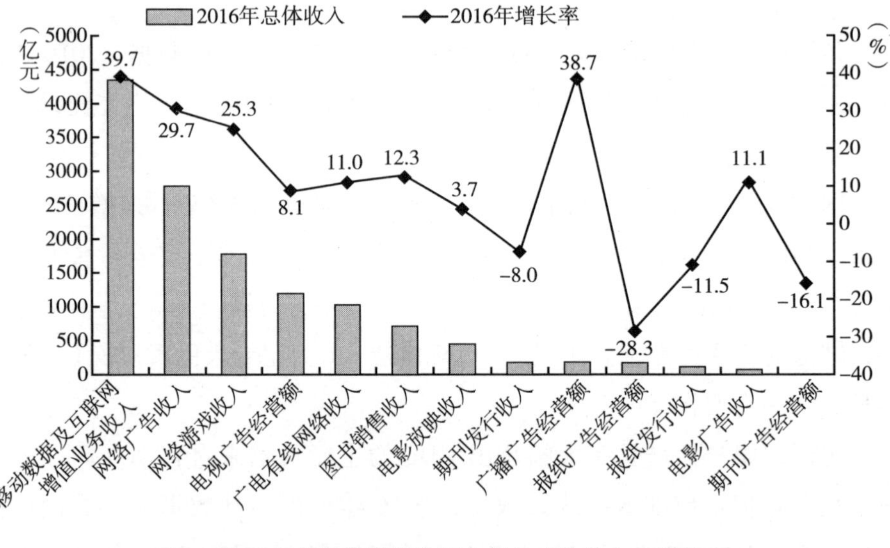


**图 3　2016 年中国传媒产业细分行业总体收入与增长率**

长。截至 2016 年底，中国网民总人数突破 7.3 亿，互联网普及率达 53.2%，其中手机上网人数超过 6.95 亿，在线视频用户也已超过 6 亿（见表 2）。随着互联网在人们生活中渗透程度的加深，读者、观众和网民的界限已然模糊，内容在变，人们获取和消费内容的渠道发生了更大的改变。

**表 2 2010～2016 年中国传媒产业形态数据**

| 项目 | 2010 年 | 2011 年 | 2012 年 | 2013 年 | 2014 年 | 2015 年 | 2016 年 |
|---|---|---|---|---|---|---|---|
| 报纸种类(种) | 1939 | 1928 | 1918 | 1821 | 1912 | 1906 | — |
| 期刊种类(种) | 9884 | 9849 | 9867 | 9941 | 9966 | 10014 | — |
| 出版社数量(家) | 581 | 580 | 580 | 583 | 583 | 584 | — |
| 广播电视台数量(家) | 2120 | 2170 | 2185 | 2207 | — | — | — |
| 电影院数量(家) | 2000 | 2800 | 3000 | 3903 | 4918 | 6118 | 7900 |
| 电影银幕数量(块) | 6256 | 9286 | 13118 | 18195 | 23600 | 31635 | 41179 |
| 广告经营单位数量(家) | 243445 | 296507 | 377778 | 445365 | 543690 | 671893 | 875146 |
| 手机用户数量(万户) | 85900 | 98625 | 111215.5 | 122911.3 | 128609.3 | 130573.8 | 132193 |
| 固定电话用户数(万户) | 29438 | 28179 | 27815.3 | 26698.5 | 24943 | 23010 | 20663 |
| WWW 站点数量(万个) | 190.8 | 230.0 | 268.1 | 320.2 | 335.0 | 422.9 | 482.0 |
| 域名数量(万个) | 865.7 | 774.8 | 1341.2 | 1844.1 | 2060.1 | 3102.1 | 4227.6 |
| 网民总人数(万人) | 45730 | 51310 | 56400 | 61758 | 64900 | 68826 | 73125 |
| 手机上网人数(万人) | 30273 | 35558 | 41997 | 50006 | 55700 | 61981 | 69531 |

中国传媒产业的整体繁荣伴随着结构的重大调整。如果把传媒产业结构分为平面、广电、互联网及移动互联网 4 大板块，2016 年中国传媒产业已经从过去“四分天下”变成了“主要偏向于互联网”。传统媒体转型艰难，曾在媒体产业发展历史中独领风骚的报业、电视业均面临市场严重下滑的窘境。报刊广告发行继续呈现“断崖式”下降的态势，电视广告市场也出现明显的萎缩（见图 4）。而在技术与资本双重加持下的互联网与移动互联网媒体，则一路高歌猛进，站稳了市场头把交椅的地位。未来伴随媒体的融合发展，传媒产业的结构划分也将越来越模糊。

## 四 2016年中国传媒行业发展特点

2016 年，中国传媒业的内外部环境变化加剧了产业发展的不确定性。技术和资本对媒体的影响力日益增强，互联网的市场主导地位进一步强化；市场化的传统媒体呈现“断崖式”下跌，转型艰难；体制内媒体虽获喘息之机，但仍需面对受众媒体使用习惯改变的巨大挑战；报纸停刊，电视台两

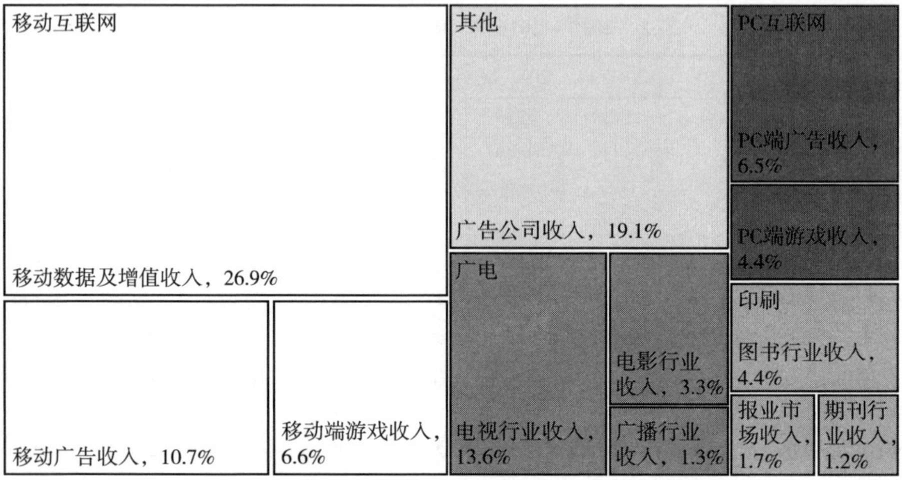


**图4　2016年中国传媒产业市场结构**

极分化，传统媒体中坚力量流失，不仅造成了产业的空心化，也动摇了新闻的根基；版权意识觉醒成为传媒产业发展的曙光，媒体开始寻求广告之外的更多元化的盈利模式。

## （一）互联网传统业务下滑，手机移动业务迅猛增长

中国互联网络信息中心（CNNIC）发布的第39次《中国互联网络发展状况统计报告》显示，截至2016年12月，中国网民规模达7.31亿人，互联网普及率达到53.2%。从上述数字来看，中国网民规模已经相当于欧洲人口总量。从广告市场看，2016年网络广告市场规模达到2769亿元[①]，几乎是电视广告市场的2倍。互联网无论从用户规模、产业规模、资本投入、发展速度，都已全面超越传统媒体。与此同时，互联网的短板也开始暴露出来，传播门槛低导致大量无意义的冗余信息；内容碎片化造成人们深入思考能力降低，优质内容匮乏；网络广告审查难度大，骚扰信息无法根除，个人隐私和信息安全问题日益严重……传媒产业的互联网板块亟须从更快发展向

① 数据来源：艾瑞咨询。

更好发展转变。

门户网站、搜索引擎、博客、论坛等，或可称为“新媒体中的传统媒体”，其主要盈利模式是广告。然而，随着社交媒体的发展，媒体产品快速迭代，传统互联网的影响力下降，移动互联网逐渐成为主流。从全球范围看，2016 年移动广告占全球互联网广告的比重为44%，预计 2017 年将会超过 50%，并将持续增长。而中国移动互联网发展速度已超过全球平均水平。根据 CNNIC 数据显示，截至 2016 年 12 月，中国手机网民人数超过 6.95 亿，几乎追平网民总人数。随着移动成为互联网的主要接入方式，移动互联网消费也呈现快速增长的态势。一方面，移动广告市场同比增速超过 90%，占总体网络广告的比例达到 62.3%，预计到 2019 年，中国移动广告市场规模将超 4000 亿元，占比超过 80%。另一方面，游戏成为移动互联网收入的主要来源。2016 年，国家新闻出版广电总局批准出版的国产游戏约为 3800 款，其中移动游戏约占 92%，销售收入达 819.2 亿元，占比达 49.5%，超过客户端网络游戏成为份额最大、增速最快的细分市场（见图 5）。[①]

特别值得一提的是，越来越多的电信运营商开始进入内容领域。2016 年，美国电信运营商 Verizon 提出收购雅虎，AT&T 有意收购时代华纳，这些都体现出这一趋势，相信中国的电信运营商也会开始积极参与内容和数字分发，以增强其在移动广告领域的竞争力。

### （二）网络视频与网络直播快速崛起，内容付费模式常态化

2016 年是在线视频网站转型的关键一年。在线视频网站经过几年的快速发展，网络视频用户规模持续大幅提升，“广告 + 会员费”为主的盈利模式业已形成。艾瑞咨询的数据显示，2016 年中国在线视频市场规模为 609 亿元，同比增长 56%，已进入稳定增长阶段。相较于电视频道，视频网站的用户黏性高、用户规模大（见图 6）、广告互动性强、转化率高，并且已

① 数据来源：中国音数协游戏工委（GPC）、伽马数据（CNG 中新游戏研究）、国际数据公司（IDC），《2016 中国游戏产业报告》。

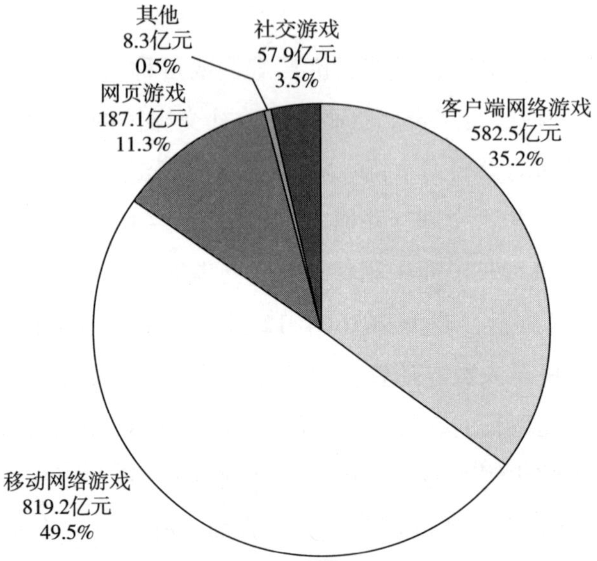


**图 5　2016 年中国网络游戏市场份额**

经逐渐培养起用户的内容付费习惯。2016 年，在线视频网站的会员付费收入占比达 19.3%，较上年增长了 6.2 个百分点。此外，视频网站在挖掘 IP 价值、与商业资源结合、打造全产业链方面的优势更明显，盈利模式更多样化，预计 2019 年其规模将超过电视广告市场。

视频网站播出内容的"精品化"趋势也愈发明显。网络大电影和网络剧都开始摆脱"粗制滥造"的形象，综艺节目也从同质化向垂直发展。2016 年，电视台收视率破 2 的电视剧只有 2 部，但视频网站有 11 部达到百亿次以上的点击量，包括《青云志》(256.56 亿次)、《锦绣未央》(196.91 亿次)、《欢乐颂》(185.15 亿次) 等。同时，视频网站的自制剧和独播剧的口碑也有明显上升，在 2016 年豆瓣电视剧评分排行榜前 10 名中，网络剧占了 8 部。随着"网台联动"的发展升级，电视和互联网的融合将更加深入。

2016 年也是"网络直播元年"。有数据显示，2016 年中国网络直播用户规模达到 3.44 亿人，占网民总数的 47.1%，有近半的网民使用网络直

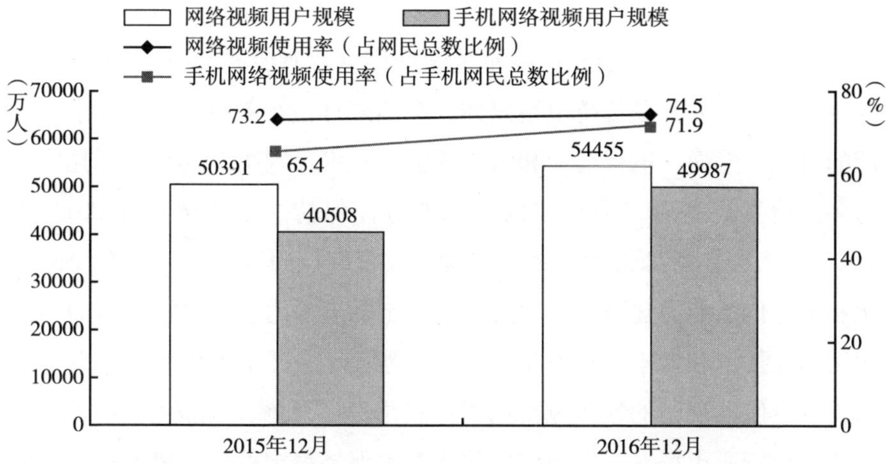


**图6　2015年和2016年网络视频/手机网络视频用户规模及使用率**

数据来源：中国互联网信息中心（CNNIC），2016年12月。

播，用户规模已接近网络游戏。从直播内容定位看，约有16%的游戏直播网站，34%的秀场直播，44%的泛娱乐直播。网络直播作为一种新型媒体，即时性和交互性较强，用户本身也生产内容，因此商业变现能力更强。从未来发展看，一方面，网络直播有可能超过微博微信，成为新兴的主流社交形式；另一方面，网络直播内容将逐渐成为成功的关键，并向垂直领域延展，与电商、体育、在线教育等行业结合，衍生出更多盈利模式。

## （三）电视产业危机四伏，电影市场突然转冷

### 1.广播电视

CTR媒介智讯统计数据显示，2016年中国广告市场整体下降了0.6%，其中传统电视广告下降了3.7%，跌幅与2015年基本持平。尽管电视广告没有像报业一样呈现“断崖式”下跌，但传统电视行业仍然危机四伏，电视正遭遇双重危机：省级卫视两极分化严重，网络视频夺走大量电视观众。据了解，2016年湖南广电的广告收入约100亿元，上海文广集团约为85亿元。爱奇艺（约70亿元）、优酷（约60亿元）、腾讯视频（约60亿元）等

视频网站的广告收入已经逼近湖南、上海等地方电视台。2017 年，爱奇艺的广告收入预计可超百亿元，将超过湖南广电。有专家预计，2017 年绝大部分传统媒体，尤其是传统电视媒体，会陷入日益经营不善、负产出甚至负资产的状况。然而，电视行业相较于报业，技术基因决定其具有更扎实的转型与多元化发展基础，并且在内容创新方面保持一定优势。如 2016 年的《中国诗词大会》等原创优秀节目获得了收视和口碑双丰收，在有线电视数字化和国际传播能力建设方面也形成了一定的竞争力。在电视剧方面，由于视频网站在技术和资本上具有优势，“先网后台”已是大势所趋，而网络受众的特点也使电视剧的整体风格趋于年轻化、移动化、国际化。

从广播行业市场看，广播广告收入基本保持稳定发展态势，较上年增长 2%。广播听众 6.91 亿人，较上年增加 300 多万人。虽然受到移动互联网的冲击，但由于广播收听主要基于车载听众，受众大多通过传统广播渠道收听节目，并且受众群体呈现高学历、高收入、高消费、高品位等特点，因而具有较高的广告价值。随着城市化发展，汽车保有量上升，广播广告市场还将保持稳定增长的态势。

总而言之，随着传统广播电视与在线视频等网络视听业态的深度融合，传统广播电视或将最终转变为以内容和用户为中心，多媒体传播的综合信息娱乐传播业态。

**2. 电影**

自 2000 年起，中国电影市场一直保持较快的增长，2015 年更呈现了“非常态”的高速增长，以至于有专家预测，2016 年中国电影市场有望超过美国，登上全球第一的宝座。然而，2016 年中国电影市场突然转冷，全国电影票房收入 457 亿元，年增长率不到 4%，市场规模不及美国的六成。与美国每年 5% 的增长率、市场规模 100 亿美元的体量相比，中国还有相当大的差距和发展潜力。2016 年成为中国电影的调整之年，观众日渐成熟，电影产业亟须优化升级，一方面需要提高作品质量，开拓多样化的类型和创作风格，另一方面需要加强管理，形成健康的市场发展环境。中国电影产业的第一部大法《电影产业促进法》正是在此背景下颁布的。《电影产业促进法》的修订历时12年，主要在放松拍摄许可证管理、取消前置审批、电影审查透明化、演员素质提升等方面进行了规制，尽管业界十分期待的“电影分级制度”没有囊括其中，但仍让大家对中国电影市场的未来发展有更高的期待。

## （四）报刊加速下滑，图书市场回暖

### 1. 报刊：新闻消费方式在改变

2016年，报刊市场的“断崖式”下降趋势还在继续。根据CTR的统计数据，报纸广告市场广告刊登额降幅高达38.7%，广告资源量下降40.7%。其中，市场化报纸的降幅更大，党政类报刊在政府资助下逆势小幅增长。从2016年下半年的趋势看，报纸广告的下降速度逐渐减缓趋稳，这或许是连续2年的大幅下降，市场已经触底，尽管不大可能显著反弹，但会稳定在一个相对较低的水平，《京华时报》、《东方早报》的停刊以及浙报传媒出售新闻传媒类资产等事件都预示着，报业转型仍十分艰难，报纸将会继续通过缩版、降低发行量、裁员等方式寻求生存机会。

而与之相对应的，是以“两微一端”为核心的新媒体的爆发式增长。2016年，“今日头条”的年度广告营收为80亿元，超过历史上所有的报纸和新闻媒体广告营收纪录，2017年广告额预计可达到150亿元，游戏广告大批投向“今日头条”。[①] 基于数据挖掘和精准化推送的“今日头条”的成功对于在转型中苦苦挣扎的报业来说是具有很强启发性的，它从侧面证明报纸的转型关键不在于开几个微信公众号，而在于是否能针对用户需求快速提供适合的信息，或者能否构建公众认可的内容生产能力、公信力和内容版权等核心优势，通过更优质、更深度的内容，与新媒体形成差异化竞争。

### 2. 图书

近年来，全球纸质书零售市场受到电子书的巨大冲击，从2016年的数据看，这种冲击已经缓和，纸质书开始恢复正向增长。根据Nielsen

① 信息来源：蓝鲸财经。

BookScan 和 GFK Entertainment 的监测数据，美国纸质书零售增长率为 3.4%，英国为 4.1%，爱尔兰为 10.9%，2016 年，我国图书零售市场则保持了稳定的增长态势，纸质书零售市场年增长率达 12.3%，居世界前列。从图书类别上看，少儿类图书增长最为突出，随着我国二胎政策的推行，新生代父母对家庭教育投入的重视程度加强，而这种趋势还将继续。

然而，从销售渠道看，在电商平台和图书出版机构的大力推动下，图书线上零售渠道的发展更为显著。开卷信息公司数据显示，2016 年我国在线图书零售市场规模达到 365 亿元，年增长率超过 30%，首次超过了实体书店；实体书店零售再次负增长，将加快其向休闲服务综合体转型。

### （五）内容产业与媒体泛娱乐化

2016 年，网络直播催生了“网红经济”的爆发，明星的加入加速了由文学、动漫、影视、音乐、游戏、电竞、衍生品等构成的泛娱乐产业链的完善和发展。中国的泛娱乐化产业是在国家政策支持下发展起来的。2015 年初，国家新闻出版广电总局印发了《关于推动网络文学健康发展的指导意见》，鼓励企业充分利用新媒体对优秀原创网络文学作品进行开发利用及传播，实现一次开发生产、多种载体发布。文化体制改革激活生产力；居民个人可支配收入增加，文化消费比例提升，推动产业发展；伴随互联网成长的“80 后”和“90 后”成为主要消费群体，IP 受到产业和资本的追捧，版权价值不断上升；移动互联网用户规模增长给 IP 市场带来巨大人口红利；互联网和手机等移动终端的技术升级使全媒体出版、媒体融合成为可能，业务技术体系逐渐完善。2016 年，中国泛娱乐产业市场规模预计可达 3505 亿元（见图 7）。随着正版化时代的到来，用户付费习惯逐渐形成，直播方式的兴起，未来还会有新的增长。而随着人口红利的衰减，内容将成为互联网时代竞争的制胜关键，互联网也将超越其他媒体成为内容创生主阵地。

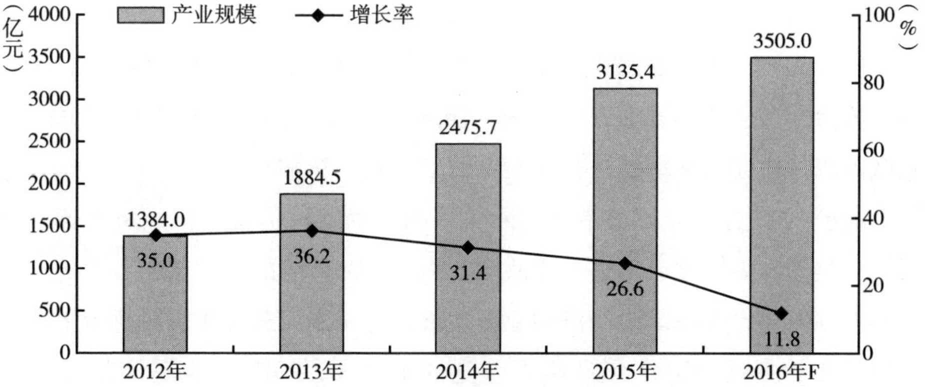


**图7　2012～2016年中国文化娱乐产业规模及增长率**

说明：中国文化娱乐产业规模统计范围包括游戏、音乐、网络文学、电影、电视剧、网络视频、动漫等。

数据来源：易观咨询。

### （六）传媒产业进入“智媒时代”

人工智能是未来传媒业发展的重要方向之一。近年来，全球的互联网企业巨头和大型跨国传媒集团都已开始重点投资人工智能研究，如苹果公司收购Emotient的人脸扫描技术，用以监测广告受众反应，谷歌公司推出基于人工智能的邮件服务，微软推出语音助手Cortana等。中国的互联网企业也积极布局人工智能，如百度的“度秘”、新华社的“快笔小新”、腾讯的“Dreamwriter”等。人工智能带来的不仅仅是信息生产流程的革新、产品形态的丰富、商业模式的升级，更是通过传媒业与互联网、人工智能技术的深度融合，形成协同创新发展新业态，重塑媒体生态环境，再造媒体组织结构，改变媒体从业人员的职业发展模式，而这种趋势或将很快影响到整个传媒产业，甚至更广泛的领域。

## 五　传媒产业发展趋势与展望

回望2016年，科技的迭代更新加速了传媒产业的变革，中国传媒产业体现出移动化、内容化、智能化、深融合的特点，互联网、移动互联网、传统媒体形成三分天下的态势。互联网不但深刻改变了传媒产业的结构，也开始向政治经济生活的各个方面渗透。伴随国家网络空间战略的建立和完善，互联网或将构建起网络经济社会发展的新模式、新常态。

展望2017年，全球政治和国际关系的不确定性仍将困扰经济复苏，世界经济整体发展速度或将进一步放缓。面对外部环境的不利影响，中国一方面要修炼内功，保持国内经济的稳定增长，另一方面还应在国际舞台上承担起更重要的责任。2017年即将召开党的十九大，2017年也是实施“十三五”规划及深化供给侧结构性改革的重要阶段，稳定是中国政治经济发展的核心。在此背景下，中国传媒产业将面临巨大挑战。

然而，传媒产业仍然具有旺盛的生命力，“口红效应”或将刺激人们文化娱乐消费支出的增长。手机移动媒体将进入爆发式增长期，手机移动媒体在传媒市场的主导地位也会越来越高。伴随政治体制改革逐步深化，国家推动文化产业发展的政策逐渐细化落实，我们认为，中国传媒产业未来仍将保持较快增长，2018年有望突破2万亿元大关（见图8）。而传媒产业的增长，关键在于媒体能否更快更好地融合发展；在经济发展放缓、广告市场增长后劲不足的影响下，传媒产业能否提高创新能力，开发出新的经济增长点。VR/AR、人工智能、媒体再造可能是传媒产业

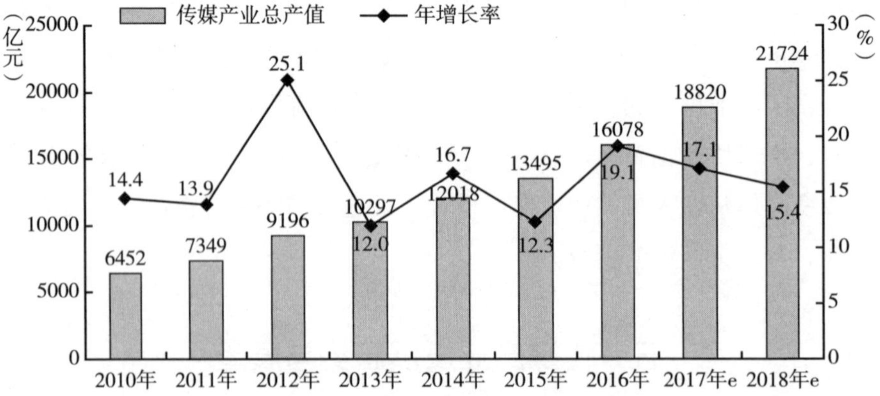


**图8　中国传媒产业未来发展预测**

发展创新领域，在线视频、泛娱乐化、付费内容也将成为传媒产业发展的重要方向。

今天的中国传媒产业，已经从“互联网时代”过渡到“移动时代”，并向“内容时代”迈进。

近 10 年来中国的传媒环境和传媒产业发生了巨大的变化，可以用“激变”或“激荡”来形容。在这种巨大变化的背景下，传媒产业的边界和结构已经发生了深刻的变化，各种概念也不断冲击着传媒产业、文化产业与互联网产业，甚至我们每个个体。我们过去形成的传媒经济研究的理论与方法，在面对数字经济、网络经济、分享经济的现象时又该怎样调整和定位？这都是我们今天需要重新思考和探讨的新课题。

# 传媒核心产业报告

Media Main Industry Reports

## B.2
## 2016年新媒体发展关键词

彭　兰*

摘　要：“移动”、“社交”两个关键词，代表着互联网公共传播平台的迁移，用户对“移动终端+社交平台”的路径依赖已经形成，在社交平台上生长的自媒体，其内容创业升级的动力在增强，但社交化传播带来的问题不容忽视。短视频、视频直播、VR/AR这几个关键词，意味着移动媒体进入视觉化繁荣期。虽然它们各自的发展都面临着一些问题，但从长远来看，它们都可能会成为常态的传播形式。而个性化新闻、机器写作预示着未来新媒体的智能化方向，它们能否克服发展中的关键问题，决定着它们未来应用的广度与深度。

关键词：移动互联网　社会化媒体　视频直播　VR/AR　机器写作

* 彭兰，清华大学新闻与传播学院新媒体研究中心主任，教授、博导，湖南师范大学潇湘学者讲座教授。

2016年的新媒体发展，既延续着上一年的某些发展趋势，又出现了一些新的阶段性特征。总体而言，对于2016年新媒体发展，下列关键词代表的趋势尤为醒目。

## 一　移动+社交：互联网公共传播平台迁移

随着移动互联网的发展，公共信息传播的平台也在进行着迁移，除了从PC端向移动端转移外，社交平台在公共信息传播中的地位也进一步上升，目前已经成为主流平台。对于专业媒体而言，除了自办的网站和新闻客户端之外，其生产内容的传播也在很大程度上依赖于微信、微博等社交平台。

### （一）移动终端+社交平台：用户的路径依赖基本形成

从用户调查数据以及各方面的情况来看，今天的用户已经形成了以移动终端为首选终端、以社交平台为新闻获取主流渠道的新习惯，用户对这两者的路径依赖基本形成。

**1. 用户全面向移动端迁移**

2017年1月，CNNIC发布的《2016年中国互联网新闻市场研究报告》显示，中国网民中，只用手机上网看新闻的网民比例为62.9%，只用台式电脑/笔记本电脑的为9.3%，而两者兼用的为27.8%（见图1）。[①] 也就是说超过90%的中国网民都用手机上网浏览新闻，移动终端已成为网络新闻传播的首选终端。

2016年10月，在笔者与腾讯网科技频道合作开展的“中国网络媒体的未来”项目研究中，科技频道企鹅智酷团队通过网上问卷的方式对移动用户新闻消费行为进行了调查，虽然调查数据不能说明一切，但仍为我们了解移动用户情况提供了一定参考。

企鹅智酷的调查显示，受调查用户中，日均使用移动终端超过1小时

① 《2016年中国互联网新闻市场研究报告》，http：//www.cnnic.net.cn/hlwfzyj/hlwxzbg/mtbg/201701/P020170112309068736023.pdf。

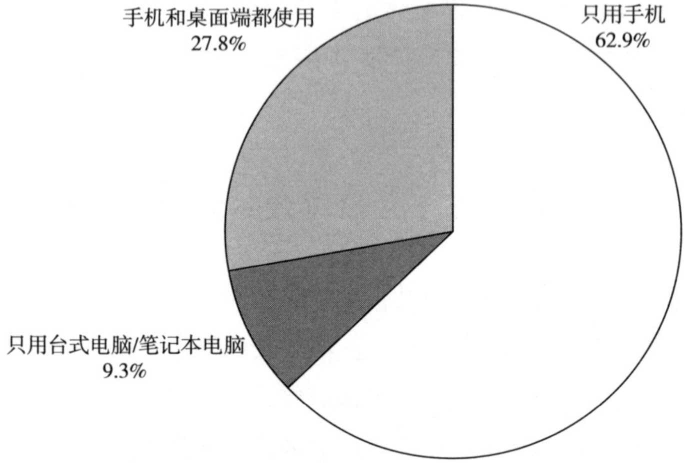


**图1　中国网民上网浏览新闻使用设备情况**

的用户占比达到81.5%，每天使用移动终端时间在3小时及以上的用户比例为46.6%，也就是说，近半数用户是移动端重度用户，与2015年（46.8%）持平（见图2）。分性别的统计表明，每天使用移动终端时间超过5小时的女性为26.1%，明显超过男性（19.5%）（见图3）。

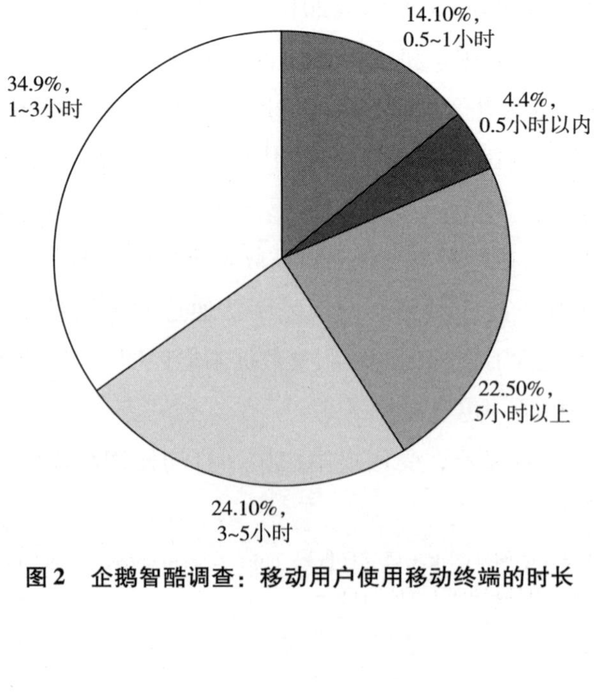


**图2　企鹅智酷调查：移动用户使用移动终端的时长**

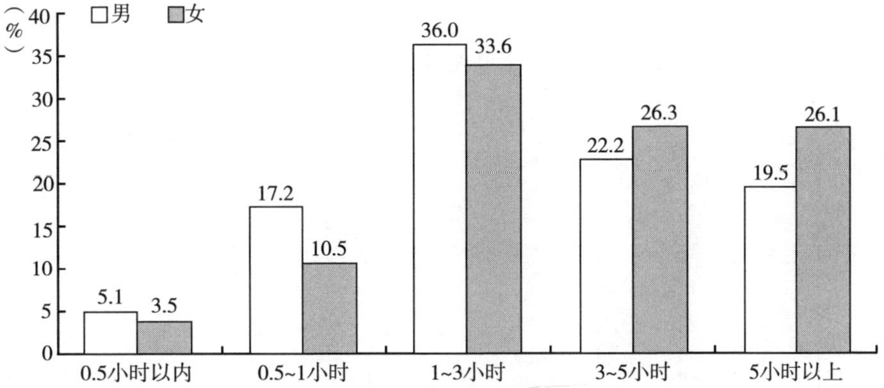


**图 3 企鹅智酷调查：移动用户使用移动终端的时长（分性别统计）**

客户端（新闻网站）仍是移动用户的首要新闻获取渠道，比例为63%。但社交应用作为新闻获取渠道的重要性名列第二位，比例接近半数（49.4%），超过电视（22.8%）。受调查对象选择纸媒和广播的比例分别为2.2%和2.1%（见图4）。

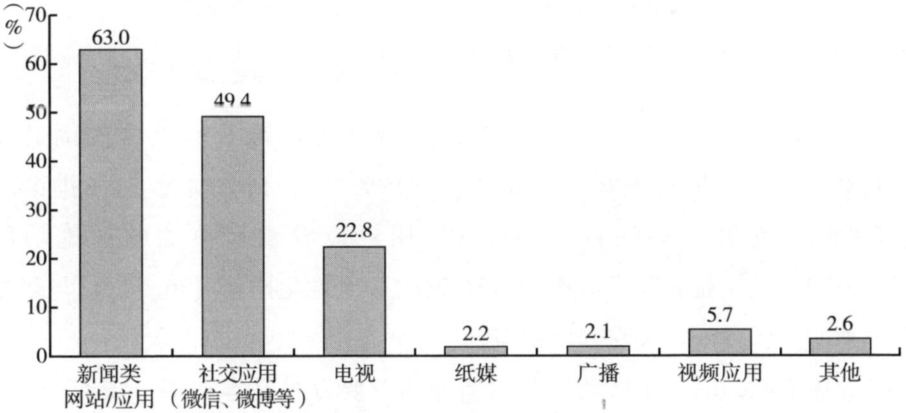


**图 4 企鹅智酷调查：移动用户获取新闻资讯最主要的 2 个渠道**

说明：此项调查为多选，因此各选项之和或大于100%。

受调查用户对门户网站客户端作为新闻源的信任程度最高，比例为46.3%，超出电视（40.6%）和传统媒体客户端（24.9%）。对个性化资讯客户端（14.2%）和社交应用（包括自媒体）的信任度（12.1%）高于纸媒（11.3%）和广播（7.7%）（见图5）。

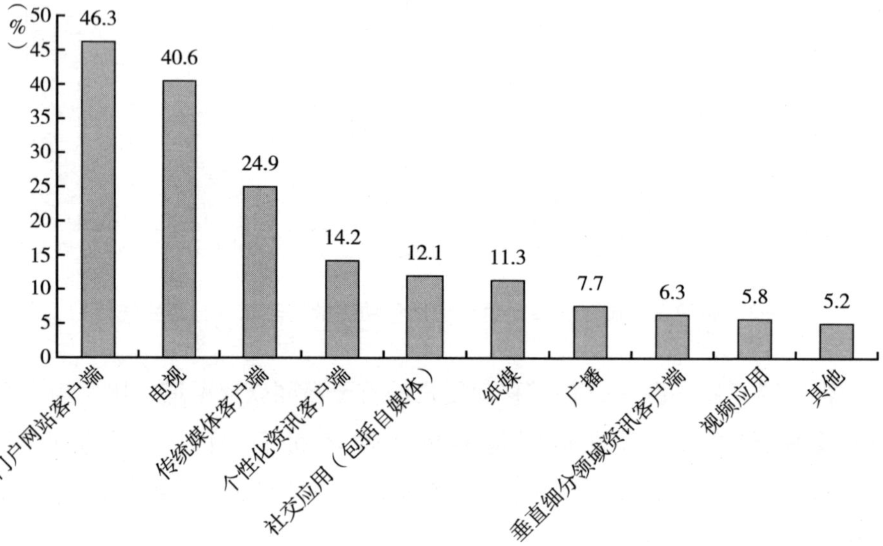


**图5　企鹅智酷调查：移动用户信任的信息获取渠道**

说明：此项调查为多选，因此各选项之和或大于100%。

此外，调查还表明，用户使用门户网站客户端看资讯的比例最高（54.2%），个性化资讯客户端次之（35.9%），传统媒体客户端排第三（17.4%）。在客户端的各项功能中，用户最看重客户端的评论功能（53.0%），其次是新闻推送功能（31.2%），个性化推荐（16.5%）与新闻分享功能（16.1%）接受程度相当。

总体来说，用户在移动端获取新闻的首要方式是客户端/新闻网站，其中对门户网站的客户端的依赖和信任度尤为突出，但这并不意味着门户客户端可以代表未来发展。目前的门户网站的客户端模式也基本是传统门户的一个简单转型，难以满足复杂场景下用户的需求。“今日头条”、“天天快报”、“一点资讯”等个性化推荐应用的市场份额日益增加，表明用户对沿袭门户思维的新闻客户端的日益疲劳。

### 2. 社交化新闻传播正在主流化

除了新闻客户端和新闻网站，在移动终端提供的各种渠道中，社会化媒体（社交平台）日益成为主流渠道。

2016 年企鹅智酷的调查结果显示，认为社交平台对新闻获取非常重要的用户比例为 24.0%，认为比较重要的为 33.3%，两者之和为 57.3%。而 2015 年的调查结果显示，认为非常重要的是 18.4%，认为比较重要的为 28.6%，两者之和为 47%。相比 2015 年，用户对社交平台作为新闻渠道的认同度提高了 10 个百分点以上。

CNNIC 的调查数据则进一步表明，微信和微博是手机新闻浏览中最主要的社交平台，两者使用的比例都超过新闻客户端（见图 6）。因为调查对象和统计口径的问题，CNNIC 的调查数据与企鹅智酷的调查结果不完全一致，但是，它们从不同侧面反映了一个共同的事实，那就是社交化新闻传播的主流化趋向。

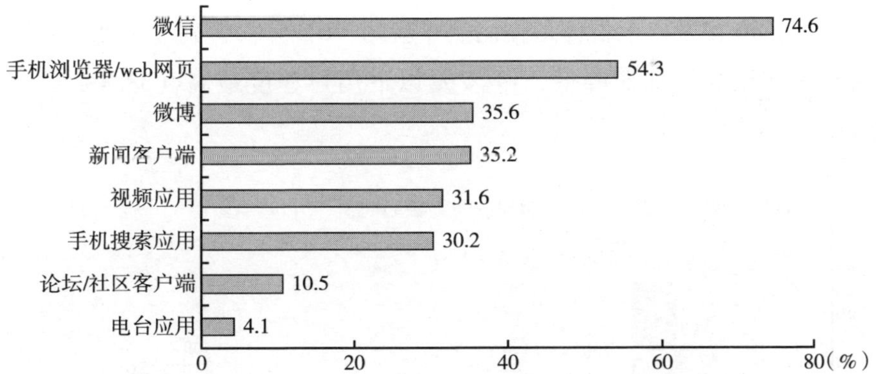


**图 6　中国网民手机浏览新闻的入口**

数据来源：中国互联网络信息中心《第 39 次中国互联网络发展状况统计报告》，2017 年 1 月。

企鹅智酷对用户群体的细分调查显示，19 岁及以下用户使用社交应用获取新闻资讯的比例为 58.5%，超过他们使用新闻网站 / 应用的比例（44.4%）。从整体用户来看，年龄越低，使用社交应用获取新闻的比例越高（见图 7）。

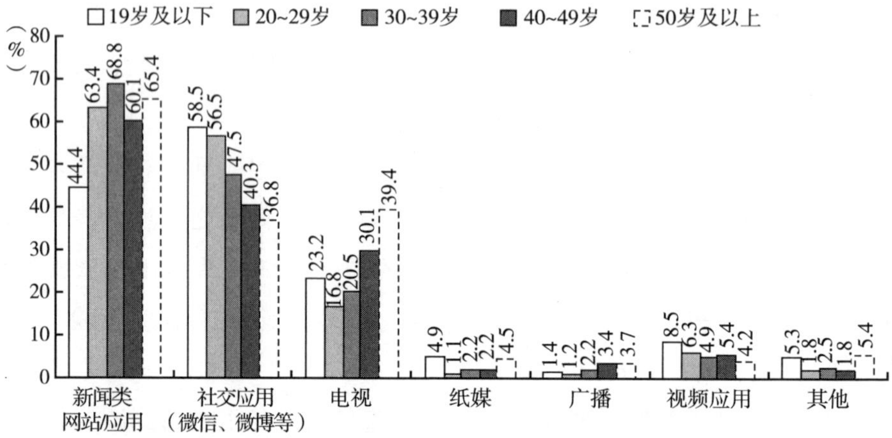


**图7　企鹅智酷调查：移动用户获取新闻资讯最主要的2个渠道（按年龄统计）**

说明：此项调查为多选，因此各选项之和或大于100%。

与之相关的一个情况是，在个人兴趣和热点新闻两大内容取向中，年轻人更重个人兴趣、老年人更重热点新闻。对热点新闻的偏好程度，随年龄增加而增加，50岁及以上群体最偏向热点新闻（61.5%）。对个人兴趣内容的偏好程度随年龄增加而降低，19岁及以下用户程度最高（38.4%）（见图8）。

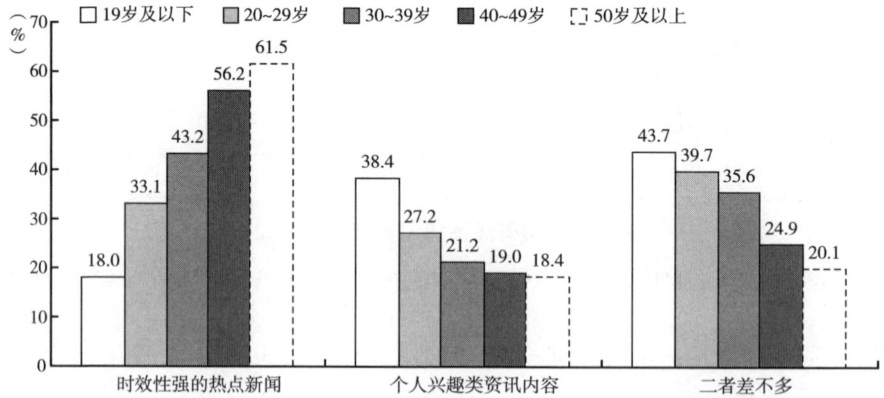


**图8　企鹅智酷调查：移动用户对资讯内容的偏好（按年龄统计）**

这些调查结果提示我们，对于年轻用户来说，个人兴趣取向和社交渠道是他们进行新媒体新闻消费的两个重要特征。

## （二）内容创业：自媒体升级方向

对于用户来说，社交化新闻传播的主流化是一个不争的事实，并且越来越多的内容生产者也成长于社交平台。自媒体正在成为移动时代内容生产的主要力量之一，尽管它们自身的发展还存在很多问题。

从业余化向专业化方向发展，已经成为很多自媒体努力的方向，相应的，“内容创业”这个词也开始流行。它不仅反映了自媒体的专业性追求，也亮明了自媒体的营利目的。

自2016年开始，一些主要的自媒体平台开始推出自媒体补贴制度，以激励自媒体的创作。2016年腾讯通过“芒种计划”向自媒体注入2亿元补贴，2017年补贴升级为12亿元，其中包括10亿元的现金补贴和首期2亿元的内容投资资金。今日头条推出“千人万元计划”，确保至少1000个头条号创作者单月至少获得1万元的保底收入。网易也对网易号的自媒体作者提供了类似补贴。除此之外，各平台还针对自媒体提供了更多功能和服务。

新榜发布的《2017年内容创业白皮书》分析了与内容创业相关的一些动向。从用户需求角度看，根据新榜的调查，知识见闻类内容是消费者阅读观看的主要需求，并且相较于低收入人群，高收入人群对知识见闻的需求较大，对娱乐消遣、情感慰藉的内容需求较小。而对于知识见闻的内容，一半以上的用户表示，现有内容在数量上已经满足，但质量上还未达到期望。在内容载体上，短视频和直播快速崛起，新榜调查数据也显示，58.3%的用户在截至调查时间点的近半年观看视频时间增多，41%的用户看直播的时间增多。在资本投入方面，2016年有超过110多个公开发布的与内容创业有关的投融资信息，资金额达21亿元。①

① 《2017内容创业白皮书独家解读　新榜大会现场首发》，http：//xudanei.baijia.baidu.com/article/747732。

而根据新浪微博在2016年V影响力峰会上发布的报告，新浪微博上已经有45个垂直领域的月阅读量超过10亿次，自媒体作者通过微博获得收入117亿元，其中，电商领域的收入达到108亿元，广告获得的收入达到4.3亿元，来自打赏、付费订阅等内容付费的收入达到4.7亿元。①

今日头条发布的《2016年12月头条号大数据月度报告》显示，截至2016年12月，头条号总数达44万个，其中自媒体账号33万个，企业账号5.7万个，政府机构及其他类型账号5.3万个。12月头条号广告总收入3607万元，相比11月增长8%。平均每天有73245个头条号获得广告。②

腾讯发布的消息则称，腾讯企鹅号的数量从最初的1.3万个增长至目前的20万个，平台中的内容品类从140个增长到2000个，短视频播放量也从0.78亿次增加到20亿次。③

各方面的因素都在推动一部分自媒体向更专业化的运营发展，自媒体运营也从内容创作向社群运营等方向拓展，自媒体的营利模式也开始走向广告、打赏、电商等多元化。

尽管整体上看内容创业、自媒体运营十分红火，但是，对于自媒体运营者个体来说，情况却有很大差异，名利双收的主要是那些“头部”的自媒体，大多数自媒体则仍然处于入不敷出的境地。国家政策和平台政策等因素对自媒体生存有着极大的影响。自媒体的参差不齐，商业利益和其他因素对自媒体内容的客观公正性的干扰，也将在很长时间内困扰着用户。

### （三）后真相、信息茧房与回音室效应：社交化传播的问题

在社交化传播不断推进、基于社交平台的自媒体不断发展的同时，社交化传播带来的问题也在日益凸显。

---

① 《自媒体通过微博赚了117亿》，《北京晨报》2016年10月26日。

② 《2016年12月头条号大数据月度报告》，http://www.toutiao.com/i6379126127587230209/。

③ 《腾讯芒种计划2.0加码12亿　多项举措助内容创作者崭露锋芒》，http://news.qq.com/a/20170228/054614.htm。

被《牛津词典》选为2016年度词汇的“后真相”（Post-truth）一词，代表了社会化媒体时代及其传播中的一个典型问题。“后真相”一词的意思是“客观事实的陈述，往往不及诉诸情感和煽动信仰更容易影响民意”。[①]或者说，今天的人们不再追求事实与真相，而是容易被各种情绪、情感所煽动。

美国纽约时报网站2016年8月发表了伦敦大学戈德史密斯学院政治经济学教授威廉·戴维斯《后真相政治时代》一文，认为在西方自由民主制度中，事实始终占有神圣地位。每当民主跑偏，当选民被人操纵或者政客欺诈，民众都会诉诸事实。但在今天的社会，事实似乎渐渐失去主导社会共识的力量，这种非常普遍的感觉让人们感到社会已经进入“后真相”的政治时代。[②] 2016年美国大选期间社会化媒体的表现，更是进一步加剧了人们对“后真相”时代的担忧。

“后真相”的漫延，的确与社会化媒体的传播机制不无关系。社会化媒体是以个人为传播节点、以社交网络为传播渠道的传播。在这种每个个体都参与的传播机制中，诉诸情感的内容往往比诉诸理性的内容更容易得到传播，人们在传播过程中，还会不断加入带有个人情绪色彩的评论，评论往往比事实更容易引起关注与呼应，意见、情绪、立场常常会凌驾于事实之上。

在中国，不断出现的假新闻，不断发生的新闻报道中的“反转”，也引起了人们对社会化媒体的质疑。我们应该看到，假新闻并非社会化媒体的专利，很多假新闻的始作俑者也并非社会化媒体中的自媒体，但社交化的传播，带来更纷扰的传播环境，辨识能力不强的个体或者媒体，容易被各种虚假线索所迷惑和误导。

社交化传播带来的另外一个方面的问题是“信息茧房”及与之相关的

---

① 《技术的担忧——路透发布〈2017年度媒体预测报告〉》，http：//dy.163.com/v2/article/detail/CAM0RA7H05118VJ5.html。

② 《“后真相”牛津词典2016年度词为啥是它?》，http：//news.xinhuanet.com/world/2016-11/18/c_129368227.htm。

“回声室效应”。[①]

美国学者桑斯坦提出了“信息茧房”（information cocoons）这一概念，他指出，“信息茧房”意味着，我们只听我们选择的和愉悦我们的东西。[②]“信息茧房”并非新媒体时代所独有，在传统媒体时代类似现象就已经表现出来，并且可以用传播学中的“选择性接触”等理论来解释。但是，在一定程度上，社会化媒体以及今天流行的个性化信息服务加剧了这种现象。当人们只选择自己关注或符合自己需要的信息时，其结果可能是作茧自缚，使自己失去对环境的完整判断。如果所有人都被这样的茧房所束缚时，公共信息的传播、社会意见的整合，就会变得日益困难。

“回声室效应”（echo chamber effect）这个概念从另一个角度说明了人们的作茧自缚，它意指信息或想法在一个封闭的小圈子里得到加强。同样，这一现象在传统媒体时代也已经出现，但因互联网而加剧。网络杂志《沙龙》的专栏作家安德鲁·列奥纳德指出：“让我不安的，不是在互联网上用谷歌找到自己所需要的信息的容易性，而是那种随时可以获得自己想要的心态的方便性。”[③] 社会化媒体中，人们以社交对象作为信息来源，他们在选择信息来源的同时，也进行了信息的过滤。此外，社会化媒体在一定程度上强化了人群的分化，人们因社交圈以及自身的立场态度而固守在符合自己偏好的信息与意见的圈子中，各种圈子之间相互隔绝甚至对立。因此，社会化媒体更容易形成“回声室效应”。

社会化媒体传播中出现的问题，很多都是传统媒体时代已经存在的问题的放大。除了社交化传播所起的作用外，这些现象中也隐含着复杂的现实社会因素及社会心理。减少这些问题的困扰，显然不是靠封锁社会化媒体。对于专业媒体来说，它们需要以更高的专业能力对社会化媒体传播中的问题进行校正；对平台来说，则需要对传播技术与机制进行优化。而全民的媒介素养的提高，也是社会化媒体时代必须面对的课题。

---

① 也称为回音室效应。

② 〔美〕凯斯·R. 桑斯坦：《信息乌托邦》，法律出版社，2008，第8页。

③ 胡泳：《新词探讨：回声室效应》，《新闻与传播研究》2015年第6期。

## 二　短视频+视频直播+VR新闻：移动媒体进入视觉化繁荣期

尽管电视创造了一个视觉化信息的繁盛时代，但是进入互联网时代后，由于硬件、网络带宽等各种因素的限制，理论上“多媒体”的网络，在很长一段时间内仍然是以文字、图片为主的。虽然进入Web2.0时代后，视频网站开始兴起，但它们主要是面向PC终端的，时长也没有特别的限制。然而，移动通信技术的发展在近年加速，从3G到4G，在中国几乎是一气呵成，带宽的快速提升为移动端视觉化信息的繁荣提供了铺垫。加之移动传播的时空特性，短视频与视频直播便顺理成章地成为移动用户新的需求增长点，而技术的进一步发展，则会推动VR/AR需求的增长。

### （一）短视频与视频直播：移动需求新的增长点

天天快报提供的数据显示，相比2016年第一季度，2016年第三季度的视频频道访问用户数的增长率是1436%。[①] 今日头条的《2016移动资讯行业细分报告》指出，2016年全年今日头条平台中视频内容播放量增长605%。[②] 而这些与视频内容有关的快速增长，很大程度上得益于短视频的贡献。

企鹅智酷的调查显示，在表现形式方面，移动用户最喜欢文字+静态图片的信息组合形式（59.5%），文字+动图次之（32.8%），短视频也正在受到重视（25.4%）。直播虽然目前比例还不高（19.5%），但仍值得期待（见图9）。

---

① 本数据由天天快报提供。

② 《2016移动资讯行业细分报告》，http：//www.199it.com/archives/559343.html。

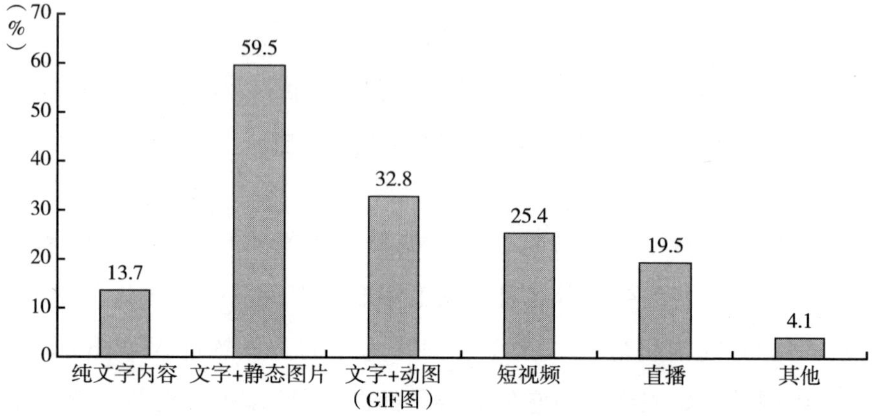


**图9　企鹅智酷调查：移动用户对资讯形式的偏好**

说明：此项调查为多选，因此各选项之和或大于100%。

从用户的反馈来看，重大新闻视频直播潜力可观。用户最喜欢的视频直播类型为重大新闻直播（54.3%），知识科普直播其次（45.3%），美食类直播（29.9%）和旅游探索直播（27.9%）接近，VR虚拟现实体验直播接受率为8.1%（见图10）。

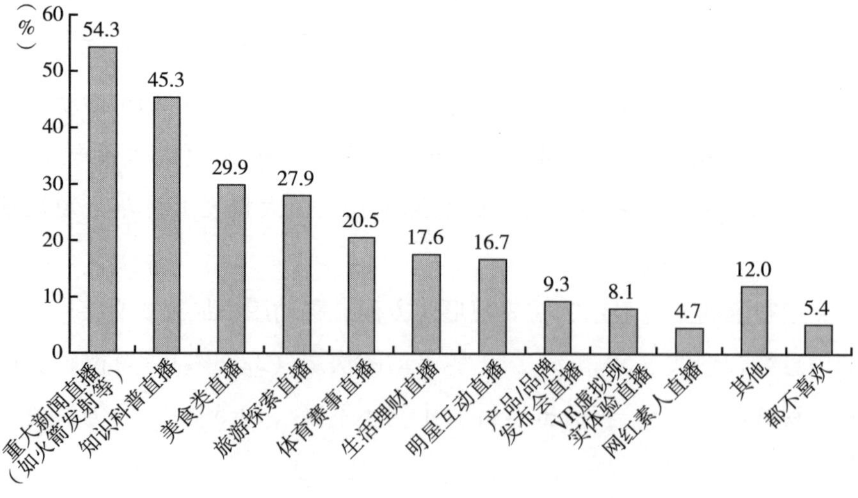


**图10　企鹅智酷调查：移动用户对视频直播类型的偏好**

说明：此项调查为多选，因此各选项之和大于100%。

从性别差异看，男性对重大新闻视频直播（59.4%）和体育直播（26.6%）的兴趣明显超过女性（48.3%、14.5%），而女性在明星互动直播（28.8%）、知识科普直播（49.6%）、美食类直播（43.8%）、旅游探索直播（32.1%）、生活理财直播（21.2%）方面高于男性，VR虚拟现实体验直播男女接受程度接近，均在8%上下（见图11）。

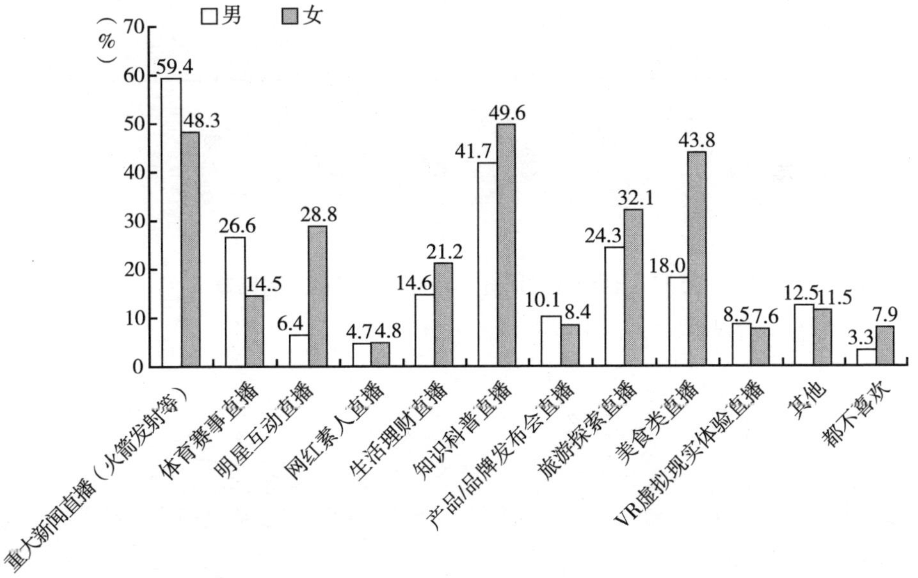


**图11 企鹅智酷调查：移动用户对视频直播类型的偏好（按性别统计）**

说明：此项调查为多选，因此各选项之和或大于100%。

而在“直播中最吸引你的是什么”这个选项的回答中，比例最高的是“增长生活知识和技能”，达50.6%，其次是“第一视角的现场感”，比例为39.0%，“幽默好玩”的选择比例为36.9%，排第三（见图12）。

今日头条“算数中心”的统计，让我们进一步了解今天用户在不同领域的视频需求情况（见图13）。尽管这个统计并不是专门针对短视频的，但是它可以给短视频生产提供一定的参照。

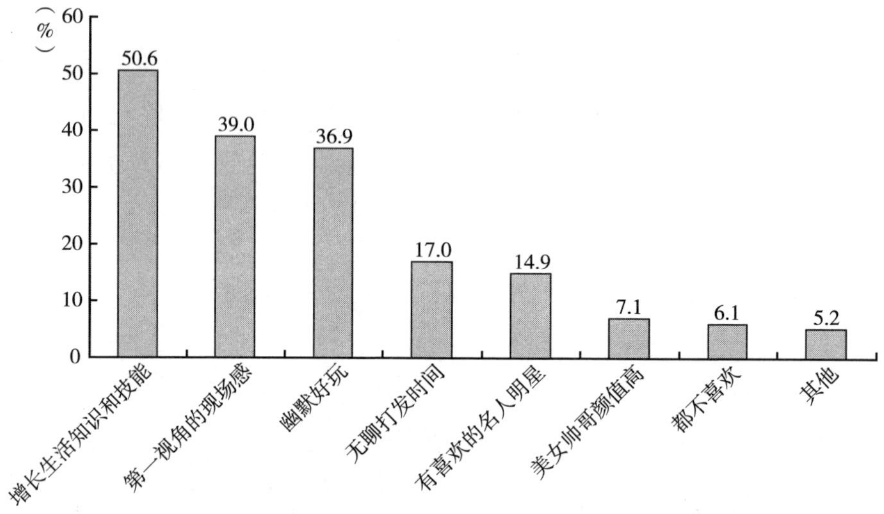


**图 12　企鹅智酷调查：直播中最吸引人的因素**

说明：此项调查为多选，因此各选项之和或大于 100%。

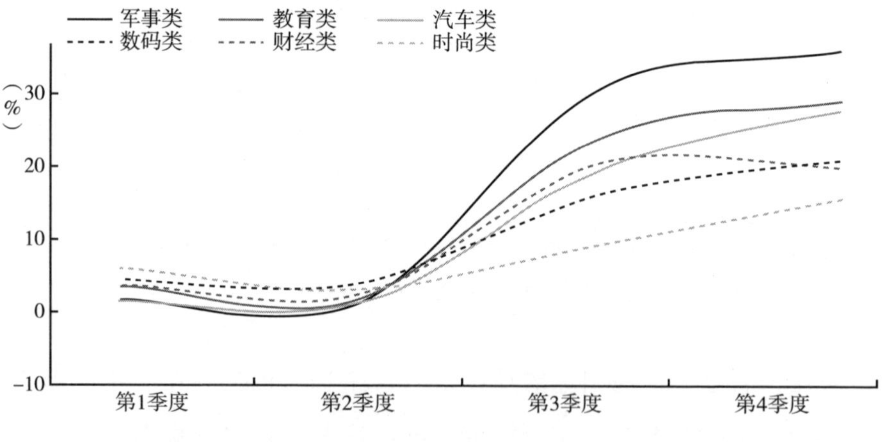


**图 13　今日头条"算数中心"统计的垂直资讯视频的增长（2016 年 1～12 月）**

数据来源：《2016 移动资讯行业细分报告》，http：//www.199it.com/archives/559343.html。

## （二）短视频生产：UGC＋PGC 或成主流

与用户日益增长的需求相匹配的，是短视频生产的井喷式发展，以及投资者对短视频生产热情的高涨。

艾瑞咨询2016年9月发布的《2016年中国短视频行业发展研究报告》称，截至2016年7月1日，短视频行业共获得43笔投资。从投资方向来看，内容制作、综合平台/社区成为两大热门投资方向，共占总投资数的65.2%。2016年前6个月，内容制作方向的投资数远高于其他3个方向。①

一些内容分发平台也进入到短视频领域。2016年9月20日，今日头条CEO张一鸣宣布，未来一年里将会拿出至少10亿元补贴短视频创作者。类似这样的平台动向，也会在一定程度上影响短视频生产与分发的格局。

2016年11月成立的"梨视频"的异军突起，则给短视频生产带来了一些新启发。

其一是"用户生产+专业化审核"机制的模式。梨视频虽然有一定的专业媒体背景，但是梨视频的发展，目前主要依赖UGC。根据梨视频的政策，所有使用梨视频App的用户，都可以通过"报料"成为拍客，视频素材经过编辑团队的审核和修剪之后，就可以通过24小时内的播放量获取奖励。② 这为梨视频带来了仅靠媒体自身力量难以实现的视频内容生产的速度、广度与规模，同时专业的审核也可以保证内容的水准。这种模式也可能被更多的媒体借鉴。

其二是对短视频叙事模式的创新。过去不少专业媒体在将电视上的视频转化为移动平台的短视频时，虽然注重了时间的压缩，但是，由于大量内容原本是为电视媒体制作的，即使经过了剪辑，叙事方式仍受到传统电视的约束。时长上多数也仍达不到移动传播的短、平、快要求。而梨视频播出的视频打破了传统电视的完整叙事逻辑，只是用一两分钟甚至更短的时长呈现那些高潮或戏剧性的部分，力求在几秒之内就抓住人们的注意力。

---

① 《2016年中国短视频行业发展研究报告》，http://wreport.iresearch.cn/uploadfiles/reports/636097949467412459.pdf。

② 《梨视频的全球拍客体系是如何建立的?》，参见"刺猬公社"公众号。

其三是借助各种社会化媒体平台的广泛传播。虽然梨视频有自己的客户端，但更多时候，人们是通过微博、微信看到梨视频的内容。社会化媒体也是短视频内容再传播的核心渠道。

然而上线3个月之后，梨视频遭到北京市网信办、市公安局及市文化市场行政执法总队3部门联合执法调查，原因是梨视频在未取得相关资质的情况下大量发布“独家”时政类视听新闻信息。此后，梨视频宣布从时政、突发新闻转型为专注于年轻人的生活、思想、感情等方面的内容。梨视频的遭遇，也代表了今天的网络视频行业的一个典型问题，那就是生产资质。

一些平台正通过“曲线救国”的方式来解决这一问题。2017年3月，今日头条收购已有网络传播视听服务资质的运城市阳光文化传媒有限公司，进而获得了“信息网络传播视听节目许可证”。

尽管增长迅速，但未来的短视频发展仍然还有很多变数。除了资质问题，短视频内容领域的拓展也是一个重要问题。今天的短视频主要集中在娱乐内容上，在新闻、知识性或专业化等内容方面如何更好利用短视频，仍然需要不断探索。而在UGC的繁荣之外，PGC（专业生产内容）在未来短视频领域能否再领风骚，还取决于专业生产者在短视频生产方面能否突破传统电视模式的限制，找到新的思维与表达方式。

### （三）视频直播：虚火降温后将转向常态

与短视频类似，视频直播也正在迎来一个大发展时期。艾媒咨询估计，2016年底，中国在线直播行业用户规模将达3.12亿人。①

在各种类型的直播中，个人直播（如才艺展示、互动等）是目前最热门的直播形式。2016年12月，花椒直播发布了《花椒直播年度直播大数据》，数据显示，“90后”用户、东北主播、土豪、打赏5亿、校园主播、明星直播是花椒直播平台2016年的关键词②，虽然这并不能代表中国移动

① 《2016Q3中国在线直播市场研究报告》，http://www.iimedia.cn/47382.html。

② 《花椒直播发布首份年度大数据报告　详解直播行业发展现状》，http://finance.people.com.cn/n1/2016/1222/c1004-28970278.html。

直播的全部，但也从一个侧面反映了国内个人移动直播的阶段性特征。移动直播热造就了更多的网红。

个人互动直播的兴起，给更多个体展示自我的可能。而从观看者角度看，他们对直播的热衷，除了偷窥心理外，也与直播带来的“在场感”与“陪伴感”有关。

但在繁荣的同时，直播平台也出现了很多问题，最突出的是个人直播中的“出位”现象，以及直播数据的造假问题，而国家对直播平台的管理也在不断强化。

2016 年 9 月 9 日，国家新闻出版广电总局下发《关于加强网络视听节目直播服务管理有关问题的通知》，重申相关规定，要求网络视听节目直播机构依法开展直播服务，即需要“持证上岗”。通过互联网对重大政治、军事、经济、社会、文化、体育等活动和事件的实况进行视音频直播，应持有新闻出版广电行政部门颁发的“信息网络传播视听节目许可证”且许可项目为第一类互联网视听节目服务第五项。此外，通过互联网对一般社会团体文化活动、体育赛事等组织活动的实况进行视音频直播，应持有许可证且许可项目为第二类互联网视听节目服务第七项。

国家互联网信息办公室 2016 年 11 月 4 日发布《互联网直播服务管理规定》指出，互联网直播服务提供者和互联网直播发布者在提供互联网新闻信息服务时，都应当依法取得互联网新闻信息服务资质，并在许可范围内开展互联网新闻信息服务。互联网直播服务提供者应对互联网新闻信息直播及其互动内容实施先审后发管理，提供互联网新闻信息直播服务的，应当设立总编辑。

对直播服务资质的限制，在某种意义上也给传统媒体带来新的机会。在视频直播这样的“风口”，传统媒体也跃跃欲试。不少媒体也开始涉足直播业务。其中最引人注目的是 2017 年 2 月 19 日三大主流媒体不约而同推出的与直播有关的新平台：《人民日报》与微博、一直播共同推出的全国移动直播平台，央视开发并有 37 家省级、计划单列市广电机构入驻的央视新闻移动网，以及新华社推出的有 102 家中央媒体、地方媒体、地方党政机关同步入驻的“现场云”全国服务平台。

这三大主流媒体在移动直播领域的发力代表了一种趋势，即越来越多传统媒体进入移动直播的领域，尤其希望在媒体驾轻就熟的新闻直播中继续发挥自己的优势。未来与新闻相关的移动直播的发展，的确也离不开专业媒体的推动。但是，电视新闻直播与移动视频新闻直播还是有很大的差异（见表1）。

**表1　电视新闻直播与移动视频新闻直播的区别**

| 电视新闻直播 | 移动视频新闻直播 |
|---|---|
| 直播主体为专业电视机构 | 直播主体为媒体、当事者、普通目击者等 |
| 通常用于重大活动或突发事件 | 除了重大题材外，也趋向日常化的生活 |
| 通常有统一调度的多机位，观众最终看到的是被导演、被编辑的现场 | 普通直播者通常只有单一机位，但多个直播者可以相互补充，观众通常更能看到“原生态”的现场 |
| 直播主要展现“台前” | 直播有助于更多展现“幕后” |
| 追求客观的视角 | 较多当事者或目击者的主观视角 |
| 有较成熟、稳定的表现手法 | 普通人的直播多数时候表现形式粗糙 |
| 互动多数时候是装饰性手段 | 互动成为必要元素，在某些时候直接影响进程 |
| 新闻现场的普通人更多充当“人肉背景” | 强调新闻现场的普通人的存在感 |
| 观众的角色只是观看 | 观众也会形成一定的在场感 |

如果媒体的移动新闻直播，只是把过去的电视直播小屏化、轻量化，而不能传达出用户所期待的“原生态”的现场感和人们的“在场感”，那这样的直播，即使投入资源再丰富、制作再精良，恐怕也难以完全满足网民的需求。

就像短视频一样，未来的移动新闻直播的发展，也同样需要 PGC 与 UGC 的融合。

除了个人直播和新闻直播外，各种垂直类直播，如体育直播、游戏直播、商业类直播、教育类直播、活动直播等，也会有很大的发展空间。

目前直播平台的火热在一定程度上有“虚火”成分。可以预料的是，直播平台将在近几年经历一个大淘汰过程，但视频直播本身将成为移动媒体一种常态方式，渗透到各种平台与各种服务中。

### （四）VR / AR：用户体验瓶颈有待突破

与短视频、视频直播相比，VR/AR 将视觉化体验推向了一个新的层次，除了更为立体、逼真的视觉感受外，它还带来了身体的临场体验。

尽管设备还不普及，但一些 VR/AR 应用已经开始推进。其中规模最大的应用，当属阿里集团在天猫推出的“Buy +”计划。将虚拟现实体验引入网上购物行为中，也许是 VR 进入人们生活最基本的通道之一，当然，目前的“Buy +”体验仍不尽如人意，这也可能会妨碍它未来的发展。

2016 年底开始流行的 AR 红包，让人们体验了将现实环境中的物体作为一种连接手段的新乐趣。在未来，更多的 AR 应用将促进现实环境与虚拟环境的连接，或者说线下与线上的结合。它不仅可以丰富现实环境，还可以提高人们对现实环境的感知能力。

很多中国媒体也在 VR/AR 新闻方面开始试水，全国“两会”期间的 VR 应用更是成为媒体竞争的一个新手段。2016 年 6 月，《重庆晨报》上游新闻 App 客户端，率先推出全国首个 VR 新闻频道。VR 新闻如果进一步成熟，将使观看者拥有进入新闻现场、更自主地进行观察与体验的能力。AR 技术则可能为报纸等传统媒体与数字世界的连接提供新思路。

在企鹅智酷的调查中，有超半数受调查用户看好 VR/AR 新闻这样的新形式。认为 VR/AR 一定会影响资讯获取的用户占 14.8%，认为可能会影响资讯获取的占 48.7%，其他用户则表示“不会影响”或“说不清”。用户对 VR/AR 新闻的认同也为未来这个市场的开拓打下了基础。

VR/AR 的未来发展也面临很多问题，目前首要的是价格适中且有良好用户体验的 VR/AR 设备的普及问题。

从企鹅智酷的调查来看，方便性与费用是影响新技术采用的主要因素。用户考虑采用新技术时最在意的是获取是否方便（50.8%），其次是费用是否合理（41.4%），再次是操作复杂程度（34.0%）（见图 14）。

调查中提及的这些因素，对于 VR/AR 设备与应用的普及，同样会产生影响。

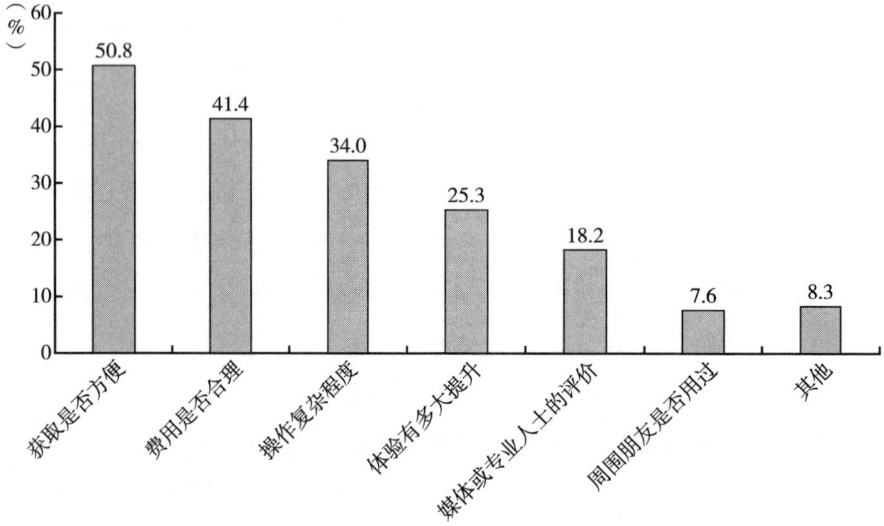


**图14　企鹅智酷调查：影响新技术采用的因素**

说明：此项调查为多选，因此各选项之和或大于100%。

此外，用户的生理限制对于VR/AR的普及也是一个关键影响因素，目前VR/AR观看时产生的晕眩感是一个主要的生理限制，未来的技术能否解决这一问题，决定了VR/AR的应用深度与广度。VR/AR难以实现与其他应用的并行体验，因而需要独占用户的“生理带宽”，这对用户来说也是一种生理限制，对VR/AR的市场拓展也会形成一定制约。

VR/AR的内容生产者和服务开发者的想象力与创造力，也是决定未来市场的重要因素。

## 三　个性化新闻+机器写作：智能化媒体初露端倪

除了上述发展动向外，个性化新闻、机器写作也是2016年新媒体领域引人注目的关键词，其前景虽然还有一定的不确定性，但是它们的发展预示着传媒业将进入智能化时代。

### （一）个性化匹配与机器化写作：信息消费与信息生产的智能化

个性化新闻服务即通过数据分析用户个性并为之适配相应的信息，它是信息消费智能化的体现。目前它已经形成了自己的市场，并且正在改变用户的新闻消费方式和新闻分发平台格局。

猎豹发布的2016年度App新闻资讯类排行中，今日头条排名第一，天天快报排名第三，一点资讯排名第四。①

在艾瑞统计的2016年12月移动App100强名单中，今日头条列第31位，在新闻资讯类中排第2位；天天快报列第42位，在综合资讯类中排第3位；一点资讯列第99位，在综合资讯类中排第8位。②

艾媒咨询数据显示，2016年第四季度，腾讯新闻以41.0%的活跃用户占比领跑中国手机新闻客户端市场，而今日头条则以34.8%紧随其后，同时，今日头条是黏性指数最高的新闻客户端。③

以上这些数据未必都是精确的，但是它们在一定程度上反映了中国新闻客户端市场中个性化新闻客户端的整体影响力，这也反映了用户对个性化服务的认同程度。从这些数据中也可以看到，几年前今日头条在个性化新闻服务市场中一家独大的局面在改变，天天快报、一点资讯正在开始对它形成威胁。

机器写作则是智能化信息生产的一个开端。2015年9月，腾讯财经开发出自动化新闻写作机器工具Dreamwriter，并且逐步向风格化、个性化写作方向进化。来自腾讯财经的数据显示，2016年第一季度，腾讯财经发布的机器写作的财经消息是400篇，第二季度上升到24000篇，第三季度增加到40000篇，其写作的领域也在扩展。④ 2015年11月7日，新华社推出自动新

① 《2016中国App年度排行榜》，http：//weibo.com/ttarticle/p/show？id=2309404062669417094893#_0。

② 《12月App指数盘点》，http：//www.iresearch.com.cn/data/266692.html。

③ 《2016年中国移动互联网新闻客户端发展分析报告》，http：//www.iimedia.cn/49161.html。

④ 本数据由腾讯财经提供。

闻写作工具“快笔小新”，“快笔小新”的“写稿流程分数据采集、数据加工、自动写稿、编辑签发4个环节。技术上通过各业务板块的需求定制发稿模板、数据自动抓取和稿件生成、各业务部门建稿编审签发‘三步走’来实现”。2016年8月的里约奥运会期间，今日头条开发的写作机器Xiaomingbot在奥运会报道中频频出手。在一些专业领域内容的批量生产中，机器写作的确有一定优势，可以让媒体人在某些方面获得解放。

## （二）个性与共性的平衡、人与机器的协同：决定未来的关键因素

尽管个性化新闻、机器写作已经进入实际应用层面，但它们是否能赢得未来，还取决于很多因素，特别是取决于它们能否解决各自面临的主要问题。

**1. 个性化新闻服务：谋求个性与共性的平衡**

对于个性化新闻来说，它存在的主要问题包括：个性化推荐与用户需求的吻合度问题，个性化推荐在低层次信息中恶性循环的现象，个性化新闻带来的信息“茧房现象”等。

企鹅智酷的调查显示，个性化新闻推荐开始得到部分用户认同。认为个性化推荐能完全满足资讯获取需求的用户为15.2%，70.3%的用户认为满足程度为一般，14.5%的用户认为不能满足需求。

对个性化推荐的缺陷，用户的认识较为一致。认为个性化推荐的内容太少（32.6%）和认为它会让视野变狭窄的用户（32.3%）比例相当，而认为推荐内容不准（30.7%）和推荐内容低俗（29.4%）的比例也相当（见图15）。

个性化信息服务虽然是未来的一个主流方向，但并非全部。未来的传播需要在谋求更精准的个性化推送的同时，优化公共性信息服务，平衡好个性化传播与公共性传播、个性满足与社会整合的关系。

**2. 机器写作：实现机器与人的协同**

对于机器写作，目前人们主要担心的问题包括：机器写作不够自由个

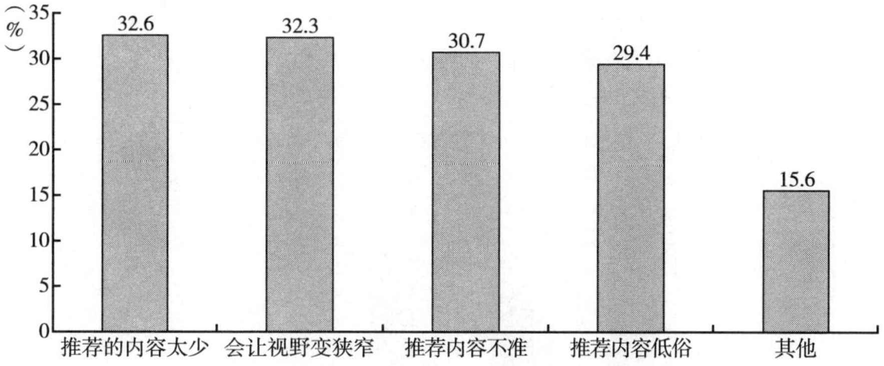


**图 15　企鹅智酷调查：个性化资讯推荐的缺点**

说明：此项调查为多选，因此各选项之和或大于100%。

性、没有质感与温度，机器没有人的创造力，机器会抢人的饭碗等。

企鹅智酷的调查也涉及机器写作的问题。认为机器缺少新闻判断力的用户为41.6%，39.0%的用户认为机器缺少人情味，37.3%的用户认为机器缺少人的创造力（见图16）。

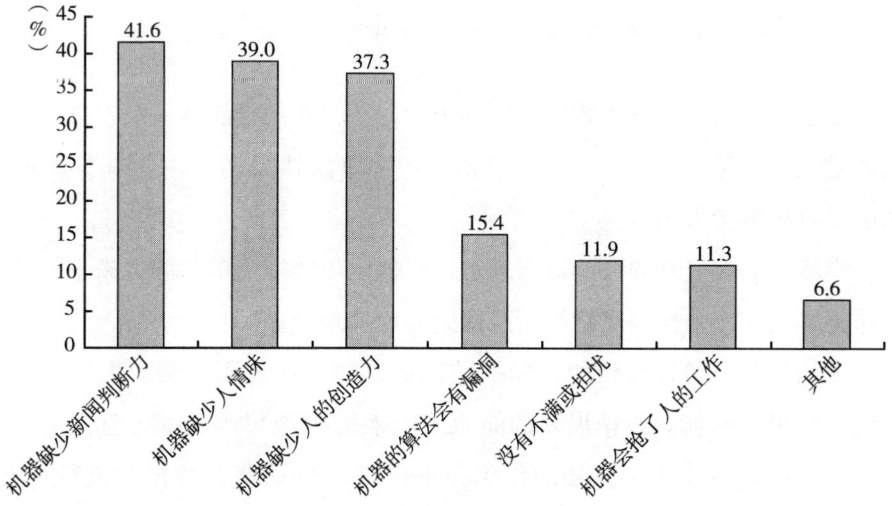


**图 16　企鹅智酷调查：如何看待机器写作**

说明：此项调查为多选，因此各选项之和或大于100%。

而按收入来区分的话，月收入 3000 元及以下的用户更担心机器会抢了人的工作（16.2%），显著高于其他群体（见图 17）。

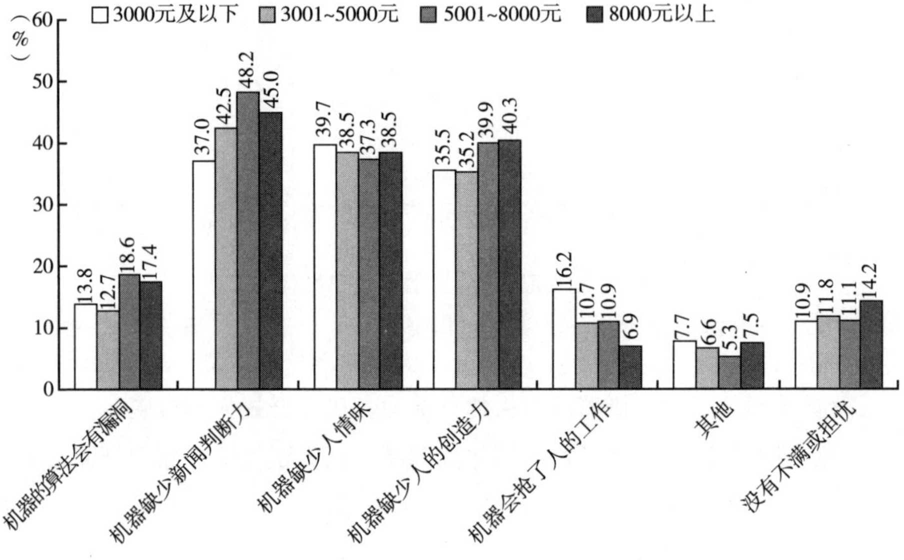


**图 17　企鹅智酷调查：如何看待机器写作（按收入统计）**

说明：此项调查为多选，因此各选项之和或大于 100%。

在企鹅智酷面向自媒体作者的调查中，76.4% 的自媒体人对于自动化写作的最大担忧是缺乏情感和个人风格，担心语法错误的人占 36%，担心过高的学习成本者占 31.8%。

当然，随着机器的自然语言理解、机器学习等能力的加强，未来的机器写作很有可能在个性、风格与情感这些方面实现突破。

无论如何，机器写作的目标不是代替人的写作，而是实现人与机器的协同，以机器的能力来拓展人的能力。未来的机器写作系统更应该是人机一体的新闻报道体系。机器的作用，不仅仅是自动获取数据并进行填充，还将体现在：引导新闻线索的发现，驱动新闻深度或广度的延伸，提炼与揭示新闻内在规律，帮助写作者对内容的传播效果进行预判、优化写作等方面。

以上这些关键词，代表了2016年新媒体的发展重点。过去一年起伏的波涛，既奔涌向某些必然方向，也可能翻滚出一些泡沫，但正是在这些喧嚣与骚动中，新媒体完成了自己的升级，也渐进地改变着整个传媒业的景观与格局。

# B.3
# 2016年中国互联网产业发展报告

曹军波*

摘　要：2016年是中国互联网产业变化显著的一年。一是终端结构变化。在多个领域移动端营收贡献率超过PC端，移动互联网来势疾劲，整个产业在短短3年间便急速进入了成熟状态，但也意味着连续3年145%以上的高增长态势宣告结束，产业成长动力由粗放的流量红利开采向发掘创新模式和深挖核心用户价值转变。二是产业面貌变化。电商广告取代搜索广告成为中国互联网广告第一大广告形式、网络零售行业进入“提质升级”的新阶段、大量视频用户开始为内容付费、云计算的应用价值大规模释放、人工智能迎来新的突破拐点等。本报告从互联网用户规模、基础资源建设、应用现状等基本情况入手，主要分析互联网广告市场、网络游戏和移动互联网的发展现状与趋势。

关键词：移动互联网　互联网广告市场　网络游戏

2016年，中国互联网领域热点事件频频。“十三五”规划纲要布局八项信息化重大工程，推进网络强国战略；《网络安全法》正式通过；“双十一”购物狂欢节天猫交易额突破1200亿元……互联网产业在引领经济发展、推动社会进步、促进创新等方面持续发挥巨大作用。在“互联网+”的时代，

---

* 曹军波，艾瑞咨询集团副总裁，研究院院长，首席分析师。

互联网已不仅仅是一种简单的信息传播媒介，互联网拥有比传统媒体更为多元化的盈利模式，互联网产业的外延也已超越传统意义上的传媒产业范畴。因此，从狭义上讲，互联网产业的构成包括网络广告收入、网络游戏收入、移动数据与增值服务收入；从广义上将，互联网产业还应包括互联网金融、电子商务、IT 制造等与互联网高度交叉融合的行业的收入。本报告将主要立足于狭义的互联网产业构成，重点分析网络广告市场、网络游戏以及移动互联网的发展现状与趋势。

## 一 2016年中国互联网发展概况①

### （一）用户规模

2016 年，中国互联网用户规模虽仍有增长，但增长速度放缓，互联网人口红利已经基本消失，互联网产业亟待转变发展模式，寻找新的经济增长点。根据中国互联网络信息中心（CNNIC）的数据，截至 2016 年 12 月，中国网民规模达 7.31 亿人，全年共计新增网民 4299 万人，增长率为 6.2%，互联网普及率达到 53.2%，中国网民规模已经相当于欧洲人口总量，互联网普及率也超过全球平均水平 3.1 个百分点，超过亚洲平均水平 7.6 个百分点。

从新增网民的特征看，40 岁以上和 19 岁以下的用户增长幅度相对较大，反映出互联网用户开始向低龄和高龄两端延伸，这部分新增网民的特征也对互联网的发展模式等产生了影响。

### （二）基础资源与设施

2016 年，中国互联网资源增长速度放缓，互联网应用规模仍保持较快增长。由于全球 IPv4 地址从 2011 年起已经全部分配完毕，我国 IPv4 地址总

① 如无特别说明，本节数据均引自中国互联网络信息中心（CNNIC）2017 年 1 月发布的第 39 次《中国互联网络发展状况统计报告》。

数基本维持不变，而IPv6地址的增长也已放缓，但域名总数、网页总数和国际出口带宽都保持了两位数以上的增长。特别是光纤接入用户占比显著提升，已经成为固定互联网宽带接入的主流。2016年，三家基础电信企业固定互联网宽带接入用户净增3774万户，总数达到2.97亿户。

## （三）行业政策

随着互联网的快速发展、互联网产业在国民经济中地位的提高，互联网在国家战略层面的重要性日益凸显，中国互联网产业的整体发展亟待规范化。2016年，国家相继出台《“十三五”国家战略性新兴产业发展规划》、《“十三五”国家科技创新规划》、《“十三五”国家信息化规划》、《国家创新驱动发展战略纲要》等互联网相关国家战略指导意见，为互联网行业发展创造了良好的环境。

此外，为了推动互联网健康有序发展，国家同时颁布了一系列行业法律法规与政策，如《中华人民共和国网络安全法》、《关于积极推进“互联网+”行动的指导意见》、《关于促进移动互联网健康有序发展的意见》、《移动互联网应用程序信息服务管理规定》等，所有这些都将对中国互联网产业和信息经济的健康、绿色、创新、快速发展起到巨大的推动作用。

## （四）应用状况

当今社会已经全面进入互联网时代，无论是政府、企业，还是个人，无论是学习工作还是日常生活，互联网已经渗透到社会的方方面面。政府加快“两微一端”布局，推动政务信息公开，提升政府服务水平；企业基本实现互联网全面普及；个人应用则从媒体类应用向生活服务类应用渗透。

**1. 政府应用**

2016年，我国的政务服务持续由线下向线上发展，网民的线上政务服务使用率已超过线下使用率。在线政务服务用户规模达到2.39亿人。其中，支付宝或微信城市服务是网民使用最多的在线政务服务方式（见图1）。

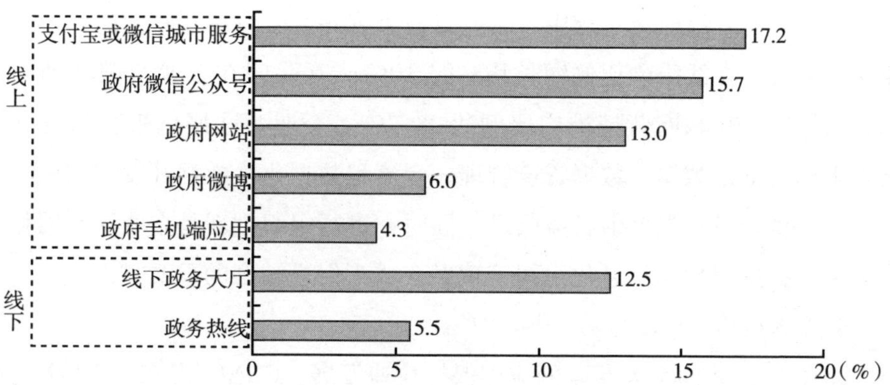


**图 1　2016 年网民各类政务服务用户使用率**

**2. 企业应用**

中国企业信息化基础全面普及，“互联网 +”传统产业融合加速。2016 年，中国面向消费的互联网对经济的贡献已经超过了美国，而产业互联网方面则成为中国互联网发展的新空间。企业的互联网化是产业互联网的基础，实现产业互联网，首先要实现企业的数字化转型。2016 年，企业互联网化转型从 2015 年的起步期步入稳步发展期。企业的互联网使用全面普及，企业使用互联网办公的比例首次突破 90%（见图 2）。

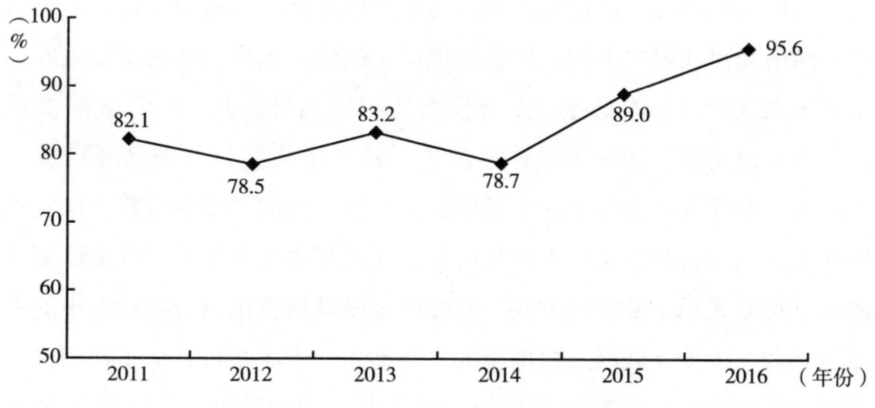


**图 2　2011 ~ 2016 年企业互联网使用比例**

在供应链升级改造过程中，企业日益重视并充分发挥互联网的作用。企业在线销售、在线采购比例增长均超过10%。互联网在企业营销活动中发挥更大作用，互联网营销推广比例达38.7%。企业互联网化生存与发展的核心驱动要素是数据，数据资产管理、全流程数据化、数据开发利用值得关注，进一步开发数据价值日益凸显。同时，进行组织创新是企业互联网化的必然要求，流程化和信息化组织管理融合成为促进转型的重要方式。

**3. 个人应用**

2016年，我国个人互联网应用保持快速发展。CNNIC发布第39次《中国互联网络发展状况统计报告》显示，个人互联网应用的用户规模普遍呈现上升态势，其中网上外卖、互联网医疗的用户规模增长幅度最大。

网络金融类应用领域，“出门无钱包”时代悄然开启，互联网理财用户规模增长进入平稳期。其一，互联网理财已从产品先导阶段进入集成化产品矩阵阶段。未来数年网络理财增速稳定，业内等待另一个爆发点。2013年6月，余额宝横空出世，经过半年的酝酿，2014年开始爆发。这一现象级的金融产品引爆了我国网络理财市场。2015～2016年相关余额理财类产品层出不穷，触网的金融产品也从基金逐渐扩展到其他各个方面。未来我国网络理财市场将逐步趋于稳定，行业规模的稳步提升不仅意味着用户对网络理财的熟悉程度达到高峰，也意味着网络将成为用户理财的常规渠道。不过这也说明，网络理财在模式上的探索创新遭遇了瓶颈，未来行业内需要另外一个或多个现象级产品，才能将行业规模增速再度提升。其二，互联网支付方面，手机支付向线下支付领域快速渗透，线下手机支付习惯已经形成。电商、航旅、游戏等传统行业的支付渠道正在快速地向移动端转移。以互联网金融理财为主的新行业正处于成长阶段，交易规模增幅较大，且多以第三方互联网支付方式为主要交易方式。互联网金融理财在细分行业结构中的占比已超过半数，成为互联网支付增幅的主要动力。中小平台目前正在积极布局互联网理财和消费金融等细分行业。2016年，由微信红包与支付宝集五福行动带动的虚拟账户交易量，随着用户越来越频繁地使用这些工具进行日常交流与节日问候而继续快速增长。除此之外，银行和保险等传统金融领域的优质金融资产端越来越多地接入互联网金融平台。

公共服务类应用领域，教育、医疗的互联网化进程加快；网约车向规范化发展，共享出行进入规范化发展期。网络预约专车类服务包括专车、快车和顺风车等服务，是传统用车市场的良好补充，在满足用户个性化出行需求的同时，也有效节约社会资源。网约车作为共享经济的代表性服务，在盘活车辆资源、满足用户出行需求方面发挥了重要作用，随着相关管理办法的出台，行业将进一步向规范化、安全化发展。

## 二　中国互联网行业市场发展分析①

### （一）网络广告市场

2016 年，虽受到新广告法的影响，但网络广告在技术与形式上均取得了创新性的发展，视频信息流广告成为发展重点，网络广告已经成为广告主最为看重的广告形式。社交奥运、网红等概念的热潮，也助推网络广告创意的升级。同时，在广告投放方面，广告主更看重整合营销的效果、成本与预测。广告应用平台对大数据的应用，不仅能够使广告主更好的触达用户、更高效地进行曝光，还能够帮助广告主对新一轮营销策略进行指导与修正。此外，随着企业服务的升级，营销与广告主本身业务的结合也越来越紧密，对于广告主商品/服务转化率的影响越来越直接。

**1. 市场规模：持续增长，增速略有放缓**

2016 年，中国网络广告年度市场规模为 2769.4 亿元，同比增长率为 29.7%，增速略有放缓。但从整体发展来看，网络广告市场仍将保持较快的增长水平，预计在 2019 年将超过 5000 亿元，2016 ~ 2019 年的复合增长率仍将在 25% 以上（见图 3）。

① 如无特别说明，本节数据源自艾瑞咨询。

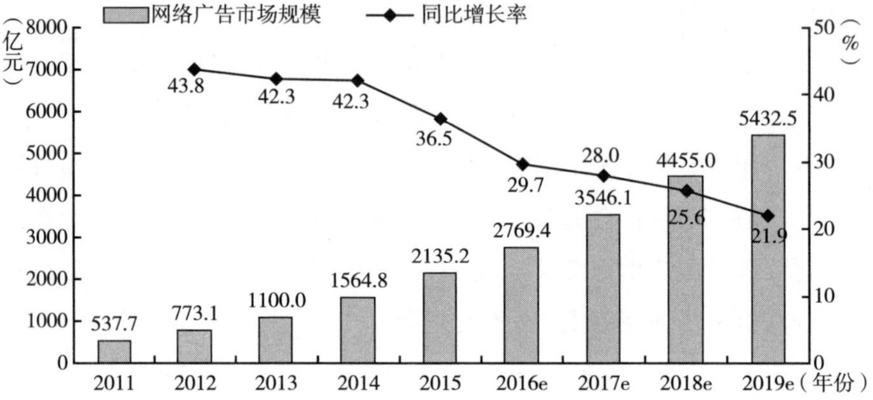


**图3　2011～2019 年中国网络广告市场规模与预测**

数据来源：根据企业公开财报、行业访谈及艾瑞咨询统计测算。

说明：①互联网广告市场规模按照媒体收入作为统计依据，不包括渠道代理商收入；②此次统计数据包含搜索联盟的广告收入，也包含搜索联盟向其他媒体网站的广告分成。

## 2. 市场结构：电商广告份额首超搜索广告，效果类广告增势迅猛

随着用户流量的红利逐渐消失，中国网络广告整体逐渐脱离野蛮生长期，重点也向精细化方向发展。2016 年，中国网络广告在细分领域市场出现了较大的结构性变化（见图 4）。

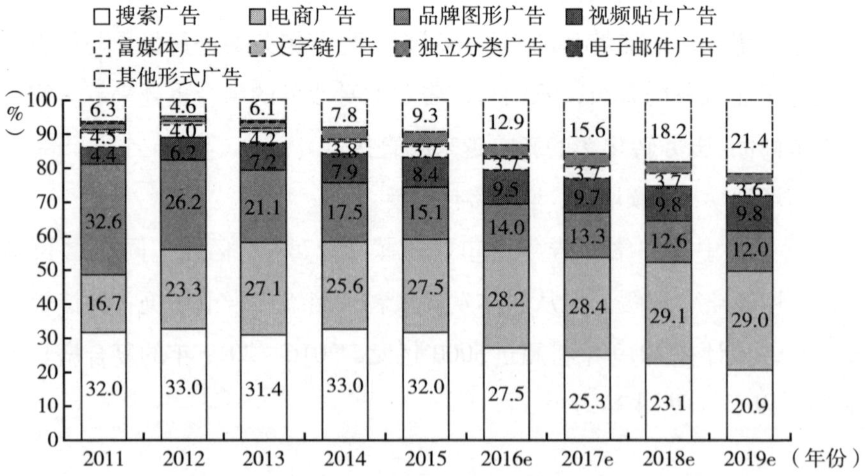


**图4　2011～2019 年中国不同形式网络广告市场份额**

由于政策影响，一直保持领先地位的搜索广告份额出现了较大幅度的下滑。2016 年中国搜索广告市场规模为 761 亿元，增速放缓跌至 11%，这是自 2011 年以来搜索引擎企业营收的同比增长首次降到 30% 以下，与 2015 年同期相比，份额下降近 5 个百分点。2016 年搜索行业的关键词无疑非“新规”莫属，之前有关竞价排名的法理和道德讨论从未停止，2016 年第二季度“魏则西”事件持续发酵，由此带来一系列延宕效应强烈影响着百度这样的以医疗行业为重要客户的搜索引擎企业。2016 年第三季度、第四季度连续两个季度审核验证医疗及其他重点行业如金融类客户的相关资质证明，一些原有业务不得不终止或暂时停滞，这直接导致了 2016 年第三季度、第四季度的百度营收仅与第二季度勉强持平，同比增长在第四季度达到冰点。核心公司的营收出现震荡，导致搜索行业整体营收及搜索广告收入规模的增速不及历史预期。艾瑞咨询预计，随着百度自身搜索广告业务规范化过程在 2016 年第四季度基本完成，加之其对新的行业客户的开拓，“新规”带来的短期影响将逐渐平复，2017 年搜索行业发展将迎来回暖，但过去 30% 以上的高同比增长的态势将很难再现。

2016 年，电商广告的市场份额首次超越搜索广告升至首位，占比 28.2%，与 2015 年同期相比有小幅上升。以新闻、社交中信息流广告为主的其他形式广告，在 2016 年得到快速发展，份额达到 12.9%，而随着用户消费需求升级及消费习惯进一步向网络倾斜，跨境电商、生鲜电商等垂直细分领域的不断深挖，电商广告凭借着品牌与效果双重创新，在 2016 年获得持续的良性发展，市场份额为 28.2%，超过搜索广告位居第一，并且电商广告在未来仍将保持较好的发展趋势。

视频贴片广告的份额则由于视频网站自制剧、网综、热门电视剧的播出而呈现稳步上升的发展趋势。其中视频广告、社交广告在 2016 年的创新也给业界带来了诸多惊喜。多种广告展现形式的整合营销，使广告的体验更好、对商品的展现更加全面与立体，从而使广告获得更好的效果。视频广告除了传统的贴片广告，也纷纷开始尝试信息流广告等新形式，社交广告则将用户的关系与兴趣作为基础，结合不断迭代的广告技术进行更有效的广告投放，帮助广告主获得更好的效果和收益。

**3. 创新形式：信息流广告市场超260亿元，同比增长115%**

2016 年的网络广告市场中，广告形式的创新与大数据应用及分析能力的提升成为主要特征。广告主对于曝光与效果的双重需求不断凸显，效果广告得到了更大的发展。随着奥运会、娱乐圈大事件、全球公共政治事件等的发生，社交媒体、新闻门户、视频媒体及垂直媒体纷纷布局自身的信息流广告产品，使得中国原生信息流广告增势迅猛，在 2016 年达到 267 亿元，同比增长率为 115.9%。预计未来几年增速仍将保持在 50% 以上，预计 2019 年将突破 1000 亿元。此外，2016 年热炒的“网红”概念、资本市场助推的直播平台等，都使网络广告的形式和创意不断变化，内生广告或也将成为未来的发展新趋势。

**4. 市场参与者**

（1）广告主：积极布局国内市场，同步拓展海外市场

在全球移动互联网的发展中，中国互联网企业逐渐摆脱以模仿为主的产品形态，已经处于移动互联网发展的领先地位，2016 年中国移动互联网企业除了不断尝试新的营销方法、继续聚焦精准投放等需求之外，海外布局也不断加速，通过海外主流媒体将自身产品的触达范围不断扩张，甚至直接推出海外版本来满足不同地区用户的需求，在国内用户流量越来越难获取的今天也成为很多国内企业的新出路。这样的布局也为营销领域带来新的机会，诸多以出海营销业务为主的营销服务商在 2015 ~ 2016 年得到了快速成长。从长期来看，伴随广告主需求的转变升级、海外人口红利的消失，市场环境和竞争环境的变化对营销服务商的专业服务能力要求将大大提高，导致营销服务商的核心竞争力向技术、算法及产业链布局倾斜。同时，海外更加严格的应用市场推广规则与政策限定，以及当地知识产权的敏感性等问题，也是出海营销行业必须适应与优化的关键。

（2）营销服务商：服务能力不断提升，技术与数据已成为主要竞争力

2016 年无疑是移动营销深度发展的一年，原生广告也成为推动网络广告市场发展的重要动力。在这个过程中，营销服务商在自身业务的拓展与服

务能力提升方面都在积极尝试与努力中。为了满足不同广告主的不同需求，营销服务商们也推出了诸多通用与定制化的解决方案，营销对于企业策略制定的参与度不断提高，网络营销的影响力也在提升。同时，以大数据与广告技术为主的营销服务商得到了更大的发展机会。营销对于广告技术的需求也越来越高。

DSP、RTB 与程序化广告经过 2016 年一年的发展，整体规模仍旧保持增长，但是随着广告主对于广告技术的愈发了解，“黑箱操作”、“流量作弊”等诸多乱象也成为限制其发展的掣肘。如何更透明化更精准化的为广告主提供可监测且可靠的广告效果与转化是未来程序化广告发展的重点。对于营销服务商来说，能够达到这样的目标，技术算法的优化和大数据的积累成为主要的竞争力。

（3）用户：场景化、智能化将用户与广告内容连接的更紧密

随着用户对于移动应用的接受程度与依赖度不断提高，2016 年网络广告所能触达的场景也愈加丰富。与场景结合紧密的营销模式，伴随着大数据应用的深入，变得更为精准与智能化，也为网络广告的发展提供了新的拓展方向。对于用户而言，广告成为更具有信息价值的内容，高匹配度与高场景化的体验，将用户与广告内容连接的更加紧密，从而使用户对于品牌与产品的转化更加自然和便捷。

## （二）网络游戏市场

互联网普及，光纤和移动 4G 技术的发展为中国网络游戏市场发展提供了良好的硬件基础。随着人民生活水平的提高，娱乐需求增长，中国网络游戏市场近年来一直保持稳步增长的态势。但是，随着互联网人口红利被耗尽，网络游戏市场增长将逐步放缓，并进入发展平台期。

**1. 用户规模**

2016 年，中国网络游戏用户规模持续增长。根据中国互联网络信息中心（CNNIC）的数据，截至 2016 年 12 月，我国网络游戏用户规模达到 4. 17 亿人，占整体网民的 57. 0%，较上一年增长 2556 万人。手机网络游戏

用户规模较上一年底明显提升，达到3.52亿人，较上一年底增长7239万人，占手机网民的50.6%（见图5）。

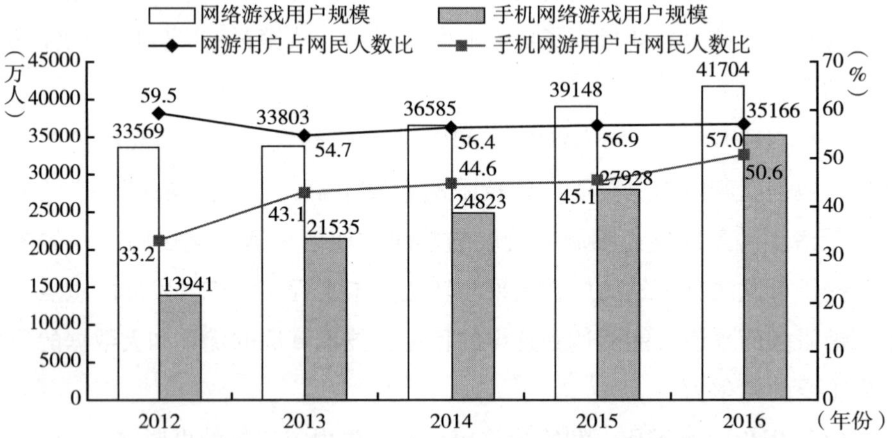


**图5　2012～2016年中国网络游戏/手机网络游戏用户规模与占网民人数比**

**2. 市场规模**

网络游戏是将互联网、文化、传媒有机融合的高度市场化的行业，在网络经济中占有重要的地位。2016年，中国网络游戏市场整体保持平稳发展，市场规模预计可达到1827.4亿元，2017年有望突破2000亿元。市场规模同比增长27.3%，较上一年略有下降（见图6）。

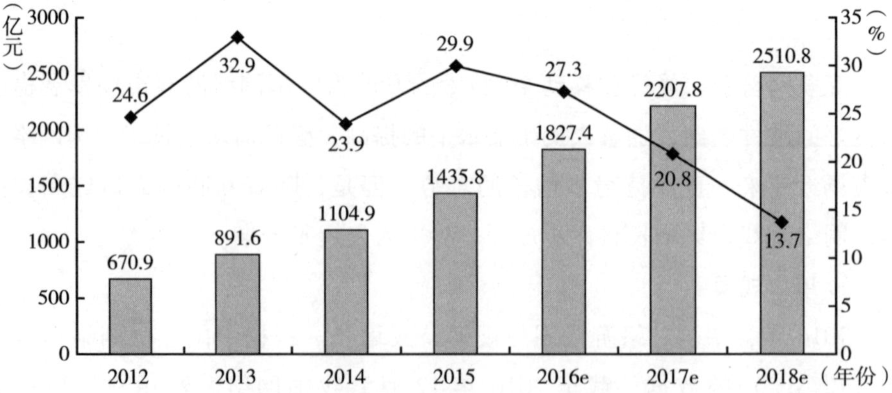


**图6　2016年中国网络游戏市场规模及增长率**

3. 细分市场

从网络游戏市场构成看，2016 年，移动游戏的市场规模约占六成，超过 PC 游戏，跃居第一（见图 7）。PC 游戏与移动游戏此消彼长的变化源于多方面原因。随着移动游戏的竞技化和重度化的加重，移动游戏与 PC 游戏开始产生直接竞争。

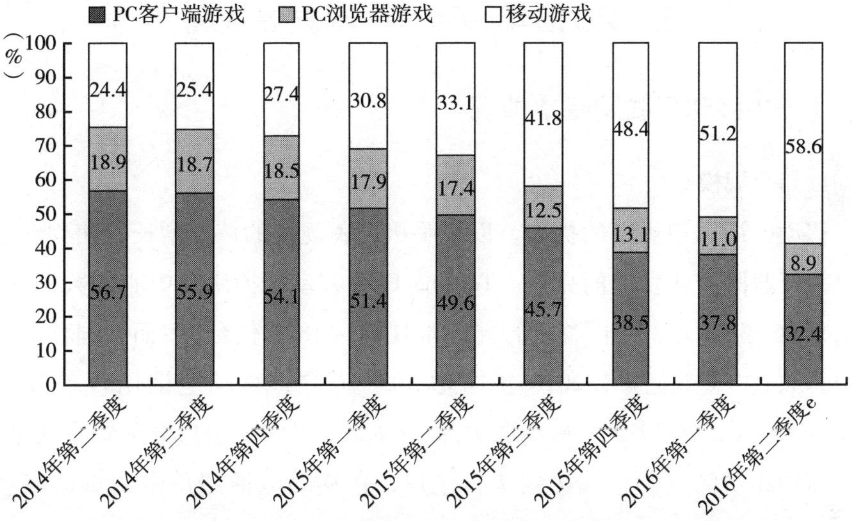


**图 7　2014 年第二季度至 2016 年第二季度中国网络游戏市场结构**

PC 端网络游戏市场规模和用户规模虽然均有所下降，也缺少重量级的新游戏进入市场，但市场已基本进入成熟期，核心的游戏用户，特别是重度付费用户群体已在目前水平上保持稳定。而由于 PC 端游戏的开发时间较长，成本增加和行业整体规模进入平台期，游戏厂商的竞争格局也已经固化，竞争格局的微调也基本源于新游戏上市推出的市场计划的影响。目前三七互娱无论作为平台还是研发商，都稳居网页游戏开服数第一。

移动游戏的增长速度也有所放缓，腾讯和网易仍占据移动游戏 65% 以上的市场份额。2015 年以来，移动游戏市场加速增长主要是由于新上线的多款角色扮演类移动游戏拉高了人均付费值。这种作用在 2016 年已经显著下降。在国内用户规模遇到瓶颈的情况下，主要厂商纷纷开辟海外市场，以扩大国产移动游戏的用户规模。2016 年，政府颁布的《关于移动游戏出版服务管理的通知》有利于移动游戏市场的长远发展，也提高了小型游戏厂商的竞争门槛，在人口红利消失、经营成本加大等因素的影响下，移动游戏市场集中度或将继续加大，拥有雄厚资本实力与研发能力的大型厂商将占据更有利的竞争地位。

## 三 2016年移动互联网发展状况①

### （一）移动互联网基本情况

**1. 用户规模**

移动电话用户规模的扩大，以及手机网民规模的持续增长，使移动互联网成为互联网产业发展的亮点。Talking Data 移动数据研究中心的数据显示，截至2016年12月，中国移动智能终端规模达13.7亿台。② 而中国移动电话用户总数达13.2亿户，2016年净增5054万户，移动电话用户普及率达96.2部/百人，比2015年提高3.7部/百人。其中4G用户数呈爆发式增长，全年新增3.4亿户，总数达到7.7亿户，在移动电话用户中的渗透率达到58.2%。而使用手机上网的网民的人数已达6.95亿人，占网民总人数的比例高达95.1%，增长率连续3年超过10%（见图8）。手机已经超越笔记本电脑和台式电脑，成为人们最主要的上网工具。

**2. 基础设施**

移动互联网的基础设施建设增长迅猛，移动通信设施建设步伐加快。根据工信部的统计数据，2016年基础电信企业新增移动通信基站92.6万个，总数达559万个。其中4G基站新增86.1万个，总数达到263万个，移动网络覆盖范围和服务能力继续提升。电信运营商继续推进“提速降费”行动，

① 如无特别说明，本节数据均引自中华人民共和国工业和信息化部2017年1月22日发布的《2016年通信运营业统计公报》。

② Talking Data 移动数据研究中心：《2016年中国移动互联网行业发展报告》，2017年2月，http：//mi.talkingdata.com/report-detail.html？id=499。移动智能终端指移动端累计活跃设备总数，包括智能手机、平板电脑、智能手表等。

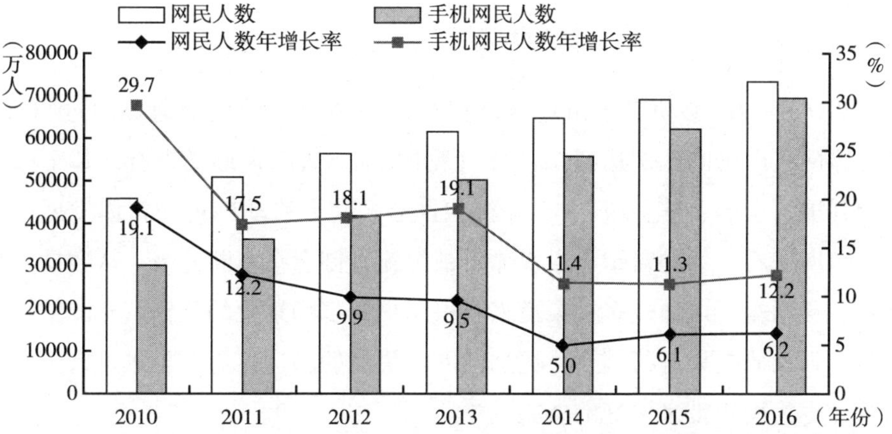


**图 8　2010～2016 年中国网民/手机网民规模及增长率**

数据来源：中国互联网络信息中心（CNNIC），2017 年 1 月。

提升 4G 网络和宽带基础设施水平，行业转型步伐加快，用户和收入结构迭代转型，促使移动互联网、IPTV 等新型消费保持快速发展。2016 年移动互联网接入流量消费达 93.6 亿 G，同比增长 123.7%，比 2015 年提高 20.7 个百分点。通过手机上网的流量达到 84.2 亿 G，同比增长 124.1%，占总流量比重达 90.0%。

**3. 移动应用**

移动互联网已成为互联网应用服务的主角。中国信息通信研究院移动应用监测平台数据显示，截至 2016 年 10 月，中国市场中的移动应用（包括中国本土的第三方应用商店与苹果应用商店中的全部移动应用）累计数量超过 887 万款，超越了在中国大陆注册的约 472 万的网站数量。[①] 移动互联网通过与实体经济的深度融合，与线下经济联系日益紧密，推动消费模式向资源共享化、设备智能化和场景多元化发展，从而促进经济转型升级。

① 中国信息通信研究院：《互联网发展趋势报告（2017 年）》，2017 年 1 月，http：//www.catr.cn/kxyj/qwfb/bps/201701/t20170110_ 2186146.htm。

## （二）移动广告市场发展现状

2016 年中国移动广告市场持续保持高速增长，同比增速仍超过 90%，占总体网络广告的比例达到 62.3%（见图 9）。从广告形式来看，基于移动端的开屏、全屏、信息流、H5 等新广告形式助力移动广告的整体发展；从营销角度来看，话题营销、自媒体营销等新奇创意在不断升级；从数据角度来看，移动端可以通过多种渠道来获得用户更多场景化的数据，并能够将数据与广告投放效果进行结合，更加精准与快速的触达，为广告主带来更好的效果，也为用户带来更好的体验。

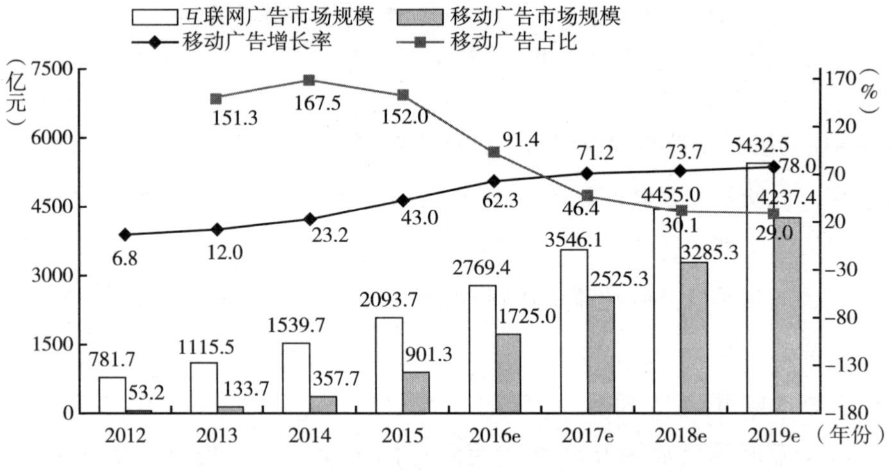


**图 9　2012～2019 年中国网络广告及移动营销市场规模**

2017 年 1 月，中共中央办公厅、国务院办公厅印发《关于促进移动互联网健康有序发展的意见》①，提出要强化移动互联网的驱动引领作用，大力推动移动互联网和农业、工业、服务业深度融合发展，推动产业生态体系协同创新。随着移动支付、移动购物、移动 O2O 等移动化、个性化消费形式的逐步普及，智能、联接、高覆盖率的移动互联网将持续推动互联网与实

① 《中共中央办公厅国务院办公厅印发〈关于促进移动互联网健康有序发展的意见〉》，2017 年 1 月 15 日，http://news.xinhuanet.com/2017-01/15/c_1120315481.htm。

体经济的深度融合。移动互联网的产业化应用转向将成为互联网产业下一步发展的关键。

## 四　互联网产业发展趋势

### （一）内容营销大放异彩，创意不拘泥于形式

内容营销在2016年已经显示出其重要的地位和巨大发展潜力，延续优质IP的影响，内容开发涉及的形式和玩法更多。从营销的角度来看，优质创意与内容也同样具有掀起现象级的能力。从形式上来看，图文、H5、直播、短视频、视频等多种形式的开发与结合使用为内容营销提供发展基础。从玩法上看，在社交、新闻、视频等媒体上表现尤为突出，奥运期间，与赛事、运动员、重要事件结合的多个品牌广告在新闻、社交平台被刷屏；《小时代》、《大圣归来》、《芈月传》等电影、电视剧在社交平台上结合自身内容和粉丝需求进行的营销也取得了丰厚回报；在线视频平台基于自制内容进行的品牌植入与合作，也为广告主带来了可见的收益。

2017年，内容营销将继续成为网络营销的主要推动力。原生广告的创意不仅局限于现有形式，将更加符合用户的使用习惯及其对品牌与内容的喜好，解决方案也将更加完善，覆盖更多渠道和资源。涉足内容营销的媒体平台类型将不断丰富，尤其垂直类媒体将不断增加；广告主在内容营销上的预算也将进一步增多。

### （二）新科技与网络营销的结合成为大势所趋

人工智能、VR等新科技发展成为2016年的重要话题，网络营销与新科技结合也将成为未来的重要发展方向。VR营销主要从内容创意、产品体验等角度为用户带来更身临其境的感受，更好地体会广告所表达的意境与产品特征等，新奇的创意在新的展现方式上也将得到更大发挥。

人工智能则将从广告投放技术、用户精准定位等方面提供更多的帮助，提升广告效果与体验，为广告主提供更透明更良性发展的广告交易环境，从而促进网络营销全产业链的发展。同时，人工智能也将通过大数据的分析，帮助营销服务商向产业链上下游延伸，结合目标用户特征与兴趣优化广告创意，将触达用户数据与销售数据打通，为营销和销售策略提供优化依据等。

### （三）消费互联网向产业互联网转型升级

从消费互联网向产业互联网的转型升级，趋势已经显现，也必将成为2017年互联网产业发展的重要议题。中国信息通信研究院《互联网发展趋势报告（2017年）》指出，互联网发展重心正从消费互联网向产业互联网扩展，“互联网+”快速推动服务业、制造业和农业转型升级。三一重工打造工业物联网平台，通过互联网为全球超过10万台设备提供实时监测和远程运维服务，3年新增利润超过20亿元，降低服务成本60%。[①] 互联网全面重构传统产业图景，加速技术产品创新演进，拓展原有产品价值空间，更促进传统行业聚焦释放大数据价值，驱动全产业环节显著提质增效。

在消费互联网阶段，网络是互联网发展的载体，通过内容和有效信息的提供获得流量，以流量变现形成完整的产业链条。产业互联网以价值经济为主，通过传统企业与互联网的融合，寻求全新的管理与服务模式，为消费者提供更好的服务体验。[②] 消费互联网时代，互联网侧重“眼球经济”，满足消费者的消费需求。门户网站、自媒体和社交媒体提供资讯；电子商务与在线旅游等提供生活服务。2016年，百度、阿里巴巴、腾讯3家互联网产业巨头均在电子商务、社交网络、搜索引擎等领域呈现规模化发展，布局产业链，形成了各自的生态圈，消费互联网达到顶峰。产业互联网有别于消费互联网的“眼球经济”的商业模式，以“价值经济”为主，意味着制造、医

---

① 中国信息通信研究院：《互联网发展趋势报告（2017年）》，2017年1月，http：//www.catr.cn/kxyj/qwfb/bps/201701/t20170110_2186146.htm。

② 卢卫：《推进互联网产业发展，构筑经济社会发展新动能》，《传媒》2016年第16期。

疗、农业、交通、运输、教育等各行业的互联网化。关注产业互联网与消费互联网二者间的关联性，完成二者的融合，以消费、消费者驱动产业互联网，才能实现由消费互联网向产业互联网的转型升级。

互联网产业犹如加速前进的列车，将带领中国传媒产业不断向前奔驰，也将进一步渗透到社会经济生活各个领域，从而影响社会发展进程。正如习近平主席在二十国集团工商峰会开幕式上的主旨发言所指出的，“以互联网为核心的新一轮科技和产业革命蓄势待发，人工智能、虚拟现实等新技术日新月异，虚拟经济与实体经济的结合，将给人们的生产方式和生活方式带来革命性变化。”

# B.4
# 2016年中国电视产业发展报告*

胡正荣　李继东　黄 炜**

摘　要：“十三五”开局之年，中国电视产业处于深度变革之中，政策导向、产业格局与市场空间均发生巨大变化，媒体融合进程进一步深化，传统广电业全面突破，砥砺前行，新电视时代由此开启。截至2016年第三季度，我国有线电视用户总量达到2.54亿户，其中数字电视用户2.1亿户，数字化率超过82%。2016年广电业从节目双创到公共服务体系建设全面升级，随着融合进程的加速推进，现代传播体系建设日趋完善，网络视听监管力度加大，广电国际传播能力不断提升。就电视产业而言，电视剧收视率与网播量冰火两重天，网剧发展势头强劲，先网后台已是大势所趋，主旋律剧趋于年轻化、国际化；而电视综艺则步入了原创勃发阶段，融合创新蔚为大观；收视行为上，电视观众更偏爱新闻时事节目，网络视频用户则更喜欢电影，移动端已成“95后”看视频的首选。

关键词：电视产业　电视剧　综艺　融合发展

---

* 本文没有标记出处的数据均来自国家新闻出版广电总局官方网站、办公厅、规划财务司、传媒司、科技司、电视剧司等的最新统计数据。中国传媒大学传播研究院张珊、李阿茹娜、刘睿3位同学做了大量文献梳理工作，在此一并表示感谢！

** 胡正荣，博士，中国传媒大学校长，教授，博导；李继东，博士，中国传媒大学广播电视研究中心研究员，博导；黄炜，国家新闻出版广电总局公共服务司副司长。

“十三五”开启之时，习近平总书记发表了关于党的新闻舆论、哲学社会科学工作和网络强国等方面的系列重要讲话，同时，世界格局风云变幻，VR/AR等智能技术、移动互联网技术创新应用蓬勃发展，电视步入了一个全新的时代，基于媒体、产业和市场融合的大视听时代已到来，传统电视、移动互联视听和社交网络传播日益水乳交融，传统电视的边界在消弭中再生，中国电视自信度空前高涨，原创节目倍增，国际传播力提升。与此同时，市场管理的难度加大，网络视听监管政策频出。

## 一 2016年广播电视发展总貌：双创、融合与安全

**1. 传统电视广告持续下降，互联网等新样态保持增长**

近年来，传统电视等媒介广告持续下降，电梯电视、影院视频和互联网则保持良好上升势头。据CTR媒介智讯统计数据表明，2016年中国广告市场整体下降了0.6%，比2015年（-2.9%）有所缓和。报纸、电视、杂志等传统媒体整体下降了6.0%，传统电视广告下降了3.7%。值得注意的是，电台（广播）广告则在增长，影院视频增幅最大，其后依次是电梯海报、电梯电视、互联网，均保持近20%的增幅（见图1）。值得注意的是，2016年电视广告下降幅度有所放缓，特别是中央电视台“国家品牌计划”在理念、模式、产品和规则等多方面都在进行着颠覆性突破。

**2. 广播电视节目双创成绩突出，广播电视公共服务体系建设升级**

近年来，在国家新闻出版广电总局（以下简称“总局”）“小成本、大情怀、正能量”的创作方向的倡导下，特别是2016年6月总局颁发了《关于大力推动广播电视节目自主创新工作的通知》，要求各级广电部门认真学习贯彻习近平总书记关于宣传思想工作系列重要讲话精神，树立文化自信、文化自觉、文化自强意识，大力推动广播电视节目自主创新，不断研发生产拥有自主知识产权、体现中华文化特色的优质节目，广电节目创新创优也由此取得了不错的成绩。2016年《中国诗词大会》、《加油，向未来》等一大批原创优秀节目涌现，全年共有47个节目获得总局“创新创优节目”称

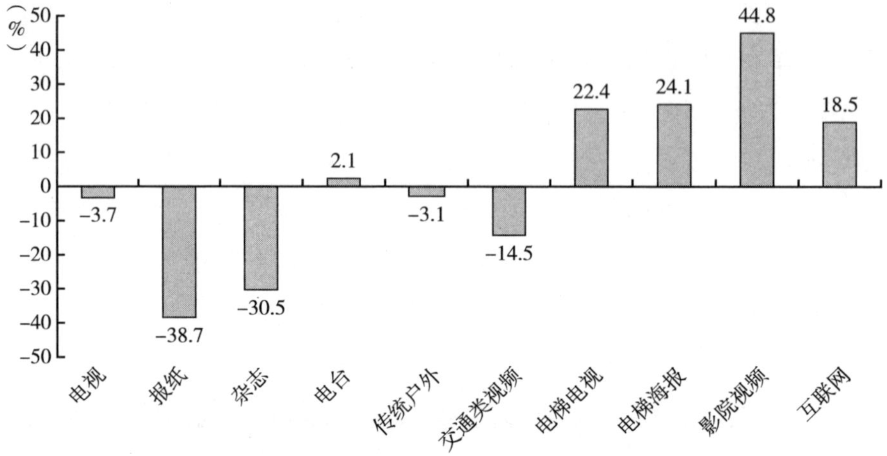


**图1　2016 年主要媒介广告刊例花费比重**

数据来源：CTR 媒介智讯。

号；《筑梦路上》、《永远在路上》等 42 部重大理论文献影视片产生了广泛的社会影响力。此外，总局还确定“百部中国梦电视动画片扶持计划”入选名单，“社会主义核心价值观动画短片创作计划”优秀作品 15 部，确定 32 个“百人百部中国梦短纪录片扶持项目”和 107 部“中国梦”主题短纪录片展播片目录。

“十三五”期间广播电视公共服务步入提质增效阶段，2016 年 4 月国务院办公厅印发《关于加快推进广播电视村村通向户户通升级工作的通知》（国办发〔2016〕20 号），明确提出了“统筹无线、有线、卫星三种技术覆盖方式，到 2020 年，基本实现数字广播电视户户通，形成覆盖城乡、便捷高效、功能完备、服务到户的新型广播电视覆盖服务体系”，由此，广播电视公共服务体系建设趋于完善，特别是基础设施建设更加完备。据统计，截至 2016 年 11 月底，我国直播卫星平台规模已步入世界前列，直播卫星用户突破 1 亿户，其中，户户通和村村通用户分别超过 8706 万户和 1635 万户。全国应急广播系统建设也在加速推进，“十二五”广播电视无线发射台站基础设施建设、西新工程第五期建设已基本完成，广播电视无线发射台站基础设施建设二期、“百县万村综合文化服务中心示范工程”开始启动，全国已有5000多个村共配置价值1.04亿元的广播器材。

**3. 广电融合进程加速，广播影视现代传播体系建设不断完善**

2016年，总局先后发布《电视台融合媒体平台建设技术白皮书》、《广播电台融合媒体平台建设技术白皮书》以及《关于进一步加快广播电视媒体与新兴媒体融合发展的意见》，促使中央和省级广电媒体融合发展步伐加快，从而有力地推进了网络广播电视台、IPTV、互联网电视、广播电视视频点播等的规范与发展，有利于广电业全面升级转型。

广播影视现代传播体系更加完善。首先，有线电视数字化、双向化改造成绩显著。据统计，截至2016年第三季度，我国有线电视用户总量达到2.54亿户，其中数字电视用户2.1亿户，数字化率超过82%；双向网络覆盖用户超过1.45亿户，双向网络渗透用户超过6000万户，有线高清用户达到7300万户，宽带用户达到2300万户。其次，广播电视立体化、智能化传播能力不断提高，全国有线电视网络互联互通平台先导项目开始上线调试，有线无线卫星融合网第一阶段试验工作有序推进，智能电视操作系统TVOS2.0、China－DRM技术标准体系、TVOS加速发展，台内数字化网络化全面升级，中国广播云平台一期工程基本完成并投入使用。再次，各级电视台主要频道高标清同播能力不断提高，4K超高清电视节目制作等关键技术进一步提升，标准规范趋于完善。

**4. 广电网络监管进一步加强，网络安全成为重中之重**

2016年，总局进一步强化广播影视网络内容等方面的监管力度。首先，加强体制机制建设，出台了《新闻出版广播影视网络安全管理办法》等一系列政策，明确了行政部门、监测监管机构、运行机构的网络安全职责；同时出台的《关于进一步加强网络原创视听节目规划建设和管理的通知》、《关于加强网络视听节目直播服务管理有关问题的通知》和《关于加强微博、微信等网络社交平台传播视听节目管理的通知》等旨在规范网络视听节目的政策，强化了准入、弹幕、主持人、微博、微信等的管理。其次，加强G20杭州峰会、第三届互联网大会等重要时间节点的网络安全保障，G20期间对直播网站进行7×24小时监测。再次，加大对内容违规网络原创节目与境外影视剧引进的管控力度，2016 年共查处了 100 多部内容违规网络剧、微电影、网络专业类视听节目。2016 年总局逐步审核申请引进境外影视剧题材、内容，有效调控了总量和产地。

**5. 广电国际传播能力、产品与服务输出保持良好增长态势**

2016 年，我国广电国际传播能力不断增强。首先，中央电视台三套的国际传播能力大幅提升，中央电视台旗舰国际传播媒体中国国际电视台（中国环球电视网，CGTN）于 2016 年 12 月 31 日顺利开播，习近平总书记致信祝贺，这不仅有利于中国电视全球传播力的提升，而且孕育了一个全媒体电视集团。同时，中央电视台 7 个国际频道在 171 个国家和地区实现整频道或部分节目落地，累计用户数达 4.07 亿户；中国国际广播电台继续推进土耳其、泰国、葡萄牙国家全媒体项目以及对缅甸新媒体和影视译制项目，启动南非国家全媒体项目建设，打造本土化制作传播推广平台；中央人民广播电台整合传播资源，进一步巩固了藏语、维吾尔语、哈萨克语在尼泊尔、土耳其等 4 国的落地播出。其次，广电产品和服务输出保持增长态势，据统计，全国影视节目出口（不含院线电影）总额超过 1 亿美元，影视产品和服务出口总额超过 6 亿美元。据不完全统计，电视剧出口额已占到电视节目出口总额一半以上，而且一些电视剧在海外很受青睐，比如，在非洲、中东、拉美地区《媳妇的美好时代》、《父母爱情》等获得美誉；《甄嬛传》、《琅琊榜》等通过多种方式进入欧美市场，动画片、纪录片出口也有显著增长。

## 二　2016年电视产业发展聚焦：网剧、融合、移动

**1. 电视剧收视率与网播量冰火两重天，古装、都市和谍战剧收视名列前茅**

2016 年电视剧收视率与网播量可谓冰火两重天，收视率整体下跌，而网播量迅猛上升。据统计，2016 年在省级卫视的黄金档或周播剧场播出的 187 部电视剧中，除 2015 年底开播的《芈月传》以 3.59% 的收视率排行第一外，进入前 10 位的其余电视剧《亲爱的翻译官》（1.95%）、《麻雀》

(1.66%) 等平均不超过1.52%，即便加上《芈月传》也才1.72%，而2015年电视剧前10名收视率则达1.88%。[①]

2016年《青云志》(256.56亿次)、《锦绣未央》(196.91亿次)、《欢乐颂》(185.15亿次) 等11部电视剧网络播放量过百亿次，比2015年多了9部。[②]

从2016年电视连续剧播放流量与卫视收视率前十来看，古装、都市和谍战剧为中国电视剧的前3强，不过，只有《锦绣未央》、《麻雀》和《亲爱的翻译官》3部剧收视和网络播放量均入前10。而且网民最偏爱古装、IP剧，其次是都市和谍战剧，《青云志》、《锦绣未央》位居网络播放流量前两位，随后是《欢乐颂》、《微微一笑很倾城》，只有《麻雀》一部谍战剧入前10。观众则最爱都市、谍战，其次是古装，其中，都市剧有两部挺进前5，《亲爱的翻译官》收视破2，位居第一，而其网络播放流量仅排第9。《麻雀》、《解密》两部谍战剧均进入前5，古装剧《锦绣未央》位居第5，而《青云志》则没有进入收视前10位。

**2. 网剧发展势头强劲，先网后台已是大势所趋**

据统计，2016年豆瓣评分7.0以上的14部国产剧中，网剧占了一半。而在排名前10中，网播的就占了7部，台播为主的电视剧仅3部：《小别离》、《欢乐颂》(这两部均未入2016年的收视率前10) 和《遇见王沥川》(收视率仅0.5%)。同时，2016年收视率名列前10部的在豆瓣的平均分只有5.3分，而且口碑排名前7的全部都是网剧。多部热门网络剧成功“反哺”电视台黄金档，据统计，2016年《好先生》、《亲爱的翻译官》、《老九门》、《天空之城》、《青云志》5部周播剧采取先网后台，而2015年周播剧只有《他来了，请闭眼》[③]，2016年全平台播出呼之欲出。而且《老九门》网络播放量首破百亿次量级，达114亿次（见图2）[④]。

---

① 数据来源：《2016腾讯娱乐白皮书》，http://ent.qq.com/zt2016/whitePaper/tv_pc.htm。
② 数据来源：《2016腾讯娱乐白皮书》，http://ent.qq.com/zt2016/whitePaper/tv_pc.htm。
③ 数据来源：《2016腾讯娱乐白皮书》，http://ent.qq.com/zt2016/whitePaper/tv_pc.htm。
④ 《2016年中国电视产业发展五大潮流》，https://baijiahao.baidu.com/po/feed/share?context=%7B%22nid%22%3A%22news_3084524129919002198%22%2C%22sourceFrom%22%3A%22bjh%22%7D&fr=followcon&wfr=spider&type=news。

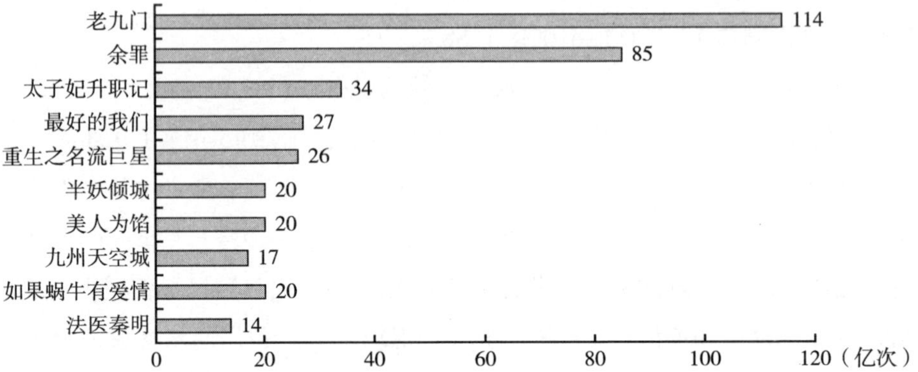


**图 2　2016 年网络剧播放量前十**

说明：网络播放量统计《余罪》取第一、二季度总和，《美人为馅》取第一、二、三季度总和；统计周期：2016 年 1 月 1 日 ~12 月 18 日。

数据来源：艺恩智库。

### 3. 主旋律剧趋于年轻化、国际化

近两年主旋律剧创作、表达方式不断创新，更切合年轻观众的喜好。一方面，一大批青年当红偶像成为主演，形成了富有青春元素的主旋律剧模式。另一方面，内容表达上更加生活化、情感化，情节更加丰富，一改过去说教、喊口号的表达方式，拉进了红色故事与年轻人的情感距离，颇受青年群体的喜好，在作品圈粉、收视飘红的同时传播主流价值观，探索出商业与艺术间的平衡点。

同时，红色题材电视剧开始走向国际，如《解密》被国外网友译成多种语言，并登陆美国主流卫视 GETV，乐视平台北美用户点击量达 44 万次。在第 12 届好莱坞中美电影节上，《解密》获得了“优秀中国电视剧金天使奖”，导演安建荣获“金天使最佳导演奖”；《琅琊榜》输出到多个国家和地区，在韩国网络视频购买点击量排行榜上排位第 7。①

① 《回顾 2016，展望 2017：中国电视剧的国际化之路》，http：//ent. qq. com/a/20170215/018513. htm。

#### 4. 电视综艺步入原创勃发阶段，融合创新已蔚为大观

2016 年，随着总局对原创节目的倡导等相关政策的出台，以及国内外政治环境的变化，综艺节目由过去大量引进海外节目模式转向自主创新，《中国诗词大会》等一大批原创节目涌现。据不完全统计，2016 年主要卫视开播的 29 档综艺新节目中版权引进的只有 4 个，其余都是原创，这与前两年的情形可谓大相径庭。就连近两年火爆荧屏的引进节目《中国好声音》和《我是歌手》，也更名为《中国新歌声》和《歌手》，并在赛制、人员构成等方面进行变革。

2016 年综艺节目数量大增，据不完全统计，2016 年全年就有 400 档综艺节目播出，比 2015 年增加了 185 档。融合创新成为在众多节目中胜出的法宝，节目元素和流程中融入弹幕、VR 等新样态、新技术，在播出平台上多屏、多终端贯通，实现新老收视渠道无缝连接。比如，《国民美少女》从 2016 年 1 月 10 日开始在优酷、土豆上播出，同时也在东方卫视、来疯平台直播，其间，运用弹幕让网民进行实时互动、反馈意见，在总决赛中，优酷还运用 VR 全程直播。再比如，湖南卫视和唱吧 App 合作推出的《我想和你唱》，着力于“电视大屏 + 移动小屏”跨屏互动，并让明星与素人歌手同台竞技，“星素同框”的模式取得了不俗的成绩，备受观众喜爱。首季便获得“一叶子”品牌 2 亿元独家冠名，11 期节目中参与互动的观众超过 20 万人，全国网首播平均收视率 1. 19，份额 8. 03%，累积观众规模 3. 6 亿人，芒果 TV 总播放量达 8 亿次。①

#### 5. 电视新闻全媒体传播力提升，央视新闻频道微信传播力最强

近年来电视新闻传播全面拥抱微信、微博等新媒体，全媒体传播力不断提高。据泽传媒的统计表明，2016 年在全国上星频道微信传播榜中，央视新闻频道（CCTV13）位列榜首，央视财经（CCTV2）、中文国际（CCTV4）紧随其后（见表 1）。

---

① 蒋凯警、谢璇：《国内电视综艺节目发展报告》（2016），http：//mt. sohu. com/it/d20170109/123851466_ 465245. shtml。

**表 1　2016 年全国上星频道微信传播榜**

| | 频道名称 | 微信指数 ZCI | | 频道名称 | 微信指数 ZCI |
|---|---|---|---|---|---|
| 1 | CCTV13 | 664 | 11 | CCTV5 | 543 |
| 2 | CCTV2 | 652 | 12 | 山东卫视 | 541 |
| 3 | CCTV4 | 618 | 13 | 江苏卫视 | 521 |
| 4 | CCTV3 | 599 | 14 | 广东卫视 | 519 |
| 5 | 湖南卫视 | 582 | 15 | 河北卫视 | 517 |
| 6 | 河南卫视 | 582 | 16 | 安徽卫视 | 516 |
| 7 | CCTV14 | 561 | 17 | 辽宁卫视 | 507 |
| 8 | CCTV1 | 554 | 18 | 东方卫视 | 506 |
| 9 | 浙江卫视 | 547 | 19 | 贵州卫视 | 500 |
| 10 | 吉林卫视 | 544 | 20 | 旅游卫视 | 498 |

数据来源：泽传媒。

而在省级电视台新闻中心的社交传播（微信、微博公众号）方面，江苏电视台新闻中心位居榜首，随后是福建电视台新闻中心和辽宁电视台新闻中心，其指数均过 700（见表 2）。

**表 2　2016 年全国省级电视台新闻中心社交传播榜**

| | 频道名称 | 微信指数 ZCI |
|---|---|---|
| 1 | 江苏电视台新闻中心 | 782 |
| 2 | 福建电视台新闻中心 | 717 |
| 3 | 辽宁电视台新闻中心 | 714 |
| 4 | 上海电视台新闻中心 | 667 |
| 5 | 安徽电视台新闻中心 | 657 |
| 6 | 广东电视台新闻中心 | 655 |
| 7 | 湖南电视台新闻中心 | 640 |
| 8 | 河南电视台新闻中心 | 626 |
| 9 | 宁夏电视台新闻中心 | 620 |
| 10 | 四川电视台新闻中心 | 602 |

说明：“新闻中心”是一个统称。该榜单为了展现各省级电视台新闻中心在推进媒体融合方面发力情况，对各新闻中心与卫视新闻节目的微信、微博公众号传播数据进行统计分析，统称为“新闻中心”参与排名。

数据来源：泽传媒。

6. **电视观众更偏爱新闻时事节目，网络视频用户则更喜欢电影**

无论是电视观众还是网络视频用户，电视剧、新闻时事和综艺娱乐收视比重仍位居前3。不过除了电视剧之外，电视观众与网络视频用户收视偏好不尽相同，据2016年CMMR关于中国家庭收视内容偏好的调查表明，电视剧类、新闻时事类、综艺娱乐类和电影类位居收视前列，相比较而言，电视观众更喜欢新闻时事类节目，占比65.8%，比网络视频用户高出31.3%；而网络视频用户更偏爱电影，比电视观众高出8.2%，且高于新闻时事类位居第3（见图3）。

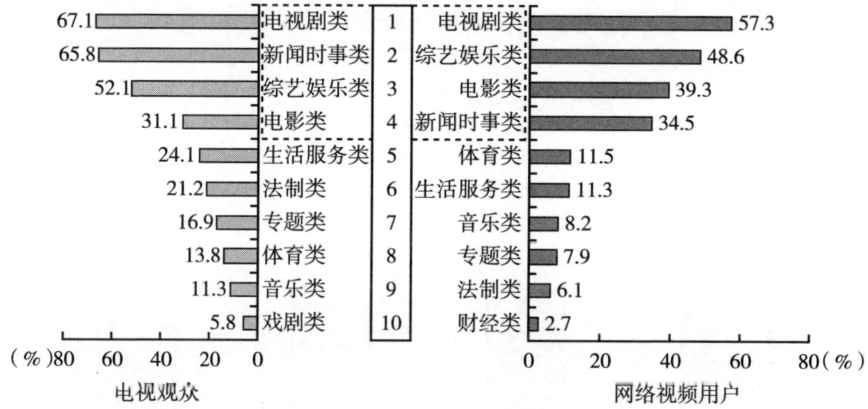


**图3　2016年电视观众与网络视频用户收视偏好比较**

数据来源：CMMR。

7. **移动端已成“95后”看视频的首选，八成网络视频用户通过移动端看剧**

移动观看成为主流，2016年九成以上的“95后”用手机看视频，其次是用电脑、平板电脑，用电视只占16.3%（见图4）。2016年在移动端看剧的比重近八成，比2013年增长了12%（见图5）。

从“818文件”发布至今，中国媒体加速融合已走过了3年时间，涌现出像芒果传媒等融合模式，传统电视日益与新兴视听业态趋于交融，无论是唱衰还是力挺电视，其实都还是基于媒体区隔的传统思维，电视产业的边界已在深度融合和技术创新中变革了，可以说2016年新电视时代业

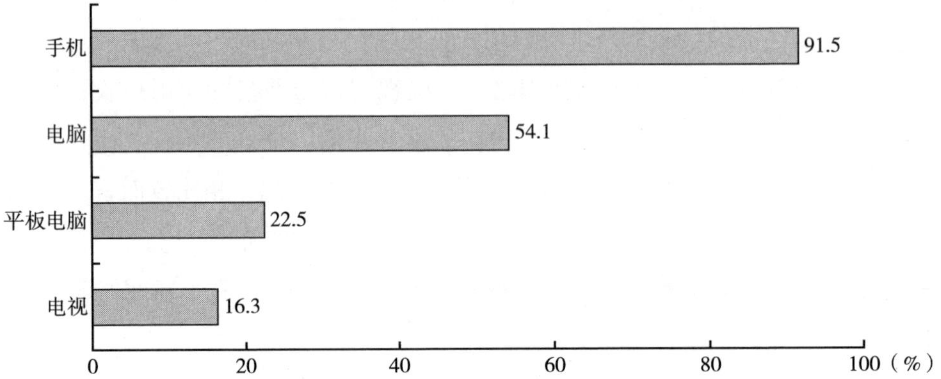


**图4　2016年“95后”看视频的设备选择**

数据来源：企鹅智库。

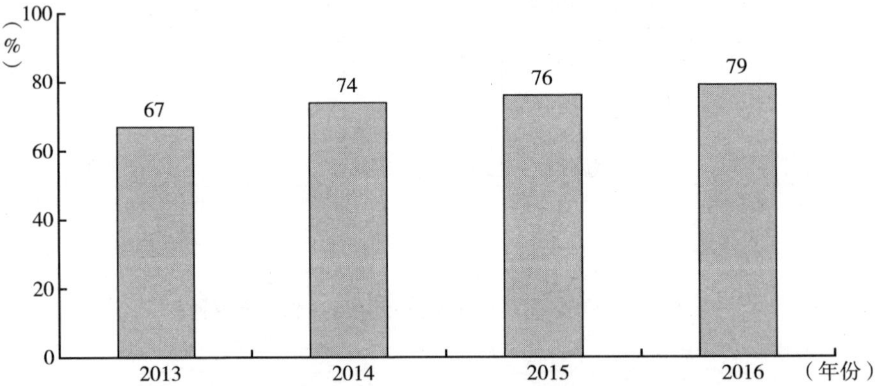


**图5　2013～2016年通过移动端观剧比重**

数据来源：艺恩智库。

已开启。由此，2017年乃至未来，这种基于全面融合的新时代将会继续向纵深处展开。首先，电视产品和服务自主创新将会进一步加强，特别是节目内容原创力将成为电视产业乃至大视听业竞争的关键所在，这不仅是提升文化自信和国际传播力的政策导向所致，更是日趋融合的视听信息娱乐传播领域趋势所需。其次，电视剧、综艺娱乐和新闻时事等信息内容生产与传播更加全媒体化，或者说更加融合媒体化，基于智能技术的新业态将不断生发。最后，尽管广告仍是主要的收入来源，但电视收入模式将日趋多样化，比如会员费、内容服务订购费等。与此同时，电视测评体系将基于融合业态而重构。

# B.5
# 2016年中国电视剧市场报告

李红玲*

**摘　要：**“一剧两星”政策出台之后，如果说2015年是震荡与裂变之年，那么2016年就是分化与转型之年。有些特征固然一脉相承，然而分化也悄然出现在方方面面。本文将从制作总量、收视量、题材、平台、观众等方面着眼，对2016年中国内地剧的播出和收视情况进行全面的梳理与分析。

**关键词：**电视剧　制作总量　收视量

笔者依据CSM对100城市的有关电视剧的数据分析，试图描述2016年我国电视剧市场基本面的变与不变。

## 一　制作总量与创作趋势

**1. 生产总量被严控，审批率下滑，部数紧缩，集数拉长**

近年来我国影视文化产业成为各路资本的投资热门，每年申报公示电视剧均在千部以上。2015年电视剧申报公示数量是1146部、4.3万集，2016年前三季度则分别是892部、3.5万集。

电视剧的审批受到国家新闻出版广电总局的严格控制，每年通过审批的电视剧仅在400部左右，且通过审批发行的比率在逐年降低。2015年通过

* 李红玲，中国广视索福瑞媒介研究（CSM）研究经理。

审批的电视剧有394部、1.65万集，通过率为34%；2016年前三季度，通过审批的电视剧有213部、9273集，通过率降低到24%。而在2013年和2014年却均有40%申报公示的电视剧通过审批发行。

低审批通过率，加上整个投资风向变得更为理智，电视剧制作出现中长篇趋势，且追求单部剧的精耕细作。2007年通过审批发行的电视剧平均篇幅为27.7集，2016年前三季度平均每部44.6集，10年增长了15.8集。

**2. 生产方两极分化，“1部剧”公司增多，大公司行业集中度增强**

我国电视剧市场虽经过30多年的高速发展，却依然停留在小作坊生产的低层次阶段，表现特征之一是多年来我国电视剧产业呈现“高度分散”的状态，缺乏强有力的航空母舰式的大型制作公司，属于典型的“分散竞争型”。众多的小舢板式的制作公司构成了目前我国电视剧生产的主力，小型电视剧制作公司比例居高不下，仅1部剧获批发行（笔者称为“1部剧”公司）的现状不仅没有得到改善，反而有愈演愈烈之势。2016年前三季度，“1部剧”公司逼近九成，较之2015年又有所扩大。

一个值得关注的新趋势是我国电视剧行业集中度在逐年得到强化。2015年获得审批发行许可证前8名的制作机构拥有电视剧2242集，CR8占年集数总量的13.6%。2016年前三季度获得审批发行许可证前8名的制作机构拥有电视剧1382集，尽管CR8的比重一直很低，仍不足15%，然而和前两年相比已有大幅度的提升。

**3. 一线制作班底受追捧，出现精品化制作团队**

经过市场积淀和竞争，一批能生产出优质剧目的制作公司脱颖而出。

2016年内地剧收视率进入当地TOP20城市数较多的制片机构：浙江华策影视股份有限公司有10部剧，海润影视制作有限公司有9部，长城影视股份有限公司和山东电影电视剧制作中心各有7部，河北电影电视剧制作中心有6部，广东南方领航影视传播有限公司、千乘影视股份有限公司、四川星空影视文化传媒有限公司、浙江金溪影视有限公司和东阳福添影视有限公司各有5部。其中，山东电影电视剧制作中心在近几年大放光彩，生产出《大染坊》、《钢铁年代》、《琅琊榜》、《青岛往事》、《伪装者》、《温州两家人》等叫好又叫座的电视剧，成为精品剧团队的代表。

**4. 类型化创作成为趋势，出现类型化编导演和制作公司**

随着电视剧市场向精深化发展，出现了类型化创作的势头。有部分编导演在特定电视剧题材领域获取令人瞩目的收视成绩。

在部分题材领域，也出现优秀创作公司，入选 TOP20 的比例较高的有：深圳美迅嘉润影视投资有限公司和上海新文化传媒集团股份有限公司的都市生活剧，四川星空影视文化传媒有限公司和海润影视制作有限公司创作的军事斗争剧，浙江华策影视股份有限公司和上海新文化传媒集团股份有限公司生产的反特/谍战剧，山东卫视传媒有限公司制作的社会伦理剧，上海拉风兄弟影视有限公司的神怪玄幻剧，上海辛迪加影视有限公司和上海剧酷文化传播有限公司创作的言情剧，河北电影电视剧制作中心的重大革命剧，等等。

## 二　播出与收视市场总量

**1. 电视剧总播出量连年上升，总收视量下降**

面对新媒体竞争和其他节目形态的崛起，从数据来看，电视剧仍是节目市场的中流砥柱，而且播出比重连年上升，从 2014 年的 25% 到 2016 年的 27.1%。

从收视效果看，电视剧约占总收视量的 33.3%，居于所有节目类型之首。然而自 2012 年起，电视剧收视比重出现持续轻微下滑，2016 年跌破 30%（29.6%），资源使用效率也自 2014 年起大幅度下降（见图 1）。可见该节目类型已经触碰到需求的天花板，市场容纳到达极限。

**2. 四成卫视晚间黄金强档以二轮剧为主，卫视首轮剧七成独播**

笔者认为“一剧两星”[①] 的直接效应之一是减少了黄金强档卫视电视剧

① 2015 年 1 月 1 日起我国电视台实施“一剧两星”政策，规定每晚黄金时段，同一部电视剧联播卫视不得超过两家，同一部电视剧不得超过两集。

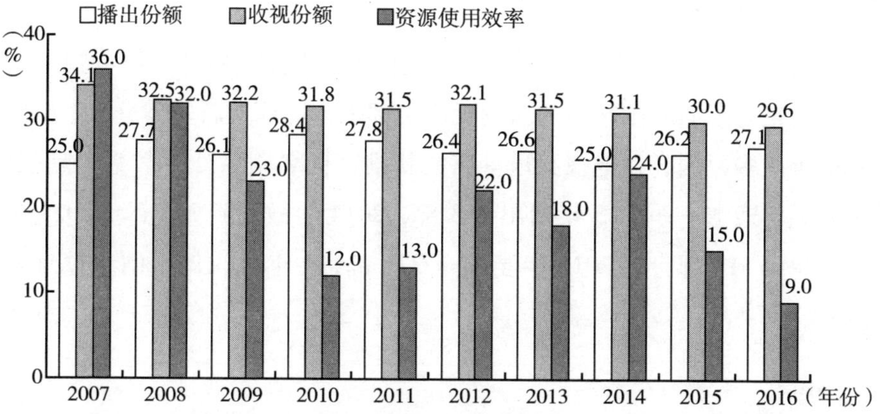


**图1　近10年来我国电视剧播出、收视比重、资源使用效率情况（所有调查城市，全天）**

数据来源：CSM。

总播出量，卫视19:30～21:30时段，2013年不重复播出内地剧520部，2014年减少至502部，2015年锐减到462部，2016年进一步减少到421部，3年时间缩减了约100部。卫视首轮剧总部数应声而落，2014年249部，2015年减少到238部，2016年更是猛缩到190部。

独播剧成为未来卫视主要播出模式，虽然也出现总量减少的现象，但在首播剧中所占比例呈逐年提升趋势。2016年独家首播剧有131部，占近七成，年度比重增加；两家首播剧有59部，占三成，年度比重下降。

从各卫视首轮剧的比例增减可以一窥该年度卫视生存概况。能播出首轮剧的卫视频道数在逐年减少，2016年仅27家卫视有新剧可播，占卫视频道总数的63%，创近几年最低。笔者认为4家上星剧取消，对于大剧而言，原本由4家分摊的购剧成本现在最多由2家卫视分摊，无形中增加了卫视的购剧成本，对于二三线卫视而言无疑是雪上加霜，抢到好剧似乎越发困难，与其播出收视不明的普通新剧，不如播出有口碑效应、重播价值的二轮剧。

2016年晚间黄金强档，有近四成卫视播出二轮剧。二轮剧已占该时段所有卫视播出总量的半壁江山。可以预见，今后二轮剧市场会持续成为关注焦点。

**3. 新剧上市速度放缓，省级卫视逐年吸纳更多新剧，占比超33%**

相比往年，2016 年电视剧的播出比重虽然有些许提升，但电视剧的播出渠道仍是有限的，生产出的新剧无法全部上市。加上新媒体分流、购片资金暴涨等诸多原因，在电视频道首播的新剧（同名剧除外）数量受到限制，并步入下滑通道——2013 年播出 368 部，2014 年微调到 351 部，2015 年进一步减少到 311 部，到 2016 年萎缩至 271 部，4 年时间俨然削减掉近百部（见图 2）。

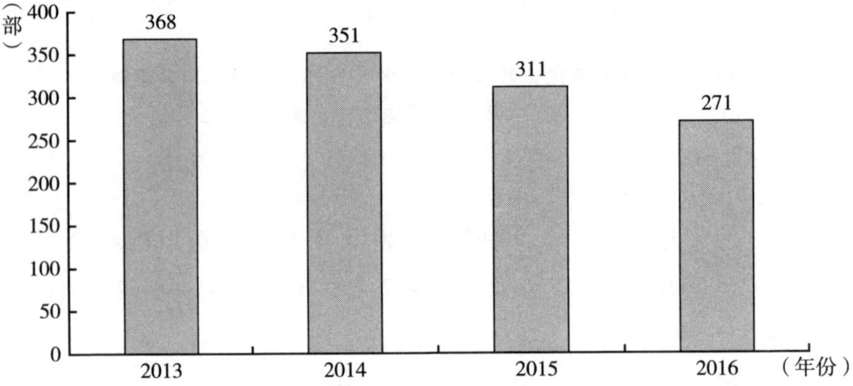


**图 2　近年来每年首播新剧数量**

说明：2013 ~2014 年 80 城市，2015 年及之后 100 城市，全天时段，不含同名剧。
数据来源：CSM。

笔者统计发现，省级频道是新剧的主要消耗大户，每年吸纳约七成新剧。进一步细分，其中省级地面频道对新剧的吸纳力最强，约占四成，其次是省级卫视约占三成。2016 年所播新剧中，中央台播出占比 8.5%，省级卫视占比 31%，省级地面频道占比 38.7%，省会台占 7.4%，地级台占 13.7%，其他平台占 0.7%。

从年度变化看，省级卫视对新剧的吸纳能力越来越强，占比也连年提高，2013 ~2016 年，4 年间比例提高了 9.3 个百分点，而省级地面频道、中央台新剧播出量持续减少（见表 1）。从中可见，省级卫视在“拼剧”环节毫不手软，大力收购，以应对竞争压力，提升竞争筹码。

**表 1　近年来首播新剧在不同频道组的分布**

单位：%

| 频道组 | 2013 年占比 | 2014 年占比 | 2015 年占比 | 2016 年占比 |
|---|---|---|---|---|
| 中央台 | 12.5 | 10.3 | 9.3 | 8.5 |
| 省级卫视 | 21.7 | 24.8 | 28.9 | 31 |
| 省级地面频道 | 49.9 | 45 | 41.2 | 38.7 |
| 省会台 | 7 | 8.3 | 6.8 | 7.4 |
| 地级台 | 8.6 | 11.1 | 13.8 | 13.7 |
| 其　他 | 0.3 | 0.6 | — | 0.7 |

注：2013～2014 年 80 城市，2015 年及之后 100 城市，全天时段，不含同名剧。
数据来源：CSM。

## 三　题材播出与收视总量

经过多年的大浪淘沙和优胜劣汰，电视剧市场出现了大类题材（比重不低于 10%）、二类题材（比重不低于 5%）、小类题材（比重低于 5%）之分。2016 年依然如此，晚间黄金时段，军事斗争、反特/谍战、近代传奇和都市生活构成了播出市场与收视市场共同的大类题材，其播出比重分别为 20.1%、17.1%、12.8% 和 10.6%，在 TOP20 中的部数收视比重分别为 22.4%、17%、10.5% 和 10.6%，这 4 类题材共占播出总量和收视总量的 61% 左右。这个特征和 2015 年一脉相承，然而，4 大类题材播出集中度进一步降低，收视集中度则有所提升（2015 年这四类题材共占播出总量的 63%，占收视总量的 59.9%）。

二类题材中，社会伦理类 2016 年的播出比重是 7.5%，TOP20 中部数比重为 7.1%，相对于 2015 年播出比重未变，但在好剧中的收视比重却下滑了 1%。

小类题材中，播出比重超过 1% 的有时代变迁、戏说演绎、警匪、当代传奇、历史故事、农村、神怪玄幻、军旅生活和武侠题材。

言情剧是近两年一个值得关注的题材。言情剧在前几年也曾是大类题材之一，无奈播出比重一路萎缩，直至跌破 10%，沦为二类题材。2015 年起，该题材重新雄起，其在 TOP20 中的部数比重逼近 10%，在播出量中也占到近 8%。2016 年其播出比重不升反降，但其收视效果却可圈可点，在 TOP20 中占 10.5%，增幅显著，一跃成为收视的大类题材（见图 3）。

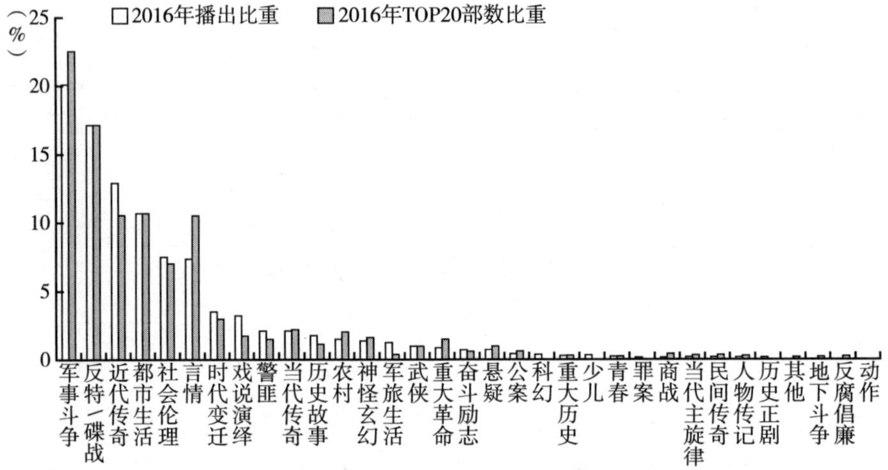


**图 3　2016 年内地剧各类题材的播出比重及在 TOP20 收视（部数）比重（18:00～24:00，100 城市）**

数据来源：CSM。

## 四　终端市场观众新特征

年轻观众代表着旺盛的消费力，是当下的电视剧市场“讨好”的对象。笔者统计了主要卫视不同年龄层目标受众电视剧收视率，发现年龄层越低，卫视在其间的竞争力差异化越大；在年轻观众中占据优势的卫视，其在所有人群中的平均收视率也水涨船高。例如，湖南卫视在“00 后”至“70 后”中的收视率一枝独秀，特别是在“00 后”中收视率遥遥领先（71 城市

2.05%），其在4岁及以上所有人中平均收视率最高（71城市1.43%）。年轻观众对于收视的拉动力不容忽视（见图4）。

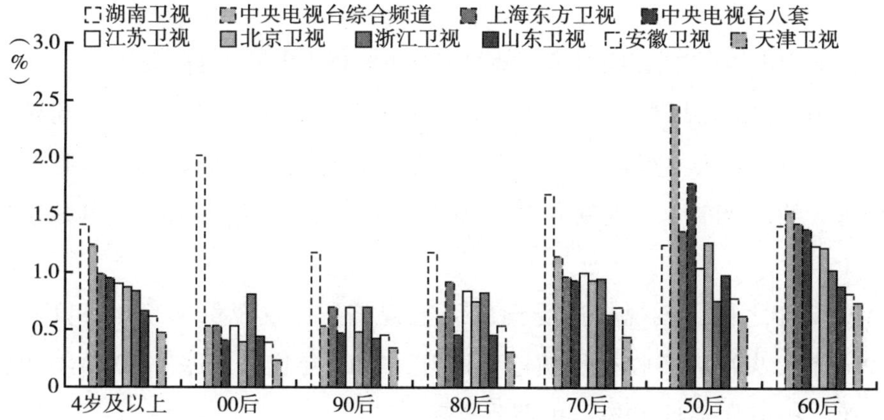


**图4　2016年主要卫视电视剧在各目标观众中的收视率对比（19:30~21:30，71城市）**

数据来源：CSM。

大趋势下，年轻人在远离电视，但电视工作者从未放弃年轻观众。创作者试图在电视剧领域进行年轻化表达，包括：启用高颜值演员阵容（几乎成标配之　）；选择年轻人关心的议题，例如关注职场、爱情、婚姻、个体成长等主题；推出22点档周播剧场，播放年轻人喜爱的言情、青春、武侠、警匪、神怪玄幻等题材。从收视效果看，2016年的周播剧收视不温不火，甚至平庸，并未出现2015年《花千骨》那样的收视奇迹，但平台为聚拢年轻观众而做的努力值得肯定。

值得关注的是，中老年观众目前仍是电视剧收视主力，而且具有年纪越大收视时间越长的特征。2016年所有调查城市，65岁及以上老年观众电视剧的人均收视时长高达170分钟，35岁及以下观众人均收视时长则不足55分钟。

因此，电视剧创作者不可顾此失彼，为了片面迎合年轻观众而忽视中老年市场的需求或者启用不合适的年轻演员，而应该坚持艺术创作规律，生产出适合目标受众的好作品。

## 五　全国市场电视剧竞争格局

**1. 收视份额：央视连年上升，省级卫视下滑仍占主导，地面震荡**

全国电视剧市场观众的注意力资源的分配情况，从近 3 年的收视份额大小可见一斑。省级卫视竞争实力最强，收视份额超过 40%；其次是省级地面频道，约占 25%，央视频道约占 20%；地市级频道约占 10%，其他频道约占 1%。

2012 年之前，央视频道受到省级卫视挤压，收视份额逐年下降。从 2012 年起，央视频道收视份额逐年回升，2014 年突破 16%，2015 年达到 17.3%，2016 年逼近 20%，可谓节节高。

2015 年之前，省级卫视频道整体收视份额一直保持稳定攀升的态势，2012 年突破 48%，2014 年逼近 50%，达到历史最高峰。“一剧两星”推出之后，省级卫视收视份额应声而落，2015 年减少 4 个百分点，2016 年减少到 44.1%。

省级地面频道面对变化深刻的电视剧市场，整体竞争力日渐式微，2010 年省级地面频道收视份额历史性地达到 27.8%，2014 年跌至 23%，2015 年因为省级卫视的调整而使省级地面频道多涨了 2 个百分点，2016 年回调到 24.8%。市级频道收视份额出现类似的波动规律，从 2010 年的 13.3% 到 2014 年的 10.3%，5 年时间损失掉 3 个百分点，2015 年回升到 11.2%，2016 年占 10.5%（见图 5）。

**2. 多数强势频道收视率萎缩，收视扁平化，迈入列强竞争时代**

全国电视剧市场竞争格局常因政策而重新洗牌，“一剧两星”实施一年之后，各卫视晚间首播档编播趋于一致，晚间黄金时段竞争更为激烈。

从晚间黄金时段首播档各卫视的收视率来看，2016 年电视剧市场主体竞争频道保持稳定，仍以中央电视台一套、中央电视台八套、湖南卫视、江苏卫视、浙江卫视、北京卫视、山东卫视、天津卫视等几大卫视为主。然而令人担忧的是，较之 2015 年，2016 年主要卫视电视剧平均收视率普遍出现

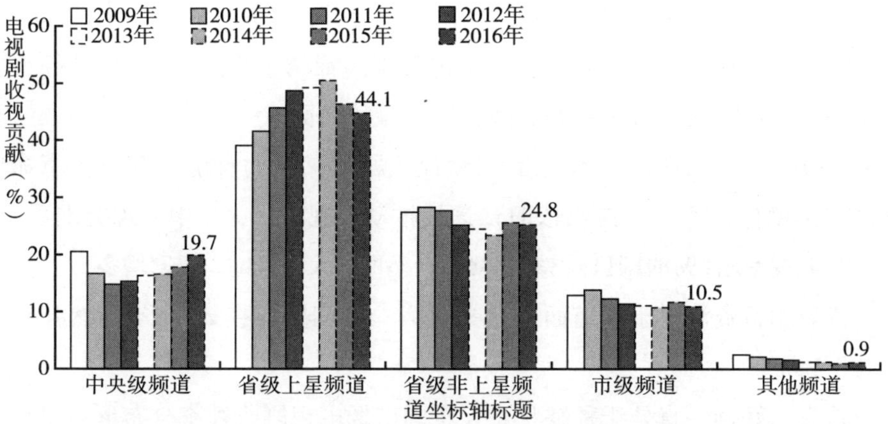


**图5　电视剧在各级频道的收视份额分布（所有调查城市，全天）**

数据来源：CSM。

下滑或零增长，其中湖南卫视较之2015年降低了0.41个百分点，其次是中央电视台一套，年度下滑0.26个百分点，浙江卫视、山东卫视和天津卫视均有不同程度下降。浙江卫视和北京卫视则保持平衡状态。仅3家卫视年度平均收视率有所提升：上海东方卫视和安徽卫视2家卫视轻微上升，中央电视台八套有力提升。

收视震荡，各卫视频道电视剧收视率差距缩小，“列强”竞争味道十足。例如，2016年黄金强档，中央电视台八套和上海东方卫视电视剧收视率分别为0.9%和0.93%，仅仅相差0.03个百分点。江苏卫视和浙江卫视分别是0.83%、0.82%，非常接近。

编排雷同，电视剧本身所带来的收视差异就凸显出来，可谓“得剧者，得天下”。从各卫视电视剧收视率年度走势可以一窥奥秘：优质剧目资源能快速提升频道收视。

2016年各卫视竞争曲线走势胶着，上海东方卫视、北京卫视、湖南卫视、中央电视台一套分别凭借几部大剧获得收视高峰——上海东方卫视和北京卫视两家联播的跨年剧《芈月传》博得开门红，缔造了跨年度收视王。该剧首播之后各卫视陷入贴身肉搏战，直至湖南卫视相继推出《亲爱的翻译官》、《解密》、《麻雀》，才拉开湖南卫视与其他卫视的距离。上海东方卫视和北京卫视在年末又联袂播出大型古装剧《锦绣未央》，急剧拉动频道收视走势，实现了两平台头尾并肩战斗、共赢的局面。

此外，中央电视台一套凭借反特/谍战剧《父亲的身份》和重大革命题材剧《彭德怀元帅》、《海棠依旧》连续推动收视高峰，年中实现突围。

**3. 收视率超1%的剧目被8家强势平台垄断，大剧锐减，弱剧增多**

优质剧目资源对于频道而言意义重大，好剧资源在2016年仍然存在以下若干特征。

首先，好剧一直处于稀缺状态。全国市场电视剧收视率分布形态呈金字塔之态。大剧难觅，卫视平均收视率不低于2%的顶尖剧目仅3部，占0.4%；好剧难求，收视率在1%～2%的优势剧目占6.1%，比2015年提升1.1个百分点；普通剧目不足20%，收视率在0.5%～1%的中等剧目占17.1%；有76.4%的电视剧收视率不足0.5%（见图6）。

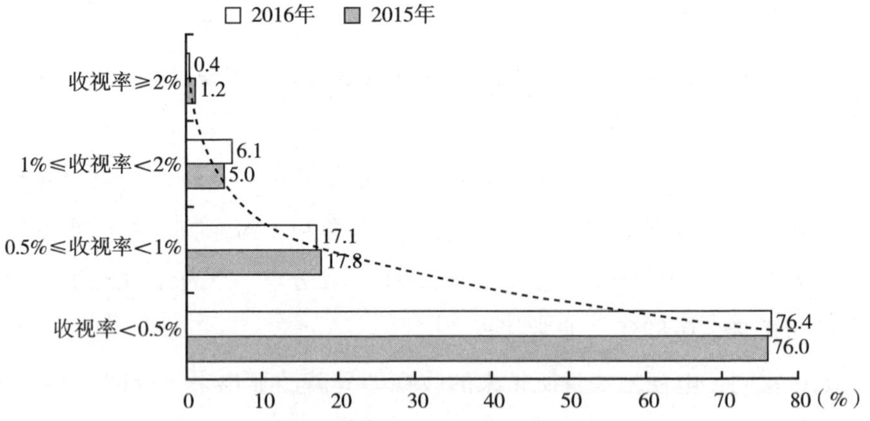


**图6 近年来卫视频道电视剧收视率阶梯分布**
**（19:30～21:30，100城市，内地剧）**

数据来源：CSM。

其次，8家强势平台垄断“1%剧目”。2016年19:30～21:30时段，全国市场卫视频道平均收视率不低于1%的电视剧共计44部。其中，湖南卫视占有量最多，有12部（占总量27%），中央电视台一套有7部（占总量16%），然而这两家超级平台拥有的“1%剧目”相对于2015年出现较大降幅。出现负增长的还有山东卫视，几乎是断崖式缩减（从5部减少到2部）；江苏卫视减少了1部。

最后，对好剧资源的控制力直接决定了频道收视的高低，以及未来在电视剧市场中的竞争地位。同为强势平台，其选剧眼光亦有高有低，对好剧的控制力有强有弱，造成收视差异。湖南卫视对好剧的掌控力强，2015年首播剧“达标率”为100%，2016年达标率略降，但仍保持在较高水平。中央电视台一套达标率出现强烈震荡，2015年约有75%的剧达标，2016年下滑到50%。山东卫视2016年达标率也同比减少一半。江苏卫视、上海东方卫视、浙江卫视和北京卫视这4家省级卫视及中央电视台八套，达标率趋同，均至少有20%的剧目达标。

# B.6

# 2016年中国在线视频产业发展报告

周逵　赵鹏菲*

摘　要：　2016年，中国在线视频产业在产量稳步增长中不断创新与升级，发展规模和商业模式在结构与重构中不断调整前进方向与转型路径。网络视听产品在政策指引与限制傍身的同时，产品质量逐渐并肩乃至赶超传统影视作品，成为我国文化产业发展和经济建设中的重要一环。产业热点主要呈现为：网络大电影从“野蛮生长”转向“精耕细制”；网络剧实现精品化，“大剧”成趋势；网络综艺遍地开花、垂直细分；网台联动2.0时代到来，共赢模式开启；付费会员趋向常态化；深挖IP价值，打造全产业链等。

关键词：　在线视频　网络大电影　网络剧　网络综艺

2016年，中国在线视频产品的内容与制作已从小成本、粗制作和低俗化逐步进入精品化、专业化和成熟化的良性轨道。大量资本的涌入、互联网技术的迭代、专业团队的入驻和网络媒介影响力的深入，使在线视频产业在发展规模和商业模式的结构与重构中不断调整前进方向与转型路径。随着在线视频产业从青涩迈向成熟，政策制定与产业发展之间的迭代逐渐缩小，网络意识形态和主流价值观念不断渗入，网络视听产品在政策指引与限制傍身

---

* 周逵，中国传媒大学新闻传播学部副教授，中国网络视频研究中心研究部主任；赵鹏菲，中国传媒大学新闻传播学部研究生，网络剧与网络电影发展研究课题组成员。

的同时，产品质量也逐渐并肩乃至赶超传统影视作品，成为我国文化产业发展和经济建设中的重要一环。

## 一 产业数据解读

中国互联网络信息中心（CNNIC）在京发布的第39次《中国互联网络发展状况统计报告》显示，截至2016年12月，中国网络视频用户规模达5.45亿人，较2015年底增加4064万人，增长率为8.1%，较2014年与2015年有所回升；网络视频用户使用率为74.5%，较2015年底提升了1.3个百分点，互联网用户年轻化、高学历和中高等收入为其主要特征，其中男性用户占53.1%，年龄在29岁以下的用户占57.4%，大专及以上学历用户占23.3%，月收入3000元以上的用户占45.2%，学生、个体户/自由职业者、企业/公司一般职员为网络视频用户的主要职业构成。① 移动端作为网络视频的主要入口，其用户规模依然在稳步增长中，截至2016年12月，手机视频用户规模接近5亿人，与2015年底相比增长9479万人，增长率为23.4%；手机网络视频使用率为71.9%，相比2015年底增长6.5个百分点（见图1）。

随着网络视频用户数量的增长，网络视听节目的数量和类型也在高歌猛进。国家新闻出版广电总局网络司网络视听节目备案库数据显示，2016年1月1日至11月30日，视频网站备案的网络剧为4430部，共计16938集，微电影、网络电影共计4672部，网络综艺节目为618档，共计6637期。2017年1月公布的《中国电视剧2016产业调查报告》显示，2016年网络剧总时长已突破12万分钟，同比增长196%。② 其中网络自制长剧的占比不断提高，网络视听产品逐渐趋向精品化与专业化。

长期以来，广告收入为网络视听总收入的绝对主体。2016年，中国在

① 《2016年中国网络视听发展研究报告》，第四届中国网络视听大会，2016年12月。

② 《中国电视剧2016产业调查报告》，人民网，http://media.people.com.cn/n1/2017/0108/c40606-29006212.html。

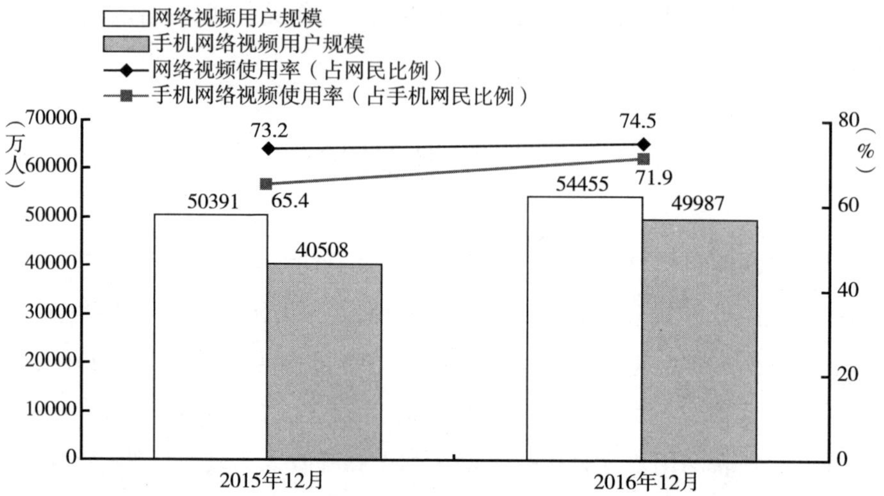


**图1　2015 年 12 月至 2016 年 12 月网络视频/手机网络视频用户规模及使用率**

数据来源：中国互联网络发展状况统计调查。

线视频广告市场规模预计为 375 亿元，在 2015 年的基础上增长了 30.7%，其增长率相较于 2012 ~2015 年的增长率有所放缓（见图 2），视频网站厂商逐渐开始将盈利模式从后向收费（面向内容提供者）转向前向收费（面向内容消费者）。据中国网络视听节目服务协会统计，2016 年 1 ~ 6 月，35.5% 的网络视频用户有过付费观看视频的经历，较上一年增长了 18.5 个百分点，为近几年最为快速的增长。① 易观预计 2016 年付费用户规模达到 6245 万人，市场整体收入规模达到 107.9 亿元。②

在付费用户中，男性占 59%，39 岁及以下用户占 90.7%，高中及以上学历用户占 62.1%，月收入在 3000 元及以上的用户占 54.6%；国产院线电影、海外电影及独播网络电影为用户最愿意付费的内容。会员提前观看、会员专属内容和会员点播折扣等内容权益为吸引用户成为会员的主要推动力，但内容的不独一性、内容资源的不丰富等缺陷也是造成平台会员流失的重要原因。

---

① 《2016 年中国网络视听发展研究报告》，第四届中国网络视听大会，2016 年 12 月。

② 《易观：2016 中国网络视频付费市场专题分析》，易观，2017 年 1 月。

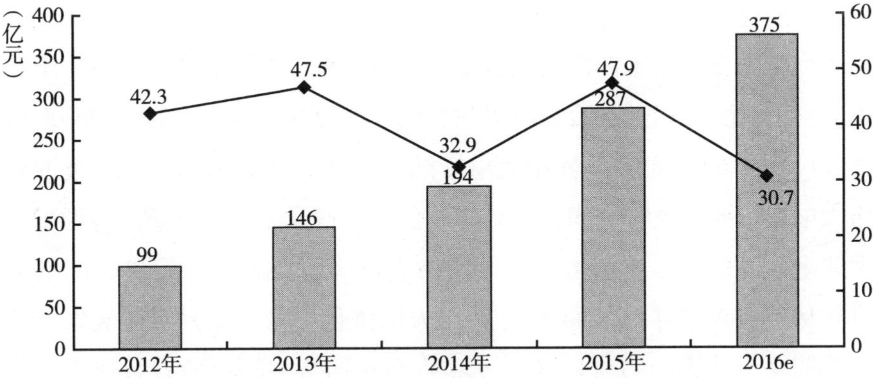


**图 2　2012 ~ 2016 年中国在线视频广告市场规模**

数据来源：中国网络视听节目服务协会综合统计。

## 二　产业政策解读

随着网络视听产业的迅猛发展，网络用户范围的不断扩大，网络产品影响力的继续深入，针对网络视听产业的政策也在日益完善与成熟，新媒体的发展与政府监管之间的迭代逐渐缩小差距，网络视听产业从自适应发展开始走向正规、系统、专业的轨道。2016 年，在“营造清朗网络空间”和网上网下导向管理“一个标准、一把尺子”的要求下，政府部门在市场准入、内容审查、行业规范等方面继续对网络视听产业进行监督、管理与支持。

在内容监管方面，随着 2016 年初《太子妃升职记》、《心理罪》、《上瘾》等热门网剧的下架，政府部门对网络视听产品的监管日趋严格，在“自审”制度下，视频网站开始重新审视上线内容。2016 年 3 月，国家新闻出版广电总局电视剧司李京盛司长在 2016 年全国电视剧行业年会上强调“内容标准统一，电视不能播什么，网络也不行”，并表示国家新闻出版广电总局将对网络剧审查做出一系列规定：线上线下统一标准；网站自审的审核员需要接受总局培训考核，自审后播出引发热议的剧目将会进一步由管理司专家审核团队审核总结，有疑义的还会进一步审议；24 小时不间断地监看模式；对网络剧制作机构有进一步的管理要求等。2016 年 10 月，十二届全国人大常委会第二十四次会议分组针对电影产业促进法草案进行了第三次审议，会上有关部门首次表态应对问题较为突出的网络大电影行业采取监管措施。11 月，60 余部违规网络大电影陆续从各大视频网站下架，被下架的网络大电影主要涉及特殊职业、封建迷信、色情暴力、社会热点等题材，此次下架事件为一直“野蛮生长”的网络大电影行业敲响了警钟，网络大电影将要从“打擦边球”、“蹭 IP”转向去低俗化。除了加紧对违规内容的监管，为期 5 个月的“剑网 2016”专项行动对网络空间内的盗版现象进行了进一步规范，网络空间日趋清朗。在对网络视听内容的进一步要求下，投机取巧、浑水摸鱼的小团队逐渐失去立足之地，网络剧和网络大电影在大浪淘沙下不断走向精品化、成熟化和专业化。

在新兴媒体监管方面，2016 年 5 月国家新闻出版广电总局发布了《专网及定向传播视听节目服务管理规定》，此《规定》主要针对 IPTV、专网手机电视以及互联网电视的监管。6 月，国家新闻出版广电总局公布了新的“互联网视听节目服务持证机构名单”，全国共有 588 家，较 2014 年减少了 25 家。7 月，国家新闻出版广电总局下文给 7 大互联网电视集成播控牌照的持牌电视台，强调根据“181 号文”做好互联网电视整改工作，针对目前各个机构存在的不同程度的产品不符合规定，与相关企业合作不规范等问题进行整改。一系列相关政策不断矫正互联网电视产业的发展，使受众在享受其带来的及时、互动、个性化定制等用户体验外，观看到正版、合法的内容。互联网电视早已结束靠打“擦边球”、传播盗版内容以吸引用户的快速传播期，进入内容为王、服务为主的创新发展期。

在市场准入方面，2016 年 2 月，国家新闻出版广电总局与中华人民共和国工业和信息化部发布《网络出版服务管理规定》，该《规定》要求图书、音像、电子、报纸、期刊出版单位从事网络出版服务，应当具备确定的从事网络出版服务的网站域名、智能终端应用程序等出版平台，有确定的网络出版服务范围等。12 月 19 日，《关于进一步加强网络原创视听节目规划建设和管理的通知》正式出台，网络视听内容迎来备案登记制，各视听节目网站要主动将重点网络原创节目的名称、制作机构、题材、时长，以及不少于1500字的内容简介和不少于300字的思想内涵阐释等信息在创作规划阶段进行备案，并且涉及重大题材或特殊题材的内容要征集有关方面的意见。除提高对机构与内容的市场准入标准，相关部门对网络原创视听内容、宣扬主旋律的主流文化内容给予了充分的支持，力求线上线下以同样的标准进行内容制作、内容审核与内容传播。

## 三 在线视频产业热点解析

**1. 网络大电影：从“野蛮生长”转向“精耕细制”**

自2014年3月“网络大电影”概念被提出以来，网络大电影产量在热议中不断呈现爆发式增长，据市场数据显示2016年上映的网络大电影可达2500部，为2015年的3.7倍。但由于网络大电影具有院线电影不具备的低成本、高收入、强互动、精投放等优势，该行业吸引了大批想要靠软色情、低俗化、血腥暴力等内容捞金的制作方。网络大电影行业的混乱生态、政府部门的政策不完善和网络媒介的传播特征使网络大电影一度通过“打擦边球”、“蹭IP”吸引受众，《宝宝不哭》开拍、借势《我不是潘金莲》等恶性事件①更是使网络大电影口碑不断下滑，2016年成为网络大电影从低俗化向精品化转变的关键。

在影片制作方面，随着越来越多的制作公司进军网络大电影行业，影片产量呈井喷之势增长，网络大电影市场趋向饱和，已无法吸引受众，低成本、粗制滥造的网络大电影开始向高投入、精耕细作转变。市场数据显示，2016年下半年，成本为50万元以下的网络大电影占比仅为5%，50万～80

① 2016年8月，王宝强妻子马容出轨经纪人宋喆事件备受瞩目，事件发酵几天后，根据该事件改编的网络大电影《宝宝不哭》宣布开拍，该部网络大电影因毫无底线地蹭热点而遭到几大视频网络和观众的抵制。冯小刚导演的电影《我不是潘金莲》宣布开拍后，《我是潘金莲》、《潘金莲就是我》、《我不是你的潘金莲》等多部网络大电影相继上线，引发业界与观众对网络大电影蹭热点、借势营销现象的热议。

万元的网络大电影占比为55%，80万~150万元的网络大电影占比为30%，150万元以上制作成本的网络大电影占比约为10%。[①] 除了影片成本的不断升级，制作团队和演员阵容也从“三流导演+三流网红”趋向专业化和明星化。2017年爱奇艺还将引入索尼影视、奥斯卡终生成就奖获奖者等好莱坞资源合作出品网络大电影，在制作团队和演员阵容上对网络大电影质量予以保障。

在内容审查方面，随着政府部门的监管升级，爱奇艺和搜狐视频先后发布了影片审核声明，明确表示禁止蹭热点、蹭IP、传播负能量、宣扬封建迷信、展现惊悚恐怖剧情等内容上线。国家新闻出版广电总局对违规影片的下架和视频网站在内容审查方面的合作，使靠软色情、蹭IP吸睛的网络大电影无处遁形。尽管在政府部门、视频网站和观众的共同作用下，网络大电影结束了野蛮生长时代，开始向成熟化、专业化和系统化发展，但并没有像网络剧和网络综艺般出现有代表性的头部内容，网络大电影在升级了制作成本和制作团队的同时，更需要深耕内容，以故事取胜。

**2. 网络剧：实现精品化，“大剧”成趋势**

2014年被称为网络剧元年，网剧总量达205部，全年播放量约123亿次，彼时低成本、粗制是网络剧的代名词；2015年网络剧迎来黄金时代，总量达379部，全年累计播放量为229亿次，网络剧在众人瞩目下艰难转型；2016年网络剧产量以成倍的速度增长，各视频网站备案的网络剧总量已达4430部，共计16938集，[②] 其中《老九门》、《余罪》、《太子妃升职记》、《我的奇妙男友》、《最好的我们》等10部网剧均突破20亿次流量大关。截至2016年12月18日，播放量前10名的剧集流量超过370亿次，[③] 其中《老九门》的播放量更是达百亿次。随着产量和流量的增长，越来越多的专业制作团队进驻网剧市场，投资金额飞速上涨，演员阵容不断升级，

① 数据来源：《2016年中国网络大电影行业研究报告》，艺恩网，2016年10月。

② 数据来源：《2016年中国网络视听发展研究报告》，第四届中国网络视听大会，2015年12月。

③ 数据来源：艺恩智库数据统计。

故事题材持续创新，接连掀起舆论热潮的网络剧已从低成本、粗制作向高投入、精打造转型，开始步入精品化、成熟化和专业化的网剧新时代。

在资金投入方面，网剧《美人为馅》和《如果蜗牛有爱情》已达到3亿元层级，《老九门》、《花千骨2015》和《半妖倾城》均造价上亿元，《盗墓笔记》、《九州天空城》和《法医秦明》等剧则超过4000万元。数据显示，2016年网剧制作总投资为270亿元，相比2015年增长了125%。资金的高额投入保障了网络剧制作团队的成熟化、演员阵容的一流化和视觉特效的专业化，如热门IP剧《老九门》由人气演员陈伟霆、赵丽颖、张艺兴担当主演，《欢喜密探》由包贝尔、王鸥、包文婧、贾玲等实力演员联袂出演，《重生之名流巨星》由《花千骨》的金牌制作人唐丽君加持，等等。在口碑方面，流量前10的网络剧中有5部豆瓣评分已超过7分，《余罪》、《最好的我们》更是在8分以上。

随着网络剧的精品化发展，其规模与制作已可与传统电视剧并肩，头部内容的流量与引发的舆论浪潮甚至超过了传统电视剧。在这种趋势下，最初借助网络媒介特性而传播的“碎片化”短剧开始转向专业制作的长剧、大剧。数据显示，网络自制剧中40分钟长剧已占20%，[①] 在粗制滥造的小团队接连被淘汰、专业制作团队不断涌入的网络剧产业潮流中，“大剧”与头部内容的竞争将成为各视频网站争夺市场的主战场。

**3. 网络综艺：遍地开花 + 垂直细分**

2016年被称为网络综艺的“元年”，随着资本的涌入和传统专业制作团队的入驻，网络综艺体量逐渐加大，制作越发精良，阵容不断升级，数量已从2014年的寥寥无几，到2016年的各大视频网站皆拥有10档以上。优酷土豆推出《火星情报局》、《暴走法条君》等19档网综，其中头部内容《火星情报局》点击量突破10亿，成为极具互联网因子、不断引发热门话题的现象级网综；爱奇艺推出《奇葩说第3季》、《偶滴歌神啊第3季》、《十三

① 数据来源：《中国电视剧2016产业调查报告》，2016中国（深圳）国际电视剧节目交易会，2017年1月。

亿分贝》、《我去上学啦第 2 季》、《姐姐好饿》等 23 档网综，其中《我去上学啦第 2 季》通过台网联动获得 12 亿点击量；腾讯视频推出《拜托了冰箱》、《放开我北鼻》、《Hello！女神》、《饭局的诱惑》等 20 档网综，其中《饭局的诱惑》、《Hello！女神》等节目通过直播元素的融入引爆节目热度；芒果 TV 推出《爸爸去哪儿第 4 季》、《黄金单身汉》、《明星大侦探》等 10 档网综，其中传统电视综艺转战网综的《爸爸去哪儿第 4 季》凭借用户累积和良好口碑获得超过 30 亿的点击量，成为 2016 年流量第一的网络综艺。数据显示，2016 年自制综艺 TOP20 的播放总量已经近 150 亿次，远超 2015 年的 73 亿次播放量，① 遍地开花的网络综艺在制作、内容和热度方面已可与传统电视综艺分庭抗礼，并主动融合直播、弹幕等新元素，把握双向互动、话题引爆等网络优势，不断创造出爆款网络综艺节目。

在节目类型方面，真人秀和脱口秀节目仍然为主流节目类型，但亲子类、歌唱类、偶像养成类、推理类等节目也在创新中不断涌现，尤其是涉及美食、时尚、减肥等内容的生活服务类节目通过与脱口秀、明星访谈等形式的结合，充分迎合年轻人的内容需求，打造出兼具实用性和娱乐性的热门网综。亲子类网综如《爸爸去哪儿》、《放开我北鼻》等聚焦父母和孩子的趣味相处；歌唱类网综《十三亿分贝》初试方言类歌唱类型，推广方言文化；推理类网综《明星大侦探》打造专业级悬疑推理剧情；生活服务类网综《拜托了冰箱》、《拜托了衣橱》分别融合美食与时尚元素，在专业性与大众性中得到平衡；文化类网综《圆桌派》主打内容深度，在思想碰撞中探析社会热点。整体来看，网综呈现出多元化、细分化、差异化的发展，深耕垂直领域，聚焦精准投放，在不断满足小众群体的内容需求和观看心理中创新发展。

**4. 网台联动2.0时代到来，共赢模式开启**

过去，由于传统电视台播放的电视剧投资规模较大、内容制作精良、演员阵容强大和影响范围广泛，视频网站通常购买电视台电视剧以制造流量、

① 数据来源：中国传媒大学网络自制内容研究课题组统计数据。

累积用户。但随着网络剧精品化时代的到来和视频网站影响力的提升，电视剧的发行开始从“先台后网”转向能够达成双赢的“先网后台”。2015 年 9 月，《蜀山战纪》在爱奇艺上付费首播，4 个月后，登录安徽卫视，成为第一部“先网后台”的传统电视剧；10 月，搜狐视频出品的网络自制剧《他来了，请闭眼》登录上海东方卫视，开启了网络自制剧反向输出至一线卫视的先河。2016 年，随着传统电视剧的网络先行和网络自制剧的反向输出，《老九门》、《九州天空城》、《如果蜗牛有爱情》、《鬼吹灯之精绝古城》、《遇见王沥川》等多部影视剧以“先网后台”的模式播出，开启了网台联动 2. 0 时代。

传统电视剧的网络先行基于视频网站的用户体量，通过视频网站和电视台的互动，可使电视剧覆盖到更多用户，产生更大的影响力。首先，网络首播通常采取会员付费的模式，而会员的受众类型与电视台的受众面向有所不同，“先网后台”不仅可以帮助制作方快速变现，还可即时满足年轻受众的需求，保障电视剧的观众到达率。其次，通过网络首播，电视剧可通过网络媒介的传播特性制造热门话题、引发舆论浪潮、积累粉丝和口碑，为电视台的播出打下舆论基础，实现视频网络和电视台的双赢。

网络自制剧的反向输出主要集中于高投资、优质 IP 的头部内容。一方面，此类内容由于制作精良、知名度高、粉丝群体庞大，不仅符合电视台的播出标准，电视台亦能通过其影响力吸引受众；另一方面，此类高投资、大制作的项目需要拓宽发行渠道以回收成本。视频网站和电视台的聚合效应，不仅能让优质网剧增强影响力、保持生命力，更能促进网络剧的精品化发展，形成良性的产业生态圈。

**5. 付费会员趋向常态化**

长期以来，视频网站以免费内容积累用户与培育市场，广告分成为其主要营收。但随着支付手段的成熟、对盗版的严厉打击、自制独播内容的不断丰富，用户交易成本降低、付费习惯日益形成，视频网站的营收模式逐渐从后向消费转向前向收费。2015 年 7 月，爱奇艺《盗墓笔记》对会员开放全集，成为全网首部收费自制剧，自此各大视频网站纷纷开始探索各自的收费模式。2016 年 3 月，乐视宣布付费会员数量超过 2000 万户；6 月，爱奇艺宣布 VIP 会员数量突破 2000 万户；11 月，腾讯视频宣布付费会员数量突破 2000 万户；11 月，乐视宣布全生态（包含影视、音乐、体育等）付费会员超过 5000 万户；12 月，优酷宣布会员数量突破 3000 万户。一年时间内，各大视频网站的会员规模已实现了 4 倍以上的增长，易观预计 2016 年网络视频付费用户达 6245 万户，市场整体收入规模达 107.9 亿元。

会员抢先看、会员专属内容和会员点播券等内容权益为推动用户购买会员的主要推动力，《2016 年中国网络视听发展研究报告》显示，83.8% 的付费用户因为“想看的内容必须付费才能看”而选择付费。在网络剧方面，视频网站主要通过热门、独播和自制网剧的差异化排播方式来吸引用户观看，如《老九门》的会员与电视台同步收看，《余罪》的会员可看全集，《法医秦明》的会员可抢先看等。在网络大电影方面，视频网站通过购买独播内容、热门上映影片和海外影片为用户提供丰富优质的内容，以满足用户的主要内容需求，如 2016 年腾讯视频开启“百部独播内容”，每周二、五各上线一部，以内容矩阵和定期输出培养用户的平台依赖性。

**6. 深挖 IP 价值，打造全产业链**

IP 开发的类型除了从文学作品向动漫、音乐等领域扩展外，同一个 IP 的价值也在不断被深入挖掘。除了改编成影视作品，游戏、玩具、动漫等衍生品也伴随着影视 IP 的热度相继涌现，对一个品牌的全产业链开发成为品牌拥有方获取商业利益、拓宽品牌影响力的重要发展方向。IP 全产业链即围绕一个 IP 的商业价值，从多个领域、多个维度对其进行开发。全产业链的开发主要有两方面的优势，其一为收益优势，开发方购买热门 IP 主要是进行影视剧的开发，但有些重量级 IP 成本较高，影视剧的收益并不能使其收回成本，所以需要开发方利用此 IP 的品牌价值进行多维度的挖掘以获取商业利益。其二为品牌优势，热门 IP 如只止步于影视剧，其创造的话题热度和轰动效应会随着影视剧的停播而逐渐消失，但在影视 IP 的余热中打造其他产品，可以以滚雪球的方式保持 IP 热度，使其成为一个具有辨识度、影响力的超级品牌。

以网剧《老九门》为例，该剧改编自南派三叔“盗墓系列”IP。《老九门》投资金额达1.6亿元，该剧以高投资、精制作、强阵容的优势在爱奇艺平台获得了114亿次播放量，成为首部播放量破百亿的网络剧。在网剧完结后，《老九门》4部人物系列番外《二月花开》、《虎骨梅花》、《恒河杀树》与《四屠黄葵》以网络大电影的方式接档，其中《二月花开》凭借《老九门》的IP黏性和张艺兴的粉丝效应首日播放量便达1000万次，上线10日播放量破5000万次。在网剧播放期间，由爱奇艺游戏与小米互娱联合发行、南派三叔监制的官方手游《老九门》同步上线，3个月下载量已突破2000万次。网络剧、大电影、手游的多维度开发与互动不断使《老九门》IP增值，打造出1+1>2的品牌价值。

但IP的全产业链开发也存在着一些难度，由于各个内容领域在制作方式和创意执行方面不尽相同，不同形式的产品需要该领域的专业人士加持，人员之间沟通的专业壁垒加大了产品互动的难度。所以在全产业链开发上，需要加强不同内容之间的互动，在营销和时间轴方面形成呼应，增强品牌的聚合效应。

# B.7
# 2016年中国电影产业发展报告

尹 鸿 孙俨斌*

摘 要： 2016年是中国电影进入新常态的开端之年，共生产电影故事片772部、动画电影49部、科教电影67部、纪录电影32部、特种电影24部，总计944部；全国电影总票房为457.12亿元（约66亿美元）；共引进90部国外影片；国产电影票房266.63亿元，占票房总额的58.33%。电影市场增速放缓，电影产业进入修正模式，观众日渐成熟，电影风格和类型更加多样化，电影产品体系趋于丰富。新常态下中国电影需要行业规范、产品质量和服务质量的三角支撑，才能走得更稳更好。

关键词： 中国电影产业 电影新常态 电影生产 电影市场

经过2015年的非常态加速增长，中国电影产业在2016年陷入了近14年来第一次缓慢增长甚至不增长的发展期。年初许多人不切实际的600亿元票房的想象，犹如赶超世界第一大电影市场的预期一样，终止在457亿元的票房规模上。于是，中国电影产业发展的拐点论、危机论、泡沫论纷纷出现。其实，这一切仅仅表明，中国电影产业进入了新阶段，即从10多年的非常态高速发展，进入了稳定发展的新阶段。

---

* 尹鸿，清华大学新闻与传播学院教授、博导，中国文艺评论家协会副主席；孙俨斌，北京电影学院管理学院教师，北京印刷学院和清华大学新闻与传播学院联合培养博士后。

# 一　数据解读：稳定发展期

### 1. 产量：多元投资下的超量供给

2016 年我国共生产电影故事片 772 部、动画电影 49 部、科教电影 67 部、纪录电影 32 部、特种电影 24 部，总计 944 部；故事片数量和影片总数量分别比上一年增长 12.54% 和 6.31%（见图 1）。其中 376 部进入院线放映，占电影生产总量的 40%。由于电影生产资金来源多元，大量影片的生产并不需要影院市场回报，导致电影产量供给仍明显超出影院需求。

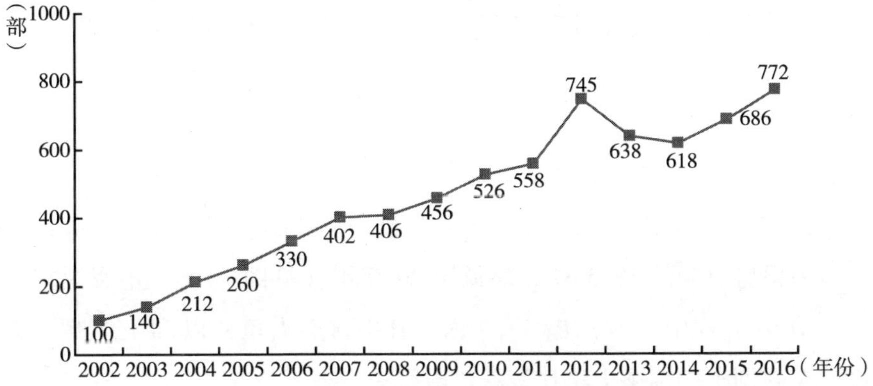


**图 1　2002～2016 年我国电影故事片产量情况**

### 2. 票房：增速大幅下降

2016 年全国电影总票房为 457.12 亿元（约 66 亿美元），同比增长 3.72%，仍然高于北美市场 2016 年度 2.2% 的增速，但相比 2015 年 48.7% 的增速，出现了直线下滑，这也是电影产业化改革 14 年以来的最小增速。而且全年还有 7 个月都出现了票房同比减少现象，衰退幅度最大的 9 月同比下跌 33%。全年票房过亿元影片 84 部，其中国产电影 43 部；票房过 10 亿元电影有 9 部，其中国产电影（含合拍片）6 部。69% 的上映影片票房不足 1000 万元。国产电影海外票房和销售收入 38.25 亿元，同比增长 38.09%

（见图2）。市场规模相当于北美的58%，未能缩小与全球第一电影市场的差距。

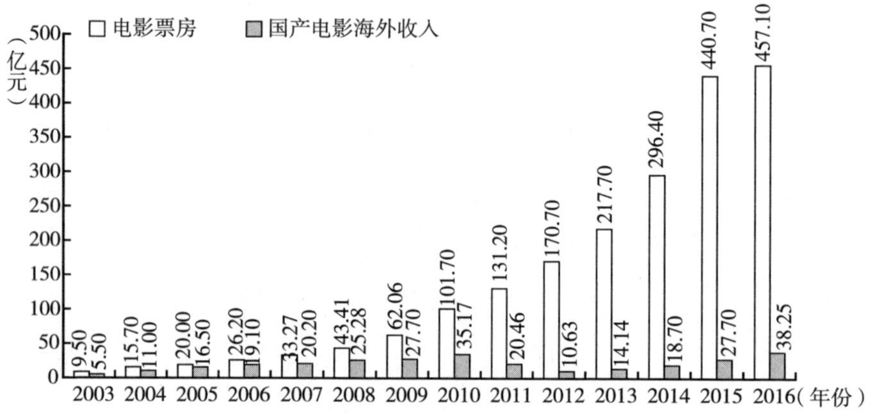


**图2　2003～2016年中国电影市场主要收入**

### 3. 份额：国产片继续保持领先

2016年共引进90部国外影片，数量创历史新高。国产电影票房266.63亿元，占票房总额的58.33%，略低于2015年（见图3）。在电影票房年度排行榜前10影片中，国产电影占7席。其中《美人鱼》以34亿元票房成为年度冠军并创下中国影史单片最高票房纪录。

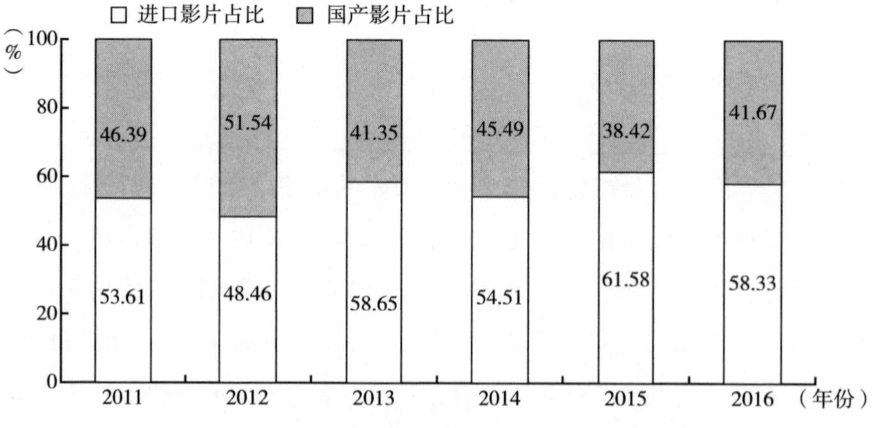


**图3　2011～2016年国产电影与进口电影市场份额**

4. 观众：观影规模首次居全球第一

2016 年中国全年观影人次首次超过北美的 13.21 亿人次，达 13.72 亿人次，同比增长 9.24%（见图 4）。人均观影频次达到 1 次；以城市人口为基数，人均观影频次接近 2 次。全年电影平均票价 33.31 元①，同比下降 4.61%。2016 年度北美的人均观影频次为 3.3 次、韩国为 3.81 次，中国市场的观影规模虽然已居全球第一，但人均观影频次仍有较大增长空间。

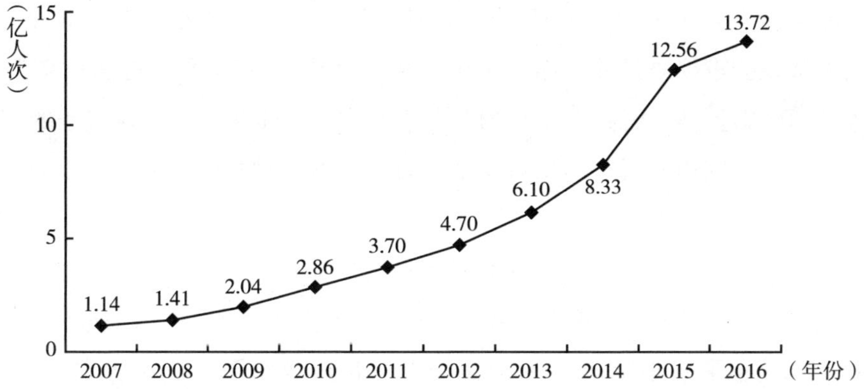


图 4　2007～2016 年我国观影人次增长趋势

5. 银幕：银幕和影院总量世界第一

2016 年中国成为世界上银幕数和影院数最多的国家。银幕总量已达 41179 块，新增银幕 9552 块，平均每天新增 26 块。影院总数约 7900 家，新增影院 1612 家。中国影院和银幕的数字化水平，特别是 3D 放映条件，更是远高于全球其他电影市场。

2016 年，从数字上来看，由于受前一阶段电影产业快速发展的影响和激励，电影市场的硬件建设和电影产量仍然保持了较高速度增长，但电影票房市场的增长幅度下降却远远超出了预期。2016 年中国票房市场接近或超

① 数据统计来自猫眼大数据和艺恩数据。本文未标明出处的数据，均为作者根据国家新闻出版广电总局电影局、中国电影发行放映公司、《中国电影报》公布的数据整理而来。

过北美电影市场成为全球第一的愿望没有实现，中国电影产业进入了供给与消费、生产与市场、产品与观众关系的深度调整期，而中国具有全球规模最大的观影人群、全球最多的银幕总数则为中国电影可持续发展奠定了坚实基础。

## 二　产业格局：链条完善与海外扩展

2016 年，《中华人民共和国电影产业促进法》在千呼万唤之后正式由全国人大常委会审议通过并公布，中国电影产业发展进入了“有法可依”的时代；而电影行业在经过上一轮的并购重组之后，也进入了产业链条的完善和磨合期；在国内发展空间相对缩小之时，资本推动着中国电影企业加速海外扩张。

**1. 法规政策：“促进法”为产业发展保驾护航**

《电影产业促进法》从法律层面确立了“电影作为产业”的属性，并对2002 年以来电影产业所进行的全面的市场化改革给予了法律肯定。其中，电影审批的简政放权、电影行业的开放准入、电影市场的公平竞争、电影产业的地位确认等内容，都具有重要意义。《电影产生促进法》从法律层面为中国电影产业持续发展保驾护航。

2016 年，政府还出台了相关政策鼓励和扶持国产电影。国家新闻出版广电总局电影局在《中央级国家电影事业发展专项资金预算管理办法》中制定“奖励政策”，奖励优秀国产影片，最高奖励金额不超过 600 万元；电影局发布《关于奖励放映国产影片成绩突出影院的通知》，国产影片票房收入占全年票房总收入 2/3 以上的影院，将获得国产影片票房收入上缴到中央电影专项资金部分的 50% 的奖励。

针对瞬息万变、急速发展的电影市场中出现的各种新问题、新现象，从证监会到国家新闻出版广电总局电影局及时出手调整，规范市场，维护公平竞争。针对影院“偷漏瞒报”票房等乱象，电影局在 2016 年 1 月开展“百日专项治理活动”；3 月整顿部分影片的虚假票房现象，促使票补和金融炒作等不规范手段逐渐退出。2016 年，监管电影市场已成为电影行政主管部门的重要工作。

**2. 资本市场：潮涨潮落、风云变幻**

近年来中国电影市场取得的突出成绩吸引了资本的目光。继 2015 年互联网资本大举进入电影产业后，2016 年资本在电影行业仍然保持活跃。

经历多年准备，两家国有龙头电影企业完成上市。2016 年 8 月 9 日，中国电影股份有限公司在 A 股上市，成为第一家上市的国有电影公司。2016 年 8 月 17 日，上影股份紧随其后上市。江苏的幸福蓝海则成为创业板第一家上市的国有控股的影视企业。继民营电影企业之后，中国的国有影视企业正式进入资本市场。

2016 年最引人关注的产业现象，是国内资本在海外电影市场的扩展。2016 年中国影视产业对外收购总额达 63.9 亿美元，与 2015 年的 4.13 亿美元相比，增长近 14.5 倍；其中，阿里影业 2016 年 10 月与美国的安培林影业（Amblin Partners）达成战略合作，而后者的前身就是斯皮尔伯格创办的梦工厂影业；2016 年 11 月文投控股以 1.87 亿美元收购欧洲特效巨头 Framestore 公司，后者曾凭借电影《黄金罗盘》赢得过奥斯卡最佳视觉效果奖；华谊兄弟则投资香港上市公司“华谊腾讯娱乐”，成为整合海外娱乐事业的重要平台。

在企业“走出去”方面，动作最大的是万达集团。2016 年，万达以约 35 亿美元并购美国最大的独立制片公司之一传奇影业；万达旗下的 AMC 以 11 亿美元收购美国卡麦克院线；AMC 还收购了欧洲最大院线欧典院线（Odeon & UCI）；同时万达还与索尼影视娱乐旗下的 Motion Picture Group 达成战略合作，并以约 10 亿美元收购美国 DCP 集团 100% 的股权。目前，万达不仅收购了全球多家影视制作公司，而且已经手握全球 13% 的电影院线，成为全球最大的跨国影院企业集团。万达在成为类似时代华纳这样的跨国文化娱乐集团方面的谋篇布局，已经初见成效。

**3. 影视企业：支配性企业夺位竞争**

中国电影的产业集中化仍然处在推进和变动中。电影公司的实力主要体现为电影内容的控制力、电影产业链的完整性和资本实力三方面。各大电影公司为能登上“六大”或“八大”主导型企业的位置，都在发力和布局。中影股份是国有电影企业的“带头大哥”，上市后总市值达到431.09亿元，高出华谊兄弟（306亿元）和光线传媒（286亿元）；2016年中影股份发行的影片总票房超过200亿元，占据了国内票房的半壁江山；中影股份与近20家公司签署了17项重要战略合作协议，其内容涵盖影视制片、电影发行、电影营销、影视服务等电影产业链的多个环节。① 2016年中影股份主导的电影制作虽然效果不理想，但因拥有完整的产业链和专享的进口电影经营权，在上市资本的推动下仍然取得一定的产业成效。

**4. 电影金融：资本与电影的相生相杀**

电影业经过十几年的产业化改革吸引金融青睐。由于电影业“雷声大雨点小”的特点，不仅有大量资本进入电影业，同时也衍生出电影金融工具。资本涌入催生了更多的电影，也为年轻导演提供了更多机会，同时也搅合得规模本不大的电影业翻云覆雨。业外资本涌入电影业的目的往往“醉翁之意不在酒”，它更在意电影影响力带来其在资本市场上的收益，电影由此成为影响力杠杆下的金融工具。非行业资本的涌入，带来天价片酬、虚假票房、恶意炒作、保底对赌等不正常现象频繁发生。从《叶问3》“幽灵场”曝出的“虚假票房”到金融游戏般的“保底发行”，再到明星被上市公司天价收购的“明星证券化”，都是资本步步深入电影圈的集中体现，这些非行业资本共同助长了电影市场的“虚火”或者“泡沫”。电影生产的艺术规律与资本市场的商业利益之间往往出现冲突，资本就像一把双刃剑，帮助电影的同时也伤害了电影和观众。

在中国电影行业本身规模小、企业不规范、产业门槛低的情况下，资本的长驱直入，给电影带来足够资金的同时，也引发了诸多问题。中国电影产业“不差钱”，差的是对钱的专业化使用和管理。一个不被资本重视的行业不是好行业，但是如果在资本面前失去了本来面目就会把一个好行业变成坏

① 《“高峰访谈录”之中影股份掌门人喇培康》，《中国电影报道》，2017年1月3日。

行业。正是在资本与电影的互动中，2016 年大多数电影企业，都进入了产业链的完整年、完善年，而这也正是中国电影企业全球化布局拓展的一年。虽然这一年中国电影行业的整体成绩并不突出，但是产业格局的调整，资本市场的活跃，特别是国际化道路的开启，对于中国电影产业做大做强，出现跨国文化娱乐企业，仍然具有战略意义。

## 三　电影生产：构建多元产品体系

2016 年电影产品数量增加、类型多样，虽然缺乏前些年所谓的市场爆款，也没有创造出新的年度流行类型，但是却逐渐形成大众产品、分众产品和小众产品相互补充的多元体系。观众的电影消费选择更加丰富，电影产品的定位也更加细致差异。

**1. 制作机构：内容为王**

在互联网创意版权（IP）热的大背景下，内容为王、质量为魂仍然是电影生产的根本。互联网电影公司并未如预期的那样取得压倒性优势，传统电影公司则显示出更为突出的内容制作方面的优势。

2016 年中影股份投资影片 40 余部[①]，合拍的《美人鱼》刷新了华语片票房、预售、首日票房、单日票房等多项纪录，成为首部也是唯一一部超过 30 亿元票房的影片；《长城》是中国电影“走出去”的全新探索，开启了中国大陆导演主导好莱坞全球商业电影的先河；其他几部影片虽票房成绩平平，但也成为该年度满足不同需求的特色产品。《大唐玄奘》迎合“一带一路”大背景，获得国内外 18 个奖项；纪念建党 95 周年和长征胜利 80 周年的献礼片《勇士》作为主旋律代表作取得不错口碑；《我的战争》则是近年来罕见的表现朝鲜战争题材的作品。此外，中影股份还参与了多部影片的国际合作，与美国合拍的《功夫熊猫 3》（10.02 亿元）还成为我国年度动画电影票房冠军。

---

① 《“高峰访谈录”之中影股份掌门人喇培康》，《中国电影报道》，2017 年 1 月 3 日。

以华谊影业、博纳影业、万达影视、光线影业、乐视影业为代表的5大民营公司，最近3年出品和发行的国产电影票房总占比都在60%左右，2016年市场占有率也达到了56%，继续显示出它们在电影行业的领先地位。光线影业共参与制作和发行10部电影，总票房为64.23亿元①，位列第一。春节档的电影《美人鱼》票房达34亿元，成为全年票房冠军；光线影业以喜剧、青春、爱情、动画题材为主，满足了主流青少年观影者的需求，在制片和发行领域比较稳定。有互联网基因的乐视影业，年度总票房为39.5亿元②，影片既包括大IP、大制作的《盗墓笔记》、《长城》、《爵迹》，也有新人导演的小成本影片《高跟鞋先生》、《睡在我上铺的兄弟》、《28岁未成年》等。博纳影业2016年出品发行电影13部，其中包括年度黑马影片《湄公河行动》，总票房为37亿元；国际化方面，包括李安导演的《比利·林恩的中场战事》、2015年上映的《火星救援》，以及2016年上映的《X战警：天启》、《独立日：卷土重来》、《佩小姐的奇幻城堡》等好莱坞进口大片，博纳影业都将参与全球分账。

**2. 电影主创：香港制造重现竞争力**

如果说2015年是中国新生代电影力量的崛起年，那么2016年则是多代同堂、争奇斗艳的一年。特别是一大批香港导演再次成为国产电影的主力军。

2016年，新生代导演和明星继续释放着活力，而以张艺谋、冯小刚、周星驰、王家卫等人为代表的上一代导演仍宝刀不老。周星驰的《美人鱼》用票房纪录证明了其独特的市场价值；冯小刚的《我不是潘金莲》用荒诞现实主义风格证明了市场接受现实主义题材的可能性；张艺谋与好莱坞合作的商业大片《长城》则表明了第五代导演的国际影响力和地位。

香港导演群体在2016年再次体现了他们均衡的专业水平和能力。票房

① 《“高峰访谈录”之光线传媒总裁王长田：为未来打基础》，《中国电影报道》，2017年1月7日。

② 《盘点2016电影产业：乐视影业增速最快闯进行业第二》，中国新闻网，2016年12月29日。

排行前5位的国产影片全部为香港导演执导。除执导《美人鱼》的周星驰外，《西游记之孙悟空三打白骨精》导演郑保瑞是香港新生代导演领军人物，被称为主旋律大片的《湄公河行动》则是年轻的香港导演林超贤的作品，刘伟强和王晶的《澳门风云3》、李仁港的《盗墓笔记》等也都显示出香港导演的商业把控能力。虽然其中也有部分影片急功近利、粗制滥造，但香港导演所显示的整体实力在2016年尤其突出。这也反映出内地电影人才的青黄不接，近年来纷纷跨界而来的导演在电影基本功和可持续性上还满足不了电影发展的迫切需要。

**3. 电影产品：大众与分众、主流与边缘并存**

2016年，国产片虽然很少有所谓的“爆款”、“黑马”，但是在风格类型的多样性方面，却取得了前所未有的成绩。既有大制作的《美人鱼》、《长城》、《西游记之孙悟空三打白骨精》、《盗墓笔记》等幻想题材的大众电影产品，也有《叶问3》、《寒战2》、《湄公河行动》、《火锅英雄》等传统的类型电影产品，还出现了《大鱼海棠》、《摇滚藏獒》等一批具有民族特色和时代风格的动画电影，更有《我不是潘金莲》、《驴得水》、《七月与安生》、《追凶者也》、《长江图》、《路边野餐》、《我们诞生在中国》、《我在故宫修文物》等一批风格独特、定位准确的中小成本影片。可以说，产品线的完整性，特别是风格化的分众电影的创新性，在2016年引人关注。

随着电影观众逐渐成熟，电影观众的观影行为越来越具有主动选择性。2016年，仅仅依靠大IP、高颜值、炫技席卷市场的时代似乎过去了。集合了明星、颜值的IP电影、粉丝电影，以及炒作和营销等商业运作到极致的电影如《爵迹》（3.8亿元）和《封神传奇》（2.8亿元）都没有取得预期的票房收益；主打粉丝路线的《致青春：原来你还在这里》、《赏金猎人》、《夏有乔木雅望天堂》、《微微一笑很倾城》同样也没有取得意想的成功。2016年IP国产电影共86部，为2015年的3倍，却没有出现票房奇迹。观众对IP电影的消费正在趋于理性。只有IP是不够的，关键在于创作是否能够达到电影产品的质量要求和满足观影者的情感需要。同时，仿效前些年高票房类型但却缺乏创新的所谓“喜剧+爱情”模式，在这一年也被观众所忽视。靠炒作、靠营销似乎再也不能让一部艺术质量平平的影片“骗取”观众的信任。观众对电影品质的要求，在2016年明显提高。

**4. 合拍电影：中国制作全球化**

随着中国电影产业和市场的发展，越来越多的海内外、境内外合作制片项目启动，2016年获准立项的合拍故事片89部，较上一年增加9部，创历年合拍片立项数量新高。从合作方所处地区和国家看，合拍片虽然仍以内地与香港、大陆与台湾为主，但与美国的合拍项目已经达到10项。中国电影企业不仅与亚洲国家和地区合拍，也开始与欧美国家合拍；不仅与独立制片、小制片公司合拍，而且也开始与大电影公司、跨国企业合拍；不仅合拍艺术电影、小众电影，而且也开始合拍全球发行的大制作主流商业电影。

中国电影企业不仅通过合拍来满足国内市场需要，而且有意识地制作面向国际市场甚至全球市场的电影。早在2015年，电广传媒就与美国狮门影业合作，计划在未来3年投入15亿美元合作50部电影；华谊兄弟控股的美国项目公司 Huayi Brothers Pictures LLC 与美国 STX Entertainment 签署合作协议，约定双方联合投资、拍摄、发行不少于18部合作影片；华策影业与韩国电影制作发行公司 N. E. W.（Next Entertainment World）宣布成立合资公司——华策合新（HUACE & NEW），启动中韩合拍 IP 计划。中国电影企业不仅更加全方位地与世界不同国家和地区的电影机构合作，而且更加主动地参与全球电影的投资、生产和发行，这是中国电影走向世界主流市场的新的探索。

总体看来，2016年超级商业大片不多，年初34亿元票房的《美人鱼》之后，不仅再也没有出现过超过20亿元票房的国产片，甚至过10亿元票房的影片也屈指可数，主流商业电影产品没有能够支撑起票房市场的高速增长。但是从电影题材、风格、类型来看，2016年却更加丰富多元；老中青导演都在努力证明自己的价值和能力，而香港导演似乎更显示出整体的创作和制作水平；境外、海外合拍片进入了新阶段，中国不再仅仅为国内市场合拍内需型电影，而是开始为国际市场拍摄全球化的外需型电影产品。2016年缺乏现象级电影，但是却出现了许多新电影现象，更加完整的产品体系为中国电影可持续的常规发展准备了条件。

## 四　电影市场：开始减速换挡

经历了2015年难以置信的49%的超高速增长，2016年的中国电影市场增速垂直下滑，即便有更多引进片投放，但如果没有春节档支撑，2016年中国电影市场很可能出现市场化改革以来前所未有的负增长。如果说2016年不是中国电影市场拐点的话，那么至少是中国电影市场出现了增长疲劳，进入了减速换挡期。

**1. 影院与院线：重构与升级**

中国电影院线的发展进入了重构期。大部分电影院线仍然是国有资本主导，受到资产流通等众多体制性因素限制，这些国有院线前期改革的红利已经基本消耗，而新的跨区域整合难度更大。因而，各国有院线的发展相对缓慢，而民营院线的发展则速度更快。加上大量行业外资本进入，中国的影院和院线发展进入了重构期。

在院线公司中，完全民营的万达院线以61亿元的票房产出继续一枝独秀①；同样是民营企业，深耕三线以下城市市场的广东大地院线排名再上升一位，与上海联合、中影星美、中影南方新干线位列30亿元票房的第二梯队（见图5）。② 除万达外，恒大、保利、红星等5家房地产企业已涉足投资影院，渗透率达7%。恒大影城营业数量已达82家，拥有银幕数572块，包括巨幕28块，年增幅高达110%。

2016年，院线的并购重组仍在继续。但这些并购重组大部分还是发生在产权明晰、流通容易的民营企业之间，甚至是非电影企业之间。改革的真正困难还是大量存在于国有电影院线，如果不能实现资本为纽带的资产重组和院线重构，这些院线的机制活力会受到明显影响，而它们也会影响到整个中国电影市场的发展速度。

---

① 根据万达院线2016年年报显示，2016年票房收入为76亿元。

② 姬政鹏：《经历过并购重组，尝试了分线发行，2016年中国电影院线最终排名如下》，《中国电影报》2017年1月5日。

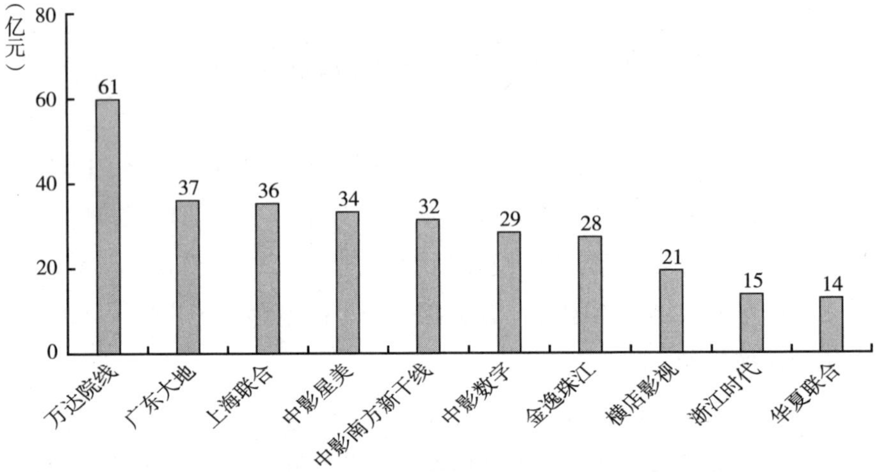


**图 5　2016 年排名前 10 院线票房**

院线格局在重构的同时，升级也在继续。2016 年李安的 3D/4K/120 帧新片上映，让人们感受到了新技术带来的新体验。经历了数字 3D 改造以后，本轮一些影院又开始了新规格放映条件的改善。新建影院平均有 5.6 个放映厅①，内地银幕总数的 85% 为 3D 银幕，IMAX、杜比影厅的数量也在不断增多。万达计划未来 6 年新增 150 家 IMAX 影院，还将在旗下购物中心和娱乐主题公园内开设新影院；刚完成 25 亿元融资的博纳将资金的 90% 用于影城建设以及收购。② 许多电影院在进行"互联网 +"的拓展，深挖影院的"社交属性"，与其他经营形态如餐饮、娱乐等融合，提高非票房收入占比。

**2. 电影观众：热潮之后的分化**

消费活跃度是产业活跃度最重要的标志。从这个角度来看，2016 年中国电影市场的票房增速虽然大幅度放缓，但是由于电影观众人次仍然保持增长，说明中国电影产业还有增长潜力，特别是春节档期观影人数的暴涨，说

① 袁云儿：《中国内地银幕数量超过 4 万，急需好电影来喂饱》，《北京日报》2017 年 1 月 4 日。

② 《40917 块银幕、全年不足 450 亿票房，2017 年电影院怎么生存?》，艾维电影，2016 年 12 月 26 日，http：//www.film186.com/FenXiPingLun/4686.html。

明中国不同年龄段的观众群体，对电影消费有浓厚兴趣，关键在于是否能够在适当时机、用适当方式，提供适当产品，以满足观影者的消费需求。

2016 年人均观影频次从 2013 年的 0.45 次、2014 年的 0.61 次、2015 年的 0.8 次，终于突破 1 次。按照城市人口基数来算，国人年均观影频次达到 2 次，接近欧洲国家的平均观影水平，但与电影发达国家美国（3.3 次）、韩国（3.81 次）相比还有较大差距。这也正是中国电影可持续增长的基础。在农村的公益放映中，每年还有数以亿计的观影人次，这些观众其实也是中国电影市场潜在的消费者。

随着观影群体的扩大，观影经验的丰富，观众口味的差异性越来越大。2016 年除了春节档的群体性电影观看高潮之外，全年很少出现老少咸宜、妇孺通吃的大众商业电影。《湄公河行动》、《长城》这种大投入电影，票房达到 10 亿元，即已触及天花板。然而在共享性的商业大片越来越少的同时，却又出现了大量票房过亿元的类型化、风格化电影。香港导演的众多商业类型片票房都能过亿元，而内地的《追凶者也》、《驴得水》、《我不是潘金莲》等影片也有可观的票房；甚至像《七月与安生》、《我们诞生在中国》、《百鸟朝凤》、《路边野餐》、《长江图》这样的小众风格和题材的影片也能有一定的观众规模。这说明，随着电影观众的规模、观影频次和观影方便性的增加，观众不仅开始选择最热的电影，还愿意选择合适的电影。市场的爆款少了，但是观众喜欢的差异性电影反而多了。应该说这是中国电影市场逐渐成熟的标志。

**3. 影院票房：国产电影保持竞争力**

2016 年有 376 部国产片进入大银幕，国产片占总票房的 58%，虽略低于 2015 年（62.5%），但在进口电影比 2015 年增加 30 部的前提下，应该说，国产片完成了“守土有责”的重任。

全年 84 部电影票房过亿元的影片中，国产电影 43 部；9 部破 10 亿元的影片中，国产片占 6 部。年度国产片的票房冠军和进口片票房冠军分别被《美人鱼》和《疯狂动物城》（15.30 亿元）夺得，两部电影也分别打破单片票房纪录和动画片票房纪录。《美人鱼》以折合 5.52 亿美元的票房排在全球年度票房的第12位，这也是国产电影在全球电影市场取得的最高票房排名。

从类型划分来看，2016年票房前20的国产电影中，有动作片7部、爱情片4部、喜剧片3部、动画片2部、奇幻片2部、剧情片2部。[①] 全年上映电影中，剧情片（172部）和动画片（41部）用众多的数量创造了36%的票房，比上一年的21%增长了近一倍；爱情片（36部）则贡献了2%的票房，较上一年度有明显下降；动作片和喜剧片仍是观众的主流选择，这两种类型的票房贡献率超过50%。

进口片中除34部分账发行的影片之外，还有52部批片，其中21部来自美国，如《惊天魔盗团2》、《荒野猎人》、《血战钢锯岭》等；引进日本电影12部，创历史新高，新海诚的《你的名字》（5.69亿元）创造了日本电影在华的票房新纪录；此外还引进了法国9部、英国9部、德国3部、加拿大3部、印度2部、比利时2部。批片从数量的提高到结构的多样化，都满足了中国观众对进口片的多元审美需求。当然，与分账发行影片不同，一些引进片时间滞后明显，票房效果并不突出，即便是《萨利机长》这样的高质量影片也未能引发观影高峰。

电影市场两极分化显著。年度前十位的电影票房总和高达141.29亿元，占全年总票房的31%，而80%的影片所取得的票房总和还不到1000万元。[②] 实际上，376部进入影院放映的国产片中，只有100多部电影实现了有效放映。大部分电影都是“影院一日游”或者“闲暇时间游”而已，有发行之名并无放映之实。这既反映了在院线同质化放映条件下，只能容纳200部电影的有效放映空间，同时也反映了多数电影不具备影院消费吸引力，观众没有足够的消费欲望。

**4.放映档期：火热的春节档、寒意的暑期档**

由于影院在三四线城市的普及，也由于春节家庭消费、朋友消费的习

① 三九：《2016国产电影票房前20投资回报比分析：都哪些赚了，哪些亏了?》，一起拍电影，2017年1月1日。

② 喻德术：《2016内地电影：减速，中国电影市场的成人礼》，腾讯娱乐，2017年1月1日。

惯，导致近年来春节档已成为全年市场的最高点。2016 年春节档用《美人鱼》、《西游记之孙悟空三打白骨精》、《澳门风云 3》燃爆了市场。连在一起的情人节档、元旦档和春节档表现增速同比分别达到 166.93%、86.98% 和 69.51%，位列年度档期增速度排行榜冠、亚、季军。一季度总票房达到 144.7 亿元，同比增速达 51%。以至于许多人对 2016 年中国电影市场的票房预期达到了 600 亿元。

随着对市场不正当竞争的干预和春节档结束，电影市场迅速进入退潮状态，全年不少档期出现了 10 多年来罕见的负增长。被寄予厚望的暑期档（6 月 1 日至 8 月 31 日）总票房仅为 124.29 亿元，同比持平，相比近 5 年每年此档期 35% 以上的增长[①]，足以显示出市场疲态。国庆档也迎来 10 年来的首次下跌，虽有《湄公河行动》的逆袭，仍无法扭转整体下滑 14.64% 的境况。11 月进口片云集依旧止不住市场下跌趋势。直到 12 月 20 日，内地总票房才越过 2015 年的“440 亿元”线，勉强创造了微增长。

**5. 类型偏好：幻想、动作的硬类型片回归**

一段时间以来，电影类型的轻巧化成为风潮。爱情（友情）+喜剧频繁出黑马。但是 2016 年却是相对动作更加硬朗、节奏更加紧凑、类型更加鲜明的电影获得了市场认可。

首先是幻想类动作片继续保持了市场吸引力。从年初的《美人鱼》、《西游记之孙悟空三打白骨精》到暑期的《盗墓笔记》、《魔兽》再到年末的《长城》，这些影片虽然在故事、人物、情节、节奏，特别是表演方面受到众多非议，但是其中假定的世界、高强度的动作、快速的情节推进和充满想象力的技术奇观仍然使得这些影片受到市场，特别是青少年观众的认可。当然，如果不在内容上更加触动人心，不在细节上精益求精，这类影片的市场危机也会很快显现，动作和场面难以成为人们观影的唯一条件。《封神传奇》、《爵迹》等影片的票房低迷，已经显示出这类影片的危机。

2016 年，硬派的动作电影也受到观众认可。《湄公河行动》、《叶问 3》、

① 《市场预测：2017 年中国电影票房能否回暖?》，艺恩网，2017 年 1 月 2 日。

《澳门风云 3》等影片，类型特征鲜明，人物性格识别度高，视听节奏具有震撼力，故事情节上也有新的突破，特别是人物情感表达更加饱满生动，虽然没有大的艺术突破，但是能够满足观众对观影冲击力的需求。与此同时，前两年类似《港囧》、《夏洛特烦恼》、《煎饼侠》、《心花路放》、《分手大师》那样曾经风靡一时的喜剧片和爱情片在2016 年风光不再。众多爱情片、喜剧片被市场冷遇，明星云集的《陆垚知马俐》、《梦想合伙人》等都票房惨淡。题材和类型的同质化永远是市场的大敌。

虽然2015 年有《西游记之大圣归来》的异军突起，但2016 年的国产动画电影还是缺乏引进片的细腻、极致和单纯。2016 年动画电影共有 63 部，进口片 22 部，国产动画 41 部，国产动画票房收入 23. 46 亿元，占比动画片票房 34% 。动画电影票房前 10 位的榜单中，国产动画片仅有 3 部。暑期档中耗时 12 年完成的《大鱼海棠》以 5. 65 亿元票房位列第一。票房在 1000 万元以下的国产动画片占 65% 。“六一档”甚至只有 1770 万元票房，成为近年来动画电影的最冷档期。

中国电影产品 2016 年的类型偏好似乎与国际市场的常规状态更加接近。前些年依靠“接地气”、“网感”而火热的状况不再，“电影感”和“影院性”在电影消费中更加重要。电影在题材、风格、类型、节奏、景观上更符合影院的“必看性”才能获得观众的消费认可。这也是电影走向更电影化的大趋势。

**6. 港台地区：华语电影艰难生长**

香港电影市场依然平淡。1989 年香港影院数量是 121 家，随后每年递减，近年来则基本维持在 47 家。2016 年年初，嘉禾港威电影城和九龙塘 AMC 电影院相继歇业，影院总数再次下降，座位数也不及巅峰时期的 1/3。

在香港市场上，华语电影竞争力没有起色。年初《美人鱼》上映，打破此前的首映日票房纪录，成为春节档票房冠军，但最终只位列全年票房榜第 7 位。暑期档，《寒战 2》上映，再次打破首映日票房纪录，同时创下最高单日票房，从《那些年我们一起追的女孩》手中夺回华语电影票房冠军宝座，但在全年票房排行榜上还是只列在第三位。好莱坞电影仍旧强势。年度票房前10中，华语片仅占2部，漫威电影占据3席，迪士尼则有2部动画电影上榜，韩国电影《釜山行》排在《美国队长3》之后成为年度票房亚军。

台湾地区华语电影市场也相对低迷。年度前10榜单中，好莱坞电影具有压倒性优势。仅有《叶问3》一部华语片勉强排在第10。而在华语电影前10榜单中，陆港合拍片占据4席；两岸合拍片《六弄咖啡馆》因政治风波在大陆成绩不佳，在台湾则收获了6000万元新台币。大陆生产的电影由于种种原因，在台湾的影响力和竞争力都较弱。没有《我的少女时代》这样的现象级影片，2016年的台湾本土电影也缺乏亮点，票房最好的影片是当地搞笑主持人猪哥亮主演的《大尾鲈鳗2》。台湾电影工业不健全，市场不规范，加上两岸合作仍然障碍重重，导致台湾电影业仍然不能借助大陆电影大发展的东风获得转机。

从整体上看，好莱坞电影在港台地区具有明显优势，华语电影的中心毫无疑问地属于大陆。而香港电影人经过多年探索，已经融入中国电影的产业体系之中，近年来推出的影片越来越具有竞争力。台湾电影业与大陆的合作则相对狭窄，台湾电影的商业经验也不足，两地合作还有待深化。大陆、香港、台湾的电影市场目前间隔明显，特别是台湾电影市场更是游离在外，亟待通过三地共享的华语电影来带动市场融合。

**7. 影院市场与海外市场**

中国电影与美国电影最大的差距，不是电影票房，而是后影院市场。英美国家的国内电影票房市场通常只占电影总收入30%左右，70%以上的收入都来自于国际市场、电视和网络版权、音像产品、衍生品授权、版权转让等多窗口市场。而目前，中国电影的主要收入来源仍然限于国内影院票房。

2016年中国电影海外销售收入为38.25亿元，虽然同比增长38.09%，但仍然只相当于国产片国内票房的15%左右。而且海外票房大多与国内企业无关。排名第一的合拍片《绝地逃亡》取得了3200万美元的票房成绩，而在中国本土市场创造票房奇迹的《美人鱼》却仅有323万美元的海外票房成绩。中国电影的内向型特征仍然鲜明。

中国电影在电视和互联网平台上的收入也相当有限。国产片的主要电视播映通道为中央电视台电影频道。电影频道的广告收入没有明显增长，而电影的付费业务也比较暗淡；近年来，网络视频开始用付费和广告两种模式播放电影，甚至出现电影提前或同步付费点播的影片。一些小成本电影也从互联网上获得了回报。2016 年在院线、网络平台同时上映的小成本电影《黑处有什么》通过网络平台收益 923 万元，超过了院线的 750 万元票房成绩。如果能有效保护电影版权，互联网有可能成为国产电影最可靠的后影院窗口市场。

中国电影市场经过十多年的发展，在影院、银幕、数字化等方面，都已经稳居世界第一，电影观影人次也保持稳步增长。这一切，可以说是中国电影可持续发展的保证。当然，作为新兴市场，改革和建设带来的发展驱动，应该说已开始减力，而电影观众的观影习惯还没有完全巩固，电影产品的稳定性、准确性不足，高速增长带来的各种偶然性都影响着人们对电影产业规律的把握。因而，在市场增速放缓的背景下，不失去方寸和信心，探索市场规律，完善产业结构，培育市场稳定性，才能真正进入电影产业逐渐可控的常态发展阶段。

## 结语：从非常态走向新常态

过去 14 年，中国电影市场奇迹般地保持了年平均 30% 以上的票房增长速度，电影产业不仅从濒危状态中凤凰涅槃，而且成为世界上增长最快、发展最好的第二大电影市场。特别是“互联网 +”的介入，在大多数传统媒体感受着寒潮袭来的时候，中国电影却在 IP 改编、观众群扩展、票房补贴、营销创新等因素推动下，获得了奇迹般的发展。2016 年的增长减速，既是对 2015 年在互联网和资本推动下非常态增长的“补偿”式调整，同时也预示着中国电影进入了常态发展期。靠改革带来的市场红利，靠互联网介入带来的渠道优势，靠资本带来的利益驱动正在减弱，中国电影的发展开始更多地依靠电影质量、依靠更多的优质电影供给和对观众更加细致周到的服务。质量之外的元素，对于电影市场的影响大大降低。观众需要更优质的电影成为新常态的共识。

中国电影新常态同时也是电影观众的新常态。前几年，由于电影市场的急速扩展，大量缺乏电影观看经验的“新观众”，特别是“网生代”观众进入电影消费，“小镇青年”、“网感”、“搞笑”、“逆袭”等似乎成为电影观众的共性。然而，当观众的观影经验越来越丰富，他们的观影诉求也会越来越高，而且观影多样性特征也会越来越突出。2016 年，“爆款”、“黑马”电影越来越少，但分众化、差异化的电影观众却越来越普遍。虽然从票房成绩来看，这些分众、小众电影很难与商业大片相比，但就其低成本的投资规模和小众的创作定位来看，中国观众的差异化审美正在形成。在很大程度上，有什么样的观众就会有什么样的电影。电影观众的变化必将促使更多的电影人关注电影的创作质量，创作出更多样化的电影产品。

中国电影新常态还体现为电影风格和类型越来越多样化。中国电影的产品形态正在不断丰富和完善。主流商业大制作电影、分众化的类型电影、小众化的艺术电影形成三个层级，满足观众的不同需求和不同观众的差异需求。如果说过去一年，国产电影在分众电影、小众电影方面有不少产品可圈可点的话，那么最薄弱的还是主流商业大制作电影，这类电影在艺术与技术、故事与场面、明星与角色、动作与情感、情节与细节方面往往失衡，失衡带来的硬伤和诟病也影响到这些电影的质量和口碑。主流商业大制作电影如果能够经得起市场和观众的检验，中国电影市场才能风生水起、长盛不衰，多样化需要在大片的带动下才能更加繁荣。

进入 2017 年的贺岁档期，电影市场仍然没有出现人们期望的强势反弹。这也许就是中国电影必须面对的现实。没有任何市场能够永远保持超高速发展。世界第一大电影市场——北美市场已经连续十多年基本稳定在 90 亿 ~ 110 亿美元的票房规模上，全球平均增长率也不过是 5% 左右。中国电影市场 2016 年不到 4% 的增长率，在很大程度上是对 2015 年市场透支的补偿。新的一年，如果能够维持 10% 左右的增长，中国电影产业就会依然显示其全球领先的稳定发展的新常态。

当然，要保持 10% 以上的增长，需要做的事很多，其中最重要的至少有以下三条。

第一，进一步严格规范电影行业管理。政府、行业组织、企业都应该依法依规管好市场和企业，争取消费者信任。市场是否公开透明、公平公正，不仅对产业相关利益方至关重要，而且对于电影观众的消费信心和行为也有重要影响。过去一年，行业中所爆发的任何“尔虞我诈”的新闻，其带来的结果都是两败俱伤。电影观众需要消费动力，这种动力首先来自于对电影行业的信任、电影产品的信任、电影信息的信任。没有信任就没有消费。所以，让电影产业和市场值得信任，是管理者的首要任务。

第二，重点提升电影产品质量。内容为王是电影发展的硬道理。重视商业大片的生产质量，提升观众的观影主动性和满意度，是市场健康发展的前提。过去一年，观众消费热情不高的重要原因，是对主流商业大片不满，有技术形式但缺乏情感内容、有明星颜值但无角色性格几乎成为通病。观众产生“可看可不看”的消费犹豫，这是导致电影市场缺乏沸点的重要原因。几大电影公司应该搭建更有建设性的沟通机制，为全年不同档期投放优质的大制作电影和不同风格的分众电影，带动中国电影市场的热度。

第三，努力提高电影服务质量。电影全产业链都应强化对市场的深耕细作，培养和巩固观众的观影习惯。影院消费是观众付出时间、金钱成本的消费，因此，提供观众满意的产品，找准不同的观众和观众的不同需求，为他们提供所需要的产品和服务，既是对产品也是对服务的质量要求。差异、丰富、信息对称、舒适、影院感等都会影响消费者的观影行为。从制作到营销，从放映质量到影院环境，都需要进一步明确行业标准，加强行业竞争，用服务质量来争取观众的认可。

“一个规范，两个质量”，既是目标，也是中国电影发展的三角支撑。有这个支撑，中国电影才能在国内站得住，国际上走得出，中国电影的版权价值和影响力价值才能最大化。行业规范、产品质量和服务质量，应该是中国电影产业从超常规发展模式进入稳定常规发展模式的主线。从这个意义上说，2016 是中国电影调整之年，也是进入新常态发展模式的开端之年。从走得快到走得稳、走得好，将是中国电影正在发生和必然发生的转变。

# B.8
# 2016年中国广播产业发展报告

黄学平*

摘　要：　2016年中国广播听众6.91亿人；车载听众在广播听众中的占比接近60%；中央级、省级、市县级电台的市场份额分别是10.7%、35.1%、54.2%；交通、新闻和音乐三类频率累计市场份额84.2%。从听众的收听习惯改变及收听市场的变化趋势来看，随着移动互联网的不断发展，广播在经历了多年的媒体融合后魅力不减，“广播+”模式逐步走俏，移动互联终端收听逐步增长。本报告根据2016年赛立信在全国70个城市进行的收听率调研及新媒体调研基础上，分析2016年全国广播收听市场发展现状及趋势。

关键词：　广播　收听市场　新媒体

2017年之初，回顾广播业界媒体融合之路，多家广播电台在积极寻求新的出路、自身突破或者多家联盟，形式多样：中央人民广播电台的“广播云”、北京人民广播电台的“听听FM”、上海东方广播的“阿基米德FM”、江苏人民广播电台的“大蓝鲸”……种种举措，印证了传统媒体与新媒体融合进入一个新的阶段。相对于2015年被唱衰的不安和张皇，传统媒体经历2016年后将走得更从容且更有目标。

以下将依据赛立信2016年在70个城市的收听率调查数据，分析2016年全国广播收听市场概况，为今后广播发展提供更多的数据支持。

---

* 黄学平，赛立信数据资讯股份有限公司董事长，赛立信媒介研究有限公司总经理。

## 一　广播魅力依然不减，车载人群为主力

2016 年，中国互联网网民数量达 7.31 亿人，已经超越广播与纸媒，仅次于电视，说明互联网平台的影响力在进一步扩大。广播经历了多年的媒体融合后，听众规模依然没有下滑，2016 年全国的广播听众 6.91 亿人，较 2015 年增加 300 多万听众，虽然互联网，特别是移动互联网的普及对传统媒体产生一定影响，但广播在受众群中的影响力依然不减，并且逆势上扬。

广播魅力不减，不仅仅体现在听众规模不减反增，还体现在其吸引的听众群越来越具广告价值（见图 1）。

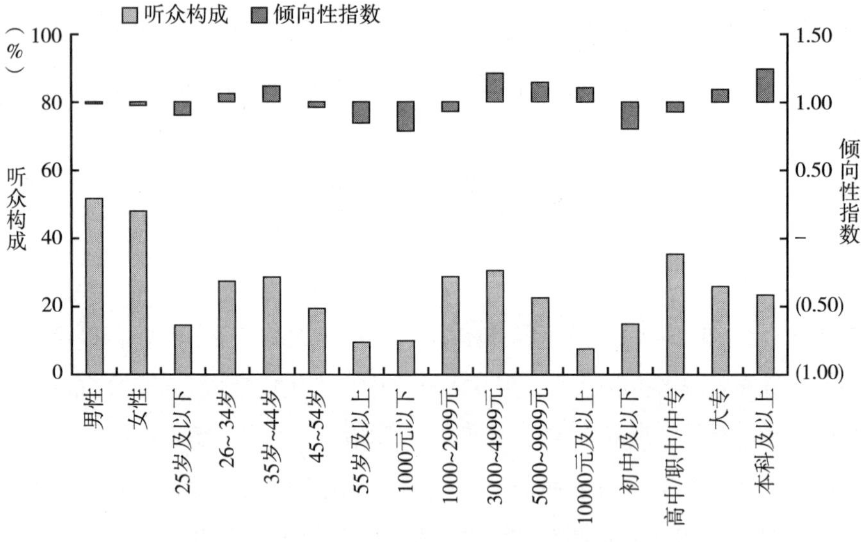


**图 1　2016 年中国广播听众构成和倾向性指数**

数据来源：赛立信媒介研究。

——广告主力消费群的占比高，25 ~ 44 岁中青年的占比达 56.3%，继续呈上升趋势，较 2015 年增长 1.8 个百分点，45 ~ 54 岁人群依然有接近

20%的占比；

——高消费能力人群规模在不断扩大，超过60%的人月收入在3000元及以上，其中30%超过5000元，该比例较2015年增长了5个百分点，可见广播听众的人均消费能力在不断提升；

——听众的品位越来越高，高学历人群规模加大，大专及以上学历听众占比接近50%，低学历听众在逐渐减少；

——纵观倾向性指数，25~44岁中青年人群、3000元及以上收入和大专及以上学历人群均是广播的核心受众群。在这些人群中的倾向性指数均在1.0以上。

图1可见，互联网为广播传播提供了一个崭新的平台，广播媒体在这一平台上得到更好的施展，例如扩充传播渠道、音频可视化、组织线上线下活动等，让广播听众可以从更多的角度与层面认识广播，进一步提升广播的媒体价值。

值得注意的是，虽然移动互联网拓宽了广播的传播渠道，但广播的收听来源主要还是来自传统广播。广播听众得以稳步增加，有赖于汽车的普及。2016年私人汽车保有量达1.60亿辆，较2015年增长11.1%，相比往年，涨幅略有下滑，但是依然呈上升趋势。按照现在城镇每户人均2.86人估算，广播的车载覆盖人群达4.58亿人，连同139万辆出租车司机及其乘客，车载听众达4.12亿人，其中经常收听广播的忠实听众超过3.0亿人。据此来看，车载听众在广播听众中的占比接近60%，说明车载人群是广播听众规模不断上涨的一个要因。

车载人群于广播的重要性不仅仅在于其听众数量的增多，还在于其带动受众广告价值的提升。纵观车载忠实听众的构成，可以看到以下特点（见图2）。

——以中青年听众群为主，超过70%的听众年龄介于25~44岁；

——他们大多是“三高”人群，近50%的听众月收入都在5000元以上，收入在万元以上的听众占比超过10%；

——超过60%的听众是大专及以上学历，其中本科及以上学历人群超

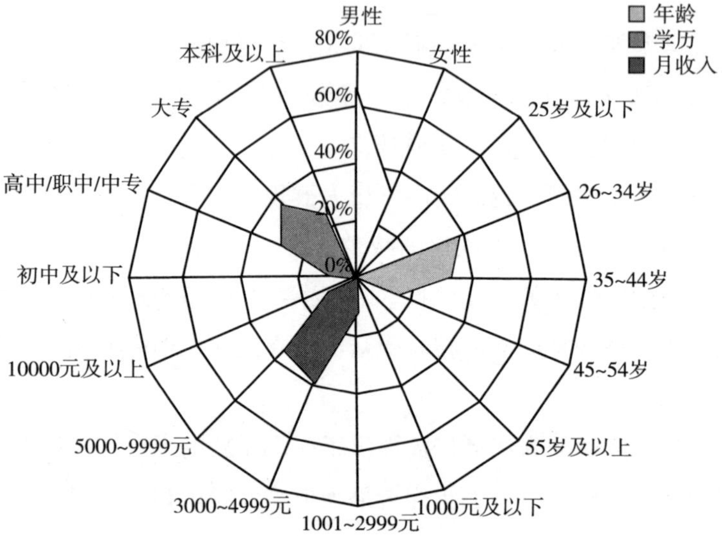


**图 2　2016 年中国广播车载听众构成**

数据来源：赛立信媒介研究。

过 25%；

——他们多数是个体私营业主、企业的管理人员和白领人士等；

——他们是家里的消费决策者与参与者，在家庭消费方面具有较大的话语权。

## 二　车载收听占主导，且占比呈增长趋势

近 3 年的受众收听习惯调研数据显示，车载收音系统的使用率呈持续上升的态势，2016 年车载收音系统的使用率达 47.3%，较 2015 年上升了 14.5%，在所有收听工具中居首位，并且使用率与其他收听工具有较大的差距，可见，广播在车载人群中的影响力明显高于其他人群，随着汽车家庭普及率的提升，车载收音系统的使用率会更高。

手机的使用率在近两年有着较大幅度的下滑，这与现代智能手机收音功

能逐步在减少有一定的关系。以往较多听众使用手机收听广播主要还是利用手机自带的调频功能收听，不需要流量，但是智能手机更新换代，自带调频功能的智能手机越来越少，大大减少了手机作为收听工具的使用率，因此 2015 年手机的使用率下滑了 17.9%。但随着近年移动电台影响力的增大，2016 年手机使用率下跌的幅度有所减缓。相信随着“广播 +”的深化，手机的使用率将会回升。

便携式收音机连续 3 年呈轻微下滑的态势，随着收听工具的多样化，传统收音设备的使用率越来越低。虽然便携式收音机的使用率逐步递减，但是其使用率依然坚挺在 30% 以上，说明广播在传统的传输渠道中还是有一定规模的听众，并且听众的忠诚度较高（见图 3）。

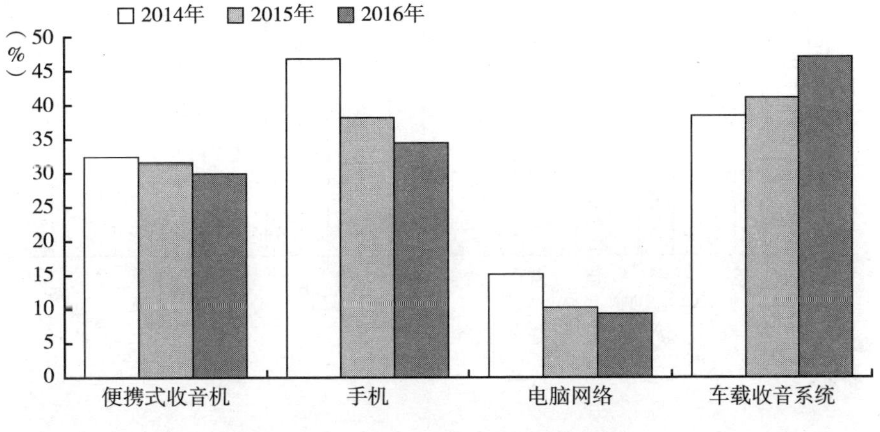


**图 3　2014～2016 年各类收听终端的使用率**

数据来源：赛立信媒介研究。

## 三　“广播 +”模式逐步走俏，移动互联终端收听在逐步增长

截至 2016 年 12 月，我国手机网民规模达 6.95 亿人，较 2015 年底增加 7550 万人。网民中使用手机上网人群的占比由 2015 年的 90.1% 提升至

95.1%，上涨5个百分点，网民手机上网比例在高基数基础上进一步攀升。每周上网时间达26.4小时，日均约3.7小时，移动互联平台在人们的生活中已经占据相当重要的位置。

随着移动互联网的兴起，2013年以来，国内广播媒体融合也进入了新阶段，广播媒体主动开发和融入广播移动软硬件，在内容上，针对移动互联网的特点，UGC模式内容生产方式逐渐盛行。移动电台用户规模大增，亿级用户崭露头角，并且形成较激烈的竞争环境，移动电台作为一种娱乐形式逐渐被人们所熟知和接受。

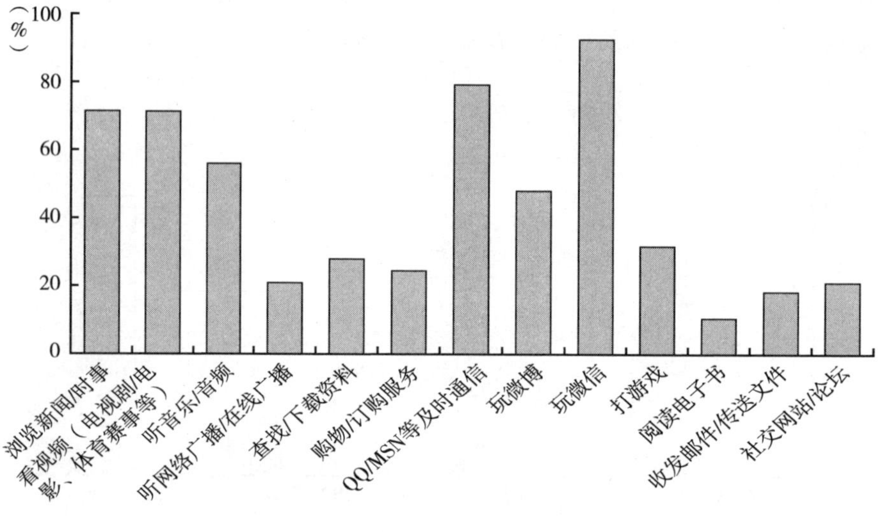


**图4　听众手机上网的目的**

数据来源：赛立信媒介研究。

图4数据显示，听音乐/音频成为听众手机上网的主要目的之一，说明听众已经不吝于使用流量收听音频。值得注意的是，听网络广播/在线广播的听众占比已经超过20%，较2015年上升了5个百分点，这一比例的上升，说明“广播+”的影响力在逐步扩展，听众已经开始认可广播节目的这种传播方式，但是，这部分的听众大多集中在东部沿海地区和中部经济发达地区，西部偏远地区和贫困地区明显偏少。

## 四　电台竞争略呈“马太效应”，区域化特点稍有弱化

2016 年，中央级、省级、市县级电台的市场份额分别是 10.7%、35.1%、54.2%，市县级电台的市场份额依然最大，超过 50%，在非省会城市的市场份额超过 70%，可见全天的广播收听市场竞争依然呈现区域化的特点。但是，市县级电台的市场份额较 2015 年下滑了 1.1 个百分点，说明移动互联网出现，使电台的区域界限被打破，收听市场竞争的区域化特点继续呈弱化趋势。

纵观全国广播收听市场的竞争激烈程度，各城市广播收听市场的赫希曼指数[①]均值为 1423，属于市场集中度中等水平，该指数较 2015 年略有提升，说明市场的集中度有所增强。国内一些地市级广播电台投入跟不上，节目越办越差，或是依靠财政补贴来惨淡生存，或是被并入电视台而被边缘化。与此相反，一些人才、资金、资源丰富的广播电台则“攻城略地”，新媒体“风生水起”，实力不断壮大。因此，广播收听市场的竞争也呈现“马太效应”。

## 五　交通、新闻、音乐广播——收听市场的主角

通过赫希曼指数可以看到，分类频率的市场集中度在 2016 年继续呈较高的态势，交通、新闻和音乐三类依然是中国广播收听市场的主角，其累计市场份额为 84.2%，高于三类频率个数的占比（73.8%），说明这三类频率的受欢迎程度明显高于其他专业化频率（见图 5）。

全国交通广播的市场份额连续三年稳步上升。汽车保有量增加，导致城市交通拥堵现象日益严重，交通广播凭借“交通”优势发展迅猛，因为交通广播目标人群的特殊性，交通广播也深受广告客户的关注。据赛立信全国

① 赫希曼指数（HHI）是一种测量产业集中度的综合指数。它是指一个行业中各市场竞争主体所占行业总收入或总资产百分比的平方和，用来计量市场份额的变化，即市场中厂商规模的离散度。HHI≥1000，属于寡占型，HHI＜1000，属于竞争型，其中 HHI≥1800，属于高寡占型；1800＞HHI≥1000，属于低寡占型。

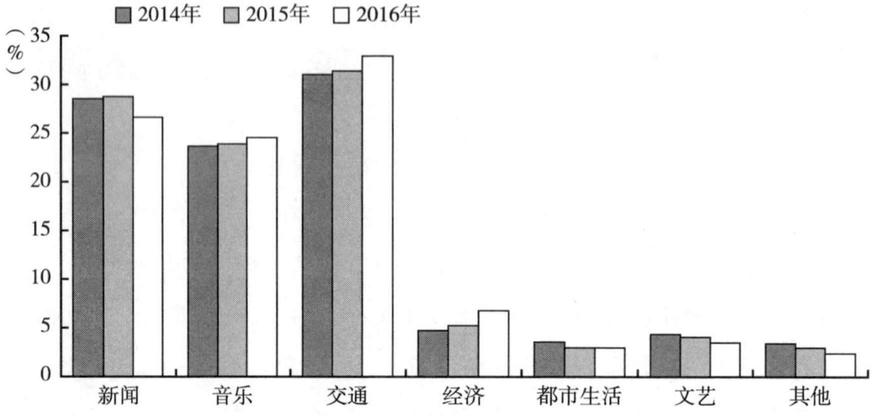


**图 5　2014～2016 年各类电台的市场份额**

数据来源：赛立信媒介研究。

广告监测数据显示，2016 年全国广播广告花费中，交通类频率占比达 47.3%，交通类频率的广告吸纳量在所有频率中占一半，良好的广告经营更加刺激了交通广播经营的良性循环和发展。数据显示，各地交通类频率的收听表现都相当不错，尤其是在非省会城市，较多城市的交通广播在当地都是一枝独秀。

此外，专门针对私家车车主的私家车频率也在不断增加，私家车广播的节目主要围绕着私家车家庭人群的需求而设，节目逐渐为私家车听众所欢迎，数据显示，全国私家车广播的市场份额约为 6.6%，已经超过都市生活、文艺等频率的市场份额；在车载听众中，私家车广播的市场份额均在 10% 以上，排名均在当地的前五位，其市场竞争力可见一斑。随着私家车日益增多，私家车频率在收听市场中的影响力将更大，从而进一步扩大交通广播的整体竞争力。

新闻广播在 2016 年的市场份额依然在 25% 以上，在各类频率中居第二位。新闻广播一直秉承"新闻立台"，在新闻的时效性、权威性等方面树立了强大的影响力。2016 年，新闻广播在许多重大事件中发挥了重要作用。2016 年 7 月，湖北武汉大雨成灾，在灾情形成之初，湖北之声立即召集记者赶往前线报道，并推出一系列专题节目，《防汛应急大直播》等专业节目的收听率成倍增长，深受听众的欢迎。2016 年 9 月，厦门特大台风来临，厦门新闻广播即时调整节目，随时报道全市各区灾情状况，并且提供相应的服务，其间的收听率较平时上升 25%，听众对此赞不绝口……新闻广播对应急事件的迅速反应，彰显了广播在重大灾情面前不可动摇的媒体地位。

音乐广播的市场份额在最近 3 年轻微上升，虽然受到众多移动电台音乐音频的冲击，但是音乐广播不断摸索，也找到了其他音乐音频不可替代的优势。音乐数量及其传播途径增多，人们对人工挑选音乐的需求也越来越大。超过 70% 的听众表示喜欢经过主持人精心编排的音乐，他们觉得音乐还需要有“灵魂”，美国西雅图的 KEXP 电台就是凭此获得众多的受众，这个电台不止播放流行音乐，还介绍流行音乐，形成一个个故事，现已成为美国音乐迷收听各类音乐主题故事的地方，电台还通过 YouTube 频道播放在录音间里和全世界各大音乐节上进行的音乐人访谈，使其听众群体得到极大扩展。上海动感 101 吸附了众多年轻都市听众，在互联网平台建立“动感 101 TV”，播放量达 1 亿人次。从这些案例可以看出，音乐广播在新媒体平台上有更大的施展空间，不但可以稳固原有的听众群，还可以吸纳更多的新媒体受众。

近 3 年，经济广播稳步上升，这与经济广播在彰显“经济”的基础上添加了“生活”与“资讯”元素相关，经济广播借助移动互联网平台，成为股民与投资者又一个信息获取渠道，进而带动经济广播的收听。据赛立信 2016 年金唛广播汇的收听数据显示，经济广播在手机移动收听终端上的市场份额达 11.4%，远高于频率个数的占比，经济广播在手机移动互联收听终端的听众中拥有广泛影响力。

都市生活广播、文艺广播等其他频率的市场份额较 2015 年稍有下滑，并呈现逐年下滑的态势，说明广播收听市场在频率类型的竞争力也略呈“马太效应”。

# B.9 2016年中国图书出版业发展报告

摘　要：2016年，中国实体书店的回暖，网络书店和微信营销的增长，以及全民阅读的全面深入推广，都给图书出版带来新的生机与希望。2016年全国出版图书50万种左右，比2015年增长5.1%。纸质图书零售年度增长率达到12.3%，线上图书零售年增长率约30%，实体书店渠道同比增长率为-2.23%。曹文轩获国际安徒生奖、郝景芳获雨果奖，对儿童图书及科幻图书的销售有较大拉动。主题图书的出版发行也取得了巨大成就。纸质图书线上零售渠道快速增长，实体书店在变化和转型中不断寻求新的发展。伴随着新的社交平台、社交方式不断出现，图书零售也得以和新的技术手段融合，图书出版众筹、专向渠道定制的现象屡见不鲜。

关键词：图书出版图书零售　产业结构　市场分析

## 2016年中国图书出版业报告

魏玉山*

## 一　图书出版业政策环境

2016年图书出版环境进一步向好，从外部来讲主要体现在全民阅读立法工作的突破性进展与全民阅读“十三五”规划的发布，对扩大图书消费起到了拉

* 魏玉山，中国新闻出版研究院院长、研究员。

动作用。从内部来说是出版改革的进一步深化，进一步激发了出版的活力。

2016 年初，“全民阅读促进条例”面向社会公开征求意见。12 月，全国人大常委会审议通过了《中华人民共和国公共文化服务保障法》，明确提出“支持全民阅读”等活动，全民阅读首次被写入国家法律，给各级政府及其他组织开展全民阅读活动提供了法律保障。同月，国家新闻出版广电总局颁布了《全民阅读“十三五”时期发展规划》，这也是新中国成立 60 多年来的首部阅读规划，对未来 5 年全民阅读的指导思想、基本原则、发展目标及重点任务做出了规划。阅读立法的新进展与阅读规划的发布，为蓬勃开展的全民阅读活动鼓劲加油，进一步促进了图书的生产与消费。

按照十八届四中全会的部署，出版改革稳步推进。出版传媒企业特殊管理股试点、专项对外出版权的试点、图书制作与出版分开的试点工作等有序进行，尤其是出版与制作分开的试点对图书出版的影响更大。2016 年在北京、江苏、湖南三个地方试行的制作与出版分开政策，实质上进一步规范了国有出版社与民营文化公司在图书出版过程中的职责与权利，可以更加有力地释放民营文化公司在图书选题策划、编辑加工、印刷发行等环节上的活力，可以更加有效地维护出版社的出版权与内容的把关责任。

与图书出版直接相关的，是政府部门对实体书店的扶持政策进一步增强，2016 年 6 月，中宣部、国家新闻出版广电总局等 11 部门联合印发的《关于支持实体书店发展的指导意见》，从土地政策到财税金融政策，对实体书店给予全方位的扶持。与此同时，很多省区市政府也拿出大量资金补贴实体书店，实体书店进入新一轮的扩张、升级阶段。

## 二　图书出版产业基本情况

### 1. 图书出版总体情况[①]

如表 1 所示，2015 年，全国共出版图书 47.58 万种，较 2014 年增长

---

① 2016 年的图书统计数据尚未公布。此数据源自国家新闻出版广电总局《2015 年新闻出版产业分析报告》。

6.11%；图书总印数86.62亿册（张），增长5.83%；定价总金额1476.09亿元，增长8.26%。图书出版实现营业收入822.55亿元，增长3.96%；增加值292.98亿元，增长8.03%；利润总额125.29亿元，增长7.02%。

**表1　2015年图书出版总量规模**

| 总量指标 | 数量 | 较2014年增减(%) |
|---|---|---|
| 品种(万种) | 47.58 | 6.11 |
| 总印数[亿册(张)] | 86.62 | 5.83 |
| 总印张(亿印张) | 743.19 | 5.53 |
| 定价总金额(亿元) | 1476.09 | 8.26 |
| 营业收入(亿元) | 822.55 | 3.96 |
| 增加值(亿元) | 292.98 | 8.03 |
| 总产出(亿元) | 852.44 | 4.02 |
| 利润总额(亿元) | 125.29 | 7.02 |

**2. 图书出版结构**

如表2所示，我国的图书分为书籍①、课本②和图片三种类型。2015年，全国出版书籍38.45万种，较2014年增长8.13%，占图书品种数的80.81%；课本9.08万种，降低1.73%，占19.08%；图片0.05万种，增长17.56%，占0.11%。

全国出版书籍53.21亿册（张），增长14.31%，占图书总印数的61.56%；课本33.2亿册（张），降低5.12%，占38.41%；图片0.03亿册（张），降低27.08%，占0.03%。

2015年全国书籍单品种平均印数13839册，较2014年增加748册；课本单品种平均印数36590册，减少1296册。

2015年，全国出版中学课本0.69万种，降低21.59%，占课本品种数的7.6%；小学课本0.63万种，降低7.35%，占7.0%。中小学课本合计1.3万种，占课本品种数的14.6%，占图书品种数的2.8%。

---

① 系指使用中国标准书号或统一书号，但不属于课本和图片的出版物。

② 系指使用中国标准书号或统一书号的大专及以上课本、中专技校课本、中小学课本、业余教育课本、扫盲课本和教学用书。

2015年，全国出版中学课本15.37亿册（张），降低8.18%，占课本总印数的46.29%；小学课本13.26亿册（张），降低1.41%，占39.9%。中小学课本合计28.63亿册（张），占课本总印数的86.23%，占图书总印数的33.12%。

**表2　2015年图书产品结构**

| 类　型 | 品种 | | | | 总印数 | | | |
|---|---|---|---|---|---|---|---|---|
| | 数量（万种） | 增速（%） | 比重（%） | 比重变动（%） | 数量[亿册(张)] | 增速（%） | 比重（%） | 比重变动（%） |
| 书籍 | 38.45 | 8.13 | 80.81 | 1.51 | 53.21 | 14.31 | 61.56 | 4.51 |
| 社科人文 | 32.25 | 8.22 | 67.78 | 1.32 | 50.35 | 15.16 | 58.25 | 4.67 |
| 科学技术 | 5.83 | 7.76 | 12.25 | 0.18 | 2.60 | 0.00 | 3.01 | -0.18 |
| 综合 | 0.37 | 5.71 | 0.78 | 0.00 | 0.26 | 18.18 | 0.30 | 0.03 |
| 课本 | 9.08 | -1.73 | 19.08 | -1.52 | 33.20 | -5.12 | 38.41 | -4.48 |
| 中学 | 0.69 | -21.59 | 1.45 | -0.51 | 15.37 | -8.18 | 17.78 | -2.74 |
| 小学 | 0.63 | -7.35 | 1.32 | -0.20 | 13.26 | -1.41 | 15.34 | -1.14 |
| 图片 | 0.05 | 17.56 | 0.11 | 0.01 | 0.03 | -27.08 | 0.03 | -0.03 |
| 合计 | 47.58 | 6.11 | 100.00 | 0.00 | 86.44 | 5.94 | 100.00 | 0.00 |

**3.新版与重印图书情况**

2015年全国出版新版图书26.0万种，较2014年增长1.8%，占图书品种总数的54.7%；重印图书21.5万种，增长11.9%，占45.3%。重印图书与新版图书品种之比由2014年的1∶1.3变为1∶1.2。

全国出版新版图书25.0亿册（张），降低3.4%，占图书总印数的28.9%；重印图书46.2亿册（张），增长11.8%，占53.3%。重印图书与新版图书总印数之比由2014年的1.6∶1变为1.8∶1。

2015年全国新版图书单品种平均印数9612册，较2014年减少518册；重印图书单品种平均印数21432册，与2014年基本持平。

**4.少儿图书出版情况**

2015年全国出版少儿图书3.7万种，增加0.4万种，增长11.9%；其中新版图书2.2万种，增加0.2万种，增长11.1%。

全国出版少儿图书55563.4万册（张），增加5870.4万册（张），增长11.8%；其中新版图书29911.9万册（张），增加3063.9万册（张），增长11.4%。

2015年全国少儿图书单品种平均印数15168册，其中新版图书13526册，均与2014年基本持平。

**5. 电子书出版情况**

虽然我国的电子书发展很快，但是到目前为止还没有一个系统的、精确的统计数据。中国新闻出版研究院在每年的数字出版年会或博览会上，根据多方面的数据，发布电子书的有关情况：我国电子图书产品（主要是纸质图书数字化的作品）规模，从2013年的90万种增至2015年的170万种；互联网原创作品的产品规模，从2011年的175.7万种增至2015年的256万种。①

另外，有声书市场发展也很快，据美国皮尤研究中心的调查，2016年美国有声书的阅读率达到14%。中国的有声书市场发展也非常迅速，已进入一个新的黄金发展期。但是由于数据的缺乏，目前尚难做出全面的分析。

## 三　图书出版改革发展的热点与亮点

**1. 主题出版**

从2003年开始，国家新闻出版行政管理机关提出主题出版的概念，主要是以特定“主题”为出版对象、出版内容和出版重点的出版宣传活动。②2016年的主题出版包括五方面内容：以习近平同志为核心的党中央治国理政新理念新思想新战略、中国特色社会主义和中国梦、经济发展新常态和结构性改革、社会主义核心价值观、纪念中国共产党成立95周年和红军长征胜利80周年。各出版单位围绕主题，出版了一批双效突出的图书，如《习

① 中国新闻出版研究院：《2015～2016年数字出版产业报告》，2016年7月。

② 周慧琳：《努力做好新形势下的主题出版工作》，《出版参考》2017年第1期。

近平关于党风廉政建设和反腐败斗争论述摘编》印数超过550万册，《习近平谈治国理政》超过400万册。《中国共产党90年》、《重读抗战家书》等也取得不俗的市场佳绩。

**2. 专业出版集团组建**

在以行政区域为主体的出版集团组建完成以后，专业化集团的组建逐渐受到重视。2016年，几个专业出版集团陆续组建。1月，浙江教育出版集团成立，以浙江出版联合集团所属的浙江教育出版社为主组建，目标是从教育出版向教育服务方向拓展。10月，人民卫生出版集团挂牌，该集团是在人民卫生出版社的基础上组建而成。11月，经中央批准，南方财经全媒体集团成立，整合了南方报业传媒集团和广东广播电视台两家传媒单位旗下优质的财经媒体资源和经营性资产，实现跨介质、跨单位、跨业态战略重组。与此同时，其他专业出版传媒集团的组建工作也在紧锣密鼓地进行中。

**3. 融合发展**

从2014年中央提出推动传统媒体与新兴媒体融合发展以来，图书出版业的融合发展进一步加速。从产业层面讲，是图书出版产业与教育、文化等产业进一步融合，创新了产业业态。如形式上，从教育出版向教育服务转变，从儿童出版向儿童成长领域延伸，从卫生出版向健康产业方向发展等。从内部来看，图书出版业加快了新技术的应用，创新了产品与服务，如大众出版类领域实现纸书与电子书同步销售，专业出版领域向知识服务方向发展，教育出版领域探索在线教育平台等。特别值得关注的是，VR（虚拟现实）/AR（增强现实）等技术在图书出版领域的应用，开发出一系列新的阅读产品，如北京出版集团的VR图书《大开眼界·恐龙世界大冒险》等。当然，对于此类技术在图书出版领域的应用，也还面临许多问题。

**4. 出版业的知识服务**

2016年1月，国家新闻出版广电总局正式批复同意中国新闻出版研究院筹建知识服务资源服务中心，一个酝酿了10年之久的工程进入实质性的阶段。知识服务是出版服务的升级版，是数字网络环境下专业出版服务的发展方向。从2015年起，中央文资办已经开始启动对专业出版单位知识资源加工工作的支持，国家新闻出版广电总局确定了28家专业数字内容资源知识服务模式试点单位，并推荐一批数字技术公司等助力知识服务工程。2016年2月，“知识服务标准体系表”等8项项目标准的制订工作发布实施，其他标准的制订也已全面启动。

**5. 图书获国际奖**

2016年，曹文轩、郝景芳作品获得国际奖，表明中国原创图书的质量得到国际认可。4月，在意大利博洛尼亚举办的国际童书展上，中国作家曹文轩荣获2016年国际儿童读物联盟（IBBY）国际安徒生奖（Hans Christian Andersen Award），成为迄今为止首位获得该奖项的中国作家。曹文轩的代表性长篇小说有《草房子》、《细米》、《红瓦黑瓦》等，其多部作品被翻译为英文、法文、德文、日文、韩文、希腊文、瑞典文、爱沙尼亚文、越南文等文字。国际安徒生奖是儿童文学领域的最高荣誉，设立于1956年，每两年评选一次，评选的是作家。8月，喜讯再次传来，郝景芳凭借《北京折叠》获第74届雨果奖，这是继2015年刘慈欣获得此奖后又一名中国作家获奖。雨果奖是1953年为纪念卢森堡的现代科幻小说奠基人雨果·根斯巴克设立的，评选的对象是科幻作品。

## 四　2017年图书出版产业发展趋势

图书出版作为一项已经传承3000余年的活动，虽历经多次的技术革命而不断发展，而其本质的发展原因是人类对文化传承、文明普及的需求持续增强。因此，技术不会消灭图书的存在，只会完善其展示方式。

**1. 图书出版业发展总体依然向好**

对图书出版的乐观判断来自多种因素：从供给侧的改革来看，作者、出版者对优质选题的追求更加强烈，优秀作品的出版会更多。政府采取多种方式，把图书的供给纳入公共文化服务体系，政府对图书的采购会增加。从需求侧的角度看，阅读推广的力度加强，阅读人群扩大，图书的消费增加。因此，图书出版与发行的市场预期良好。

**2. 儿童图书出版前景广阔，竞争加剧**

儿童图书连续多年保持快速增长，有多位专家预言，儿童图书出版即将进入“黄金时代”[①]。童书出版被乐观情绪所感染，出版单位纷纷进入童书出版领域，包括一些科技类、文化类出版社，成立童书出版事业部，延揽童书出版策划人才。据不完全统计，除29家专业儿童出版社外，还有500家左右的出版社也涉足童书出版，童书出版的硝烟已起，童书出版资源与市场的争夺进一步加剧。

**3. 传统书店扩张、升级加速**

在政策的支持下，传统书店的扩张与提质升级进一步加速。一方面，特色民营书店的连锁扩张加速，特别呈现出向北上广等一线城市的扩张趋势；另一方面，新华书店的升级改造加速，部分城市的新华书店从图书卖场向市民的文化广场、阅读体验中心方向发展。

# 2016年中国图书零售市场分析报告

杨　伟*

## 一　我国纸质书市场稳健增长，发展速度超全球众多国家

如图1所示，2016年，我国纸质图书零售年度增长率达到12.3%。对比Nielsen BookScan监测的全球主要英语国家市场和GFK Entertainment监测的欧洲三个非英语国家市场，我国的纸质书零售市场发展速度仍旧是非常可观的。

2016年，美国纸质图书零售增长率为3.4%，英国纸质图书零售增长率

---

① 《童书出版步入“黄金时代”》，2016年10月，http://www.ce.cn/culture/gd/201610/14/t20161014_16760109.shtml。

* 杨伟，北京开卷信息技术有限公司副总经理。

为4.1%，爱尔兰纸质图书零售增长了10.9%。近两年，这几个国家此前受到的电子书快速增长带来的冲击已基本过去，纸质图书销量恢复正向增长。但是在欧洲的德国、奥地利、瑞士、意大利、西班牙以及其他洲英语系国家当中的澳大利亚、新西兰、巴西和南非等地，纸质书销量仍旧面临不同幅度的收缩态势。

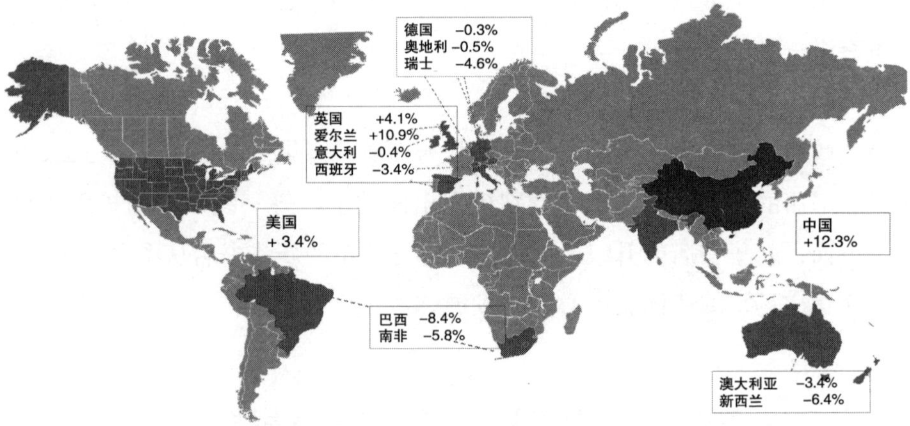


**图1　2016年中国图书零售年度增速与欧美主要国家对比**

数据来源：开卷、Nielsen BookScan、GFK。

## 二　实体书店纸质图书销售再现负增长，线上渠道规模首超线下

**1. 线上零售继续大幅扩张，码洋规模首次超过线下**

追溯过去10年我国图书零售市场的发展历史，不难发现，这是线上零售渠道不断崛起、快速发展的过程，也是实体书店渠道从年增速10%以上、主要控制图书零售渠道的阶段向增速回落、规模趋于稳定的阶段进行过渡的过程。如图2所示，2016年，线上图书零售的码洋规模已经达到365亿元，年增长率30%左右，实现了在码洋规模方面对实体书店渠道的反超。

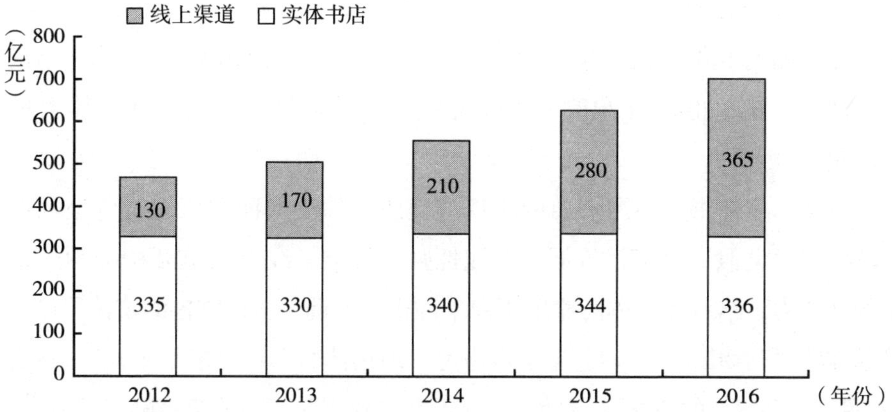


**图2　近5年我国纸质图书零售线上渠道与线下分布情况**

数据来源：开卷。

当然，这一变化绝不是几家主要图书电商平台凭借一己之力促成的。线上购物尤其是在线支付便捷工具的不断完善、电商平台在拉动网站和手机端流量方面做出的种种营销努力，都在促成全社会在线消费习惯的形成。这一变化深切影响到包括图书在内的各个行业的产品零售。在这一趋势形成的过程中，传统图书渠道商、实体书店和出版社也是推动线上图书零售规模扩展的重要推动力。根据天猫平台公开发布的数据，目前在其平台上从事图书零售业务的店铺超过3000家。从开卷监测的线上图书零售数据来看，全国580家出版社中，超过250家在第三方电商平台开设了图书零售旗舰店或专营店；新华系实体书店触网第三方平台的接近100家；据不完全统计，大型知名图书策划公司在第三方平台开店的数量也达到90家左右。而这其中不乏能在电商平台的图书零售板块中排在前列的店铺。

可以说，线上渠道图书零售的快速发展是电商平台和出版行业各类传统机构合力推动的结果。这也是近几年来电商图书自营业务增速放缓、第三方平台零售成为增长主力的背后原因。

**2. 实体书店零售再次出现负增长，书店模式创新进行中**

在实体书店大量触网以分享线上渠道的销售增长的同时，实体书店在店面的图书零售方面仍旧面临一定的压力。2016 年实体书店渠道码洋规模比上一年度略有收缩，同比增长为 -2.23%，未能延续 2014 年和 2015 年正向增长的势头。这也是在 2012 ~ 2013 年一度出现码洋负增长后，实体渠道的再次负增长。

其实，实体书店在图书店内零售方面所面临的局面和压力与各地其他零售场所非常类似。由于售价低、便捷性强等特点，线上渠道开始吸纳越来越多的购买力，给各类实体商业场所带来冲击。目前，实体零售的定位早已不再是单纯的“购物场所”，而是逐渐转化为“现场体验和社交的聚集地”，或者是“遇见产品和服务的地方”。因此，“吸引客流到店”、“延长停留时间”和“转化及扩展购物消费”成为大家普遍关注的话题。所以，我们看到近期众多实体书店的升级改造以及新开门店往往都是围绕着这些方向延展，从“经营商品”到“经营需求和经营场所”，给当下的书店带来了越来越多的新可能。

2016 年前后，全国各地新开书店尤其是特色门店繁多。这其中既有老牌新华书店在经营模式方面局部创新，比如通过布局规划扩展城市覆盖范围或者通过合作模式进驻当地新兴商圈；也有西西弗、钟书阁、言几又等民营书店品牌进行跨地域尝试等。这些新开的门店在人群定位、商品品类选择、内部动线规划以及顾客服务方式等方面都做出了新的尝试，这些努力已经为书店客流的回升、图书购买、阅读相关消费的扩展创造了价值。

再结合实体书店普遍发展的团供和大客户直销业务，书店与读者之间的关联已经不仅局限于店面，更不单纯局限于图书商品本身。多元卖场、大客户团供、线上零售、阅读关联服务等种种新的尝试，共同构成了书店经营模式的创新和未来可能。

## 三　新书出版整体稳定，少儿类图书码洋规模增长最为突出

**1. 年度新书品种数基本稳定，新书定价持续走高**

近年来全国图书零售市场新书品种数呈现基本稳定的趋势。2016 年全

国图书零售市场动销品种数达到179.09万种，其中新书品种数21.03万种，相比2015年小幅增加。

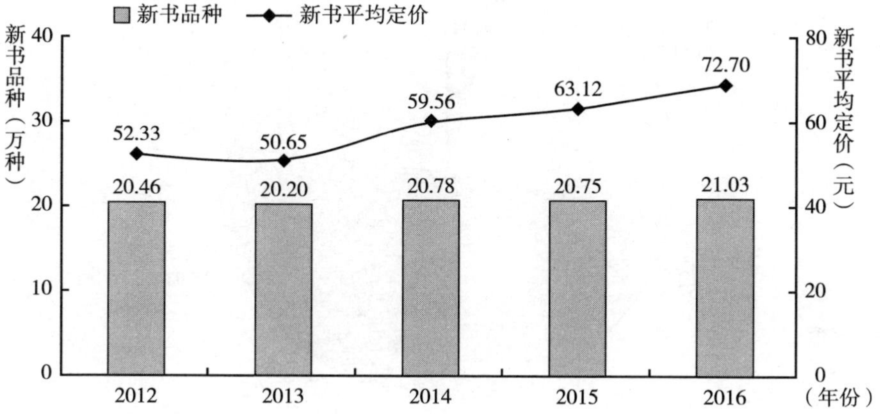


**图3　2012～2016历年新书品种规模与新书平均定价趋势表现**

数据来源：开卷。

如图3显示，2012年以来，每年的新书品种数均稳定在20万～21万种，变化幅度较小。不过也可以发现，2013年以后年度新书平均定价水平增长明显。2013年，当年新书的平均定价仅为50.65元，2014年就达到了59.56元，在2015年进一步突破60元而达到63.12元；2016年当年的新书平均定价增长到了72.70元。这其中不排除一些新出版的高定价图书的影响，但是伴随着网络书店打折售书的规模越来越大，很多实体书店渠道也已开始通过营销活动、会员政策等方式实施不同形式的折扣售书。而出版机构也不得不衡量实际的利润要求，因此推动了图书"高定价、低折扣"现象的广泛出现，新书定价水平上浮也就在情理之中。

**2. 童书成为最大细分类，也是增速最快的细分市场之一**

如图4所示，2016年图书零售市场中，少儿类图书以23.51%的码洋比重超过了社科类图书，成为销售规模最大的细分市场。社科类图书码洋比重为23.09%，与少儿类图书规模非常接近。同时，教辅教材和

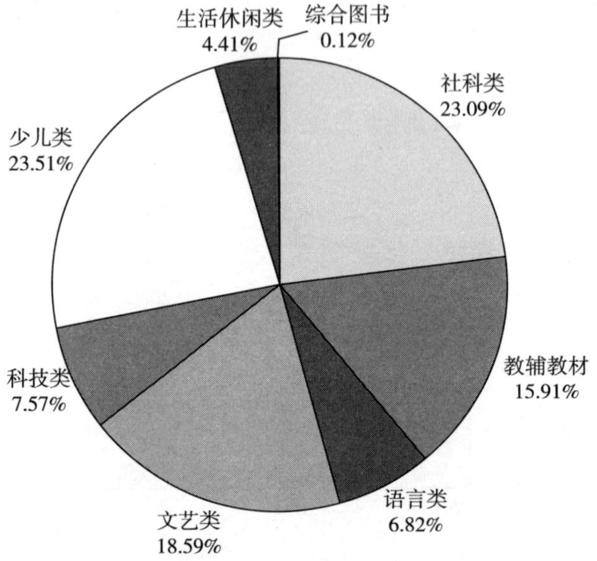


**图4　2016 年全国图书零售码洋结构**

数据来源：开卷。

文艺类图书的码洋比重均超过 15%；语言类和科技类图书的码洋比重均在 7% 左右。

从主要细分市场增速来看，少儿类图书的同比增速最快，2016 年同比增长率达到 28.84%；教辅教材、语言类和文艺类的同比增幅也在 13% 以上。少儿类、教辅教材和语言类的主要读者对象都是儿童和青少年，可见年轻一代阅读需求的持续增长是图书市场增长的最主要动力。这些人群良好阅读习惯的持续，也正代表着图书市场的未来。教育出版和专业出版更接近于刚需的图书市场，市场规模的增长受需求影响较大，而相对稳定的市场需求也让这样的市场不会发生较大的波动。大众阅读市场则不同，更多的购书需求来自读者对阅读行为本身的需求增长，随着平均文化水平的进一步提高、社会对于“全民阅读”的持续推动，以及生育率的提高，以少儿类和文艺类为代表的大众阅读依然会持续成为图书零售市场的增长点。

## 四 2016年图书零售市场畅销热点分析

2016 年不乏与图书零售有关的案例事件，《哈利·波特》归来、曹文轩获国际安徒生奖、IP 剧热潮、新的诺贝尔文学奖揭晓、美国大选总统更替、陈忠实和杨绛两位文学大师逝世……这些事件在不同时间出现在读者的生活中，也给图书零售市场一次又一次的影响带动。

近年来，图书零售市场上的销售热点存在典型的风格差异，老牌经典与新式流行的话题常常并列出现在榜单上，体现出不同读者群体的差异化阅读需求。在 2016 年的畅销书榜单上，新书与老书同时在榜。尤其是一些畅销多年的作品仍旧盘踞榜单前列，一定程度上说明近两年新书畅销表现不足，读者的阅读兴趣也并未发生大的改变。在此，我们仍旧按照国际通行的大众畅销书分类方式对 2016 年我国大众畅销书热点进行分析，区分为虚构类畅销书、非虚构类畅销书和少儿类畅销书三个研究类别。

如表 1 所示，从大众畅销书 TOP100 的类别分布来看，在实体书店渠道和网上书店渠道中，读者购书的消费热点大体类似，少儿类和文艺类别仍旧是大众畅销书榜单上的上榜主力，但是在具体的畅销主题和上榜图书方面存在些微区别。相比之下，少儿文学、小说、散杂文类在实体书店上榜数量更

**表 1　2016 年实体店和网店渠道中大众畅销书 TOP100 类别结构对比**

单位：册

| 类别 | 实体书店 | 网上书店 | 类别 | 实体书店 | 网上书店 |
|---|---|---|---|---|---|
| 少儿文学 | 45 | 21 | 政治 | 1 | 0 |
| 小说 | 24 | 18 | 成功学 | 0 | 2 |
| 散杂文 | 16 | 10 | 家庭教育 | 0 | 1 |
| 卡通/漫画/绘本 | 6 | 36 | 美术 | 0 | 1 |
| 传记 | 5 | 1 | 女性心理自助 | 0 | 1 |
| 社会与社会学 | 1 | 1 | 少儿英语 | 0 | 1 |
| 心理学 | 1 | 1 | 社交处世 | 0 | 2 |
| 心理自助其他 | 1 | 4 | 政治 | 1 | 0 |

多，而卡通、漫画、绘本、育儿相关的生活书在网上书店更为热销，类型也更加丰富。总体来看，线上与线下渠道的畅销书结构差异，一方面反映了当下不同渠道读者阅读热点的不同，另一方面也反映出不同出版单位的不同产品目前在渠道发行方面的侧重点和策略布局。

**1. 虚构类**

在虚构类图书当中，不同主题、不同类型的小说一直是畅销榜单的主角。2016 年小说类占据了畅销书席位的 85 个，较前两年有所减少；中国古典文学和成人绘本漫画的上榜品种数均较 2015 年有所上升，分别有 10 个和 4 个品种上榜。成人绘本漫画类在连续多年仅有《疯了！桂宝》系列图书在榜之后，2016 年终于出现了新面孔——《就喜欢你看不惯我又干不掉我的样子》及其续作《就喜欢你看不惯我又干不掉我的样子 2》均进入榜单前 100 名，从网络平台走出来的新兴作家为本土成人绘本漫画带来新的希望。

在上榜的 85 种小说作品中，中国幻想小说、中国一般当代小说、中国恐怖/冒险小说和小说世界名著均达到或超过 10 种，外国推理/悬疑小说和外国一般当代小说均有 9 种上榜。与 2015 年相比，外国推理/悬疑小说的上榜品种明显增多，而中国幻想小说、中国青春/校园小说入榜品种有所下降。从上榜具体作品来看，影视相关作品以及引进版作品的市场优势明显，不仅数量众多，排名也整体比较靠前。

总体来看，近几年国内原创作品的销售表现不足是造成影视书和引进版畅销经典上榜较多的原因之一。2016 年虚构类畅销书 TOP100 中，当年上市新书品种仅有 4 种，这一数字为近 10 年来最低。同时，上市 1 年和上市 2 年的图书数量也相对不多，导致上市 3 年及以上的老书在榜单中所占席位接近七成。

**2. 非虚构类**

2016 年的非虚构类畅销书榜单中，文学、心理自助、学术文化和传记类图书构成了主要的热点话题。在榜单靠前的位置，图书内容类型丰富多样，有经典畅销书《目送》、《我们仨》，充满人文情怀的访谈文学作品《天

才在左 疯子在右》，暖心治愈系作品《好吗好的》、《阿弥陀佛么么哒》、《世界很大，幸好有你》、《向着光亮那方》，具有社会关怀意识的人生随笔集《走到人生边上：自问自答》、《自在独行：贾平凹的独行世界》，严肃的学术文化类历史著作《人类简史：从动物到上帝》、《全球通史：从史前史到21世纪》，小说笔法的历史故事《明朝那些事儿》系列图书等。整体上，2016年的大众图书市场仍然热点频出，有很多关注度高、深受读者喜爱的作品出现。

非虚构类畅销书榜单中，新书表现优于虚构类，尤其是与时下社会、经济发展有关的一些作品往往可以畅销。

但是，比较实体书店渠道与线上零售渠道各自的非虚构类畅销书TOP100榜单，可以明显看到，线上渠道榜单中有更多上市时间较早的图书。这反映了读者在两种渠道的购买习惯不同——实体书店可以更多发挥现场体验的优势，便于读者自由浏览和选择自己心仪的图书。网上书店虽然可以展示较多图书，但是对图书的真实内容却很难完整展示。并且受打折促销的影响，上市时间长的图书更易获得较低折扣，因此在搜索和页面浏览量方面受到的关注度更大。于是形成了实体书店以新书和畅销书表现普遍较好，而网上书店渠道，除了知名畅销书之外，以实用性图书和已经形成较好市场口碑的老书为主的销售特点。

**3. 少儿类**

2016年的实体书店少儿类畅销书榜单相比于往年没有结构性变化，榜单依旧延续了过去几年的特征：少儿文学占主导，畅销系列为引领，本土作家作品表现较好，老牌“常青树”经久不衰等。但是将网上书店榜单和实体书店榜单结合来看，还是可以发现一些少儿类图书市场畅销书的新特点。

首先，两个渠道上榜图书的类别结构存在较大差异。网店渠道的少儿类畅销书榜单不但没有出现类似实体书店渠道少儿文学占据90%以上垄断的局面，而且卡通/漫画/绘本图书的上榜品种（43种）首次超过了少儿文学图书（36种）。在实体书店榜单中未能上榜的少儿科普百科和游戏益智图书，在网上书店的上榜品种分别达到了11种和8种，少儿英语有2种图书上榜。

其次，实体书店和网上书店少儿类畅销书榜 TOP100 的上榜作品的差异更加明显。只有 28 种图书能够同时进入实体书店和网上书店两个渠道的少儿类畅销书榜 TOP100，而其余在两榜中上榜的 144 种少儿类图书都只能进入某一渠道的少儿类畅销书榜当中。

# B.10

# 2016年中国报刊产业发展报告

姚林 金文恺*

摘　要：　中国报刊产业在艰难中前行。在经营的转型与融合过程中，2016年的中国报业呈现出五大特点：报纸广告持续大幅度下降；报纸普遍缩版、减发行量、裁员来调整供给侧；以“两微一端”为核心，新媒体爆发式增长；政府财政资助传统媒体；报业的多元化经营成为主流。期刊方面，整体到达率呈现下降趋势，但忠实读者依然保持良好阅读习惯。

关键词：　报业发展　期刊广告市场　报刊产业经营

## 一　2016年中国报业发展概况

互联网崛起，传统媒体衰落已成大势所趋。全球报业都面临着报刊广告市场加速下滑的困境，报刊经营者们不得不通过缩减发行量、裁员，甚至是关停部分报刊的方式消减成本。根据 WPP plc 旗下媒介投资管理公司 GroupM（群邑媒介集团）预计，2016 年全球报纸印刷广告支出将下降 8.7% 至 526 亿美元，成为本轮经济衰退以来的最大降幅。[①] 传统媒体希望通过加强数字业务，调整报刊版式和内容类型改变现状，但从全球范围来

* 姚林，央视市场研究股份有限公司资深研究顾问；金文恺，北京大学新闻与传播学院硕士研究生。

① 《全球纸媒广告萎缩加速报纸行业向数字化转型》，人民网，http：//world. people. com. cn/n1/2016/1025/c100228806767. html。

看，目前尚未出现十分成功的案例。被视为全球报业数字化转型范本的《纽约时报》，即使2016年的数字版广告收入2.09亿美元，比2015年上涨了6%，并且在总收入里占了很大的比重，但数字广告收入依然无法弥补纸质版的损失。①

2016年是中国报业广告市场连续下降的第五年，也是降幅最大的一年。与2011年报业广告市场最高峰时相比，报纸广告总体降幅已超过七成。然而，在如此生死存亡的危机下，报业并没有消亡，中国报业的老兵们不仅在艰难地前行，而且经过不懈探索，开始在“互联网+”的媒体融合道路上建立起新的经营生态环境。在报业的转型和融媒体的发展中，报业的经营状况已经远远不能用报纸的广告经营状况来判断。因此，需要对报业经营的特点趋势进行更加全面的分析。

## （一）2016年中国报业经营特点

总体上看，2016年的中国报业发展呈现出五大特点。

**1. 报纸广告整体持续大幅度下降**

广告是报纸的主要收入来源，都市报广告又是受新媒体影响最大的“重灾区”。2012～2016年中国报业广告刊登额的降幅分别是7.3%、8.1%、18.3%、35.4%和38.7%。2016年的报纸广告市场规模不足六年前的三成，与2011年比较，2016年的降幅已达到72%。

**2. 报纸普遍缩版、减发行、裁员来调整供给侧**

2016年，随着广告收入降幅扩大，经营环境恶化，减少出版版数，缩减发行量已经成为报业的普遍现象，甚至有一些报纸经营不下去而停刊关门。一直以来，报纸经营收入的主要来源都是广告，广告收入持续大幅度的下降使得报纸的出版和运营面临严峻考验。经营亏损，意味着压缩成本支出成为迫不得已的选择。版数和发行的减少，使得采编、发行、经营人员，甚

① 《〈纽约时报〉收入结构大调整：“用户变现”才是王道》，网易，http://dy.163.com/v2/article/detail/CDQEPJD105118VJ5.html。

至行政管理人员均出现过剩现象，部分人员转到报业的新媒体部门或者是非报经营部门，更多的过剩人员则不得不被裁掉。

传统报纸不再适应新的传播与经营环境，只能控制其成本支出以保证一定时间内的生存基础。因而，报纸缩版、减发行量、裁员以致停刊都是迫于无奈的选择。然而，仅依靠压缩开支改变不了衰退的趋势，必须转被动为主动，把缩版、减发行量、裁员的过程变为主动的供给侧调整，通过产品结构与人员结构的调整，为转型打下基础。2016 年，《京华时报》和《东方早报》停刊的消息尤为令人唏嘘。这两份报纸都曾经是都市报中的翘楚，以个性和态度吸引了大批读者，然而在行业转型过程中也难逃关停的命运。

**3. 以“两微一端”为核心，新媒体爆发式增长**

经历手机报、网络电子版、网站、阅读器、手机版、iPad 版等种种形式，报业新媒体的发展一直未能成功。2009 年以来，各家报社的官方微博、微信公众号、新闻客户端陆续开通。2015 年下半年，传统媒体新闻客户端达到 231 个，2016 年，报业新闻客户端则呈现爆发式增长，微博、微信、App 成为报业的新媒体标配和标志，报业的微信、微博已经普及，其新闻客户端也增加近一倍。

以“澎湃新闻”、“浙江新闻”、“封面新闻”、“上游新闻”、“成都商报”等为代表的一批报业客户端的用户数量远远超过其报纸的读者数量。报业随着互联网及移动互联网的发展，将新媒体的重心转移到“两微一端”，其新媒体的传播力和影响力开始显现。但也需要看到，大多数地方媒体影响力还有待提高，报业新媒体中表现突出的仍然是中央媒体和少数地方媒体。

**4. 政府财政资助党政报刊**

2016 年，政府开始动用财政资金支持报业发展，以巩固主流报媒新闻舆论主阵地。广州日报报业集团收到市财政局 3.5 亿元的财政专项资金，用于印刷和发行。深圳报业集团得到连续 6 年、每年 1 亿元的财政资助。《羊城晚报》、《文汇报》、《南方日报》、《解放日报》等，得到政府财政各种形式的补贴。对转型中的传统媒体给予一定程度的财政支持，已成为常点。

**5. 报业的多元化经营成为主流**

多元化经营、跨界经营，是报业经营转型的必经之路。一些报社在多年前就开展了房地产、酒店、文化艺术品、旅游、会展、金融、户外广告、物流等的多元化经营。2016 年，多元化经营已经成为报业经营的一个重要方面与主流趋势。

## （二）2016年中国报纸广告市场情况①

**1. 报纸广告继续大幅下降，下降幅度有放缓趋势**

2016 年报纸广告市场“断崖式下降”趋势还在继续，广告刊登额降幅高达 38.7%，广告资源量的降幅也定格在 40.7%。报纸广告上半年降幅高达 41.4%，下半年降幅有减缓趋势，下降 35.7%，与上半年相比降幅收窄 5.7 个百分点，与 2015 年全年 35.4% 的降幅大体持平。

下半年的报业广告市场趋势表明，报纸广告下降速度极有可能逐渐趋稳，甚至开始进入逐渐减缓的通道。这或许在一定程度上意味着，报纸广告的下降已经接近底部。当然，到了底部也并不意味着会有显著的反弹，而是降幅不断减缓，最终在一个较低的水平上稳定下去（见图 1）。

**2. 地方报纸广告普遍下降，全国性报纸降幅相对较低**

2016 年各地区报纸广告大幅下降的趋势没有明显变化，但各地区降幅差异还是非常明显，降幅最大的地区被腰斩，与降幅最小地区相比降幅差高达 18.7 个百分点。西南地区降幅最大为 50.7%，东北地区下降了 42.4%，华东地区下降 42.2%，华北地区下降 35.2%，西北地区下降 37.9%，中南地区降幅最小但也下降 32.0%（见图 2）。全国性报纸的降幅为 24.0%，状况要明显好于地方性报纸。

**3. 主要城市报纸广告增长趋势**

2016 年的报纸广告刊登总额排在前 30 位的城市中，传统媒体广告增长的城市有 5 个，分别是深圳市、兰州市、昆明市、乌鲁木齐市和宁波市。下

① 如无特别署名，本节数据源自央视市场研究股份有限公司（CTR）。

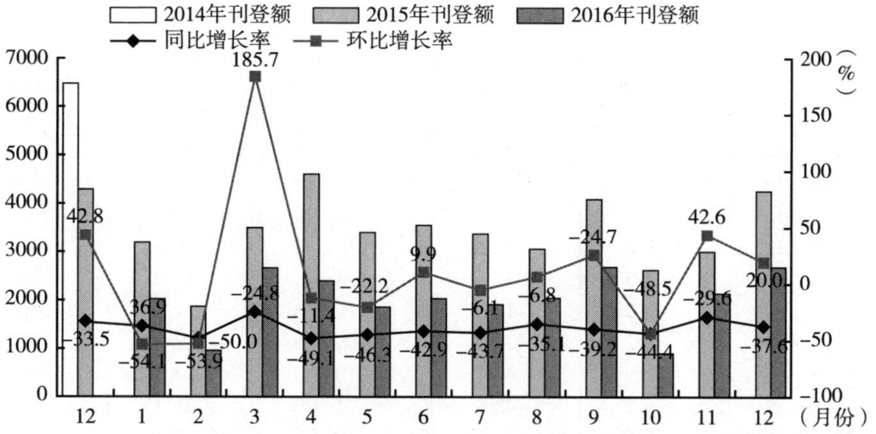


**图1　2015 年 12 月 ~2016 年 12 月报纸广告月度趋势**

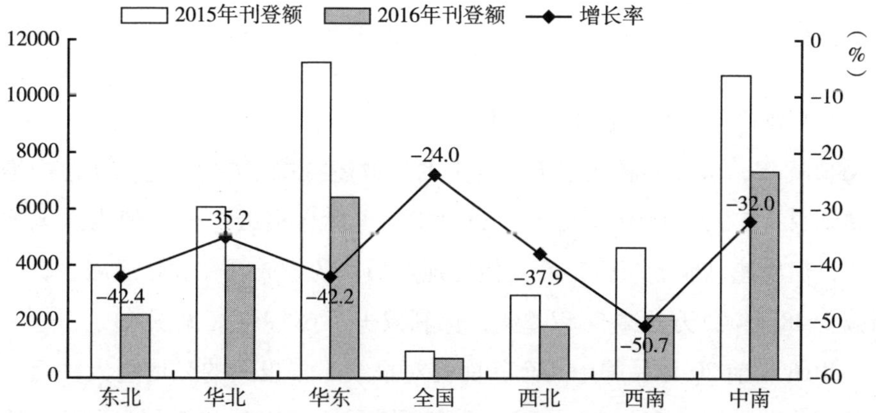


**图2　2016 年各地区报纸广告增长情况**

降的城市有 25 个。增幅最大的是昆明市，增长了 14.6%；降幅最大的是青岛市，下降了 25.1%（见表 1）。

2016 年所有城市的报纸广告都在下降，降幅最小的深圳市下降 11.3%，降幅最大的贵阳市下降了 60.0%（见表 1）；有 14 个城市的降幅低于报纸 38.7% 的平均降幅，也有 12 个城市的降幅超过了 40%。

**表1 2016年主要城市传统媒体广告与报纸广告同比增幅比较**

单位：%

| 城市 | 传统媒体增幅 | 报纸媒体增幅 | 城市 | 传统媒体增幅 | 报纸媒体增幅 |
|---|---|---|---|---|---|
| 广州市 | -4.4 | -29.1 | 大连市 | -12.6 | -47.5 |
| 北京市 | -9.2 | -30.9 | 长沙市 | -1.1 | -36.6 |
| 重庆市 | -10.5 | -47.0 | 杭州市 | -6.5 | -45.5 |
| 上海市 | -8.2 | -47.0 | 西宁市 | -5.6 | -48.0 |
| 武汉市 | -2.5 | -37.9 | 南昌市 | -17.5 | -49.0 |
| 深圳市 | 11.9 | -11.3 | 昆明市 | 14.6 | -56.9 |
| 哈尔滨市 | -8.2 | -34.7 | 乌鲁木齐市 | 2.8 | -46.4 |
| 合肥市 | -12.9 | -44.7 | 厦门市 | -7.3 | -33.2 |
| 南京市 | -9.2 | -42.9 | 青岛市 | -25.1 | -47.1 |
| 兰州市 | 6.9 | -26.9 | 宁波市 | 2.7 | -24.7 |
| 济南市 | -7.4 | -36.9 | 成都市 | -13.4 | -54.4 |
| 天津市 | -7.9 | -36.7 | 西安市 | -19.8 | -29.6 |
| 福州市 | -15.3 | -31.0 | 贵阳市 | -17.1 | -60.0 |
| 郑州市 | -4.1 | -39.9 | 太原市 | -6.8 | -38.4 |
| 沈阳市 | -14.2 | -41.1 | 石家庄市 | -2.1 | -28.2 |

**4. 报纸广告前20位品牌投放状况**

2016年，多数品牌在报纸广告上的投放还在持续减少，前20位中增长的品牌只有5家。其中恒大增长11.1%，虽然是报纸广告品牌当之无愧的头牌，但增速已明显减缓。而其他房地产品牌的投放都在大幅度减少，碧桂园减少48.8%，万达减少67.2%，保利减少了69.9%（见图3）。

2016年前20位品牌中几个新面孔对报纸广告投放的激增引人注目，医药品牌葛洪增长了685.1%，医疗品牌拜博增长了787.4%（见图3）。这表明在报纸广告下滑的时候，仍然有品牌认可报纸的传播力和广告效果。

2016年第二季度以来电商品牌在报纸广告上的投放呈现逐渐减缓的趋势，全年苏宁易购投放减少了24%，位居第二，天猫下降幅度达到了40.8%，位居第五。2015年的前20位品牌当中没有银行品牌的身影，但在2016年出现了4家银行：中国工商银行、中国农业银行、中国银行和交通银行。除交通银行报纸广告投放略有增长外，其他3家银行都在下降（见图3）。

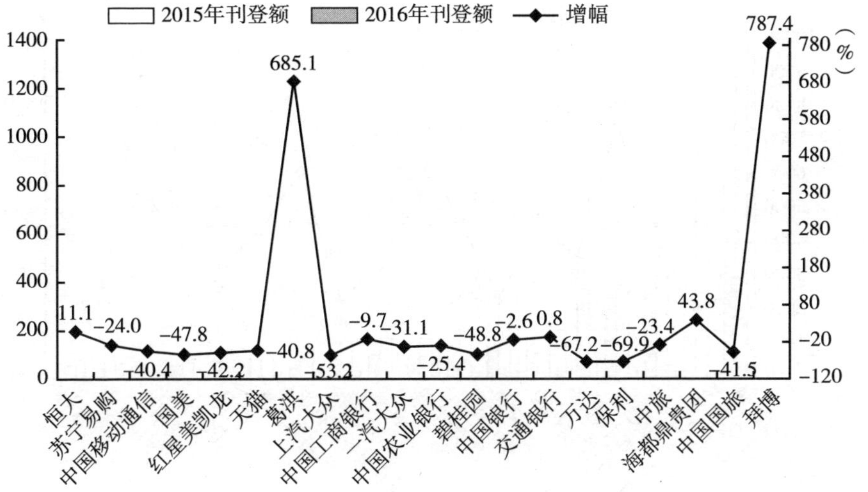


**图3　2016年报纸广告前20位品牌投放状况**

由于前20位品牌的构成发生变化，投放合计比2015年减少了23.5%。其他品牌的降幅仍然达到40.9%。

**5. 报纸广告行业投放状况**

2016年，各个行业报纸广告投放全面下降的趋势依然持续，大部分行业降幅超过2015年同期，只有食品、商业服务业、药品活动类等几个行业的降幅低于2015年。广告规模前六个行业中只有房地产广告降幅大体与2015年持平，下降45.1%。其他行业降幅都明显扩大，商业零售业下降47.7%，娱乐及休闲下降32.4%，金融业下降15.4%，邮电通信下降38.9%，医疗/保健机构降34.1%（见图4）。

2016年前三个行业的广告集中度从2015年的51.4%降到47.3%，这也是前三个行业集中度首次降到50%以下，而报纸广告下行前的2011年前三个行业的占比曾高达55.1%，5年下降了近8个百分点。前六个行业的集中度也从2015年同期的69.2%降到68.0%。与2015年相比，排在前两位的房地产和商业零售业占比下降最为明显，房地产行业的占比从27.0%降到24.2%，下降2.8个百分点；商业零售业占比从15.0%下降到12.9%，下

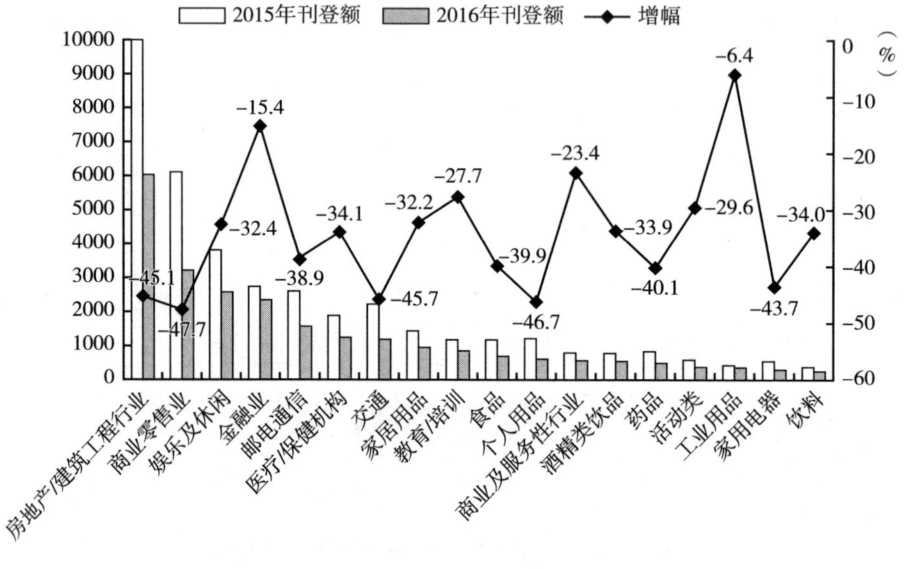


**图 4　2016 年报纸主要行业广告增长率**

降 2.1 个百分点。而占比明显提高的主要是娱乐及休闲和金融业，娱乐及休闲的占比从 9.3% 提高到 10.2%，增加 0.9 个百分点；金融业从 6.8% 提高到 9.3%，增加 2.5 个百分点；邮电通信 6.4% 的占比不变，医疗/保健机构则从 4.6% 提高到 5.0%。

## （三）2016年中国报纸发行市场状况

**1. 市场化报纸发行量大幅下滑，党报行业报“稳中有升”**

报纸发行是报纸经营状况的一个重要指标。然而，由于报业经营者们对于发行数据的“讳莫如深”，中国报纸发行市场主要通过报纸零售端的监测数据体现出来。从近年全国各类报纸零售总量看，都市报的下滑幅度最大，2015 年都市报零售发行下降幅度达到峰值 50.8%，许多报刊亭甚至因为零售额大幅下降，利润降低，而无法维持经营。报纸订阅数据也从另一个侧面反映了报纸发行市场的困境，从 2012 年起，报纸订阅量就呈现加速下降的趋势，2015 年的订阅率下降幅度超过 50%，读者流失情况严重。

2016 年，市场化报纸的发行继续下滑，但党报和部分行业报得到国家政策扶持，发行量稳中有升。有采取政府全额订阅方式的，如《内蒙古日报》、《吉林日报》等；有采取财政支持党报经营活动的，如河北省 2016 年财政划拨 1.88 亿元支持《河北日报》扩大发行等；有地方政府财力支持加大订阅量的，如四川省提供资金帮助《四川日报》2015 年订阅量增加了 10%。[①] 党政报刊虽然在政府支持下获得喘息之机，但从长远看，报业如果不能从内部进行壮士断腕的改革，采取更加灵活的市场机制，发展前景仍然黯淡。

**2. 新闻用纸量下滑，报纸发行困难重重**

新闻纸使用量是反映报刊发行最客观也是最严峻的一个指标。在互联网和其他传统媒体的多重夹击下，报纸广告投放大幅减少，报社经营不善，发行量也应声滑落。根据中国报业协会对 2015 年度全国报纸印刷量的调查统计，2015 年全国报纸印刷总印量为 1145 亿对开印张，较 2014 年下降 15.8%，这已是连续第四年下降，且下降幅度显著增大。2015 年耗用新闻纸 257 万吨，较 2014 年降低 15.7%。[②]

虽然 2016 年的新闻纸用量数据尚未公布，但根据目前调查的情况，报纸发行市场依然不容乐观。中国报协发布的数据显示，全国 89 家报社 2016 年上半年比 2015 年同期用纸量减少的报社为 71 家，占比 80%；用纸量增加的报社为 14 家，占比 15.7%，主要为中央级报社和部分省、地市级党报；用纸量持平的报社 4 家；全年总用纸量约为 99.9 万吨，比 2015 年实际用纸量 112.9 万吨减少了 13 吨，降幅为 11.5%。[③] 另外，根据中国报业物资供应年会发布的消息，2016 年国内新闻纸总产量 180 万吨，比 2015 年

① 《中国报业 2016 发展报告呈现出报业“断崖式”经营下滑》，新华网，http://www.xmtnews.com/p/3405.html。

② 《2015 年度全国报纸印刷量调查统计报告》，科印网，http://www.keyin.cn/special/kyyd/201604/111093542.html。

③ 《中国新闻出版广电报》，2016 年 7 月 18 日。

235 万吨的总产量下降 55 万吨，下降幅度为 23.4% 。[①]

**3. 国民阅读习惯改变，报纸阅读率持续下降**

报纸发行市场大幅降低，究其根源是受众阅读习惯的改变。互联网对人们阅读和获得信息方式的改变是颠覆性的。伴随互联网成长起来的“80后”、“90 后”已经成为社会中流砥柱，他们的生活和互联网休戚相关，他们中已经几乎没有人还会举着 4 开报纸看昨天发生了什么事。通过手机、社交网络，他们获取信息的速度可能比记者还快。最新调查数据显示，2015 年我国成年国民报纸阅读率为 45.7% ，较 2014 年的 55.1% 下降了 9.4 个百分点；期刊阅读率为 34.6% ，较 2014 年的 40.3% 下降了 5.7 个百分点；人均报纸阅读量和期刊阅读量也均有所下降，人均报纸阅读量和期刊阅读量分别为 54.76 期（份）和 4.91 期（份），与 2014 年相比分别下降了 10.27 期（份）、1.16 期（份）。数字阅读、移动阅读、社交阅读已经成为国民新的阅读趋势。[②] 2016 年广州社情民意调查中心的一项抽样调查显示，近 40% 的人“基本不看报纸”，61% 的人“基本不听广播”。

前几年，报业还在提纸媒受众老龄化问题，现在这一话题已被搁置，因为老年人的报纸阅读率也在下降。根据中国互联网络信息中心（CNNIC）的调查数据，2016 年互联网新增网民中 19 岁以下和 40 岁以上的人数增加幅度最大，这说明，老龄受众也开始逐渐接受互联网阅读方式，报纸阅读的最后一块阵地面临失守。

报纸发行真的无法挽救了吗？也不尽然。一些报纸在改变内容类型，转向深度报道，改变版式，适应新媒体阅读习惯等方面做出了有益的尝试，也获得了一定效果。有专家预计，报纸发行还会继续萎缩，但报纸不会真正消亡，而是成为深度阅读的载体，作为人们获取优质信息、扩展性知识阅读的渠道之一。

---

① 《2016 年国内新闻纸总产量较 2015 年下降 23.4%》，搜狐网，http://mt.sohu.com/20161209/n475372456.shtml。

② 中国新闻出版研究院：《第十三次全国国民阅读调查数据》，2016 年 4 月 18 日。

# 二 2016年中国期刊市场发展状况

## （一）2016年中国期刊广告市场状况

**1. 期刊广告急剧下降**

当同为平面媒体的报纸广告在2012 年进入下降趋势时，期刊广告还在顽强增长。但到了 2013 年，期刊广告也无法抗拒传媒环境的变化，转入下降通道。根据 CTR 媒介智讯的广告趋势数据，2016 年期刊广告市场的降速急剧加快，降幅达到了 30. 5% 。而期刊广告资源量（广告版面）降幅更高达 40. 1% 。

2016 年期刊广告降幅有逐渐加大的趋势，上半年下降 28. 5% ，下半年下降 31. 7% ，下半年降幅明显高于上半年，降幅最大的 6 月和 11 月都下降了 37% （见图 5）。

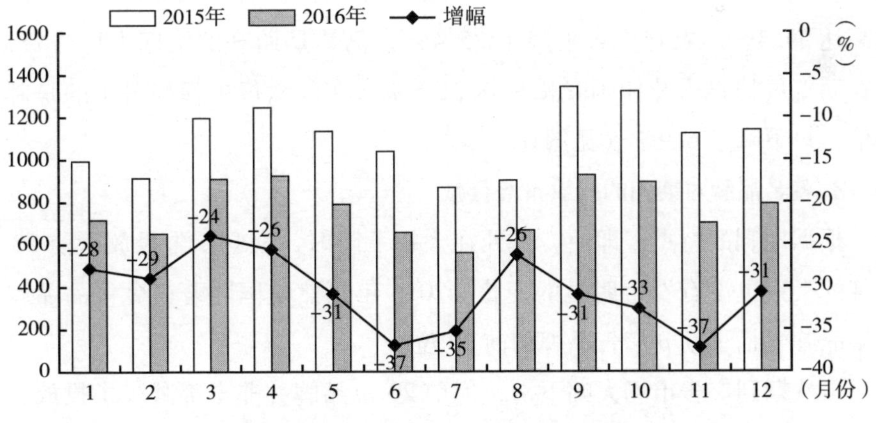


**图 5　2016 年期刊广告市场月度趋势**

数据来源：CTR 媒介智讯。

期刊广告市场的下滑源于传媒环境的变化，互联网和移动媒体的发展改变了受众对信息的需求方式，也改变了传播方式。期刊虽然精美、有深度，但也无法抵御传播环境变化的大趋势。可以预计，2017 年期刊广告市场下滑的趋势不仅不会改变，甚至可能出现继续加快的趋势。因此，转型、拥抱互联网、走融媒体的道路也成为期刊的必然选择。

**2. 期刊广告行业投放状况**

期刊不同于其他媒体，具有鲜明的特点。期刊广告资源的集中度非常高，广告主要来自几个行业，前三个行业的广告集中度高达 70% 左右，前六个行业的集中度则超过 80%。2016 年排在前三的个人用品、化妆品/浴室用品、汽车（交通）的广告集中度为 67.6%，比 2015 年的 69.2% 减少了 1.6 个百分点。但 2016 年前六个行业的集中度为 83.5%，还比 2015 年的 83.0% 略有提高。从广告行业资源的角度来看，前六个行业的广告投放决定了期刊广告市场的基本趋势。

从主要行业来看，化妆品/浴室用品多年来一直是期刊最大的广告资源，但 2016 年期刊化妆品/浴室用品广告大幅下降 38.4%，终于从第一的位置跌落到次席。而个人用品广告降幅虽然也达 23.4%，但却超越化妆品/浴室用品首次登上第一的位置。汽车（交通）虽然保持着第三的位置，但降幅也高达 34.4%。衣着广告下降了 25.4%，仍然是期刊的第四大广告资源，排在第五位的娱乐及休闲降幅也达 21.8%，在前六位中降幅最小的是邮电通信，只下降了 6.9%（见图 6）。

**3. 著名品牌对期刊的投放有增有减**

根据期刊的特点，即使广告处在大幅下降时，期刊广告投放量前 20 位品牌的类型也没有发生明显的变化。2016 年仍然是国际著名奢侈品品牌和汽车品牌囊括了期刊广告品牌的前 20 位。

虽然期刊广告市场大幅下滑，但前 20 位品牌并非全部减少了投放，其中有六个品牌在 2016 年增加了对期刊广告的投放。兰蔻广告投放增长了 6.7%，从 2015 年的第五位跃升至首位。一汽大众奥迪大增 48.8%，从 2015 年的第十九位上升到第七位。卡地亚增幅也达到 25.6%，从 2015 年的第二十一位升至第十位。此外，阿迪达斯、BURBERRY、PRADA 也都增加了广告投放（见图 7）。

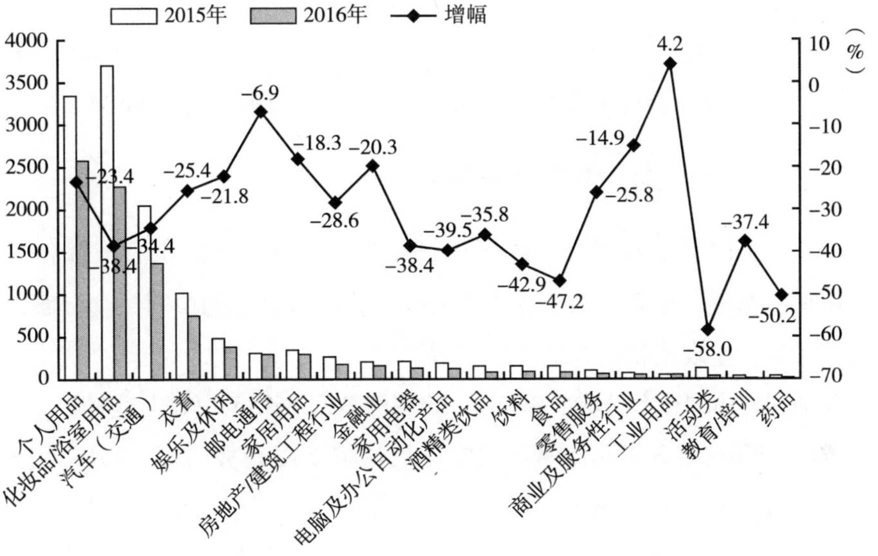


**图 6　2016 主要行业广告投放趋势**

数据来源：CTR 媒介智讯。

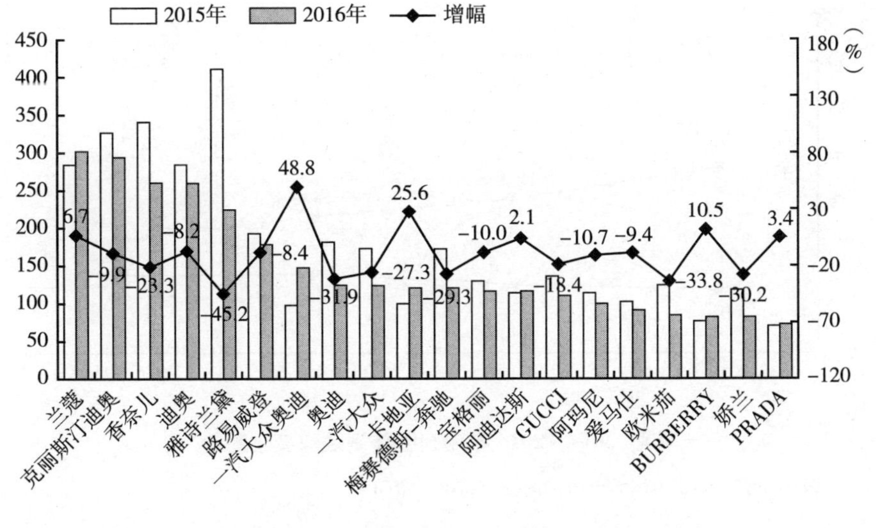


**图 7　2016 年期刊广告前 20 位品牌投放情况**

数据来源：CTR 媒介智讯。

在前20位品牌中，降幅最大的是雅诗兰黛，减少了45.2%的广告投放，此外汽车品牌奥迪、手表品牌欧米茄、化妆品品牌娇兰的减幅也都在30%以上。前20品牌投放合计下降了14.6%，而其他品牌的降幅则达到36.3%。

## （二）2016年期刊发行状况与到达率

2014~2016年3年间期刊到达率整体呈下降趋势，但我们也看到电子期刊在平稳发展，更多的期刊忠实读者依然保持着良好的期刊阅读习惯，期刊阅读人群也呈现出精英化的发展趋势。

**1. 期刊整体到达率呈现下降趋势，忠实读者依然保持良好阅读习惯**

2014~2016年3年间，期刊的整体到达率下降趋势明显，2016年下半年期刊的周到率为11.6%，相比2014年下降了8.1个百分点，2016年下半年的期刊月到达率为21.1%，相比2014年下降了12.3个百分点。另外，期刊的日到达率3年内趋势平稳，可见期刊的忠实读者依然保持良好的期刊阅读习惯（见图8）。

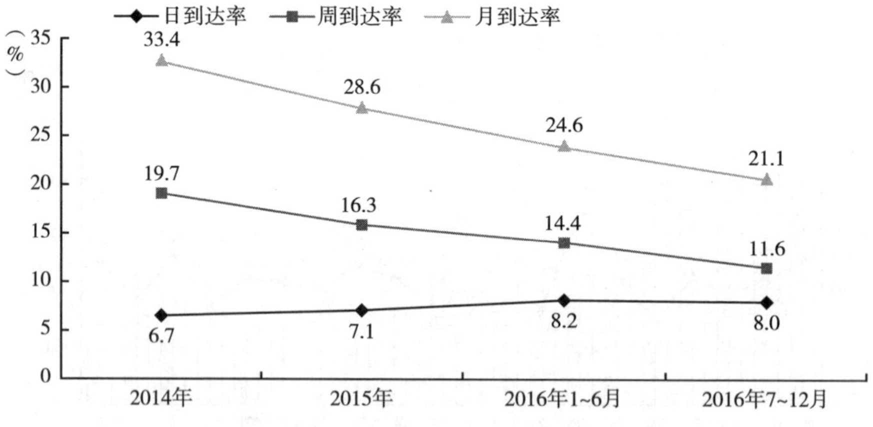


**图8　2014~2016年期刊整体到达率变化趋势**

数据来源：CTR中国城市居民调查（CNRS－TGI）。

**2. 电子期刊到达率趋于平稳，拉动力放缓**

经过了2014年相对较高的到达率之后，2015年开始电子期刊的整体到达率呈现平稳状态，2016 年下半年电子期刊的周到达率和月到达率分别为 21.3% 和 25.5%，与 2015 年基本持平。电子期刊对期刊媒体行业的整体拉动力放缓（见图 9）。

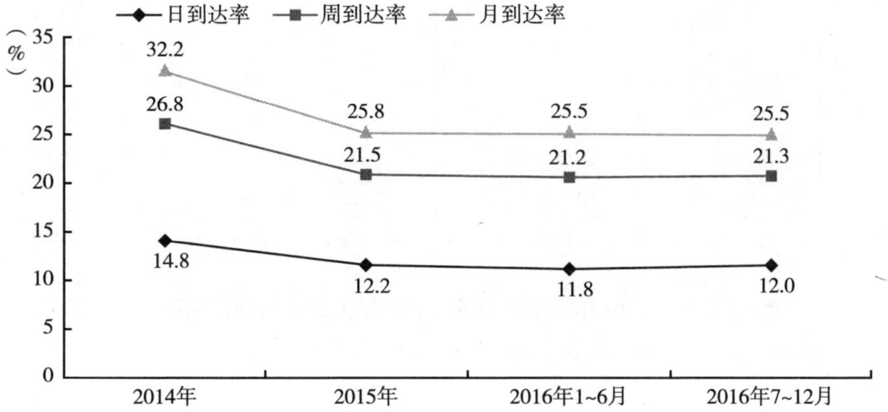


**图 9　2014 ~ 2016 年电子期刊到达率变化趋势**

数据来源：CTR 中国城市居民调查（CNRS - TGI）。

**3. 社会高层人群有着更好的期刊阅读习惯**

社会中高层人群为期刊的主要阅读人群，2016 年下半年社会最高层人群中期刊的月到达率为 50.4%，次高层人群和中间层人群的月到达率分别为 33.6% 和 19.4%（见图 10）。

从 2014 ~ 2016 年 3 年间不同人群中期刊到达率的趋势来看，相对社会最高层人群，次高层人群和中间层人群中期刊整体到达率的下降更快，社会高层人群中更多的人保留着良好的期刊阅读习惯。

**4. 年龄越大，期刊阅读的坚持性越好**

从不同年龄层来看，25 ~ 44 岁的中青年人群是期刊的主要阅读人群，25 ~ 34 岁人群中期刊的月到达率为 34%，35 ~ 44 岁人群中期刊的月到达率为 28.4%（见图 11）。

从不同年龄层人群 2014 ~ 2016 年 3 年间期刊总体到达率的趋势来看，年龄越小，对期刊阅读的坚持性越差，年长人群中坚持期刊阅读的比例更高（见图 12）。

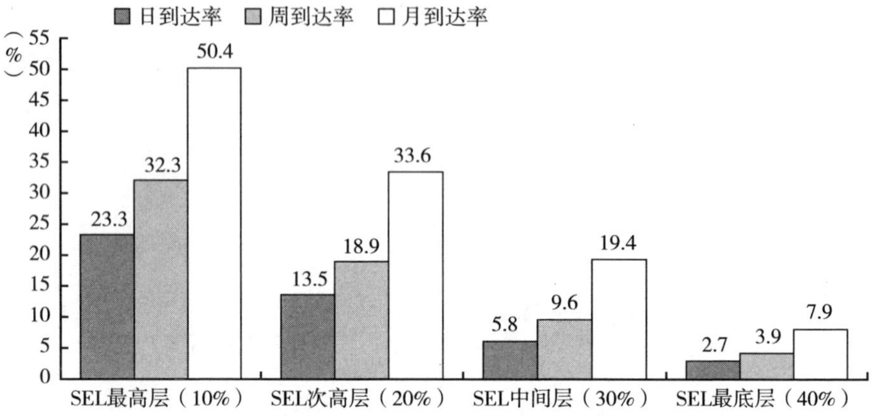


**图 10　2016 年下半年不同社会阶层人群中期刊到达率**

数据来源：CTR 中国城市居民调查（CNRS－TGI）。

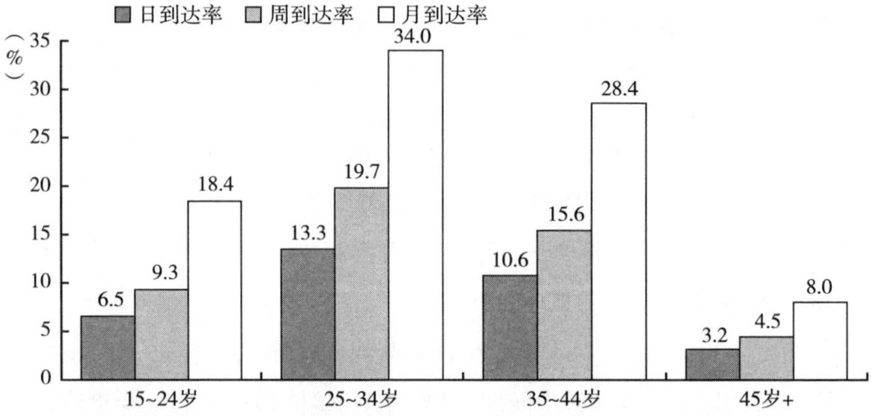


**图 11　2016 年下半年不同年龄层人群中期刊到达率**

数据来源：CTR 中国城市居民调查（CNRS－TGI）。

### 5. 不同类型期刊阅读率变化趋势

2015～2016 年不同类型期刊的阅读率变化态势整体较为平稳，阅读率呈增长态势的期刊类型分别为时尚生活类、文学/文摘类、男性时尚类、健康保健类、旅游休闲类、新闻政治类。其中，时尚生活类和文学/文摘类期刊 2016 年下半年阅读率较 2015 年增长较为突出，2016 年下半年阅读增长

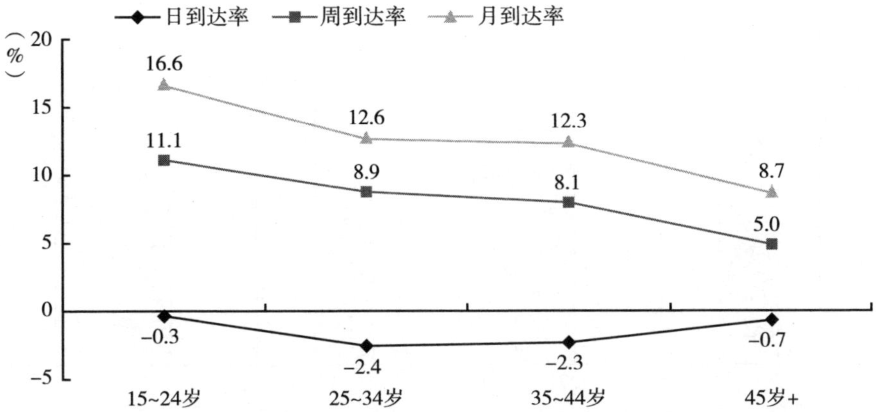


**图12　2014～2016年不同年龄层人群期刊到达率**

数据来源：CTR中国城市居民调查（CNRS－TGI）。

率分别为3.23%和2.39%，男性时尚类期刊在2016年下半年也有一定的阅读率增长。另外在阅读率下降的期刊类型中，情感/家庭类期刊的阅读率下降相对较高。

可见，时尚与健康是大众关注的两大主题，大众对时尚、健康、休闲类期刊的阅读需求在逐渐增加，男性时尚类期刊阅读率的上升更表明时尚不再只是女性关注的话题领域。

## （三）期刊读者特征与阅读习惯

### 1. 2014～2016年期刊阅读人群特征分析

相比2014年和2015年，2016年期刊阅读人群中的男性比例略有增长，2016年上半年和下半年的男性比例分别为50.9%、49.9%（见图13）。在不同类型期刊的阅读率变化趋势中，2016年男性时尚期刊的阅读率有一定的增长，男性的期刊阅读需求开始增长。

2016年下半年期刊阅读人群的平均年龄为33岁，25～44岁人群为期刊阅读的主力人群，占整体期刊阅读人群的67.2%，与2014年和2015年的数据对比显示，2016年25～34岁的期刊阅读人群比例增高，而15～24岁、

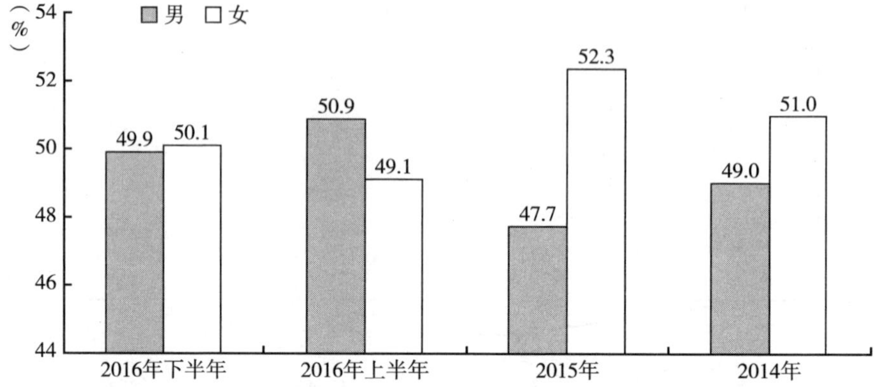


**图 13　期刊阅读人群性别比例**

数据来源：CTR 中国城市居民调查（CNRS－TGI）。

45 岁以上的期刊阅读人群比例在减少，可见 25～34 岁人群依然是期刊的忠实阅读者（见图 14）。

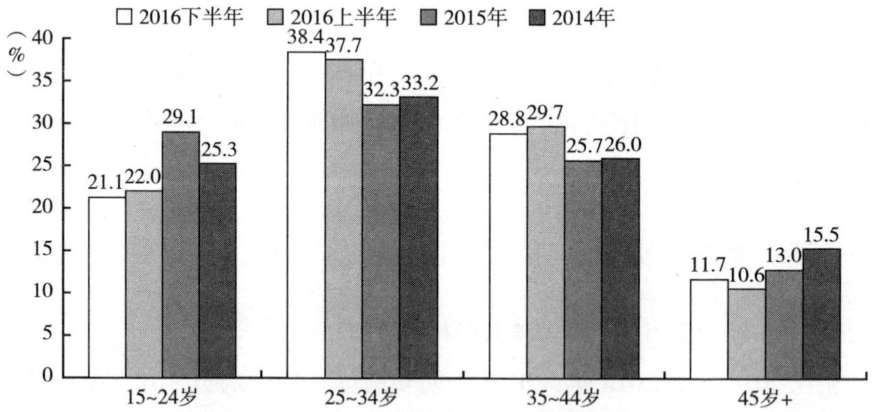


**图 14　期刊阅读人群年龄分布**

数据来源：CTR 中国城市居民调查（CNRS－TGI）。

2016 年下半年，期刊阅读人群中高学历人群比例有一定的增长，拥有大专或本科以上学历的人群比例达 80.4%，2014 年和 2015 年这一比例均为 76.1%（见图 15）。

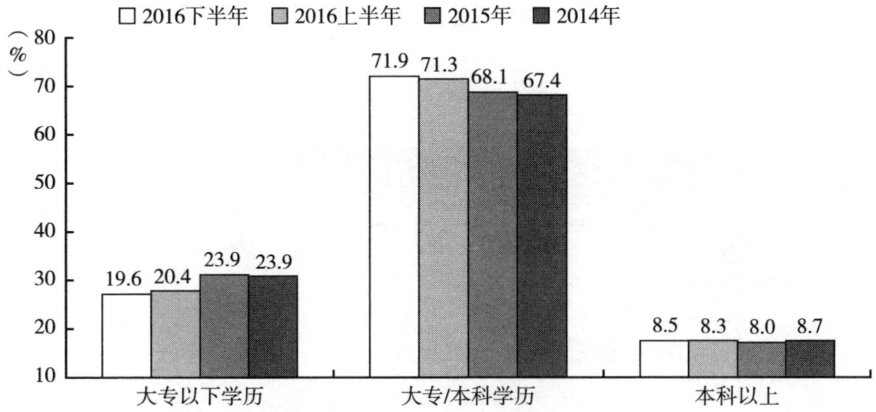


**图 15 期刊阅读人群学历分布**

数据来源：CTR 中国城市居民调查（CNRS－TGI）。

期刊阅读人群中，在企事业单位工作的白领人群比例更高，2016 年上半年和下半年这一人群比例在期刊阅读人群中分别达到 55.2% 和 54%，其中身处企事业单位管理层人群的比例平稳上升，由 2014 年的 22.9% 上升到 31.8%，期刊阅读人群中的高职位人士在稳步增长（见图 16）。

2016 年下半年期刊阅读人群的个人月平均收入为 8514 元，远高于 2014 年的 5946 元，期刊阅读人群的社会阶层分布数据显示，2016 年期刊阅读人群中处于社会最高层和次高层的人群比例增高，可见社会高层人士的期刊阅读需求依然在增长。2016 年下半年期刊阅读人群中位于社会中高层的比例为 85.5%，社会中高层人群为期刊阅读的主力人群（见图 17）。

期刊阅读人群向高职、高知人群转化，他们有着更高的学历，进入公司的管理层，成为职场中的精英人士，有着更高的收入，开始向更高的社会阶层流动。

**2. 期刊读者阅读习惯**

近七成期刊阅读人群家中有订阅期刊或有经常购买期刊的习惯，他们的期刊阅读积极性较高，平均每周会阅读 2 本期刊，期刊的周平均阅读时间为 55 分钟，他们有着更为主动的期刊阅读习惯。

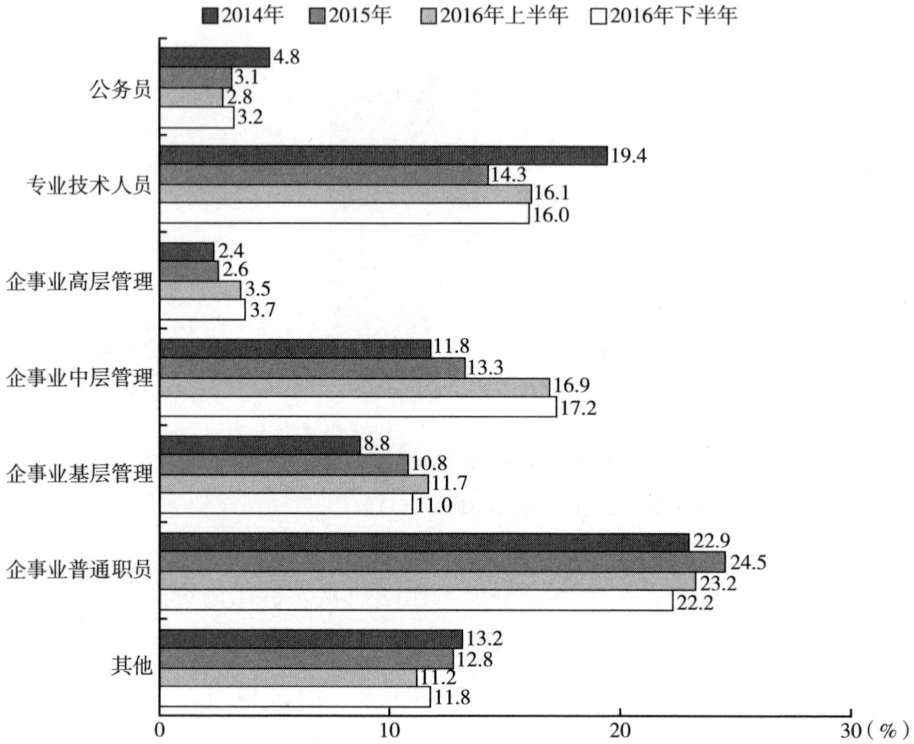


**图 16　期刊阅读人群职业分布**

数据来源：CTR 中国城市居民调查（CNRS－TGI）。

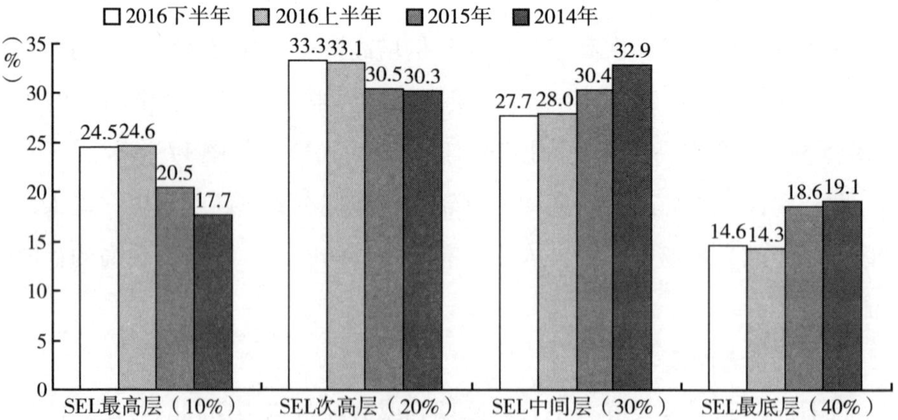


**图 17　期刊阅读人群社会阶层分布**

数据来源：CTR 中国城市居民调查（CNRS－TGI）。

在经常阅读的期刊类型中，文学/文摘类期刊位居 TOP1，其次是健康期刊和时尚/女性期刊，旅游期刊和财经管理期刊也进入经常阅读期刊的前五行列。健康休闲类期刊对期刊阅读人群更有吸引力，对这部分阅读人群来说期刊阅读更多的是一项休闲活动，是紧张生活之余的一项放松。主题严肃的期刊也有一定的受众基础，例如财经管理期刊、新闻/时政类期刊，从期刊阅读中汲取更多的知识也是读者的阅读目的（见图 18）。

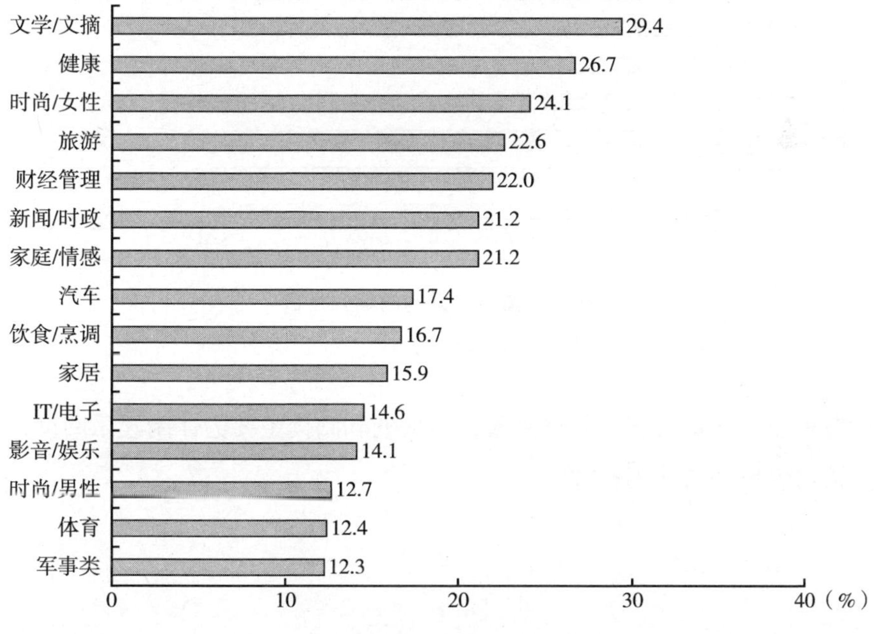


**图 18　读者经常阅读的期刊类型**

数据来源：CTR 中国城市居民调查（CNRS－TGI）。

在感兴趣的期刊栏目中，与休闲娱乐主题相关的期刊栏目依然大受期刊阅读人群的青睐。除位于 TOP1 的新闻报道外，进入感兴趣期刊栏目前十的栏目主题均与生活中的休闲活动相关，如休闲/旅游/度假、影视/娱乐、生活方式等（见图 19）。

综上，现在读者偏爱的期刊可分为两大类，一类为休闲娱乐阅读，期刊阅读更多的是紧张生活中的放松和调剂；另一类为知识获取阅读，希望通过

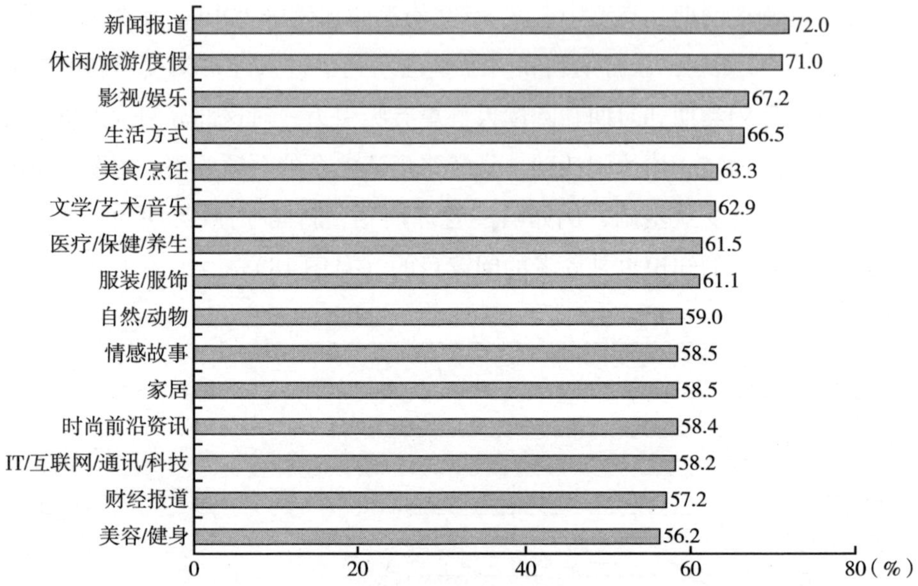


**图 19　读者感兴趣的期刊栏目**

数据来源：CTR 中国城市居民调查（CNRS－TGI）。

阅读获得更多知识信息。总体来看，当前期刊阅读主要为休闲娱乐阅读，期刊阅读内容更多与休闲相关。

# B.11

# 2016年中国网络游戏产业发展报告

陈信凌　黄梅芳*

摘　要：2016年中国游戏用户规模达到5.66亿人；国家新闻出版广电总局批准出版的国产游戏约为3800款，其中移动游戏约占92.0%，其销售收入达到819.2亿元。国内游戏市场细分更趋明朗，用户规模合理扩张，整个市场平稳增长。移动游戏一路高歌，成为中坚力量；各大厂商着眼平台开发，实现流量变现；产业龙头引领行业风潮，占据大半市场份额。随之出现的问题是网络游戏公司盲目追求IP，游戏市场同质化严重，创新能力不足。未来的游戏市场，自主研发将是新的燃点，精准营销将被普遍使用，影游联动将持续深化，更多网络游戏公司放眼海外市场，移动电竞将进入寻常百姓人家。

关键词：移动游戏　影游联动　IP　移动电竞

## 一　产业整体数据解读

移动互联网时代的到来已经是一个不争的事实，网络游戏产业附着互联网之上，与之相生相伴。但是这个时代的到来并不仅仅意味着游戏终端的改变与利润的提升，更多的是一次技术上的创新，一次格局的更替。

* 陈信凌，南昌大学教授、博导，新闻与传播学院院长，教育部新闻传播类专业教学指导委员会委员；黄梅芳，南昌大学新闻与传播学院硕士研究生。

1. 市场实际销售收入与占有率

2016 年，中国游戏市场的发展势头基本向好，各个方面都保持着较为平稳的增势。中国音数协游戏工委（GPC）发布的《2015 年中国游戏产业报告》显示，2015 年全年游戏产业实际销售收入达到 1655.7 亿元，同比增长达 17.7%。相较于前五年 20% 以上的高增长率，2016 年有所放缓，这主要是受到人口红利、移动用户总量触及天花板等因素的限制。但是随着国家政策的引导扶持，以及市场硬软设施的不断完善，这种上升趋势在近几年内还将持续。

2. 市场细分

对于移动游戏，2016 年可能是最具有节点意义的一年。这一年，国家新闻出版广电总局批准出版的国产游戏约为 3800 款，其中移动游戏约占 92.0%，同时其销售收入达到了 819.2 亿元，占比超过客户端游戏市场，达到 49.5%，成为份额最大、增速最快的细分市场，新晋为网络游戏出口"主力军"。而客户端游戏销售收入在近 12 年中首次出现负增长，为 582.5 亿元，相比 2015 年的 611.6 亿元，收入同比下降了 4.8%。网页游戏继 2015 年急速下滑之后，更是首次出现 -14.8% 的惨淡业绩（见表 1）。

表 1　2016 年中国网络游戏细分市场实际销售收入、市场占有率及同比增长率

单位：亿元，%

| 项目 | 市场实际销售收入 | 市场占有率 | 同比增长率 |
|---|---|---|---|
| 客户端网络游戏 | 582.5 | 35.2 | -4.8 |
| 移动网络游戏 | 819.2 | 49.5 | 59.2 |
| 网页游戏 | 187.1 | 11.3 | -14.8 |
| 社交游戏 | 57.9 | 3.5 | 0.2 |

资料来源：GPC，IDC 和 CNG，《2016 年中国游戏产业报告》。

移动游戏的跳跃式发展得益于近几年全球移动资源的扩张、移动端原生用户的快速增长。同时，国内厂商的普遍布局与产品和用户日益明显的硬核走向，已经明确了移动手游份额超越端游的趋向。未来几年里，移动游戏将可能牢据国内游戏市场的鳌头。

**3. 用户规模**

2016年，中国游戏用户规模达到5.66亿人，同比增长5.9%，增长率小幅上升。移动游戏市场细分领域一齐发力，加上近年来以IP为核心的横跨游戏、文学、音乐、影视、动漫等互动娱乐内容逐渐增多，相比于传统单一的娱乐单机模式，移动游戏泛娱乐化越发显著，这对不同群体有着更好的适用性。眼下，国内的盛大、腾讯、网易、完美世界等公司都已经开始在泛娱乐领域进行深度布局。全方位发展模式开始启动并且不断深入，从宏观的角度来看，这种横纵交错的扩张形式，结构相对合理，更加容易挖掘潜在用户群。

## 二　产业市场格局透视

2016年，中国网络游戏市场主流格局逐渐稳定，行业发展更具理性，成熟度也得到进一步的提升。在取得爆发性增长之后，产业参与者应该更加清晰地透视整个网络游戏的产业格局，以期提升自身竞争力。

**1. 移动游戏高歌　端游低吟**

从市场格局来看，近年来随着互联网的不断深入，以及智能机的全面普及，移动游戏市场实际销售收入一路高歌，2016年达819.2亿元，占中国网游游戏市场实际销售收入的49.5%，同比增长了59.2%；与此同时用户总量达到5.28亿人，同比增长达15.9%，这无疑成为数字娱乐文化产业至关重要的一环。与之相反，一直在走下坡路的客户端游戏继2015年0.4%的低增长率，2016年最终走向了4.8%的负增长，而用户人数从2015年的-2.8%重新回到了1.4%的正向增长。这与近两年国家政策以及市场需求对电子竞技的热捧息息相关，电子竞技游戏对硬件设施要求高，客户端游戏情势出现了短暂的回暖。但是相比于传统的角色扮演类客户端游戏，竞技类客户端游戏用户付费率与ARPU偏低，对市场收入增长带动有限，无法抵消角色扮演类游戏因用户流失造成的收入减少。

从板块的发展趋势来看，移动游戏市场呈现出百花齐放的状态，“卡牌”、“MOBA”、“MMORPG”，各细分精品游戏迭出，创新产品不断打破旧有秩序。毫无疑问，在过往数年移动游戏发展技术、硬件和软件的积淀基础上，移动游戏行业在2016年迎来全面变革，旧有渠道格局变得模糊，产业链条细分，玩家需求提升，精品游戏内容成为左右市场表现的关键因素，变革中的中国移动游戏，未来就在眼前。[①] 虽然端游受网络市场以及手游的冲击，市场销售额下降，但是一款端游的发行成功率远高于手游，且一旦成功，持续的时间将会更长，赚钱效率还是要高于手游的。[②] 此外，近年电竞、VR产品的大热，以及国家对该产业的扶持，端游在近段时间内细分产品值得业内期待。

**2. 平台为主　流量变现**

对于游戏厂商而言，优质内容是优质游戏的基础，移动通信时代，人口红利走向消亡，用户时间分配有限，游戏要想得到快速推广，就必须依赖优质的平台，变现流量，赢取利润。

变现流量最重要的是时间。据DataEye《2016年Q3中国移动游戏行业报告》显示，中国玩家日均游戏时长约为50分钟，环比无明显变化，这就意味着当季中国市场新上线的5662款游戏，只能与老游戏抢夺用户的“存量时间”，惨烈程度可想而知。[③] 就目前游戏市场来看，游戏变现流量的形式有两种。一是利用完成任务升级迫使用户保障一定的时间，如《王者荣耀》、《阴阳师》、《CF手游》这类MOBA、RPG对抗的重度游戏。以《阴阳师》为例，其设定的每日任务如果全部完成的话，刚好用时在1小时左右，可以说这类游戏的设计目的就是让用户一次游戏便消耗全部游戏时长；二是充分利用玩家的碎片时间，更加自由与随意。比如竞技类的《贪吃蛇大作战》、《球球大作战》或是单机类的《天天消消乐》，游戏成本不高，但是将时间用到极致，流量转现用到极致。

每个应用平台的导流信息是不同的。覆盖游戏品类较多的游戏公司由于

① MGEA：《2016全球移动游戏产业白皮书》，2016。

② 韦顺：《游戏产业格局更替　龙头公司值得关注》，《股市动态分析》2016年第36期。

③ DateEye：《2016年Q3中国移动游戏行业报告》，2016。

对用户的标签信息了解较多，用户促达率也相比其他公司高。腾讯如果推出一款游戏，由于它对每个用户都有背后的标签，便知道推给谁成功率高；而其他游戏公司只能通过渠道购买流量，渠道推送的流量却不一定是有效用户。

**3. 龙头把稳　地位稳固**

2016 年，国内公认的游戏公司巨头腾讯继续保持自己在中国游戏企业中的龙头地位。2016 年，腾讯游戏营收 720 亿元，占中国游戏市场整体收入的 43.5%；紧随其后的网易 2016 年在线游戏收入突破 260 亿元，占游戏市场整体收入的 15.5%；国内其他中小企业收入总额仅占 41%。腾讯之所以长期居于高位，与其依托社交平台建立起来的庞大用户群密切相关。腾讯 2016 年第三季度财报披露，QQ 月活跃账户数 8.77 亿人，微信月活跃账户数 8.46 亿人。[①] 据《2016 年中国网络游戏报告》分析，受众获取游戏资源主要通过微信、QQ 等社交平台，其次为游戏官网、游戏媒体、朋友推荐等，除此之外，腾讯强大的 IP 资源圈：腾讯动漫、腾讯文学、腾讯影业等，都源源不断地为腾讯游戏输出强有力的优质 IP。可以说，在一段时间内，腾讯龙头老大的位置将难以撼动（见图 1）。

除了腾讯，网易也占据寡头位置。完美世界、巨人以及掌趣等小巨头凭借出色的研发能力和发行实力，2016 年也交出了出色的业绩答卷。完美世界成功借壳上市，上半年游戏业务实现收入 18.48 亿元，其中手游收入 6.44 亿元，占比 35%，其收入主要来自于《神雕侠侣》和《魔力宝贝》两款游戏。上半年该公司上线的 IP 游戏《倚天屠龙记》和《射雕英雄传 3D》均大获成功。8 月公司的爆款游戏《诛仙》手游版成功推出，IOS 畅销排行榜进入前四名，2017 年有望进一步贡献中国游戏市场。[②] 除此之外，掌趣科技、三七互娱、昆仑万维以及恺英网络都具有相当的发展潜力。

① GPC、IDC、CNG：《2016 年中国游戏产业报告》，2016。
② GPC、IDC、CNG：《2016 年中国游戏产业报告》，2016。

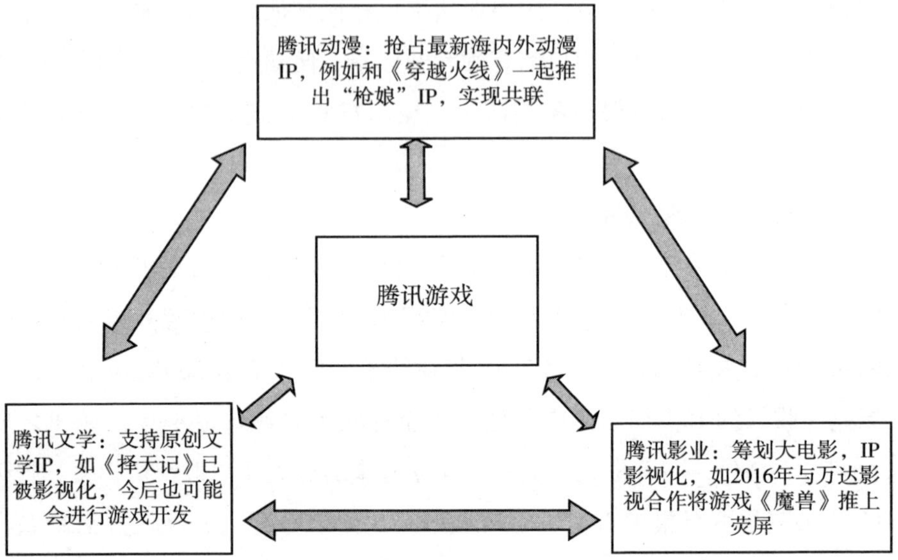


**图 1　腾讯全产业缔造 IP 格局**

资料来源：GPC，IDC 和 CNG，《2016 年中国游戏产业报告》。

## 三　产业发展问题分析

每个新兴的行业在发展壮大过程中都会遇到各种各样的问题，网络游戏产业也不例外。这些问题阻碍了网络游戏产业的发展，必须予以重视。

**1. 过于倚重 IP**

IP 经过两年的热潮，直至现在依然热度不减，甚至出现了“无 IP，不游戏”的现象。《征途》、《问道》、《剑侠情缘》、《倩女幽魂》、《倚天屠龙记》、《诛仙》等 IP 移动游戏长期占领移动游戏榜单，[①] 甚至 2016 年第二季度表现出色的 25 款新游中，仅有三款为无 IP 作品。

不可否认 IP 产业带来极大的市场潜力，但是近年来国内厂商对 IP 的追

① 《2016 游戏业盘点：移动游戏成为未来新希望》，环球网，http：//mt. sohu. com/20161223/n476764409. shtml，2016 年 12 月 23 日。

捧过于狂热，甚至不少企业认为拥有了一个优质 IP 就能够占据国内游戏市场一片江山。其实，IP 的本质意义是降低玩家对游戏的认知和学习成本，其真正的核心竞争力，是对某一文化群体玩家的核心诉求的深刻理解、真正与之相符的内容展现，加之合适的玩法和商业化路数。IP 产品的内容不应空洞，不能生搬硬套，否则 IP 和影游互动都不能得到充分运用。

人口红利时代悄然过去，玩家的品位和素养正在养成，与之相伴的对产品的要求也越来越高。各种游戏不断被挖掘问世，玩家对于各类玩法和题材都过于熟悉，厂商之间最大的竞争反而在于场面设置以及背景动画等细节。[①]胜利游戏与完美世界联合发行的爆款产品《倚天屠龙记》手游，是根据国人喜爱的武侠题材小说《倚天屠龙记》改编的移动游戏产品，这部游戏切合中国人对金庸武侠小说的热爱，其中的武林情怀、刀光剑影令人印象深刻。

IP 导量的时代将逐渐过去，接下来的游戏市场考量更多的是对 IP 的长线运作和深度开发。对 IP 应保持理性客观的态度、正确的价值评判标准，无所谓“新旧 IP”、“好坏 IP”，多多创造“持久 IP”、“创新 IP”。

**2. 题材同质化严重**

玩法和题材是游戏创新的两个重要因素。中国游戏市场的发展是飞快的，2016 年游戏主流格局渐趋理性，但依然存在文化内涵不足、题材过于同质、细分市场的新文化缺失和本土文化的新包装老套等问题。随着中国移动游戏的大步向前，玩家素质随之提升，未来玩家所看重的将会是产品的文化认同感和题材吸引力。

艾瑞分析认为，2016 年中国网络游戏题材较 2015 年相对固定，没有大的波动或创新。文学、动漫、魔幻、棋牌依然占据主要比例，军事题材有小幅提升（见图 2）。

网络游戏的创新集中在行业头部，而尾部的游戏公司相对缺乏原创精神，热衷于山寨。一旦一款游戏走红，同款游戏随之蜂拥而至。如 2016 年的《阴阳师》，不管在造型、配乐还是文化上，都有很大突破，但随之就出

① MGEA：《2016 全球移动游戏产业白皮书》，2016。

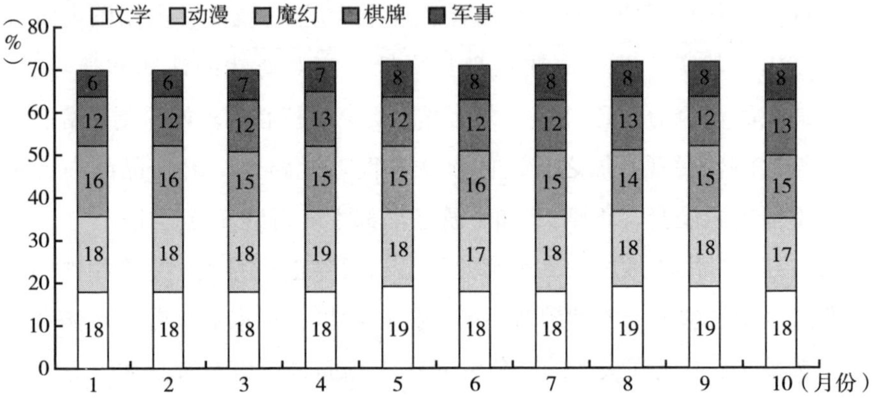


**图 2 mGame Tracker 2016 年 1～10 月中国移动游戏榜单网络游戏题材分布**

数据来源：mGame Tracker 2016 年 11 月基于中国应用商店、手机助手等游戏榜单监测数据统计，不包含非榜单类信息。

现了《搬运工》等同款二次元游戏。游戏市场日益更新，需要整个游戏行业的不断突破与创新。

**3. 泡沫化景象渐显**

近年来，移动网络的快速发展与资本的大量投入，一定程度上推动了中国移动游戏市场的快速发展，但是这种接近膨胀的发展也催生了泡沫景象。

一方面，不少中小企业看中了游戏市场这块沃土，纷纷转入，但是孕育出来的产品同质化严重，千款一面，导致游戏市场鱼龙混杂。同时，当下游戏市场以渠道为主，但是国内游戏渠道大多由几大游戏巨头掌控，导致研发商利益大大缩水，从开始的七成到最后的不足两成。① 此外，发行商转向自研控股，捆绑研发团队，占据强势 IP，甚至垄断行业 IP，挤压了中小企业的生存环境。

另一方面，用户常留愈发艰难。中国移动网络游戏市场迅速崛起，许多传统的端游以及手游网络游戏公司加入转型换代的行列，但是大多换汤不换药，并没有进行根本上的创新与改革。同时，由于移动游戏主要依赖流量变现获取利益，不少企业试图以流量营销的形式锁住用户，由此导致用户成本

① GPC、IDC、CNG:《2016 年中国游戏产业报告》，2016。

从几元迅速攀升至20元以上，游戏公司60%的市场预算用于买流量等营销活动，原始用户难以维持，有效用户转换困难，游戏市场死亡率上升，市场进入存量竞争阶段。

## 四 产业发展趋势展望

**1. 自主研发成为新燃点**

2016年，自主研发网络游戏市场实际销售收入达到1182.5亿元，同比增长19.8%。在发展最快的移动游戏领域，自主研发网络游戏占据了重要地位（见图3）。

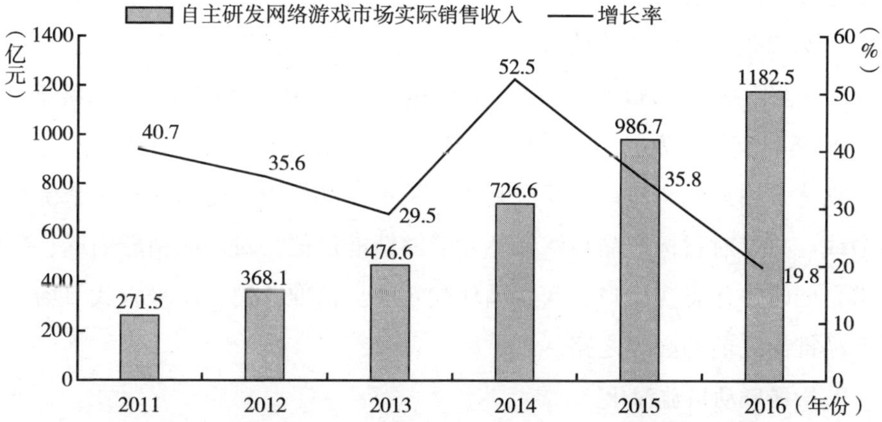


**图3 2011~2016年自主研发网络游戏市场实际销售收入及增长率**

数据来源：GPC，IDC和CNG：《2016年中国游戏产业报告》。

2016年，中国游戏市场龙头之一的网易，其自主研发游戏收入预计超过230亿元，占网易在线游戏收入的87.9%，占国内自主研发网络游戏市场收入的19.0%，依附的就是强大的自主研发能力。[①] 三七互娱、盛大等其他游戏市场巨头也纷纷增加对自主研发的注入，并利用IP，尤其是客户端

① GPC、IDC、CNG：《2016年中国游戏产业报告》，2016。

游戏 IP，快速切换，实现客户端游戏到移动游戏的价值转化，并间接推动自主研发网络游戏市场销售收入的增长。自主研发在接下来的游戏市场中将会进一步成为各大网络游戏公司相互竞争中至关重要的一环，也是创造中国网络游戏市场新活力、新成绩的重要助推力。

**2. 精准营销普遍施行**

相比于端游游戏，移动游戏更为变幻莫测，受众细化，用户的行为迁移更为复杂。满足不同受众的需求是未来移动游戏的走向。

《2016 年中国游戏产业报告》显示，2016 年游戏用户性别依然是三七开，男性依然是游戏市场的主力。但是从细分市场上看，客户端游戏男性用户占比高于七成，网页游戏、移动游戏女性用户占比则相对较高。这主要是因为移动游戏与网页游戏的操作相对简单，玩法轻松休闲，画面普遍采用可爱卡通风格，吸引了较多的女性用户。例如部分用户喜欢的“二次元”概念就催生了《王者荣耀》、《阴阳师》、《球球大作战》等大热游戏。受众获取游戏资料的渠道以微信、QQ 等社交软件为主，这便于一些新发游戏借助社交软件打开市场。

立体式用户调研对产品反应有着至关重要的作用，可以说是一个游戏的生命线。只有对目标产品足够熟悉才能够精准定位，对产品精雕细琢、严格要求，同时守住忠实用户，产生循环式效应。精准营销在未来游戏市场中会是产品推出之前的必经之路。

**3. 影游联动日益深化**

2014 年是 IP 元年，经过两年的热潮，IP 热度不减。各大厂商越来越重视对知名 IP 的借鉴，大量的影视、文学、动漫 IP，甚至包括端游 IP，都被改编成移动游戏。2016 年影游融合的 IP 不再局限于传统媒体，而开始走向网剧、短视频等。电影因拥有大量关注人群，成为“影游融合”的高价值 IP 产品。移动游戏市场实际销售收入 89.2 亿元，占总移动游戏市场实际销售收入的 10.9%，数量明显增多，其中《环城》、《老九门》、《青云志》、《武神赵子龙》等最高月流水破亿元。[①]

① MGEA：《2016 全球移动游戏产业白皮书》，2016。

国内巨头完美世界、腾讯、华谊、万达、网易等看到“影游融合”客观的巨大市场与竞争力，纷纷重力打造自身强势项目，主要从游戏业务、影视业务、IP储备、产业链资源、融合能力五个方面进行考量。完美世界主打影视产业与游戏产业深耕，腾讯选择以产品为导向的局部融合模式，主要以IP驱动产品的方式，通过IP驱动各部分的协调，强调IP多领域共生模式，实现战略落地；网易追求影视服务于游戏用户价值最大化；华谊则利用《奔跑吧兄弟》、《老炮儿》、《失孤》、《鬼吹灯：寻龙诀》、《功夫》等优质IP打造游戏产业；万达自身强势的全球顶尖院线资源也有利于影视与游戏的融合，为之提供了一个线下入口，构成万达独特的竞争优势。①

影游联动是IP深入发展的一条重要渠道，也是网络游戏公司全面打开市场的重要渠道。在泛娱乐化的环境之下，影游联动的市场在业界被一致看好，以期助推中国网络游戏市场的发展。

**4. “出海”风潮正在兴起**

国内游戏市场日趋饱和，渠道渐渐成为致胜关键，玩家的自身素质、审美水平以及游戏品位都在跃升，加之国家政策的鼓励与支持，在这种大环境下，越来越多的企业将目光转向海外。立足国内、放眼国际已经成为国内游戏企业的共同选择。

首先，2016年全球移动游戏市场营收369亿美元，中国为99.9亿美元，同比占27%，依旧是全球移动游戏市场龙头，并比排名第二的美国多了30多亿美元。无疑，中国已成为全球最大的移动游戏市场，这也促使国内游戏企业得以快速发展。2016年中国自主研发网络游戏海外市场实际销售收入达到72.3亿美元，同比增长34.6%，在全球网络游戏市场中占据了有利的位置（见图4）。

其次，中国的移动用户成本在4~6美元（用户成本的程度代表该国或是该地区的移动游戏发展程度，价格较低者一般处于发展初期），相比于日本、美国等国的高成本（见图5），中国国内企业对游戏市场的拓展欲望还

① GPC、IDC、CNG：《2016年中国游戏产业报告》，2016。

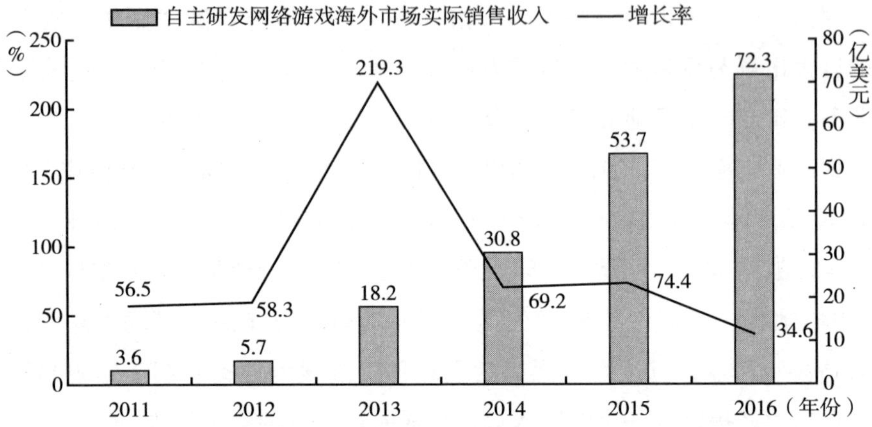


**图4　2011～2016年自主研发网络游戏海外市场实际销售收入及增长率**

数据来源：GPC，IDC和CNG：《2016年中国游戏产业报告》。

是相当强烈的。《2016年中国游戏产业报告》显示，我国游戏的“出海”过程主要有两种方式：一是侧重于自主研发，以智明星通为代表；二是以易幻网络为代表的将国内精品推向海外而谋求海外市场。

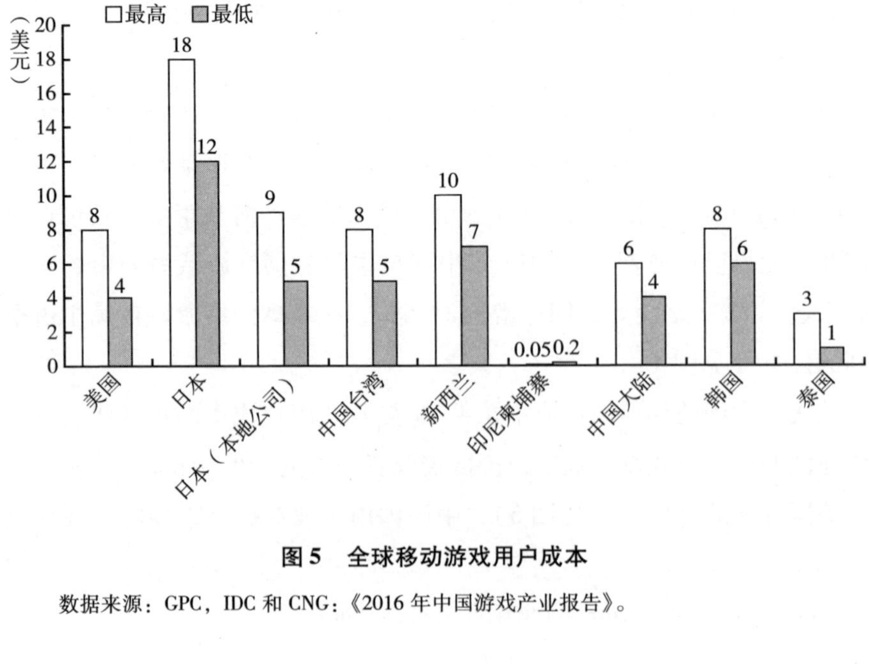


**图5　全球移动游戏用户成本**

数据来源：GPC，IDC和CNG：《2016年中国游戏产业报告》。

在技术与市场的双重优势下，加之国际资本不断的介入融合，未来将会有越来越多的中国网络游戏公司“出海”。海外将是国内网游公司的下一个战场。

**5. 移动电竞持续发热**

“电竞”是2016年中国游戏市场最火热的词之一。2016年，电子竞技游戏市场实际销售收入达504.6亿元，占中国游戏市场实际销售收入的30.5%。2012年的WCG，《水果忍者》和《狂野飙车6》作为表演项目亮相而无人问津；2016年则风起云涌，FPL、HPL、QGC、KPL等大型赛事轮番登场。国家体育总局还举办了CMEG全国移动电子竞技大赛。短短数年间，电竞游戏在国内打了一个漂亮的翻身仗。

虽然只有4年之隔，但是电子竞技并不是“原地爆炸”，而是整个游戏市场全面发展成熟的表现。2015年TI5现场，国家体育总局发声：积极推进电子竞技发展。NEST、WCA和IET等综合性电竞赛事都由政府主办，CMEG更是直接由国家体育总局操办的综合性移动电竞赛事。[①] 2016年9月，“电子竞技运动与管理”专业设立，致力于培养电竞从业人员。游戏设备与网络设备的不断更新也促进了电竞的发展。爱游戏旗下WEFUN战队推出的PGC节目《套路上王者》等游戏直播点击破千万已是常事，而这离不开VR设备的支持。

电子竞技有助于深度挖掘用户价值，促进游戏的线上线下全面发展与运营。加之斗鱼、战旗、龙珠等我国网络游戏直播平台相继完成大型融资，并链接游戏、娱乐、体育等热门行业，加快了市场整合，同时也为电子竞技的发展提供了强有力的平台与渠道。诚然，电子竞技自身依然存在着盈利不足的问题，人才、设备、模式等方面都有待改善，未来随着电子竞技资本介入的程度不断加深，中国电竞行业依然是一个令人期待的风向口。

① 《电竞即将国字号！国家体育总局表示将建立电竞国家队》，新浪游戏，http://www.yxdown.com/news/201511/241073.html，2015年11月13日。

# B.12
# 2016年中国网络视频直播行业发展报告

吴信训　吴圆圆*

摘　要：　2016年，中国网络直播产业发展迅猛，网络直播用户规模达到3.44亿人，直播市场的总量超过250亿元。资本短时间内集中入驻，相关部门规范性政策陆续出台，直播行业初步显现出游戏直播、秀场直播、电商直播三足鼎立的行业格局。秀场直播与游戏直播模式相对完善、直播规模向二、三线城市扩散、"直播+"产业模式持续扩大，将成为未来发展的主要趋势。完善直播自身的平台性和工具性、搭载多产业深化"直播+"将成为行业发展的重点。同时，提升内容生产的有效监管、培育优质内容和盈利模式则继续成为直播行业发展中的重要难题。

关键词：　网络视频直播　产业格局　发展趋势

中国互联网络信息中心（CNNIC）发布的第39次《中国互联网络发展状况统计报告》显示，截至2016年12月，中国网民规模达7.31亿人，互联网普及率达到53.2%。其中，网络直播用户规模达到3.44亿人，占网民总体的47.1%。从上述数字来看，中国网民规模相当于欧洲人口总量，其中近半数网民使用网络直播，网络直播的潜力不容小觑，其用户规模已与网

* 吴信训，上海大学上海市文化繁荣与新媒体发展研究基地主任，教授，博导；吴圆圆，上海大学上海电影学院新闻传播学博士研究生。

络文学、网络游戏的用户规模相近。[①]

伴随着网络环境的不断优化与移动设备的技术提升，我国网络视频直播经过十余年的发展，目前已步入高速发展阶段。2016 年成为直播最繁忙的一年。据不完全统计，77.5% 的直播类公司成立于 2014 年以后，2015 年其数量成倍增长，到 2016 年，新成立的直播公司数量更是达到巅峰，网络直播平台一度超过 200 家。据 Credit Suisse 估计，2016 年中国直播市场的总量超过 250 亿元，[②] 网络直播成为 2016 年现象级风口。

## 一　网络直播产业格局概观

网络视频直播，最初是指在互联网直播平台上，通过手机、电脑等视频录制工具直播个人娱乐活动，观众则用弹幕、虚拟道具打赏等方式实现与主播实时互动的传播活动。发展至如今，除了个人活动的直播，教育、电商等多种业态已搭载直播工具进行社交化传播。[③] 经历文字—语音—图片—视频—直播的迭代，直播作为互联网内容传播的形式，将用户与直播内容交互在一起，使得用户本身成为内容生产的一部分，基于其实时性、互动性的显著特征，直播成为用户娱乐与了解真实发生、商家沟通用户吸引流量的一种热门选择。

根据《2016 年中国在线直播行业专题研究》显示，2015 年网络直播的市场规模约为 90 亿元。[④] 华创证券发布的一份分析报告指出，直播行业 2015 年有 120 亿元的市场规模，预计到 2020 年这一规模将达到 1060 亿元，

① 中国互联网络信息中心发布的第 39 次《中国互联网络发展状况统计报告》显示，截至 2016 年 12 月，我国网络游戏用户规模达到 4.17 亿人，占网民总数的 57.0%，网络文学用户规模达到 3.33 亿人，占网民总数的 45.6%。

② 《2016 年互联网行业发生了哪些重要转变?》，搜狐科技，http://mt.sohu.com/it/d20161229/122885537_114751.shtml。

③ 吴圆圆：《“热”直播“冷”思考——互联网视频直播平台的可持续发展探索》，《世界传播产业评论》2017 年第 1 期。

④ 徐宛芝：《网络直播从业者身价动辄千万　市场规模达 90 亿元》，《新华日报》2016 年 6 月 29 日，http://xh.xhby.net/mp2/html/2016-06/29/content_1433829.htm。

增长将近10倍。[①] 虽然两组数据有一定的差异，但不可否认的是，直播已经从一种新兴传播技术手段发展形成规模化产业。

**1. 网络直播市场结构**

从传播渠道上看，直播的平台既有传统电脑客户端起家的社交、游戏平台“9158”、“YY”等，也有发端于移动App的“映客”、“花椒”等新秀，还有的是通过媒体、电商、社交等搭载进入直播领域。从内容层面上看，网络直播主要分为兴起较早的游戏直播，网红、明星等聚集的秀场直播以及日趋火热、针对普通大众的泛娱乐类素人直播三大类。

截至2016年上半年，在直播行业现存平台中，有44%为泛娱乐直播平台，34%为秀场直播平台，16%为游戏直播平台（见图1）。其中，泛娱乐直播包括多话题移动直播、体育直播、电商直播、财经直播、宠物直播、演唱会直播等。[②]

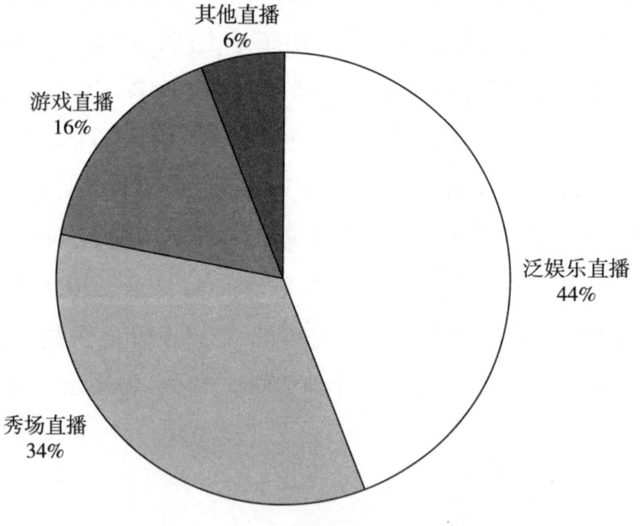


**图1　2016年直播行业市场结构**

资料来源：根据中国产业信息网公开数据绘制。

① 《网络直播产业链生态调查：网红月入200万仍焦虑》，新蓝网·浙江网络广播电视台，http：//n. cztv. com/news/12078688. html。

② 《2016年中国直播行业市场现状及发展前景预测》，http：//www. chyxx. com/industry/201609/447170. html。

从产业链上分析，工会/公司为直播产业链上游，对主播进行培养、生产，塑造主播成为网红这一商品或者通过合作的方式签约人气主播，从而制作内容、吸引流量。直播平台大都通过商家广告及用户充值打赏来获得盈利，并以打赏分成、签约费的方式向主播支付酬劳。由于直播的互动性特征，用户和商家成为囊括内容生产和消费的中下游（见图2）。

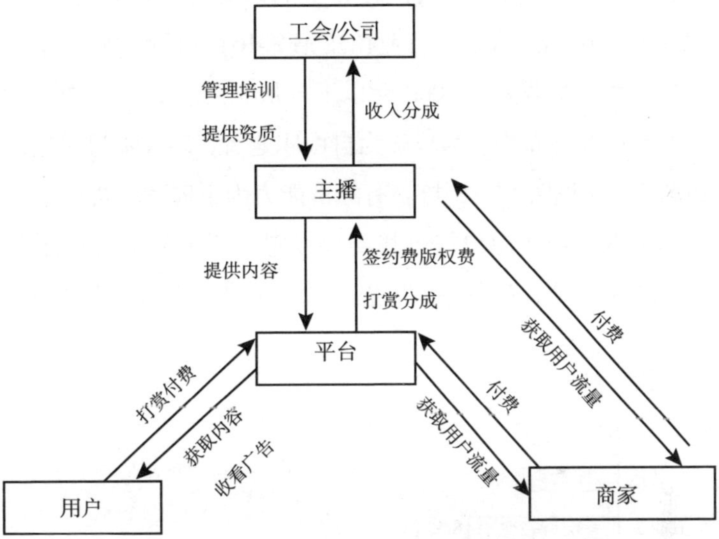


**图2　直播行业产业链**

说明：图表绘制参考易观发布的《中国视频直播产业生态图谱2016》。

单就直播而言，它作为一种实现传播的形式，同时也是一个展示传播内容的平台，其本身并不生产内容，但直播平台价值的真正发挥就在于内容的生成，强调依托内容完成平台的进入与塑造。

**2. 网络直播行业特征**

近年来，随着网络直播行业的发展，行业整体的用户数量和市场规模大幅增长。根据易观发布的《中国娱乐直播行业白皮书2016》数据显示，2015年第一季度到2016年第一季度的一年间，娱乐直播用户规模由1759万人急速跃升至4738万人，环比增长170%。另据统计，大型直播平台每日高峰时间大约有三四千个直播“房间”同时在线，用户数可达二三百万人次。艾瑞咨询调研报告显示，2016 年平均三天就有一家直播平台成立。其中，已经有超过 30 家平台宣布完成融资，累计融资额突破 50 亿元。[①] 在玩家与资本的推动下，越来越多的视频直播网站诞生，直播产业的“蛋糕”越来越大。

（1）“85 后”、“90 后”等有闲但钱少的人群为主要受众

易观发布的《中国娱乐直播行业白皮书 2016》显示，2016 年 4 月，超过半数的直播观看用户月收入在 3000 元以下；从年龄层看，44.2% 的用户为 24 岁及以下；而在职业分布中，34.7% 为自由职业者，23.1% 为学生，白领和一般职员只占 8.5%（见图 3、图 4）。有经济能力为主播“一掷千金”者，在总用户中占比非常低。普通用户很难找到存在感。这也是目前直播平台普遍遇到的困境。普通用户没有存在感，流失率就会上升，平台则无法靠流量支撑。

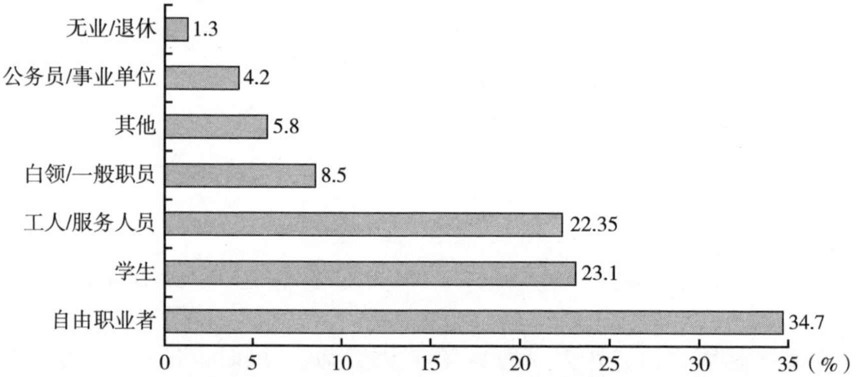


**图 3　直播用户职业分布占比情况**

资料来源：易观智库《中国娱乐直播行业白皮书 2016》公开数据。

如果仅从高收入主播和大额付费用户的数量来看，直播行业其实是“少数人的游戏”。大部分参与者只是围观的“吃瓜者”，或把当主播看作是

① 《网络直播遭遇成长的烦恼：兴于网红，毁于色情?》，节选自《中国经济周刊》，艾瑞网，http：//view. inews. qq. com/a/20161115A06YNT00。

改变命运的“终南捷径”，或希望从主播的“美好”生活中看到自己的未来。

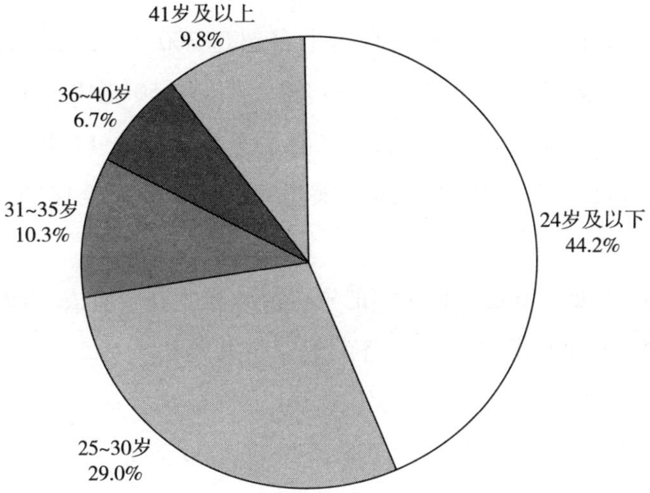


**图4　直播用户年龄分布占比情况**

资料来源：易观智库《中国娱乐直播行业白皮书2016》公开数据。

（2）“秀场路线”主播为主打力量

除传统的秀场直播简单直白地将“颜值”作为卖点之外，纵观直播市场结构，无论是游戏直播还是泛娱乐直播，多数女主播的外在条件仍然是吸引受众的根本条件，通过“颜值”吸引流量的绝不止半壁江山，笔者将这类主推视觉刺激尤其是“颜值”的主播归纳为“秀场路线”主播。

“秀场路线”主播确实使得不少网红达人一夜捞金无数，但从主播生存现状来看，整体情况并不乐观。根据今日网红发布的《中国网络主播生态调查报告》显示，45%的主播月收入在5000元以下①，直播行业呈

① 王志福：《网络主播生态报告：近半主播月入不足5000元》，《每日经济新闻》，2016年9月8日，http://www.nbd.com.cn/articles/2016-09-08/1037067.html。

现“赢家通吃”的状态，极少数知名度很高的主播的收入远远超过其他人。

（3）参差不齐、亏损唱戏的平台现状

据不完全统计，中国目前的直播平台超过300家[①]，以App下载量为例，下载量过千万的直播平台不足30家。热度榜50强中，下载量最高的“YY直播”有6亿多人次，而第50名的“美视”仅有17万多人次，相差3000多倍。百度搜索指数最高的“熊猫TV”则是“牛仔网直播室”的1300多倍。[②]

运营成本方面，直播平台主要的资金投入集中在带宽成本和主播薪金两方面。就行业平均水平而言，运营商的宽带费价格约为2000万元/T·月，每百万人观看720P清晰度的直播需要约1.5T带宽，在线人数每达到百万人，直播平台每月仅带宽费用就至少需耗约3000万元。[③] 随着直播用户的增加，网络流畅度和清晰度需求增大，宽带运营成本必将持续增加，导致越来越多的平台资金链吃紧。此外，随着直播平台竞争加剧，对网红和明星主播的资金投入也随之高涨。平台之间的“挖角大战”也使得主播身价水涨船高，从2014年到2015年，直播平台网红身价几乎呈几何倍数增加。一份在网络上流传的“TOP主播排行榜”[④] 显示，游戏主播小智2016年的身价为4000万元，超过上一年排名第一的若风整整1倍。[⑤] 而对于中小型平台而言，即使不参与挖角大战，用来培训专业主播的费用仍然是一笔不小的开支。

---

① 《网络直播数据：300家平台超3亿用户80%流量靠网红主播》，http：//www.022net.com/2017/1－19/503033292251831.html。

② 《2016直播平台热度排名，YY不及虎牙和熊猫》，http：//tieba.baidu.com/p/4927895524。

③ 孙冰：《直播，最终还是BAT的天下?》，《中国经济周刊》，2016年6月6日，http：//www.ceweekly.cn/2016/0606/153297.shtml。

④ 安卓：《2016年游戏主播收入排行 LOL小智身价4000万》，光明网，2016年12月22日，http：//cnews.chinadaily.com.cn/2016－12/22/content_27742063.htm。

⑤ 网络流传的主播身价排行显示，2015年1月，TOP榜单中前三的主播若风身价为2000万元，Miss为1700万元，White为1500万元。2016年5月，TOP榜单中前三位的主播，小智身价为4000万元、PDD身价为3500万元、Miss身价为3000万元。一年间，排行第一的主播身价翻倍（参见http：//cnews.chinadaily.com.cn/2016－12/22/content_27742063.htm）。

因此，尽管直播产业规模庞大，但相当数量的直播平台并未盈利，许多直播平台实际上是在“烧钱”拼“流量”。根据“新媒体课堂”统计数据，截至2016年4月，其跟踪的116个直播平台中，已有108家获得了融资。[①]用户规模和流量是投资方眼中的重要指标，直播平台要获得更多融资，就必须尽可能多地刷流量、刷人气，而这难免助长直播行业的不正之风。

## 二 2016年直播产业生态调整

纵观2016年，围绕着“直播”的崛起，庞大的直播产业生态逐渐浮出水面。在经历了平台数量与投资热度的爆发性增长，市场竞争陡然升温后，直播生态在走向成熟的过程出现了诸多问题，也进行了一系列的调整。

### 1. 生态优化的政府发力

2016年以来，国家多个部门相继出台措施和法规，加强网络直播行业的监管，提高网络直播门槛。据《人民日报》报道，国家相关部门严查“无证”及违规直播平台，9万个直播间被关闭，超过3万个账号被封禁[②]，还有一些小型直播平台将被清退。

政府相关政策的出台初步改变了直播领域无法可依、混乱无序的局面，给杂乱丛生的视频直播行业当头一棒，也正式宣告直播行业的“裸奔”时代结束。

### 2. 行业内部博弈的自我调整

秀场直播平台原本集中在PC端。2016年，移动秀场直播迈向成熟，App的娱乐直播形态得以凸显。大量基于移动端的直播平台兴起，占据总体31.2%的市场份额。[③] 随着整个行业用户数量和市场规模的大幅增长，平台

---

① 《116个直播平台中108家获得了融资》，http：//www.1cnmedia.com/hot/hygc/19553.html。

② 罗超：《2016年爆火的直播，2017年的看点又在哪?》，https：//www.huxiu.com/article/178306.html? winzoom=1。

③ 速途研究院：《2016Q1中国秀场直播市场报告》，2016年5月23日，http：//mt.sohu.com/20160523/n451040511.shtml。

内容走向综合化发展，单一游戏直播或秀场直播都逐步转型为综合直播平台。

除“斗鱼”、“虎牙”、“映客”、“花椒”等原生直播应用，“秒拍”、“美拍”、“哔哩哔哩”等社交视频媒体纷纷开辟直播“领地”，爱奇艺的“奇秀”、优酷土豆的“来疯”等也实行单独品牌化运作。新浪微博2016年第二季度财报显示，直播场次超1000万场，短视频日均播放量达15.7亿次，较上一季度增长235%①；陌陌2016年第一季度财报显示，直播服务已成为其第一大营收来源②；创投行业数据库IT桔子统计数据显示，近一年来，包括聚美优品、陌陌、小米、优酷、360在内的近20家互联网巨头加速入驻直播领域，直播已经成为不少互联网上市公司财报中的一部分。

有数据显示，腾讯旗下的直播平台已有9家，涵盖游戏、体育、明星、泛娱乐、教育、生活等多个维度。阿里巴巴推出的淘宝直播和天猫直播，均定位于“消费类直播”，让用户可“边看边买”。百度推出“百秀直播”，及其旗下的爱奇艺拥有“奇秀直播”。

经过行业内部博弈的自我调整，行业梯队格局初现，移动直播接手全民娱乐新潮，百度、腾讯、阿里巴巴三大巨头的入局，加大了产业结构的优化。

**3. 传统产业顺势介入，“直播 +”产业模式渐显活力**

除新兴的直播产业外，传统产业搭载直播平台进行内容和形式的创新。从2017年年初开始，举着手机边说边播的记者们逐渐出现在各个活动和会议上。《人民日报》举办的“一带一路”媒体合作论坛，首次采用了“人民

---

① 白金蕾：《微博Q2财报：借短视频和直播迎“第二春”》，经济观察网，http：//news. cnfol. com/it/20160813/23266478. shtml。

② 陌陌的直播服务于2015年第三季度上线，2016年第一季度产生营收1560万美元，超过会员收入1490万美元，成陌陌公司第一大收入来源。这也是陌陌首次对外公开了直播服务的单项营收。数据来源：李根《陌陌财报解读：直播首次被列为营收源而且是第一大营收源》，新浪科技，2016年5月18日，http：//tech. sina. com. cn/i/2016 - 05 - 18/doc - ifxsenvm0551501. shtml。

网红”直播团队；娱乐直播互动平台“一直播”也在2017年举办了“中国首届财经网红大赛”。

在音乐文化产业领域，直播的引入对演唱会新模式的发展产生了一定的影响。2014年8月，汪峰在国家体育场的演唱会《峰暴来临》成功使用了网络收费直播模式。2015年10月，乐视音乐首次将古典音乐会搬上互联网直播平台，获得了100万以上的观众，这是我国视频平台第一次对古典音乐现场演出进行直播，这也使供奉在音乐厅里的古典音乐成为可以被更多观众享受的大众艺术。

对传统电视而言，网络直播又一次分流了受众的注意力，但也为电视节目运作带来了新灵感、新工具，电视媒体甚至可以开办自己的直播平台。湖南卫视的综艺节目《我想和你唱》，让“台网互动”成为电视节目新模式，电视台通过“线上+线下”、“直播+录播”、“专业+草根”等方式，充分吸纳网络新鲜元素，强化互动参与，营造电视综艺节目的新生态。同样，在中国第三个“扶贫日”到来之际，广西卫视积极响应国家精准扶贫号召，启动广西环江第二届红心香柚节暨广西卫视《第一书记》产业扶贫电商直销大直播活动，进行了一次扶贫新模式的有益尝试。

另外，“直播+旅游”也被市场反复验证为很有潜力的商业模式之一，携程、去哪儿、途牛、同程与“一直播”、“花椒”、“映客”、“斗鱼”、“哈你”、“龙珠”等先后试水“直播+旅游”，希望能突破“时间+空间”的限制，打破传统平台只能靠图片和文字对旅游描述的单一感，实现身临其境、所见即所得的当下体验感。

## 三　中国直播产业未来发展趋势

中国的网络直播用户已经超过3亿人，巨头携资本入场，几百家创业平台蜂拥，2016年直播市场一片喧闹。如此庞大的阵容固然能加快行业的发展，但也意味着市场竞争陡然升温。有人认为，刚刚迎来“元年”的网络直播行业，很有可能快速进入“下半场”，2017 年将成为网络直播行业的洗牌之年。联讯证券研究报告指出，直播市场内容同质化、行业监管风险、视频社交变革等都将会促使行业进一步洗牌，直播行业或迎来新拐点。

**1. “直播 +产业”模式成为未来发展的主要趋势**

在未来的直播行业发展中，单纯的直播平台在持续发展过程中优胜劣汰，数量将越来越少，未来的直播会成为一种技术形式的体现，一些固定行业的内嵌式直播范畴将持续扩大。比如电商与直播的结合被视为是直播流量变现的一种尝试。传统电商模式下，产品在当地市场的购物环境、销售价格，甚至货源等都不够透明，平台和用户之间存在明显的信息不对称。直播技术无疑成为有可能解决这些问题的新工具。相比图片和文字，视频的信息维度更丰富，可以为消费者提供更全面的产品和服务信息。“电商 + 直播”的模式可以最大限度地打破消费者对货物看不见、摸不着、感受不到的现状及价格不透明的壁垒。对于电商来说，直播的做法一方面有益于利用用户与平台之间的信任感吸引更多的顾客流量，另一方面可以利用自身的平台优势增加销量。利用直播将明星的粉丝有效转化为品牌粉丝，直播营销已经贯穿在直播的整个过程中。例如，Angelababy 直播美宝莲纽约新品发布会，直播当天就实现 10607 支的销量，刷新了天猫彩妆唇部彩妆类目的记录。

除了电商，直播与多个行业都有融合的尝试，新闻、视频、音乐、社交、体育、教育机构都基本形成了较为完整的体系。网络直播有着独有的特性，其交互性更强，可以与各行业结合，增加用户黏性，形成社群经济；另外，网络直播更加符合移动化的趋势，其商业模式可以由传统简单的“眼球 + 广告”向搭载多种商业模式转变。直播对其他产业而言，不仅仅是内容和流量的变现工具，更是一种直观、互动、参与的营销与商业理念的转变。对直播本身而言，与其他各种领域和垂直行业结合的“直播 + 产业”模式也是其未来发展的真正机会。

**2. 网络移动传播的技术及应用将成为产业突破的主攻方向**

从直播的经济市场优势来看，根本在于利用技术使内容制作和发行的成本大幅降低。目前直播在行业层面上遇到的很多问题，实则是技术水平不足带来的困扰。在当下的直播中，用户还不能做到与电影、电视同样的观看体验，比如明星直播中流量剧增出现的卡顿，户外直播时遭遇的清晰度、音画不同步等。

从直播平台的角度，技术研发、网络带宽和服务器成本缺一不可。技术成本一直是直播平台最主要的成本组成。“斗鱼”副总裁高翔曾对媒体透露，“斗鱼”有1/3的成本是在带宽上，研发和人员成本又占1/3。根据“欢聚时代”2015年第四季度财报，“欢聚时代”仅带宽支出每月开销就超过5000万元。①因此，整个直播市场都呼唤更先进、更好的直播技术。

在直播技术的应用上，整体呈现出明显的创新化趋势。例如屈臣氏举办的杨洋粉丝见面会就采用了VR直播的形式，凭借着杨洋的明星效应与VR直播的魅力为屈臣氏激增了800万会员；而2016年12月王菲在上海举行“幻乐一场”演唱会除了天价门票，VR直播也是噱头十足。除了VR、AR给网络直播带来的尝试，随着直播技术的不断创新与提升，直播所能覆盖到的行业与场景也将变得越来越丰富，直播所能提供的功能与服务，也会更加全面与强大。

**3. 政府监管和行业自律将在尊重市场规律的基础上更加成熟**

习近平总书记在网络安全和信息化工作座谈会上指出，网络空间是亿万民众共同的精神家园。网络空间天朗气清、生态良好，符合人民利益；网络空间乌烟瘴气、生态恶化，不符合人民利益。作为互联网空间的组成部分，网络直播平台也应运行在法治轨道上。2016年，文化部、国家新闻出版广电总局、国家网信办先后发布相关规定进行规范。除了政府部门的监管，行业自律也在加强。2015年4月，新浪、搜狐等20余家网络直播平台共同发布《北京网络直播行业自律公约》，对于播出涉政、涉枪、涉毒、涉暴、涉

---

① 网易科技报道：《盘点2016直播云趋势：五大变动揭示未来发展方向》，http://tech.163.com/16/1219/21/C8M7RCGG00094PRL.html。

黄内容的主播，情节严重者除封号外还将被列入行业黑名单，各直播平台一律不得再为黑名单主播提供直播空间。

对直播平台而言，盈利模式单一，内容同质化严重，是其难以摆脱低俗、猎艳的一大原因，靠打色情、暴力、“擦边球”的方式短暂吸引用户，只会堵塞未来前行的道路。在政府监管和行业自律的双重作用下，直播平台必须从自身内容上下功夫，利用自身优势，为优质内容的生产提供平台。唯有内容合法合规才能长期运营，也才符合其根本利益。

在直播行业未来的发展中还有一大前提，就是要在尊重市场规律的基础上，用政策引导市场预期，用法治规范市场行为。

2017 年，资本对直播变现能力的信心将使得直播在一定程度上的竞争继续。但是无论资本如何角逐，直播已经深入到互联网的各个领域，成为各个平台创收、变现、造血的一种标配方式。在未来，更多人将会把网络直播作为一种生活习惯和娱乐习惯。

# B.13
# 2016年中国动漫产业发展报告

孙立军*

摘　要：　2016年，中国动画电影票房达到68亿元，占电影票房14.88%；核心二次元用户近7000万人，泛二次元用户规模超过2亿人。中国动漫产业发展强劲，产业环境、产业影响力、投融资体制、原创人才队伍建设等方面都呈现上升态势，但是“票房第一”、“产量第一”、“市场第一”等盲目乐观的声音也不断涌现。面对中国电影票房减速、中国动漫产业发展依旧不平衡等严峻问题，如何正视中国动漫行业的健康发展？如何在此重要的机遇期，把握产业的发展方向？丰富电影市场内涵，迎接国际动漫市场的挑战，迫在眉睫。本报告分析动漫产业发展面临的困惑，并提出实现中国动漫产业由“大”到“强”的几点策略。

关键词：　中国动漫产业　中国动画电影　产业环境

## 一　中国动漫产业取得的成果

产业化以来的中国动漫取得了喜人的成绩，不仅表现在作品产量、票房收入、市场规模逐年上升，还体现在制片主体、发行主体等电影产业链条中各个环节主体的增加、资金渠道的拓展、海外销售收入的增加等。从艺术、

* 孙立军，北京电影学院副校长，中国动画研究院院长，教授，博导。

科技、经济到娱乐功能、商业价值、文化价值等方面节节提升，从宏观产业环境、产业影响力、投融资体制、生产理念、人才建设到微观制作流程、企业运营、作品运作方面都呈现上升态势。随着中国经济的转型，可以说动漫产业已经成为中国社会文化生活的重要内容，中国民族产业中最具发展潜力的行业之一。

2016 年，虽然全球成熟动画工业依然势不可挡，但是中国市场主体快速成长，动漫企业数量不断增加，动漫相关活动规模持续扩大；动漫作品生产活跃，动画电影、动画系列片、漫画及相关衍生产品均有所发展；中国原创动画电影也在这场较量中打开了自己的一番天地。2016 年中国电影票房达到 457.12 亿元①，其中动画电影票房达到 68 亿元，占比 14.88%，相较于 2015 年的 11%，增长 27%，高于电影票房 3.7% 的同比增长率。与此同时，我国核心二次元用户近 7000 万人，泛二次元用户超过 2 亿人。在国家政策、资金、基地建设、高校人才培养大力投入扶持的背景下，我国动画相关专业在校生发展快速，优质人才不断增加，高校动画专业人员的培养为中国动画的发力起到了重要的作用。

2009 年，中国动画电影票房为 6.3 亿元，2013 年，总票房达到了 15 亿元。2015 年是中国动画电影单片票房的“井喷”之年，总体票房达到了 45 亿元。我国动画电影由 2009 年的 27 部，到 2010 年的 16 部，2014 年的 40 部，2015 年的 51 部，2016 年，中国全年院线总共上映动画电影 63 部，增速明显，票房达到 79 亿元。中国经济的快速发力、城市化进程的加快、居民收入的不断提高，都在不同程度上激发着中国动漫产业的持续发展。动画电影作为中国电影的重要组成部分，发展更为快速。2016 年，过亿元票房的动画电影共有 14 部，占到了全年动画电影的 88%。但是必须指出的是，在 14 部动画电影中，只有 2 部为国产动画电影，其余全部为引进动画电影。票房排名前 20 名的动画电影中，引进动画片、合拍动画片有 15 部，可谓是压倒性胜过国产片，仅《疯狂动物城》一部就占到全年动画电影票房的

① 数据来源：国家新闻出版广电总局专资办。

22.5%，让其他国产动画电影望尘莫及。2016 年动画电影加快盈利模式的多元化进程，尤其是对于中小型成本的动画作品来说，票房已经不是其唯一的回收渠道。针对动画作品本身的定制游戏、衍生品已成为动画产业资金回收以及盈利的重要方式之一。

## 二　中国动漫产业发展面临的问题

习近平总书记说："文艺不能当市场的奴隶，不要沾满了铜臭气。"中国动漫行业在其粗放式快速增长的 10 余年时间中，成绩喜人，然而带来的问题也不容小觑。与高速增长的收视率、票房如影随形的，是投资风险的激增、资本市场的不完善，"排片雷同"、"票房注水"、"盲目并购" 等问题络绎不绝。原创动漫发展空间的收紧以及对于原创动漫人才的忽视等众多现象日益严峻。

**1. 资本市场尚不完善**

随着动漫市场规模不断扩大，资本介入频繁，大量游资纷纷进入，在"快速挣大钱"的驱使下，产生了一批缺乏艺术匠心的"快餐式电影"，冲击市场，降低艺术水准。同时，随着高票房、高覆盖率往少数动漫作品集聚，具有良好原创能力的中小型成本动漫作品的市场空间却在收紧。一批具有艺术水准的、高质量的中小型原创动漫作品，由于缺少资本与市场的护航，得不到良好的发展机会。这一现象，不仅体现出中国动漫市场发展环境依旧不平衡，也意味着众多投身于行业一线的原创工作者的发展空间更为艰辛。适当"萎缩"的市场对于资本的理性回归、动漫体系的分层、原创电影工作者的保护、中国电影产业的后续健康发展有着积极的意义。

**2. 制作环节尚不完善**

虽然当前我国的动画制作技术已经明显提高，但是制作体系上仍然存在不足，与其说制作水平是短板，不如说原创力和生产流水线的不足是致命伤。当前，中国动画制作环节尚不完善，制作成本与制作周期不成比例的现象依然存在。目前国内大多数动画作品的前期与中后期制作，资金与时间的“投入”比例失调严重，甚至部分作品为了尽快进入中后期制作环节，将前期压缩至10%～20%，导致中期制作时反复修改或者质量下降，使得所要投入的资金与精力反而大大增加，也在一定程度上造成了观众观影后的反弹，不利于影片的二次传播。同时，大部分国内系列动画电影已经按照每年一部的频率上映，远高于欧美系列电影4～5年的制作周期，质量不够精良、过度营销等不良方式反而透支了观众度，把一个本来有潜力的品牌的发展力耗尽。

**3. 宣传、发行环节有待改进**

中国电影银幕从2001年的1300块，发展到2016年的41179块，16年间，增长了31.7倍，目前中国已经成为全球电影银幕最多的国家。中国影院数量从2005年的1243家，发展到了2016年的7730家，相较增长了521.9%。[①] 2016年，中国电影院线已经达到49条，特别在二三线城市影院建设更为快速。宣发是影视作品进入市场的重要环节之一。当前，无论是一部院线上映的动画电影，还是一本炙手可热的漫画作品，再或者是一款拥有非凡体验的游戏，宣发环节都非常重要。“互联网+”、超前点映的发行模式为票房的增长做了不少贡献。但是在喜人成绩的背后，营销环节被无限放大，“排片雷同”、“票房注水”、虚假“保底发行”、票补现象严重等问题可以说极大地影响了动漫行业的有序发展。优质作品票房的不尽如人意，和以宣发为主的作品获得商业上的成果，使得我们反思，究竟国产的动漫工业产品与世界同类型作品相比，竞争力有多大？许多国产动画作品在创作生产时，急于求成，没有考虑如何持续性扩大作品的感染力和影响力，通过“低质量、小投入、大营销”的手段，虽然可能产生一时的票房利益，却造成观众观影之后的反弹，进而对整个市场行业的良性发展造成极大的破坏。

---

① 数据来源：国家新闻出版广电总局专资办、MBA智库百科。

### 4. 播放环节仍待完善

2016年动画系列片播出载体发展迅速，以北京、上海、湖南等地电视台为主的上星频道已有6个，用来支持国产动画片不断增加的播放数量。但是当前，我国的放映权转制度仍不完善，电视放映、网络平台放映，都没有按照正常的转让费用支付。动画片的播出体系一直是中国动画的软肋，虽然近几年国家保护政策的出台、观众需求的增加，都使电视台进一步加大了电视动画片的需求量，但是国产动画的收购价格却依然低下。动画生产播映环节中的投入成本大、收购价格低的巨大矛盾，使得一部动画作品，通过出售播映权收回投资成为“奢侈”。电视动画片这种“典型的买方市场”状态，加上进口片的低价倾销，使得国产系列片发展艰难。

## 三　动漫产业发展需要正确的道路

良好的市场环境，为健康发展助力。培养适合中国动漫发展的分层次、多元化的市场体系，加快完善相关管理的政策法规，以保护中国动漫的健康发展，保证中国文化的必要输出。第十二届全国人大常委会第二十四次会议审议通过的《电影产业促进法》中明确提出“积极扶持电影科技研发、公益放映、人才培养、境外推广等事业发展”等事项，这将为中国动漫发展“走出去”，夯实基础，健全人才梯队，商业院线与艺术院线同样注重，拓展动漫多元化的市场发展空间起到积极的意义和有力的法律保障。

“中华优秀传统文化是中华民族的精神命脉。”文化，是人们生活方式、思想观念及其成果的积累和延续。动漫产业作为文化价值和意识形态的重要表达媒介，也是输出国家文化最为重要的大众传播手段之一。一部优秀的作品，不仅需要具有商业效益，更应该具备文化价值与社会价值，应该是社会主义核心价值观的体现。动漫从业者应该把展现中华民族的精神和满足人民精神文化需求作为创作的出发点和落脚点，不能盲目排外也不能一味接受，面对当前西方国家强大的文化冲击，应该具备辨别是非的能力，科学对待。

逐步建立持久、完整的动画产业链，积极培育电影产业链盈利模式的多元化发展。动画品牌的塑造、衍生产品的开发是产业链发展的关键要素。能跟观众一起成长的、可持续性发展的“数字虚拟明星”将成为中国动漫产业发展的突破点。建立品牌意识，在动画创作初期将角色与产业相定位，目标受众明确、整体推进、相互协调促进，将实体衍生产品与电子信息产品相融合，打造完整的全产业链。形成以品牌带动产品设计、开发生产、宣传销售的战略整合及其产业链的延伸。更好的保护中国文化、中国作品、中国儿童健康发展，使得动漫行业的资金回收、盈利模式多元化、健全化。

科学与艺术的融合，将成为中国动漫走向世界的关键武器。电影，从诞生之日起便是技术与艺术的有机结合，只有将艺术与技术紧密结合，才能创作出优秀的作品。动漫产业发展更是如此，面对国际动漫产业日新月异的技术变革，积极发展新型生态模式变得极为重要。“虚拟明星”、“数字交互式电影”将有可能成为突破口，走进观众，成为老百姓日常生活的一部分。

人才，同样是电影产业的第一生产力。应注重动漫创新的发展原动力，以保护动漫创作者的利益为着眼点，对青年电影人才给予落户、落岗、创作等相关精细化保障政策，使得优质人才真正成为电影产业的主要承担者和开拓者。动漫行业相关高校应在人才与社会需求配对的指导思想下，调整知识结构，增强课程设置前瞻性，结合新媒体前端技术，培养复合型应用人才。鼓励学生创作既具有人文价值又兼顾商业价值的作品，为多层次市场体系的构建起到积极的引领作用。

B.14

# 2016年中国数字娱乐产业发展报告

孙 平*

摘 要: 数字娱乐产业涵盖动画漫画、游戏、网络文学、网络视听、数字音乐、网络直播、VR等领域，已经成为文化产业、创意产业的核心，也是政府、学术、产业研究和机构研究的焦点。2016年，数字娱乐产业的市场规模在4100亿元以上。数字娱乐产业将会在技术升级、融合创新、全球化布局等趋势的驱动下，持续快速发展。其高效对接、平等互动、资源开放的核心特征是传统文娱领域相对落后或闭塞的产业流通环节难以比肩的优势。

关键词: 数字娱乐产业 数字技术 IP

平等、自由、联通、开放，互联网以其特质迅速打通了很多传统文化产业的产业链条。在大数据、云存储、大流量、多渠道、多终端、多应用的技术支持下，文化产业焕发出巨大能量，新的业态不断出现、产业结构不断调整、跨越和升级。创意产业提法的出现，表明对于文化产业的认识，已经从链条末端产品、产值转向对创造者、艺术家、设计者的关注，其背后的根本点在于，当今世界财富的增长方式，已由过去的制造业为主的方式，变成了创意者为主的方式。① 当今，数字技术已经成为文化创意产业的预设背景，

* 孙平，北京电影学院中国动画研究院助理研究员，清华大学新闻与传播学院博士后。

① 金元浦:《文化创意产业的多种概念辨析》,《同济大学学报（社会科学版）》2009年2月。

数字创意产业已经成为文化产业中最为核心的门类，也被“十三五”产业发展规划正式列为战略性新兴产业。创意通过内容承载，所以内容产业的提法逐渐增多，但这些还是基于产业链条的前端来进行产业界定。产业的最终创意、内容，还需要资本注入激活产业。资本追逐的是用户数量，此时消费者体验就成为关注的对象，体验、休闲是新一轮消费升级后最为突出的需求，正因为立足于解决消费者体验的问题，所以数字娱乐产业成为文化产业、创意产业的核心，也是政府、学术、产业研究机构的研究焦点。

## 一　数字娱乐产业边界

数字娱乐产业属于数字创意产业中的一类，产业内涵是用数字技术为人们“制造快乐”，以数字技术、网络技术、信息通信技术为基础，产业具有无限的延展性，再加上“娱乐”概念本身的模糊性，数字娱乐产业边界的确认有一定的难度。目前，普遍认为数字娱乐产业产品是以数字技术为基础，以 IPTV 电视、互联网电视、移动电视、PC、手机等移动终端为载体，向人们提供快乐与愉悦的产品与服务。数字娱乐产业是创新性最强、对高科技的依存度最高、对日常生活渗透最直接、对相关产业带动最广、增长最快，发展潜力最大的产业门类。① 由于数字娱乐产业巨大的潜力，很多国家将该产业作为国家支柱性产业来扶植，目前，美、日、韩是该产业最为发达的国家。

大部分研究者将数字动漫、游戏、网络文学、网络视听及相关衍生品划定为数字娱乐产业，而随着近年来数字音乐、网络直播、VR 产业迅速聚集资本，数字娱乐产业边界在内涵的规定下不断延展。

2014 年 9 月，文化部在《2013 中国网络游戏市场年度报告》中提到了“泛娱乐”概念。产业实践层面，腾讯、阿里、优酷土豆等公司用“泛娱

① 李思屈：《创新危机”的破解与中国数字娱乐产业的发展》，《浙江社会科学》2011 年 7 月。

乐”战略使其在娱乐领域广泛布局、融合发展。“泛娱乐”已经成为我国“互联网+”的重要表征和趋势之一。① 从目前的板块划分来看，“泛娱乐产业”概念和本文所提数字娱乐产业内涵、外延基本一致。从各个研究机构的研究对象来看，泛娱乐产业基本涵盖了数字娱乐产业的各个门类。

## 二 数字娱乐产业特点

**1. 附加值高**

数字娱乐产业“投入产出”比较高，比如一些爆款的网络剧、网络综艺节目、网络直播，或是高投入高产出，或是低投入高产出，在这些产品中，个人智慧创意、才华能力可以使产品较之其他产业产品更能获取超高额利润，所以产品附加值比例明显高于大部分普通产品或服务。产业链条的原创性生产、产品流通、信息传播都是数字娱乐产业产生高附加值的环节。也正因如此，美日韩大力发展数字娱乐产业，将目光定位于全球市场。

**2. 业态丰富**

2006年12月发布的《北京市文化创意产业分类标准》把《国民经济行业分类》中的82个行业小类和6个行业中类，纳入了北京市文化创意产业表。又依据分类原则，将文化创意产业划分为三层，细分为9个大类、27个中类、88个小类。9个大类包括：文化艺术；新闻出版；广播、电视、电影；软件、网络及计算机服务；广告会展；艺术品交易；设计服务；旅游、休闲娱乐；其他辅助服务。② 数字娱乐产业与创意产业的分类有大部分重合。随着数字技术、网络技术、通信技术的不断升级，网络直播、VR、AR、MR等新的业态形式不断出现。

---

① 资料来源：工业和信息化部信息中心：《2017年中国泛娱乐产业白皮书》，http://news.vsochina.com/data/18290.html。

② 《文化创意产业：推动经济发展的新亮点》，来源于人民网 http://culture.people.com.cn/n/2013/0812/c172318-22534303.html。

**3. 以 IP 为产业核心**

目前，以 IP 为核心的生态已经形成，从起始端的网络文学作品开始，影视、动漫、游戏、数字音频音乐等形成了生态化生存发展的样态。网络文学作品先期积累大量粉丝读者，之后通过其他领域的 IP 改编产品吸引更大量级的粉丝，最终网剧、电影、动漫、游戏、音乐等围绕 IP 形成了生态圈，把内容与用户整合起来，在不同领域共同体现各种 IP 的商业价值，形成话题级、现象级 IP。

**4. 快速渗透融合**

数字娱乐产业具有强渗透性、强辐射力、强融合性等特征，能够在短时间内带动关联产业的发展。随着网剧、网络电影的火爆，上游网络文学产业井喷式发展。据不完全统计，2015 年国内网站签约作者约 250 万人，另有超过 2000 万人在网上不定期创作。阅文集团是中国最大的数字阅读平台企业，自成立至今累计为 400 万名作家提供了创作平台，其中日销售过万元的作家近 100 位。① 而网络文学的活跃，使得更多的网剧、网络大电影、动漫诞生。2015 年，与数字文化产业领域大量交叉融合的文化、娱乐业新登记企业 10.4 万户，增长 58.5%。②

## 三　2016年数字娱乐产业概况

在数字娱乐产业领域中，互联网背景、内容生产背景、硬件生产背景的企业都有领先占据市场较大份额的代表，比如腾讯、阿里、百度、网易、完美世界、小米科技、三七互娱、昆仑万维、华谊兄弟、奥飞娱乐等，这说明在数字娱乐产业布局方面，不同类型的公司存在共同判断。

根据几家研究机构公布的数据，我们可以大致判断数字娱乐产业的整体市场规模。中娱智库统计数据显示：2016 年泛娱乐产业市场规模 4584.4 亿

① 数据来源：国家信息中心战略性新兴产业研究组《数字创意产业成为发展新风口迎来快速增长》，http://www.360doc.com/content/16/1102/10/6943848_603327733.shtml。

② 根据文化部网站、数据库等综合整理。

元，其中网络文学 121.9 亿元；动漫（不含衍生品）1105.3 亿元；网剧、网络大电影 104.6 亿元；数字音乐 570.3 亿元；游戏 1671.7 亿元；VR（不含硬件）10.2 亿元；衍生产品 392.4 亿元。①

工业和信息化部信息中心 2017 年 3 月发布的《2017 年中国泛娱乐产业白皮书》中统计数据显示，2016 年泛娱乐产业总产值约为 4155 亿元，2017 年预计将达到 4800 亿元以上，增速预计为 15% 以上。②

因为产业具有无限延展性，所以边界并不清晰，但两家机构的统计结果比较接近，数字娱乐产业（近似于泛娱乐产业）的市场规模应在 4100 亿元以上。

**1. 动画漫画**

动画漫画领域 2015 年总产值已经达到 1131 亿元，“十二五”期间复合增长率近 20%，2016 年预计将突破 1300 亿元。我国泛二次元用户规模超过 1 亿人。2016 年，中国动漫产业维持上升态势，产业规模继续向前提升，总产值达到 1497.7 亿元（含衍生品），同比增幅为 23.3%。③

根据文化部文化产业司《中国动漫产业发展报告（2016 年）》数据，2016 年，随着动漫产业总产值的增加，动漫产业各细分领域的市场规模也相应提高。其中，漫画出版产值为 64.4 亿元，影视动画产值为 202.2 亿元，互联网动漫和手机动漫产值均为 70.4 亿元，动漫授权产值规模达到 266.6 亿元；实体动漫经济占动漫产业的比重最高，动漫主题公园、动漫衍生品的产值分别达到 350.5 亿元。

2016 年，我国动漫用户规模继续扩大，年龄段主要集中在“95 后”，占全部年龄段的 57.6%；学生为主要人群，占所有职业的 80.8%。④

当前，中国动漫产业逐步形成了多种经济成分共同发展的产业格局，一

---

① 数据来源：中娱智库《2016 中国泛娱乐 IP 养成报告》，2016 年 12 月。

② 数据来源：工业和信息化部信息中心《2017 年中国泛娱乐产业白皮书》，http：//news.vsochina.com/data/18290.html。

③ 数据来源：中娱智库《2016 年中国泛娱乐 IP 养成报告》。

④ 资料来源：《艾瑞：2015 年中国二次元用户报告》，新浪网游戏频道，http：//games.sina.com.cn/y/n/2015-10-09/fxirwnr6869320.shtml。

些动漫企业在产业化潮流中快速成长，脱颖而出。形成了央视动画、原创动力、玄机科技、蓝弧文化、咏声文化、宏梦卡通、江通动画、青青树、追光动画等专业内容供应商；奥飞动漫、华强动漫、中南卡通、腾讯互动娱乐、美盛文化、长城动漫、炫动传播、优扬传媒、华夏动漫等综合运营商；以及知音传媒、华闻传媒、中南传媒、时代出版、光线传媒、慈文传媒、拓维信息、恒大文化、海尔文化等战略投资者构成的产业生态链条。[①] 从动漫概念上市公司奥飞娱乐、光线传媒、骅威文化、美盛文化的年度财报来看，大多收益可观。

从传播平台来看，网络、电影平台都表现活跃。有妖气、漫客栈、i 尚漫、n 次元漫画等在线漫画网站；酷米网、淘米视频、百田卡通、AcFun、哔哩哔哩（bilibili）等垂直动画视频网站；布卡漫画、有妖气漫画、Vista 锋绘、新浪微漫画、魔漫相机、脸萌、微漫（WeComics）等 APP 应用都开始吸引大量用户关注，粉丝互动与用户黏性极佳。这些主体也不断汇聚大量动漫画创作者、专业人士，从事原创漫画的互联网创作、营销、推广及商业化工作。《大鱼海棠》、《熊出没之熊心归来》等国产动画电影，《你的名字》等日本动画电影，《疯狂动物城》、《愤怒的小鸟》、《海洋奇缘》等美国动画电影均进入年度票房前十。[②]

**2. 游戏**

《2016 年中国游戏产业报告》数据显示，2016 年，中国游戏市场销售收入达到1655.7 亿元，同比增长17.7%，我国游戏用户规模已达到5.66 亿人。截至2016 年末，158 家中国上市游戏企业中，北京上市游戏企业占24.1%，上海上市游戏企业占10.1%，广东上市游戏企业占20.2%，其他地区上市游戏企业占45.6%。“北上广”三地上市游戏企业数量超过一半。腾讯、网易、畅游、盛大、完美、巨人、金山等是游戏领域的龙头企业。2016 年，国家新闻出版广电总局批准出版国产游戏约3800 款，其中移动游

① 牛兴桢：《2015 年中国动漫产业发展报告》，《中国动漫产业发展报告（2016）》，社科文献出版社，2016 年11 月，第一版，第2 页。

② 数据来源：艺恩 EBOT 日票房。

戏约占92.0%，网页游戏约占6.0%，客户端游戏约占2.0%。[①] 2016年游戏产业的产业热点和新兴领域主要体现为“影游融合”、“VR游戏”、“电子竞技”、“游戏直播”等几个主题。

2016年中国电子竞技游戏的市场规模达到了504亿元，上涨34.7%，其中移动电竞收入171亿元，增幅达到187%，超过2016年中国游戏市场实际销售收入增长率8倍，作为电竞产业里的一大亮点，成为最具潜力的细分领域。[②]《王者荣耀》、《皇室战争》等具有代表性的产品，短时间内迅速火爆全国。

**3. 网络文学**

网络文学是IP源头领域，2015年市场规模接近70亿元，国内网络文学市场规模2016年高达121亿元。

在过去的20年间，网络文学的用户规模已超过3亿人。另据不完全统计，国内市场份额前30位的重点网络文学网站原创作品总量多达1000多万种，每年新增近200万种。[③] 据中国互联网络信息中心发布的《第39次中国互联网用户发展状况统计报告》显示，2016年网络文学行业进入良性发展轨道，截至2016年12月，网络文学用户规模增速快，其中手机网络文学用户规模较2015年底增加4469万人，占手机网民的43.7%。[④]

网络文学产业中，阅文集团覆盖人数最多；创世中文网、起点中文网、晋江原创网在PC端用户数量优势明显；移动端掌阅书城、QQ阅读、书旗小说领先于其他平台，此外，咪咕数媒、中文在线、阿里文学等平台都在产业中大有建树。[⑤]

---

① 数据来源：《2016年中国游戏产业报告》，http://mt.sohu.com/game/d20161219/121998140_502900.shtml。

② 数据来源：《2016中国电竞报告》，http://www.360doc.com/content/17/0228/15/34265476_632703271.shtml。

③ 王志艳：《网络文学迈入“内容为王”时代 精品化创作成业界共识》，新华网2017年3月1日，http://news.xinhuanet.com/book/2017-03/01/c_129497386.htm。

④ 数据来源：中国互联网络信息中心《第39次中国互联网用户发展状况统计报告》。

⑤ 根据艾瑞咨询《2016年中国网络文学行业研究报告》整理。

4. **网络视听**

本文将网络电视剧、网络大电影、网络综艺节目、网络纪录片、网络电台等内容板块合称为网络视听产业。

截至 2016 年 12 月，中国网络视频用户规模达 5.45 亿人，较 2015 年底增加 4064 万人，增长率为 8.1%；网络视频用户使用率为 74.5%，较 2015 年底提升了 1.3 个百分点。其中，手机视频用户规模接近 5 亿人，与 2015 年底相比增长 9479 万人，增长率为 23.4%；手机网络视频使用率为 71.9%，相比 2015 年底增长 6.5%。随着 4G 网络的进一步完善以及手机资费的下调，网民在微信、微博等主流 APP 上观看短视频的行为变得更加普遍。①

2016 年 12 月 7 日，中国网络视听节目服务协会发布《2016 中国网络视听发展研究报告》，中国视频网民年龄 29 岁及以下占 57.4%，但 40 岁及以上增加了 11.5%，占比达 18.4%，这说明网络视听消费群体从年轻化逐步进入全龄化阶段。

网络视听产业内部企业间的竞争加剧，各大网站掷重金布局整个娱乐生态，培育和开发超级 IP，已经从数年前争夺热门电影、电视剧和综艺等节目独播权，发展到争相开发、制作网剧、网综等网生产品。

网络视频用户快速持续增长的同时，付费模式发展较快，呈现常态化趋向，原有的免费加广告的唯一模式被打破。爱奇艺、优酷土豆、腾讯视频都已经建立会员付费制，影视版权方也转变思路，将视频网站作为电影发行的重要渠道，由此带动用户迅速增长。相关数据显示，付费用户比例占 35.5%，在 2015 年的基础上增长 18.5 个百分点，实现近几年最大幅度增长。②

网络剧、网络电影为代表的网络原创视听节目创作生产高速增长，《盗墓笔记》、《花千骨》、《老九门》、《奇葩说》、《晓松奇谈》、《画江湖之不良人》等网剧、网综、网络动漫、网络纪录片爆款频出，网络视频市场需求日益旺盛。

---

① 数据来源：中国互联网络信息中心《第 39 次中国互联网用户发展状况统计报告》。

② 《〈2016 中国网络视听发展研究报告〉发布我国网络视频用户达 5.14 亿》，http：//news.163.com/16/1207/23/C7NK81LM000187V5.html。

2010 年 10 月，移动音频开始兴起。至今，蜻蜓、凤凰、喜马拉雅、多听、考拉、荔枝等网络音频应用纷纷推出。资本也表现出热情，近三年来，喜马拉雅、蜻蜓、荔枝分别完成 C 轮或 D 轮融资，移动音频在新业态发展中已形成新的竞争格局。[①] 喜马拉雅和蜻蜓通过购买版权和内容自制成为行业领先品牌。

**5. 数字音乐**

我国音乐市场正在进行全面数字化转型，音乐社交、音乐电商、O2O 演出等多种音乐生态发展模式均正在成熟。2016 年，数字音乐产业市场规模为 570.3 亿元。网络音乐市场规模扩大的同时，行业整合也在加速。目前，国内三大音乐集团分别为阿里音乐、QQ 音乐和 CMC（即原海洋音乐集团，酷狗、酷我音乐控股方）。

2015 年开始，阿里音乐招揽知名音乐人加盟，并连续收购天天动听和虾米音乐，大举打造音乐生态闭环；QQ 音乐除拥有大量版权音乐外，还是国内最大的音乐播放平台。2016 年，“CMC” 和腾讯集团对双方数字音乐业务进行合并。

版权方面，腾讯与包括华纳、索尼、YG、英皇等唱片公司合作；CMC 则拥有海蝶音乐、天浩盛世、可登音乐等多家合作伙伴；阿里音乐整合虾米音乐和天天音乐后，与滚石音乐、BMG 音乐等合作。[②] 规模较小的音乐平台都将面临被整合的命运。

**6. 网络直播**

2015 年，国内直播产业进入快速发展阶段，巨额资本陆续注入。2015 年网络直播的市场规模约为 90 亿元，网络直播平台用户数量已经达到 2 亿人。[③] 2016 年上半年网络直播市场营收达 82.6 亿元，2016 年被称为“直播

① 数据来源：中国网络视听节目服务协会《2016 中国网络视听发展研究报告》。

② 何天骄：《中国数字音乐产业霸主　阿里还是腾讯?》，http：//www. rmlt. com. cn/2016/0718/433321_ 2. shtml。

③ 刘金松、田小军等：《视频直播全面爆发　网络直播市场规模 90 亿用户量 2 亿》，http：//www. entgroup. cn/news/Markets/2033433. shtml。

元年”。2016 年底，数据显示全国在线直播平台数量超过 200 家。YY、斗鱼、花椒直播、熊猫 TV 等直播网站的火爆，使百度、阿里巴巴、小米等知名企业纷纷入局，资本市场对此抱有高度热情。在线直播行业除了人力成本外，还需要购买大量价格昂贵的专业设备和支付宽带的费用，虽然有资本涌入，但因为门槛过低，很多没有特色优势的直播平台经营难以为继。

7. VR

FacebookCEO 扎克伯格宣布将虚拟现实作为公司未来的发展方向，微软、谷歌等企业巨头迅速斥巨资研发虚拟现实技术，中国的企业也紧随其后。腾讯最早涉足 VR 产业，布局内容包括硬件、软件、内容和分发等多个方面；阿里成立了 VR 实验室，围绕硬件、内容、购物场景三个层面进行研发，如启动“造物神”计划，建立全球最大 3D 商品库，同时通过自有渠道推动 VR 设备的销售和普及。百度、乐视、网易、暴风、小米、360 等也纷纷在虚拟现实领域进行布局。

从中国的投资规模来看，2014 年资本仅投资 17 次、共 2.7 亿元。到了 2015 年，暴增至 57 次、共 24 亿元。2016 上半年投资高达 38 次、共 15.4 亿元。①

数据显示，围绕着 VR 的整体产业链条正在初步形成。但由于体验不佳、内容开发严重滞后、盈利模式不明朗，整个行业还处于初级阶段，真正的 VR 应用并未实现。这也使资本出现了迟疑，热情也有所减退。

以上是数字娱乐产业的几大主要板块，此外还有一些业态因份额较小或界定不清未被详细描述。

## 四　数字娱乐产业的问题及掣肘

**1. 版权保护依然是核心问题**

版权是数字娱乐产业中的核心资源，网络盗版仍然是制约数字娱乐产业

① 蓝将：《2016 中国 VR 行业报告：80% 的 VR 应用是伪 VR》，http：//mt. sohu. com/20161026/n471384627. shtml。

生态良性发展的巨大阻碍，新技术的迅速升级与产业的深度融合使数字娱乐产业版权保护更加复杂和特殊。尤其在网络文学、数字音频等板块，盗版现象仍然普遍。网站侵权、文档分享平台侵权、云存储侵权、应用软件（APP）侵权等是侵权的基本类型。盗版破坏了网络的版权秩序和版权生态，使大量的原创作品作者及生产机构蒙受经济损失，很难实现全产业的良性发展。研发检测技术、加大司法打击力度、提高查处效率、提高赔偿上限、对恶意盗版的个人及机构进行大力处罚，都是监管部门需加强的环节。2017年初，国务院办公厅发布《知识产权综合管理改革试点总体方案》和《“十三五”国家知识产权保护和运用规划》，把新业态、新领域知识产权保护规则作为工作重点。

**2. 人才缺口阻碍产业快速发展**

娱乐创意人才的培养和储备已成为影响数字娱乐产业健康发展的关键性因素。众多的数字娱乐企业找不到充足的高端艺术人才，而很多生产机构中的从业者素养偏低，直接影响着产业的生态和创新升级，这也是网络娱乐产品乱象丛生的原因之一。

**3. 新生业态监管困难**

网络技术、数字技术、通信技术的不断升级，激活了传统文娱板块，新的业态不断涌现。此时很容易出现受旧制度制约或监管真空的情况。比如新兴的网络直播领域，很多直播平台利用网红和美女主播吸引粉丝，以低俗、恶搞、涉黄、涉暴、涉毒等内容吸引眼球，影响恶劣，难于防范。目前，广电总局、网信办都出台了相应的治理措施，但是面对不断出新的数字娱乐产业样态，新板块的监管真空将会持续成为产业良性发展的障碍。

## 结　语

数字娱乐产业未来将会在以技术升级、融合创新、全球化布局为趋势的驱动下持续快速发展。其高效对接、平等互动、资源开放的核心特征是传统文娱领域相对落后或闭塞的产业流通环节难以比肩的优势。“十三五”国家战略性新兴产业发展规划中新纳入了数字创意产业，这说明数字创意产业以重大技术突破和重大发展需求为基础，对经济社会全局和长远发展具有重大引领带动作用，是成长潜力大、综合效益好的朝阳产业，作为其中的一员，数字娱乐产业未来同样将迎来最佳的历史发展时机。

# B.15
# 2016年中国广告业发展报告

《现代广告》杂志社

摘　要：2016 年，中国广告市场继续保持平稳增长的态势。在市场不确定性的影响下，虽然不少企业减少了广告预算，但数字创新给广告带来了更多选择和机会，这让广告业仍然保住了高于 GDP 的增长业绩。2016 年中国广告经营额增长 8.63%。广告市场中的效果导向催生广告产品花样翻新、形式众多。电视行业止跌反弹，广播电台增长显现。移动端广告市场增长迅速。“生活美容、休闲服务”、“医疗服务”、“其他”三大品类投放下滑。广告监管方面，违法案件数量下降，处罚力度大大增加。区域状况方面，经营额排名前十的省份与 2015 年相比变化不大。

关键词：广告营业额　广告投放　广告监管

国家工商行政管理总局公布的最新数据显示，2016 年中国广告经营额较2015 年增长了 8.63%，达到了 6489.13 亿元，占 GDP 的 0.87%（见表 1）。

**表 1 近年中国广告营业额、经营单位、从业人员相关数据统计**

| | 2013 年 | 2014 年 | 2015 年 | 2016 年 |
|---|---|---|---|---|
| 广告业营业额(亿元) | 5019.75 | 5605.60 | 5973.41 | 6489.13 |
| 年增长率(%) | 6.84 | 11.67 | 6.56 | 8.63 |
| 经营单位(户) | 445365 | 543690 | 671893 | 875146 |
| 年增长率(%) | 17.89 | 22.08 | 23.58 | 30.25 |
| 从业人员(人) | 2622053 | 2717939 | 3072542 | 3900384 |
| 年增长率(%) | 20.40 | 3.66 | 13.05 | 26.94 |

数据同时显示，2016 年在广告业务中与“发布”相关的广告经营额为3414.09 亿元，比 2015 年的 3009.90 亿元高出 13.43%（见表 2）。这也充分说明了互动创新带给市场的活力。

**表 2 按广告业务划分营业额相关数据**

单位：亿元，%

| 项目 | 设计 | 制作 | 代理 | 发布 |
|---|---|---|---|---|
| 2015 年 | 859.48 | 837.60 | 1266.43 | 3009.90 |
| 2016 年 | 951.29 | 936.91 | 1186.84 | 3414.09 |
| 年增长率 | 10.68 | 11.86 | -6.28 | 13.43 |

广告经营单位数量与从业人数两项数字也从一个侧面佐证了行业向好。

国家工商行政管理总局公布的最新数据显示，2016 年，中国广告行业经营单位总数达到了空前的 875146 户，较之 2015 年激增了 30.25%；涉及从业人员总数增长至 2016 年的 3900384 人，增长幅度为 26.94%。值得注意的是，这两个增长数字均为近几年该类别最高的一次。

综合分析 2013～2016 年的这两项数据可以发现，短短几年间，中国广告经营单位数量增长了近一倍，从业人员增长近 50%。这种变化，有各类客户端迅猛发展的原因，而更主要的原因则是国家相关政策的扶持。

在2017年全国“两会”期间回答中外记者的提问时，国家工商行政管理总局局长张茅表示，2015年市场活力进一步增强，市场主体增加1651万户，增长11%。从结构上看，其中90%以上是民办企业、私营企业，80%属于第三产业服务业特别是现代服务业，包括科技、教育、软件、互联网等创新企业。

可以看到，包括提高市场准入便利化、由以审批为主的准入监管转向事中事后监管、支持小微企业扶持政策落实三点的商事制度改革提供了宽松的创业条件，事实上也大幅促进了中国广告经营单位数量与从业人员的增长。

这其中，由于创立公司门槛低，一些低成本甚至零门槛成立的广告公司因为种种原因在停止业务后仍长期存在于数字统计中。因此，如何防止这些“僵尸公司”长期存在，甚至如何加强市场培训力量，使更多从业人员具备合格的就业素质与水平以重新激活这些“僵尸公司”，形成新的市场力量，成为中国广告行业需要进一步思考的问题。

行业繁荣的另一个原因源于产业自身的变化。

在实现“结构调整”与“转型升级”的过程中，中国广告行业的增速近几年一直处于震荡调整中，呈现出了小步快跑的态势。2016年，在科技创新和行业从业者的共同努力下，使得VR、人工智能等新技术与OTT、直播、短视频、公众号、映前广告、在线电台甚至线下活动等新形式，纷纷加入了广告行业的洪流中，极大地丰富了广告的形式与传播媒介。全媒体平台的定义也因此被改写。

同时，为了快速、准确、充分地实现自身诉求，很多广告主、品牌公司选择建立自己的专业团队，直接开展策划、创意、营销、品牌、推广等相关业务。这股大潮使得很多原来的广告行业从业人员或是与广告行业相关人员，纷纷流向品牌企业。而这些并没有被计算在内的“广告从业人员”实际上也在为中国广告行业的进一步繁荣贡献着自己的力量。

由此可以看到，不仅是体量增大，中国广告行业的内涵、外延也都在快速扩容之中，其整体发展步伐的快慢程度势必会与更多相关产业的发展速度、兴盛程度产生更为紧密的联系。

## 一　广告市场

效果导向催生广告产品花样翻新、形式众多。

为满足不断增加的市场需求，中国广告行业发展的思路也做出了相应调整。

比如，从观念到内容，到产品，再到形式，与效果相结合的广告模式成为中国广告行业当前的主要形式之一。

而且，即便是效果类广告本身，也在发生着快速的升级迭代。可以看到，最初那些设计简单的效果广告正逐渐被放弃，越来越多整合了创意、策划、技术、优化的效果广告受到了广告主的青睐。

具体到各种媒介上，不单单是互联网企业、移动互联企业在强调效果广告的作用与价值，很多之前依赖贴片广告的视频网站也开始越来越多地寻找贴片广告之外的新办法。甚至，为了效果而使用各种互动手段也已经成为电视台的常规动作。

这种转变促使广告行业的人员结构也呈现出更加明显的特点。

国家工商行政管理总局公布的最新数据显示，构成全行业人群的四大类人员中，创意设计人员与业务人员一年来的增幅最为迅猛，分别达到了33.80%与29.15%（见表3）。这从一个侧面说明，好创意与优质服务目前是各家广告公司最看重的核心能力。

**表3　中国广告行业各类从业人数相关数据**

单位：人，%

| 项目 | 管理人员 | 创意设计人员 | 业务人员 | 其他人员 |
|---|---|---|---|---|
| 2015年 | 724223 | 658505 | 1125000 | 564814 |
| 2016年 | 925100 | 881080 | 1452884 | 641320 |
| 年增长率 | 27.74 | 33.80 | 29.15 | 13.55 |

按业务划分的相关数据也佐证了创意的重要性与代理业务渐衰的现实。

数据显示，2016年，在广告业务中的“代理”广告经营额为1186.84

亿元，较2015年的1266.43亿元缩水6.28%。而与之相对应，设计、制作、发布三大类别广告经营额的年度增长幅度分别为10.68%、11.86%、13.43%。

设计、制作、发布三项数字两位数的增长与代理业务进一步缩水的反差表明，依靠代理媒介资源生存的发展道路愈加难走。在数字化、技术化大行其道的今天，程序化购买等技术的应用让这一业务变得越来越方便，一定程度上替代了媒介代理公司的部分工作，致使很多广告主无须依靠媒介代理公司就可以直接对接大量互联网媒体发布广告信息。

## 二　传统媒体

电视行业止跌反弹，广播电台增长显现。

在电视工作者艰苦卓绝的努力之下，2016年的电视产业止住了2015年两位数的下滑态势，交出了一张亮丽的成绩单。

国家工商行政管理总局公布的最新数据显示，2016年，中国电视行业广告营业额增长幅度为8.05%。1239.00亿元的营业额已经远远超过了2015年的1146.69亿元（见表4）。

**表4　传统媒体营业额相关数据**

单位：亿元，%

| 项目 | 2015年营业额 | 2016年营业额 | 增幅 |
|---|---|---|---|
| 电视台 | 1146.69 | 1239.00 | 8.05 |
| 广播电台 | 124.49 | 172.64 | 38.67 |
| 报　社 | 501.12 | 359.26 | -28.31 |
| 期刊社 | 71.90 | 60.31 | -16.12 |

可以看到，在传统的硬广告之外，电视台在过去的一年中利用各种综艺节目极大地丰富了自身广告收入的来源，各种冠名、赞助、植入的花样层出不穷，电视广告正在从固有的业态中谋求突破创新，利用数字、互动等互联

网要素把人们重新拉回到电视机前。有相关统计显示，2016 年，各大卫视播出的综艺节目数量超过了 200 档。季播节目为主的形式则进一步拉高了广告招商的空间。

即便是各种热播大剧，也摆脱了之前的刻板面孔，以更加商业化的状态出现在观众面前。更有甚者，一些知名度较高的电视晚会也成为个别卫视试水商业合作的新平台。

广播电台在广告收入方面的爆发性增长，虽不适合其他媒介复制，但仍值得仔细研究。

数据显示，2016 年，中国广播电台广告营业额为 172. 64 亿元，增幅高达 38. 67%，不仅超过了 2015 年的 124. 49 亿元，且超过了上次波峰（2014 年的 132. 84 亿元）近 40 亿元。

不得不说的是，相对固定的收听群体是广播电台广告收入增加的主要因素。其中，车载收听平台凝聚了广播收听市场中最具媒体价值的人群。有关调查显示，目前，私家车已经成为中国第二大广播收听场所，人群精准与高性价比成为广播电台广告最突出的两大优势。

不出意料的是，报纸和期刊社两大媒介的下滑态势仍在持续，且较 2015 年的下降幅度更为严重。市场留给这两大媒体的是越来越严峻的生存环境。

## 三　新媒体

移动端广告市场增长迅速。

中国传统媒体广告与互联网广告的态势的重大转变始于 2015 年。

从这一年开始，中国互联网广告的销售额超过了电视广告，成为最大也更被广告主青睐的广告载体。

2016 年，互联网广告的领先优势进一步加大。

据国家广告研究院互动营销实验室研究发布的最新数据，2016 年中国互联网广告经营额达到了 2305. 21 亿元，相较 2015 年系统性调增后的 1775

亿元，增长了29.87%。

这一数额不仅拉大与电视广告经营额的差距，更是一举超过了电视、广播、报纸、期刊四大传统媒体广告经营额的总和。

移动广告成为拉动广告增长的新动力。基础设施与硬件的进一步完善让手机等移动设备的使用越来越方便，从而使围绕移动端的生活成为消费者的全新生活方式。这一变化是互联网广告尤其是移动互联网广告成为市场主力的根本原因。

2016年，那些起步就建立在移动端基础上的App变现不俗。在提供“内容”与“专项服务”的同时，这些App不出意外地分享到了更多移动广告市场的红利。

而为了不丢失移动端这一快速增长的市场，各传统互联网门户纷纷推出了自己的移动端平台，并借助公众号、直播、短视频、在线广播等新形式进一步吸引流量。视频网站则利用创新的广告与植入花样，给网综、网剧赋予了更多商业价值。

精良的工具也是帮助行业发展的利器。比如，各大门户平台都搭建了自己的数据营销平台，一些大型数字营销公司、广告代理公司也纷纷推出自有的数字营销工具，以此帮助客户更好地优化投放效果。

借助程序化购买与数字营销工具的真正普及，社交、网红、直播、电商节以及各种重大新闻、社会热点事件都成为助推互联网广告额迅速攀升的“题材”。不少新公司也相继加入，壮大了移动广告的力量。

随着越来越多的广告主将传播重点转向互联网，互联网广告逼迫传统媒体不得不融入数字、互动等创新的营销模式中来。因此，接下来摆在整个行业面前的重要问题是，在互联网时代的中国广告行业应该向何处去？应该以怎样的面貌出现在世人的面前？

## 四　投放品类

“生活美容、休闲服务”、“医疗服务”、“其他”三大品类投放下滑。

国家工商行政管理总局公布的最新数据显示，按照品类划分，2016 年投放排名前十的广告品类几乎没有变化。只不过，2015 年度排名第三位的“化妆品及卫生用品”与排名第四位的“汽车”两类在 2016 年“互换”了排名位置（见表 5）。

**表 5　2016 年全国广告经营额（按商品和服务类别）统计**

单位：亿元，%

| 序号 | 项目 | 总额 | 增长 |
|---|---|---|---|
| 1 | 食品 | 861.37 | 5.60 |
| | 其中:保健食品 | 242.46 | 2.41 |
| 2 | 房地产 | 779.54 | 19.51 |
| 3 | 汽车 | 693.78 | 10.76 |
| 4 | 化妆品及卫生用品 | 657.77 | 2.57 |
| | 其中:化妆品 | 433.90 | -0.75 |
| 5 | 家用电器及电子产品 | 341.26 | 23.11 |
| 6 | 药品 | 329.70 | 19.51 |
| 7 | 信息传播、软件及信息技术服务 | 268.45 | 11.81 |
| 8 | 酒类 | 248.54 | 12.53 |
| 9 | 金融保险 | 212.00 | 7.41 |
| 10 | 服装服饰及珠宝首饰 | 178.91 | 2.23 |
| 11 | 旅游 | 171.81 | 6.57 |
| 12 | 批发和零售服务 | 146.12 | 13.89 |
| 13 | 生活美容、休闲服务 | 142.70 | -0.07 |
| 14 | 医疗服务 | 125.18 | -10.39 |
| 15 | 医疗器械 | 76.87 | 5.74 |
| 16 | 教育 | 74.69 | 23.25 |
| 17 | 招工招聘及其他劳务 | 71.62 | 9.58 |
| 18 | 农业生产资料 | 38.84 | 33.81 |
| 19 | 收藏品 | 37.05 | 30.28 |
| 20 | 出入境中介 | 29.63 | 29.66 |
| 21 | 烟草 | 18.60 | 40.33 |
| 22 | 其他 | 984.72 | -0.24 |

与2016年全行业整体状况大致相同，被统计的22个品类中的绝大多数品类的投放总额都呈现一定的增长态势。以排名前十的投放品类为例，其中六类均有两位数的增长，仅有“化妆品及卫生用品”中的“化妆品”这一细分领域，广告投放增长呈现－0.75%的状况。这一结果应该是导致“化妆品及卫生用品”品类整体排名下滑的原因之一。

综合分析全部22项品类，有三大类与一个小类出现了投放下滑，其分别是“生活美容、休闲服务”（－0.07%）、“医疗服务”（－10.39%）、“其他”类（－0.24%），再有就是前述的“化妆品”细分品类。

## 五　广告监管

违法案件数量下降，处罚力度大大增加。

在国家工商行政管理总局加大对《广告法》和《互联网广告管理暂行办法》的宣传推广下，2016年中国广告行业违法广告现象有所减少。

最新数据显示，2016年全国查处违法广告共23283件，较之2015年的24252件下降了4.0%。

为进一步加强监管效果，国家工商行政管理总局同时加大了对违法广告的处罚力度。数据显示，2016年，有关部门共对全国违法广告罚款5.60亿元，远远高于2015年的2.87亿元。

其中，网络广告、户外广告、印刷品广告目前是违法广告最严重的三大领域，也是被罚没金额最多的三个领域。数据显示，有关部门2016年共查处网络违法广告5561件，罚款1.66亿元；查处户外违法广告6842件，罚款1.13亿元，查处印刷品违法广告3302件，罚款0.75亿元。

而对比广告主、广告发布者、广告经营者三者可以看到，广告主是发布违法广告的最主要“推手”。数据显示，2016年，有关部门共查处应由广告主承担责任的违法广告13708件，罚款3.33亿元；查处应由广告发布者承担责任的违法广告5646件，罚款1.48亿元；查处应由广告经营者承担责任的违法广告1868件，罚款0.45亿元。

## 六　区域状况

经营额排名前十的省份与2015年相比变化不大。

根据国家工商行政管理总局公布的最新数据，按照行政区域划分，广告经营额最多的北京市、广东省、江苏省、上海市、浙江省、山东省六省市排名不变，湖南省、安徽省、湖北省、河南省取代了2015年的天津市、湖南省、福建省、湖北省，分列7~10名（见表6）。

数据同时显示，2016年共有8个省区市的广告经营额出现负增长，其分别是北京、天津、辽宁、云南、福建、广西、宁夏、甘肃。综合对比2015年7省区市出现负增长的状况，2016年中国广告业在这方面的表现与2015年基本持平。

但是，2016年广告营业额超过百亿元的12个省区市中，除了排名第一的北京市、排名第四的上海市、排名第十的河南省外，大部分“百亿军团”的营业额增长均达到两位数。

**表6　2016年各地区广告经营额统计（前十）**

单位：亿元，%

| 行政区域 | 2015年广告经营额 | 2016年广告经营额 | 年增长率 |
|---|---|---|---|
| 北京市 | 1823.99 | 1802.72 | -1.17 |
| 广东省 | 845.14 | 931.25 | 10.19 |
| 江苏省 | 508.40 | 653.84 | 28.61 |
| 上海市 | 489.66 | 531.13 | 8.47 |
| 浙江省 | 366.74 | 422.66 | 15.25 |
| 山东省 | 364.95 | 420.01 | 15.09 |
| 湖南省 | 201.41 | 242.33 | 20.32 |
| 安徽省 | 123.90 | 190.32 | 53.61 |
| 湖北省 | 146.35 | 173.50 | 18.55 |
| 河南省 | 140.85 | 143.26 | 1.71 |

# B.16

# 2016年中国广告市场现状与趋势分析

黄升民　邵华冬　张　弛*

摘　要：　2016年中国广告市场出现回暖迹象，前三季度中国整体广告市场同比增长0.1%，但是增长依旧存在较大压力。广告主经营承压，营销上寻求突破，创新不断。媒体广告市场两极分化情况日趋严重，纸媒和传统户外广告持续下滑，电视媒体分化加剧，移动互联网、数字户外广告增长显著。2016年前三季度报纸和杂志广告刊例收入分别下滑40%和29.9%，电视媒体和传统户外的广告刊例收入同比皆下滑3.1%；广播媒体则保持了2.2%的增速，互联网刊例收入同比增长24.1%。广告公司经营情况有所好转，数据、技术和资本加速广告公司转型。2017年，广告市场转型与变革压力依旧存在，但新技术、新市场将为其带来新的发展机遇。

关键词：　广告市场　互联网刊例　黑天鹅

## 一　2016“黑天鹅之年”，广告市场微露回暖迹象但压力犹存

2016年，可谓“黑天鹅之年”。从国际环境来看，英国“脱欧”，中东

---

* 黄升民，中国广告博物馆馆长，国家广告研究院常务副院长；邵华冬，中国传媒大学广告学院副教授；张弛，中国传媒大学广告学院博士研究生。

乱局及其引发的欧洲难民潮，特朗普当选美国总统并引发美国社会分裂。一系列“黑天鹅事件”强化了社会恐慌性心理，“政治层面，极端势力和民粹主义死灰复燃；经济层面，贸易保护主义势力抬头；社会层面，反全球化潮流涌现。市场面临收缩与扩张的博弈；全球性产能过剩使得经济增长面临较大压力，牵一发而动全身的产业间联系导致问题的解决异常艰难；与此同时，中国品牌经过前期的积淀与积累，‘走出去’的动能十分强烈。然而，(外部环境的) 剧烈波动又让机会若隐若现，难以把握。”[①]

在这样充满不确定性的大环境下，统计局数据显示2016年三季度国内生产总值同比增长6.7%。[②] L型走势初步显露，但“L型走势是一个阶段，不是一两年能过去的，今后几年，总需求低迷和产能过剩并存的格局难以出现根本改变”[③]，中国经济下行压力并未减轻。在此背景下，相较于2015年前三季度广告市场-3.5%的增速[④]，2016年前三季度广告市场恢复了正增长。数据显示，2016年前三季度中国整体广告市场同比增长0.1%。[⑤] 但是当前广告市场虽然恢复了正增长，增长的基础却并不牢固，压力依然存在。分媒体来看，媒体广告市场呈现冰火两重天。一方面，纸媒依然维持了较大幅度的下滑，电视媒体和传统户外则持续小幅下滑。2016年前三季度报纸和杂志广告刊例收入分别下滑40%和29.9%；电视媒体和传统户外的广告刊例收入则同比皆下滑3.1%。另一方面，互联网、数字户外和广播媒体则维持了相对较好的增势。广播媒体虽然在2016年面临着较大的压力，但依然保持了2.2%的增速；互联网刊例收入同比增加24.1%；以楼宇视频、影

---

① 黄升民、王水：《2017年广告之变黑天鹅频发背景下的机遇和挑战》，《中国广告》2017年第1期。

② 《2016年3季度GDP增长6.7%国民经济稳中提质》，人民网，2016年10月19日，http://finance.people.com.cn/n1/2016/1019/c1004-28790975.html。

③ 《开局首季问大势——权威人士谈当前中国经济》，新华网，2016年5月9日，http://news.xinhuanet.com/2016-05/09/c_1118833995.htm。

④ CTR：《2015年前三季度中国广告市场整体降幅达3.5%》，中华广告网，2015年11月19日，http://www.a.com.cn/info/domestic/2015/1119/286107.html。

⑤ CTR：《2016年前三季度中国广告市场速览》，中国广告网，2016年11月7日，http://www.cnad.com/html/Article/2016/1107/20161107163554801 0757.shtml。

院视频等为代表的数字户外增速明显，其中楼宇视频刊例收入增速为20.9%，影院视频刊例收入增速为57.3%。[①]

## 二 2016年广告市场三大主体市场特征

### （一）广告主：经营承压下的突破与创新

**1. 经营承压，广告主产品升级、全渠道融合、品效合一求突破**

2016年，企业普遍面临着经营与营销的巨大压力，企业营销呈现出以下三大特征。

首先，产品升级。2016年，在被访广告主最为侧重的营销策略中，产品策略以59.4%的选择率位居第一，远超第二选项[②]。在产品的创新上，2016年突出表现为新消费品类和产品的开发、新技术的应用和跨界合作产品等新形式的出现。例如饮品行业在茶饮和淡口味水两个新晋品类上不断有新产品推出：统一打造了“小茗同学”，农夫山泉推出了“茶π”；在3C产品行业，4K屏和曲面屏开始广泛应用，索尼和三星都推出相应的产品；电池快充技术也不断改进，给消费者带来更多期待。

其次，全渠道融合。2016年，广告主更加重视渠道建设。数据显示，在广告主最重视的基本营销策略中，渠道策略的选择率达到了历年的峰值，与此同时，广告主在终端和渠道上的实际投入也在不断增加，2016年广告主的渠道费用总和占营销费用的比重达到47.5%，较2015年增长了8.1个百分点，2017年占比预计将达到48.8%。广告主日益重视对全渠道融合的探索，当前既有线下企业走到线上开设品牌旗舰店，也有纯线上企业如“三只松鼠”走到线下开设实体店。线上、线下正在走向融合。

再次，品效合一。在经营压力下，销售转化日益成为广告主衡量营销的

① CTR：《2016年前三季度中国广告市场速览》，中国广告网，2016年11月7日，http://www.cnad.com/html/Article/2016/1107/20161107163554801075 7.shtml。

② 本文数据未经说明均源自《2016年中国广告生态调研》科研项目。

重要指标。然而广告主同样没有忽视品牌建设。2016 年中国广告生态调研数据显示，销售数量的增加、市场占有率的增加、品牌知名度和好感度的提高依然是广告主判断广告活动有效性的主要标准。

**2. 广告主聚焦电视、互联网、户外三大媒体，跨屏、互动与内容成为关键词**

广告主媒体策略是广告主营销策略的核心组成部分之一。2016 年，广告主在媒体广告费用的分配上呈现出聚焦的特征。大传播声量的媒体平台是广告主 2016 年投放媒体广告时的重点。数据显示，近 5 年来，被访广告主媒体广告投放费用排前三位的均是电视、互联网和户外媒体。而 2016 年，这三种媒体的分配比例合计达到 70.9%，预计 2017 年电视、户外和互联网的费用分配比例合计将达 72.6%。

广告主在媒体的使用上，也更加注重跨屏、互动和内容。在当前媒体日益碎片化的背景下，消费者跨媒体接触成为常态，跨屏成为广告主的主要媒体策略选择。广告也从叙事转向沟通，在互动场景中悄无声息地连接、打动、影响消费者并促成即时的销售转化。优质的、品牌化的内容成为抓住消费者稀缺注意力的不二法宝。

**3. 消费者赋权语境下，广告主营销手段多元创新**

在互联网和移动互联网时代，面对“被赋权的消费者”，广告主开始从对消费者的群体性营销逐渐过渡到对单个消费者的个性化营销。消费者不再是千人一面的需求集合体，而是一个个具有自我个性和喜好的个体。

2016 年，广告主营销手段多元丰富、创新不断。其一，事件营销、体育营销、娱乐营销、跨界营销选择率皆创新高。数据显示，事件营销的选择率成为近 3 年来的最高值，达到了 59.8%，较 2015 年增长了 5.8 个百分点。2016 年作为体育大年，国内外有影响力的赛事不断，跑步、健身等全民体育活动潮流也风生水起，广告主对体育营销的选择率较 2015 年上升了 11.4 个百分点。2016 年被访广告主采用娱乐营销的比例提升至 37.7%，较 2015 年上升了 9.9 个百分点，达到了近 4 年来的最高值。网红、直播、网络综艺、网剧成为 2016 年广告主娱乐营销的四大发力点。在泛娱乐化营销大趋势下，广告主也在逐渐打开思路，不断尝试营销内容的泛娱乐化跨界。其二，移动营销成热点。从投入上看，广告主网络广告花费中，移动端在2016年首次超过PC端，移动化已经渗透到广告主营销的方方面面。目前，部分广告主已形成一套全面覆盖、分工明确的全移动营销布局，主要包括移动广告营销、移动购物营销及移动社会化媒体App营销三大部分。①

### （二）媒体：媒体广告市场分化加剧，结构性调整继续深化

2016年媒体广告市场分化加剧：报纸、杂志下滑加剧，电视持续小幅下滑；互联网、户外媒体则保持了增长态势，广播虽然增长，但是暗藏巨大压力。在巨大的环境压力下，传统媒体持续进行数字化转型，媒体融合和结构性调整不断深化，希望借此完成涅槃重生（见表1）。

**表1　2016年前三季度各媒体广告市场的增速及其对市场增长的贡献**

单位：%

| 媒体类型大类 | 媒体类型小类 | 广告刊例花费增速 | 对市场增长的贡献 |
|---|---|---|---|
| 四大传统媒体 | 电视 | -3.1 | -2.0 |
| | 报纸 | -40 | -1.9 |
| | 杂志 | -29.9 | -0.4 |
| | 广播 | 2.2 | 0.1 |
| 户外媒体 | 传统户外 | -3.1 | -0.1 |
| | 电梯电视 | 20.9 | 1 |
| | 影院视频 | 57.3 | 1 |
| | 电梯海报 | 24.7 | 0.5 |
| | 交通类视频 | -16.5 | -0.5 |
| 网络媒体 | 互联网 | 24.1 | 2.2 |

说明：CTR：《2016年前三季度中国广告市场速览》，中国广告网，2016年11月7日，http://www.cnad.com/html/Article/2016/1107/20161107163554801 0757.shtml。

**1. 电视媒体马太效应加剧，两极分化日趋严重**

2016年中国广告生态调研数据显示，实现了广告收入增长的电视媒体比例滑落至15.4%，为历史最低值，较2015年下降了14.6个百分点。与此

① 艾媒咨询：《2016上半年中国移动营销市场与题研究报告》，2016年10月。

同时，收入下降的比例也在扩大，达到历史最高值 74.4%，较 2015 年升高了 31.9 个百分点。近 5 年来，广告主媒体广告投放费用中，电视的广告费用分配占比连年下降，自 2012 年的 36.1% 一路降至 2016 年的 24.0%。而根据 CTR 数据显示，2016 年前三季度，电视广告刊例收入同比下降 3.1%，广告时长减少 3.2%。从电视媒体的主要广告主行业来看，除了药品实现了 28.9% 的增速外，其他主要行业如饮料、化妆品和浴室用品、食品、商业及服务性行业均处在下滑区间，下滑的速度分别是 13.7%、11.5%、5.5% 和 16.5%①。虽然电视广告整体出现下滑，但是电视凭借其覆盖力、权威度和品牌背书等优势依然是广告主非常重视的传播平台。随着电视媒体的自我调整和转型，短期内电视媒体的这种优势不会被其他媒体彻底取代和颠覆。

电视媒体内部的两极分化情况也越来越严重。其一，从整体上看，广告资源与广告收入向央视和卫视集中，省级地面台、地市县级台的生存境况日趋恶劣。2016 中国广告生态调研数据显示，广告主对央视和卫视的投放费用占整体电视媒体投放费用的比例达到了 63.1%，较 2015 年提升了 7.6 个百分点，并且 2017 年有进一步提升的趋势。而 2016 年，对省级地面台和地市县级电视台的投放费用占电视媒体投放费用的 33.6%，较 2015 年下降 5.5 个百分点，2017 年还有继续下滑的趋势。其二，对于卫视和央视，同样呈现出两极分化趋势。卫视中除了一线的湖南、浙江、江苏和东方卫视之外，其他卫视生存情况持续恶化。

**2. 互联网全面移动化，发展势头不减，社交与视频成热点**

2016 年互联网广告市场的总体市场规模和增速都维持了相对较高的增长。数据显示，2016 年网络广告市场规模达到 2808 亿元，增速为 34.1%②，对整体广告市场的贡献为最高的 2.2 个百分点③。互联网已经成为驱动广告

① CTR：《2016 年前三季度中国广告市场速览》，中国广告网，2016 年 11 月 7 日，http：//www.cnad.com/html/Article/2016/1107/20161107163554801075 7.shtml。

② 艾瑞咨询：《2016 年中国网络广告行业年度监测报告简版》，2016 年 4 月。

③ CTR：《2016 年前三季度中国广告市场速览》，中国广告网，2016 年 11 月 7 日，http：//www.cnad.com/html/Article/2016/1107/20161107163554801075 7.shtml。

市场增长的核心力量。

此外，互联网目前已经进入全面移动化时代，移动广告市场增长明显。从网民方面来看，移动端网民已占绝对主导地位。截至 2016 年 6 月，我国手机网民规模达 6.56 亿人，网民中使用手机上网的人群占比由 2015 年底的 90.1% 提升至 92.5%，仅通过手机上网的网民占比达到 24.5%，网民上网设备进一步向移动端集中，[①] 移动上网主导地位强化。从广告方面看，2016 年移动广告市场规模达到 1565 亿元，增速为 73.7%。[②]

2016 年网络广告市场的两大热点为社交广告与视频广告。各大社交平台凭借着其优秀的人群聚合能力，或专注于圈层传播，或精于广场式传播，为企业和消费者提供了一个双向互动的沟通平台，平台营销价值日益凸显。数据显示，2016 年中国社交广告规模将达到 199.6 亿元，增速为 44.4%。而网络视频则凭借其近两年来内容、播放渠道等方面的积淀及创新，吸引了一大批拥趸，网络视频的渗透率已经达到了 72.4%[③]，网民网络观看视频的习惯基本养成。2016 年视频广告的规模将达到 365 亿元，增长率为 50.1%。[④]

**3. 纸媒颓势不减，未来发展应深化媒体融合，发挥内容优势**

据 CTR 的数据显示，2016 年前三季度分媒体广告费用中，报纸和杂志的花费增幅均为负值，分别为 -40% 和 -29.9%。[⑤] 纸媒的整体营收状况堪忧，其中报纸的跌幅更为醒目。尽管纸媒的广告收入整体呈现出“断崖式”下跌的状况，但不同类型、不同量级的纸媒状况仍有区分。据中国广告生态调研的结果显示，杂志类纸媒的广告经营状况普遍好于报纸类。报纸中，都市类报纸（市场报）遭受的打击更严重。而党报也受到巨大的打

---

① CNNIC：第 38 次《中国互联网络发展状况统计报告》，2016 年 7 月。

② 艾媒咨询：《2016 上半年中国移动营销市场与题研究报告》，2016 年 10 月。

③ CNNIC：第 38 次《中国互联网络发展状况统计报告》，2016 年 7 月。

④ 易观智库：《2016 年中国互联网发展趋势报告》，2016 年 9 月 6 日。

⑤ CTR：《2016 年前三季度中国广告市场速览》，中国广告网，2016 年 11 月 7 日，http://www.cnad.com/html/Article/2016/1107/20161107163554801075 7.shtml。

击，但比市场报好一些。转型和融合较为成功的上市报业集团旗下的报纸经营状况较好。

在此环境下，纸媒的突围主要体现在以下几方面。一是深化媒体融合，将内容做精做深，发挥内容优势。如《今日早报》转型澎湃新闻，借新媒体技术集中精力做高端内容，即深度的调查报告和舆论监督报道，形成显著特点。二是优化和创新广告产品与服务，开展多元化经营。广告主在营销费用缩减环境下更乐于直接同媒介展开广告合作，但纸媒广告仍颓势不减的内在原因之一是广告产品缺乏创新、服务专业水平较差。另外，报业集团积极拓展新的业务领域，开拓新的营利点。如浙报集团以报业为主业，拓展广告、印刷、发行等媒介领域相关业务，还建立新干线投资公司对房地产、高新技术等非报业领域进行投资，以此进行多元化经营。但与此同时，在传统纸媒的转型突围中，一些问题也逐渐显现。如传统纸媒原有的体制已不适应市场化趋势，离开体制改革的媒介融合注定是空谈；传统纸媒集团多元化的经营方式是规避风险的有效方式，还是对媒体本质的背离，尚无定论。①

**4. 广播维持逆势回升，但下行压力暗藏**

CTR 数据显示，2016 年 1 ~ 8 月电台广告刊例花费同比增幅 1.6%，是目前唯一实现了正增长的传统媒体。② 广播广告正增长普遍归因于车载广播市场的快速发展。③ 尽管广播广告领衔传统媒体广告市场，实际上不少广告经营者却明显感受到彻骨寒意，下行压力暗藏。2016 年中国广告生态调研数据显示，60% 的被访广播媒体上半年的广告收入呈下滑势头，较 2015 年大幅提升 26.7 个百分点。

网络广播媒体的发展既为传统广播媒体的发展带来了机遇，也带来了

---

① 邵华冬、齐彦丽、郜佳唯：《2016 年中国媒体广告市场现状与趋势》，《新闻与写作》2017 年第 2 期。

② 赵梅：《畅想融媒新时代——媒体广告市场现状与趋势探讨》，中国广告网，2016 年 12 月 16 日，http：//www.meipo360.com/html/Article/2016/1216/20161216110234102.shtml。

③ 《车载广播凝聚了哪些最具媒体价值的人群?》，赛立信媒介研究，2016 年 3 月 3 日，http：//mp.weixin.qq.com/s/CjD_ ojdSQVV – SsWD5sfmEw。

挑战。借助网络平台，广播可以突破时间和空间的限制，拓展收入来源。同时也面临原有广告被分流，自身沦为内容制造商的挑战。未来，广播媒体仅仅是通过建立新媒体载体、创新经营模式等来突破广播广告市场增长瓶颈还远远不够，传统广播电台融媒体之路还需走得更深，从简单内容生产、交互和分发到聚合“互联网+”背后的数据信息，形成仓储并服务于利益相关群体。例如，北京台最先在数据收集方面进行规模化探索，研发出一项独特的技术：自动识别所有电台的内容，包括节目、广告，据此统计节目类型，对节目进行分析。北京台尝试直接根据文字来做二次加工，把语言比较标准的节目再转成文件，便于互联网条件下的搜索和传播。①

**5. 户外媒体迎来新机遇，数字户外增长势头良好**

数据显示，预期2017年中国户外广告市场将超越日本成为世界第二大户外广告市场。② 数字户外持续升温与人脸识别技术、近场通信、VR等新兴技术发展密切相关，程序化购买也已经被尝试运用在户外媒体的广告资源购买环节中，自动化、互动性的提升使数字户外媒体的营销价值获升级可能。中国广告生态调研数据显示，2016年被访广告主在数字户外上的费用投入比例逐年抬升，且不少广告主预期未来一年将调整户外媒体投放结构，数字户外将有约5%的上涨。

### （三）广告公司：经营回升，数据、技术与资本加速广告公司转型

2016年，广告业向数字化、移动化和投资多元化等方向发展。在数字化大潮的冲击下，广告主营销理念和需求不断变化，广告公司必须跳出旧有的经营发展模式实现自身的创新和变革。广告公司在面对产业边界模糊化、“去乙方化”和唱衰4A等业界质疑讨论之时，更需要重新思考自身价值，整合行业内外资源，走向发展新阶段。

---

① 《应对媒体融合，各地电台都在干什么?》，广播广告圈，2016年9月5日，http://note.youdao.com/share/mobile.html?id=e379225907b87bd1aadc607612f7b46d&type=note#/。

② 普华永道：《2015~2019年中国娱乐及媒体行业展望分析报告》，2016年7月13日。

**1. 市场回暖、转型成效初显，广告公司整体经营情况向好，但分化与盘整加速**

中国广告生态调查相关数据显示，2016 年，广告公司整体经营情况好转，对未来市场的预期也较好。42. 2% 的被访广告公司上半年度营业额相较于上一年同期有所增加，比 2015 年的调研数据上升了 10. 5% 。2016 年有 63. 7% 的被访广告公司预计未来一年营业额将会增长，这是该选项选择比例在 2013 年以来持续下跌后的首次上升，涨幅达 40. 9% ；同时仅有 15% 的广告公司认为营业额会缩减，这一比例也在回归 2014 年以前的低值区间。与之相同的，是对未来一年税后纯利润的变化预期，54. 9% 的广告公司预计其会增长，甚至超过对营业额增长的预期比例。在对“未来一年市场预期良好”这一说法的态度上，36. 5% 的广告公司对市场持乐观态度，较上一年增长 33. 7% 。不难发现，对于广告公司而言，最难熬的寒冬正在过去。

但尽管广告公司整体经营情况有所回升，其内部分化与盘整也在加速。更多广告公司营收和利润增加的同时，也伴随着众多的经营困境。从类型上看，数字营销和营销技术服务公司以及内容创意型广告公司发展较好，传统的媒体资源型广告公司发展压力较大。未来，广告公司的发展更取决于广告公司能否适应广告主需求及传播环境变化。

**2. 产业竞争加剧，技术和数据日益成为广告公司的核心竞争力**

随着广告营销行业边界的不断泛化，广告公司所提供服务与战略咨询、内容生产服务等行业所提供服务的交叉逐渐深入，已经无法从整个市场的大商业业态中清晰地把归属于广告营销的部分剥离出来。2015 年以来，广告行业的参与者不乏来自其他行业的企业，它们通过兼并等手段向数字营销和内容创意等领域不断拓展。如利欧集团等实体企业通过跨界并购进入广告业，已经成为国内营销领域不可忽视的力量。小米、今日头条等公司也成为广告界新力量。咨询公司从战略层面出发，力图满足客户整体品牌营销需求，亦在通过收购和合作投资的方式整合创意设计、数字营销等公司，为客户提供从战略到执行的整套服务。广告媒体 Adage 发布的榜单显示，埃森哲互动、德勤数字和普华永道数字已经跻身世界十大数字营销集团之列。①

目前广告公司面临的竞争对手更加多元、强大。策略和创意能力依然是广告公司的核心竞争优势，但是在新的竞争环境下，数据和技术日益成为广告公司的核心竞争力。是否拥有强大真实的消费者大数据、是否能够进行准确的用户画像、是否能够基于大数据进行整合传播等，都成为广告公司获取客户认同的重要因素。

**3. 资本运作助力广告公司朝着数字化、集团化、集约化和国际化的方向发展**

2016 年，资本有效促进了广告行业内部的整合和兼并，并推动着行业朝着数字化、集团化、集约化和国际化的方向发展。

其一，在数字化浪潮之下，广告主和媒体均在朝着数字化的方向转型，广告公司同样不能避免。对于一些传统的广告公司来说，数字化的方式往往是通过资本运作进行，通过收购一些数字类的广告公司，进而推动整体变革。

其二，中国广告业缺乏大型广告集团，这与中国的经济规模其实十分不匹配；而资本作为集团化的有效手段，可以解决广告的集团化问题。2016 年广告公司行业并购不断，几家领先的营销广告集团均在资本市场频频发力，推动了自身的发展壮大，蓝标更是喊出了做中国 WPP 的口号。

其三，目前中国广告业多杂散乱的局面没有得到真正的改变，广告行业整体发展水平堪忧。中国企业的成长需要与之相匹配的服务水准和专业水平。2016 年，广告企业在资本市场的运作也推动其朝着集约化的方向发展。

其四，中国品牌的国际化不是一个新命题，中国企业大而不强、有产品无品牌也不是一个新问题。在中国宏观经济下行压力较大、中国企业自身转型求突破的背景下，品牌的价值对于国家经济和企业无疑更加重要。品牌意

① SocialBeta：《未来广告代理商的形态会是什么样?》，2016 年 10 月 9 日，http：//mp. weixin. qq. com/s? _ _ biz = MjM5MjAxNDE0MA = = &mid = 2669771250&idx = 1&sn = f7d790457737bf9caf6a29175f588347 &chksm = bc7913a18b0e9ab7278473477e40584196fb52890b042d472ab6ed21336dea576e1de86282b6&scene = 21#wechat_ redirect。

味着高附加值和溢价，品牌承载的同样是中国的国家形象。企业品牌的塑造除了企业自身的努力之外，广告业同样需要做出回应。伴随着品牌的国际化，广告公司也借助资本的力量收购国外营销机构进而进军国际市场，走向国际化。

## 三　展望：新技术、新市场

2016 年，广告市场虽然较 2015 年同期有所回暖，但是增长的基础并不牢固。国家经济的好坏决定了广告市场的兴衰。“黑天鹅”频发背景下，2017 年广告市场依旧会面临诸多挑战。而新技术、新市场又为广告市场带来了更多的机遇。

人工智能、AR、机器学习等新技术在广告业的探索与运用，构成了当前广告市场新的经济图式和人文景观，使其能够更好地探知和把握消费者的需求，进而为企业提供更好的专业服务，新的价值链条和产业链条就此产生。

此外，新市场的不断孕育和发展也为广告市场的发展夯实基础。在消费升级、市场下沉、中国品牌国际化的大势下，新的需求不断产生，新的消费需求孕育新的市场空间并催生了新的广告市场发展空间。虽然寒冬凛冽，但冰冷中永远都孕育着新生发的种子。压力之下，新的市场机遇始终存在。

**B**.17

# 2016年受众媒介接触习惯调查报告*

李 晏**

摘　要：2016年，互联网与传统媒体的竞争与融合仍在进一步加剧，媒介结构日趋复杂，媒体数量激增，受众注意力资源被再分配，互联网媒体不只是简单分流传统媒体的受众资源，而是在时间上让媒介接触更加碎片化、在空间上让媒介接触更加重叠化。在新的媒介环境中，任何媒体都无法“垄断”受众全部注意力资源，虽然媒介渠道多样化，但传统媒体的规模优势与公信力优势仍然非常明显。软广植入、网络传播、本地化或成为传统媒体的创新抓手。对媒体而言，未来如何抓住受众的注意力比获得“流量”更具挑战。

关键词：媒介接触　注意力资源　碎片化　流量

## 一　媒介大环境：从顺序到乱序，从单屏到多屏

**1. 从顺序到乱序，媒体的专属时间特性消失**

2016年，媒体结构越来越复杂，网络媒体数量日趋庞大。庞大的媒体群重新分配有限的受众资源。随着媒体属性的不断嫁接以及时间碎片化趋势的加重，受众多进度处理模式开启，在固定不变的时间内完成更多的事情。

---

* 如无特殊说明，文中图表数据均来自于2016年中国城市居民调查。

** 李晏，CTR媒介与消费行为研究总经理。

这一改变一方面适应了受众的生活节奏，提高了受众的生活效率，便于受众有效利用零碎的时间片段；另一方面也进一步加剧了媒体间的竞争和注意力资源的抢夺。

**2. 从单屏到多屏，媒体的专属空间特性消失**

多种媒体同时介入同一场景，单屏转换为多屏，各个媒体专属的空间被打破。除驾车外，居家、办公、休闲、其他交通场景的媒体终端类型更为分散。调查数据显示，在办公室休闲时间，29.4%的受众会看报纸、杂志，27.2%使用电脑，23%使用手机。在户外休闲时，10.4%的受众使用手机，7.1%的受众看报纸、杂志，5.9%的受众使用平板电脑。在乘坐交通工具时，18.3%的受众使用手机，15.4%的受众听广播，15.1%的受众看报纸、杂志。在卧室休息时，33.2%的受众看电视，36.3%的受众使用平板，40.7%的受众使用手机。在做家务时，23.3%的受众听广播，19.5%的受众看电视，16.2%的受众使用台式电脑。在卫生间时，22%的受众看报纸、杂志，20.9%的受众使用手机，16.5%的受众使用平板电脑。只有在开车时，受众才只接触广播这种媒体。可见，传统媒体不再“场景通吃”。

互联网媒体不只是简单分流传统媒体的受众资源，而是在时间上让媒介接触更加碎片化、在空间上让媒介接触更加重叠化。虽然媒介渠道多样化，但在新的媒介环境中，任何媒体都无法“垄断”受众全部注意力资源。无论是对传统媒体还是对新媒体，抓住受众的注意力比获得流量更具挑战。

## 二　电视媒体发展：外有“客厅保卫战”迫在眉睫，内有“强势频道割据资源”两极分化明显

**1. 电视媒体受众被分流，“客厅保卫战”迫在眉睫**

截至2016年上半年，电视的日到达率为69.9%，同比降低了5.4个百分点，环比增长率为-7%。2013~2016年间，电视媒体的日到达率总体呈

下降趋势。电视媒体的日接触时间自 2013 年上半年以来一直处于波动下降状态，2016 年上半年下降到 145 分钟，但仍属于日均接触时间最长的传统媒体（见图 1）。

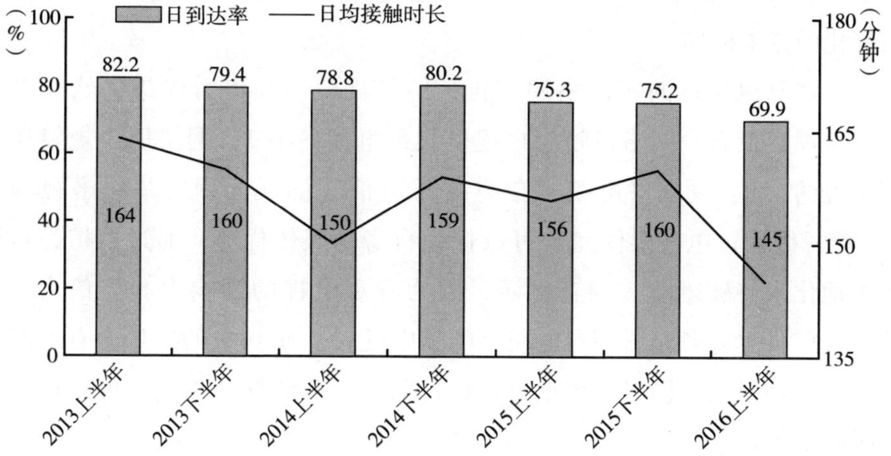


**图 1　2013～2016 年上半年电视媒体的日到达率及日均接触时长**

从不同城市级别来看，2016 年上半年电视媒体在一线城市的日到达率最高，达 72.9%，二、三线城市分别为 68.3% 和 69.3%。不同区域中，华东、西南和华北位列电视日到达率的前三名，其他区域的电视日到达率则不足 70%。另一方面，电视受众一心多用，多屏收看现象仍在加剧。2016 年中国城市居民调查数据显示，42.3% 的观众看电视时，同时还拿着其他电子设备或接触其他媒体。这其中 25.2% 使用手机访问互联网，6.0% 使用平板电脑访问互联网，7.7% 使用笔记本、台式电脑访问互联网，6.5% 读杂志、报纸。在客厅这个原本是电视的主战场，观众的注意力资源被稀释，媒介接触行为已被彻底改变。

**2. 强势频道割据资源，频道两极分化明显**

在电视媒体内部，频道资源集中度高，频道间分化严重。央视作为国家级电视频道仍处于绝对优势，地位无法被撼动。省级卫视综艺栏目竞争激烈，电视剧资源竞争压力大，在网络视频的推动下，网络综艺增长快速。以湖南卫视、东方卫视、浙江卫视等为代表的省级卫视因创新优质的栏目内容逐渐引领市场风向，强势占领日益有限的观众注意力资源，而其他省级卫视尤其是一些市级电视台却在困窘局面中艰难发展，形成电视行业内部发展的上下两重天。优质资源日趋集中于少数优势频道，反过来又进一步加剧了两极分化的竞争格局。

虽然电视媒体的垄断格局不再，但其规模和公信力优势仍然非常明显。从规模上看，网络视频用户规模只是电视的1/3，网络用户规模还只是电视的1/2。受众对电视“信息非常可信”的认同程度是网络视频的2.3倍。因而，电视媒体完全可以依托自身的媒体优势，通过软植、跨媒和本地化来突破困境。调查显示，因为看重电视的影响力和公信力，有51%的广告主有意愿增加在电视上的软广投入，有46%的广告主有意愿增加地面活动投入。同时，传统电视栏目通过线上的互动传播，可以进一步放大软广价值。

虽然电视媒体受互联网冲击明显，但电视媒体仍可一方面立足传统资源生产优质新闻和综艺栏目；另一方面，立足网络电视和视频技术硬件发展、提升视频传输技术，提供高清高质的内容输出，成为客体经济的核心入口。

## 三　报纸媒体发展：立足自身优势，从单一媒体向全媒体进化

**1. 报纸媒体日到达率平稳下滑，电子报的日到达率呈波动上升趋势**

2016年上半年，报纸媒体的日到达率为34.2%，同比降低了3.4个百分点。2013年上半年报纸媒体的日到达率为53.5%，随后一直呈下滑趋势，在2015年下半年有小幅回升。从日均接触时长来看，2016年上半年报纸媒体的日均接触时长为26分钟，比近几年最高的2013年上半年减少了4分钟（见图2）。

不同城市级别中，二线城市的报纸渗透率最高，为35.7%；一线城市

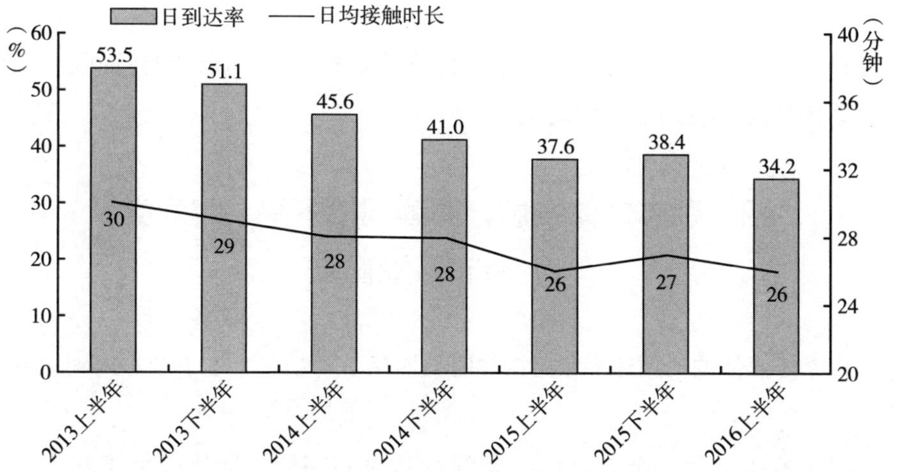


**图 2　2013～2016 年上半年报纸媒体的日到达率及日均接触时长**

和三线城市报纸日到达率则分别为 35.0% 和 29.3%。从七大区来看，华北地区的报纸日到达率最高，为 39.4%；华中和东北地区次之，华南和西北地区的报纸日到达率相对较低。

与此同时，电子报的日到达率为 17.1%，环比有所提升。总体看来，从 2013 年到现在，电子报的日到达率成波动上升态势，其中，2013 年下半年上升幅度最大，到 2014 年上半年达到近几年的峰值，21.9%。按照此趋势，电子报的渗透率会不断提高。

**2. 报纸依托内容和本地优势，拓延自身发展**

时间和文化积累的信任与影响是报纸媒体的核心资源。报纸媒体的可靠性、印象值、影响力都是其他新媒体目前难以企及的。调查显示，37.7% 的受众认为报纸广告可以使其详细地了解产品信息；18.2% 的受众认为报纸是信息非常可信的媒体；15.6% 的受众认为在报纸媒体上打广告的品牌会给其留下比较好的印象；14.3% 的受众认为在报纸媒体上打广告的品牌会增加其购买意向。报纸可以依托内容优势，搭建新媒体平台，通过改变传播路径，进行跨媒体变革。

报纸媒体在内容生产、垂直本地化或垂直行业化方面，有扎实的读者基础和品牌积淀。沿着内容做平台，或沿着地区、行业做垂直服务，是行业内突破转型的主要尝试。特别是在本地化营销服务方面，报纸媒体面临着品牌主活动营销需求投入增长的新机遇。

## 四　杂志媒体发展：阅读规模下降，时尚类杂志最受喜爱

**1. 杂志媒体的周到达率和周接触时长均呈下降趋势，电子杂志周到达率波动上涨**

2016 年上半年，杂志媒体的周到达率为 14.4%，同比降低了 0.7 个百分点。2013 ~2016 年期间，杂志媒体的周到达率不断起伏，总体为下降趋势。2016 年上半年杂志媒体的周接触时长为 48 分钟，比近几年最高的 2014 年上半年减少了 17 分钟（见图 3）。

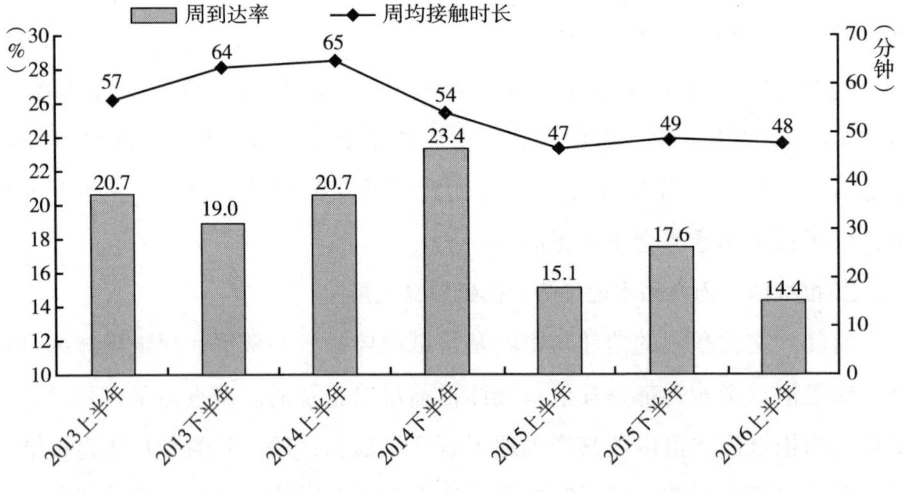


**图 3　2013 ~2016 年上半年杂志媒体的周到达率及周均接触时长**

从全国城市级别来看，一线城市的杂志周达到率最高，为 17.9%；二三线依次为 13.3% 和 11.7%。七大区中，华南和西北区的杂志周渗透率最高，分别为 17.3% 和 17.2%；其次是华北 15.8%；东北地区渗透率最低，

为9.6%。

2016年上半年，电子杂志的周到达率为11.8%，同比下降了1.4个百分点。从2013年上半年至今，电子杂志的周到达呈波折上升趋势，到2014年上半年达到近几年的高峰，14.9%。

**2.时尚类杂志类型最受欢迎，新闻报道类杂志栏目受众最感兴趣**

从杂志阅读类型来看，时尚类、文摘类、财经类杂志仍然位居前三位。尤其是时尚类杂志，女性时尚类、男性时尚类、时尚生活类均排名靠前。虽然受到新媒体的冲击，但是杂志由于内容的精炼和制作的精良，仍然保持一定的受众规模和受众忠诚度。而这部分受众也是杂志未来发展的主力受众。

从杂志阅读栏目来看，受众最感兴趣的栏目前五位分别是新闻报道（29.2%），旅游度假（28.7%），影视娱乐（28.3%），生活方式（28%）和文学/艺术/音乐（28%）。

## 五　广播媒体发展：整体收听平稳发展，移动收听增速放缓

**1.广播媒体周到达率稳定，一二线城市广播媒体周到达率相当**

2016年上半年广播媒体的周到达率为25.5%，同比下降了0.8个百分点，环比增长率为3.6%。2013~2016年期间，广播媒体的周到达率整体波动较为平稳。

从不同城市级别来看，2016年上半年广播媒体在一线和二线城市的周到达率相当，分别为26.7%和26.2%，三线城市相对较低，为21.7%。全国七大区域中，华北区域的广播媒体周到达率最高，为31.9%，其次分别是华中和东北地区。西南地区广播媒体的周到达率最低，为19.5%。就收听时间来看，受众对广播媒体的收听主要集中在上下班时间。

**2.车载收听增速放缓，音乐类广播节目最受听众欢迎**

私有汽车保有量不断增加，移动收听广播受众比例不断增加。截至

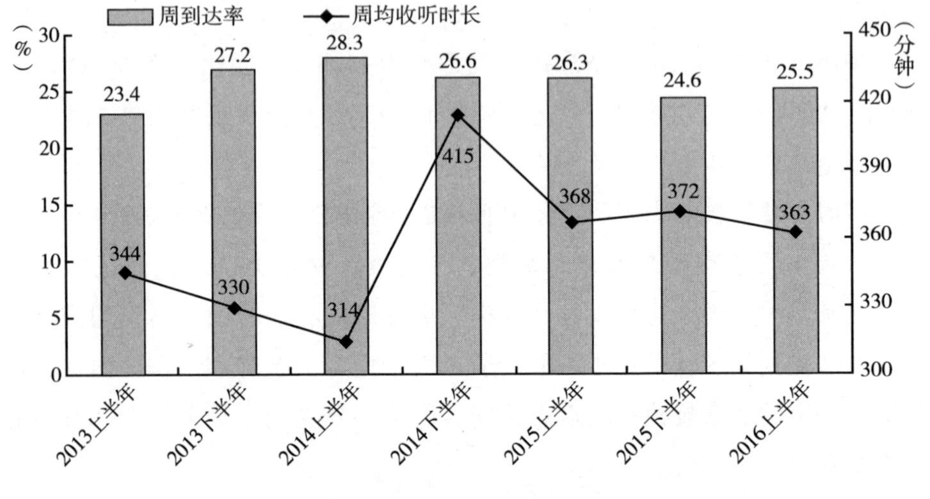


**图4　2013～2016年上半年广播媒体的周到达率及周均收听时长**

2016年上半年，中国城市居民在私家车中收听广播媒体的比例达到17.2%（见图5）。

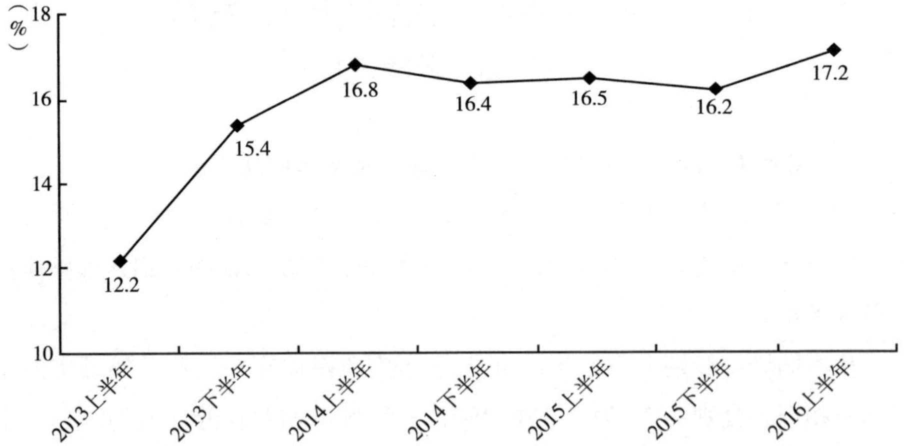


**图5　2013年上半年～2016年上半年广播听众私家车收听广播媒体的收听比例**

从收听的节目类型来看，2016年上半年，音乐类广播节目为受众最喜爱收听的广播节目类型，占比10.5%；新闻类节目次之，占比为9.2%；其次则依次是交通类、娱乐类、热线类、生活娱乐等节目类型。

# 六　互联网及移动互联网发展：区域差异仍存年龄壁垒渐击破

**1. 互联网渗透率稳步增长，中午和晚上休息时间为两个高峰时段**

据中国城市居民调查生活形态数据，互联网成为人们生活不可或缺的一部分。2013 年上半年，有 40.2% 的中国城市居民赞同“愿意花更多时间上网，网络越来越成为生活中不可或缺的部分”，而到 2016 年上半年该比例达到 50.3%。

2016 年上半年互联网的日到达率达到 75%，较 2013 年上半年增长了 11.1%。其间，互联网的日到达率一直保持增长态势（见图 6）。

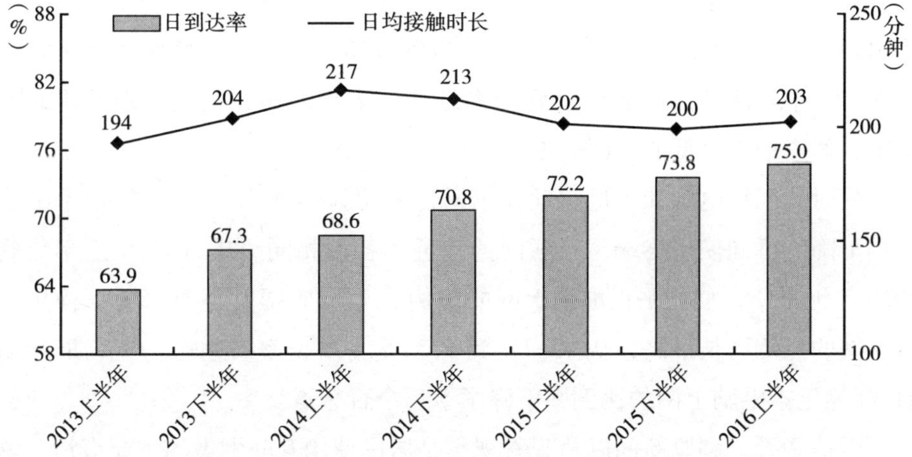


**图 6　2013 ~ 2016 年上半年互联网的日到达率及日均接触时长**

数据来源：中国城市居民调查。

互联网几乎全天候渗透。2016 年出现两个高峰时段，第一个高峰时段是 12:00 ~ 14:00，即中午吃饭和休息时间；第二个高峰时段则是晚上下班后的时间段 20:00 ~ 23:00（见图 7）。

**2. 互联网渗透区域相差较大，华南地区的互联网日到达率最高**

从不同城市级别来看，2016 年上半年，一线城市互联网日到达率最高，

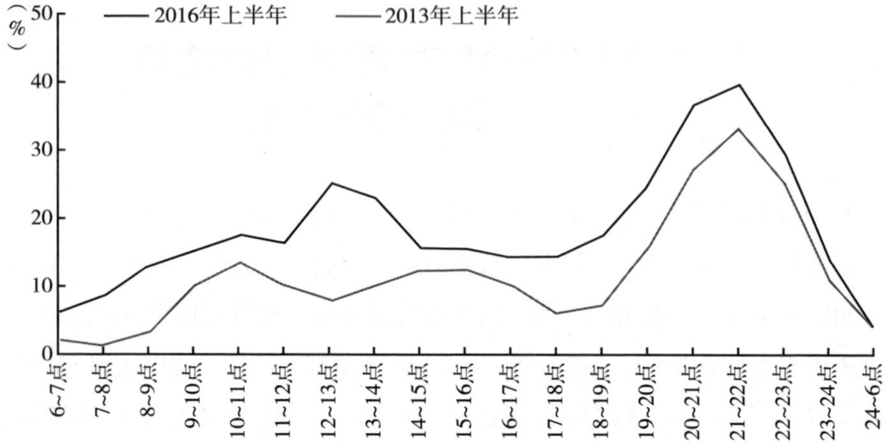


**图7　2013年上半年和2016年上半年使用互联网的时间段分布**

为76.8%，二三线城市分别为76.8%和74.6%。七大区互联网渗透率相差较大，其中华南地区互联网日到达率最高，达81.1%，其次分别是华北和华中，而渗透率最低的是西北地区，比华南区低12.8个百分点。

同时，平板电脑和手机移动端上网比例明显增加，而台式/笔记本上网比例下降。不同使用终端，互联网的渗透率各不相同。从2013年上半年到2016年上半年，使用平板电脑上网的比例从13.3%提升至18.6%；使用手机上网的比例增长最高，从40.2%到67.2%，增长率高达67.2%；而使用台式/笔记本电脑上网的比例则下降了5.7个百分点。

微信聊天、浏览新闻以及观看视频是居民使用互联网做的主要事情。调查居民“昨天使用互联网做的事情”时，微信聊天、浏览网站新闻以及观看网络视频排名前三。

**3. 移动互联网日到达率和日均接触时间逐年提升，中老年年龄壁垒被打破**

2016年上半年移动互联网的日到达率达到67.2%，与2013年上半年相比，增长率高达67.1%。其间，移动互联网的日到达率一直保持高增长态势。在移动互联网网民增长的同时，移动互联网日均使用时长也保持了高速增长（见图8）。

从不同年龄段来看，2013年上半年到2016年上半年，移动互联网在各

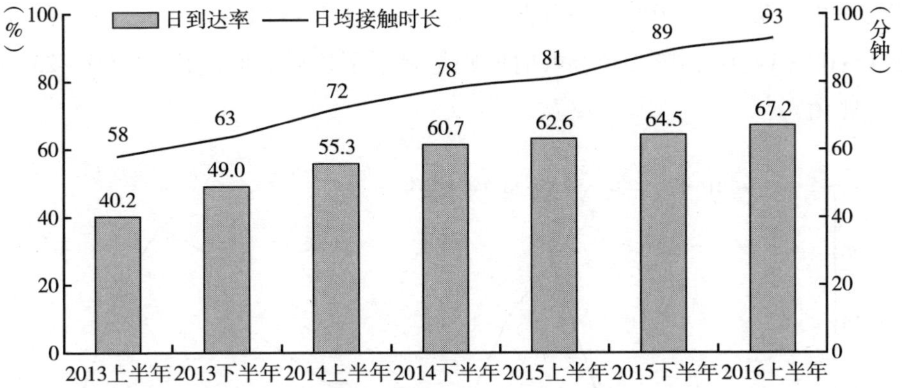


**图8　2013～2016 年上半年移动互联网的日到达率及日均接触时长**

个年龄段均有较高的增长率，并且打破年龄壁垒，成功渗透到中老年群体，实现全年龄段的渗透。其中，增长率最高的是“50 后”，渗透率由 1.6% 增长到 17.5%。“80 后”和“90 后”群体依然是移动互联网的主要使用者（见图 9）。

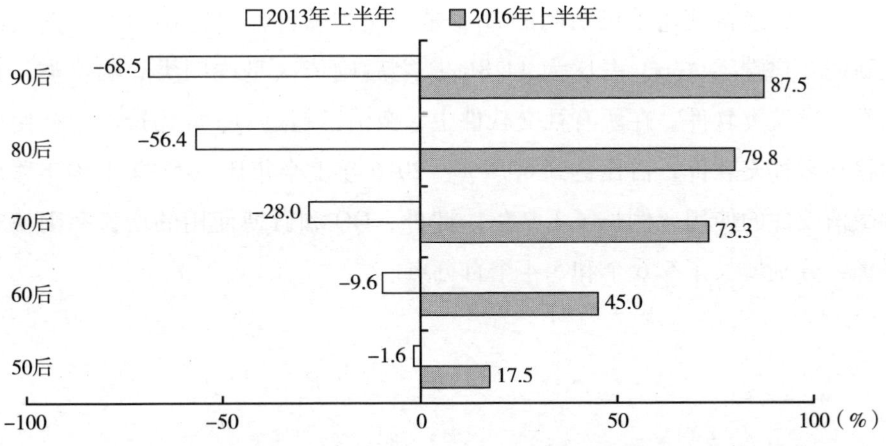


**图9　2013 年和 2016 年上半年不同年龄群体的移动互联网日到达率**

**4. 社交类 App 为使用手机时最经常访问软件，微信则是社交类软件中最常被使用者**

移动互联网已全天候渗透。2016 年上半年比 2013 年上半年移动互联网渗透率明显提高。2016 年出现两个极为明显的高峰时段，第一个高峰时段是 13:00 ~ 14:00，第二个高峰时段则是晚上下班后的时间段 21:00 ~ 23:00（见图 10）。

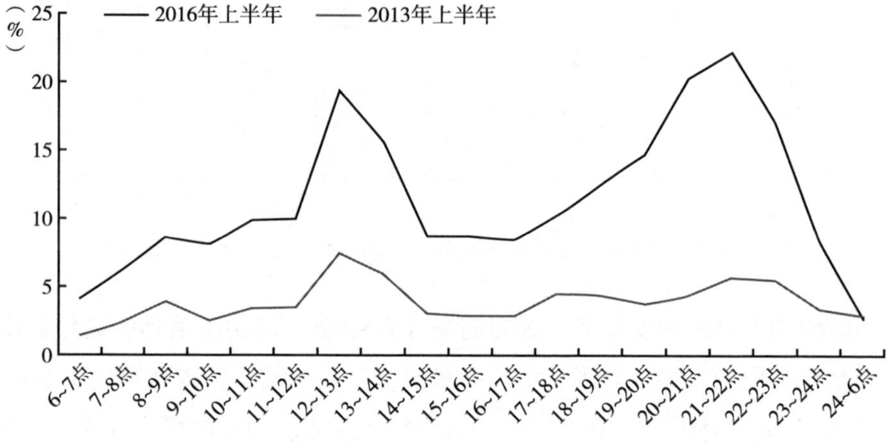


**图 10　2013 年上半年和 2016 年上半年使用移动互联网的时间段分布**

居民最经常使用手机访问的 App 是社交类软件，占比 64.1%；其次则是新闻客户端类 App，占比为 44.8%；之后则依次是视频类、购物类、音乐类、导航类软件。在所有社交软件中，微信已超过 QQ 成为最经常被使用的移动端社交软件，占比达到 60.4%。2016 年上半年比 2013 年上半年移动端微信软件的使用比例长了 1.9 倍。此外，QQ 和微博使用的增长率则相对平稳，分别增长了 5.6 个和 5.4 个百分点。

B.18

# 2016年中国电子商务市场发展报告

曹军波*

摘 要： 2016年中国电子商务市场交易规模稳步增长，智能手机和无线网络的普及使用户不断向移动端迁移，网络购物市场交易规模有所增加，但增速下降，进入平稳发展期。智能手机和无线网络的普及、移动端碎片化的特点及更加符合消费场景化的特性使用户不断向移动端转移。新零售打通物流、选品、会员等方面，传统零售品牌优势渐显；消费升级，跨境电商、生鲜电商受用户欢迎；电商流量成本走高，“直播+网红+电商”成为行业风口；优化资源配置，共享经济相关行业快速发展；O2O模式继续向细分领域渗透，社区零售O2O潜力大。

关键词： 电子商务 互联网 产业发展

互联网与人们生活紧密相关的今天，中国电子商务行业历经20年发展，已经成为零售业的重要组成部分。产业规模不断扩大，产业链不断完善，阿里巴巴、京东等电商企业巨头成功赴美上市。2016年，我国电子商务交易市场规模稳居全球第一，预计全年交易额超过20万亿元，其中网络零售交易超过5万亿元，占社会消费品零售总额的比重首次超过10%。从电商行业发展特点看，电商用户主要是学生和年轻白领，尽管价格仍是电商吸引用

* 曹军波，艾瑞咨询集团副总裁、研究院院长兼首席分析师。

户的重要手段，但电商用户对品质的要求在逐年提升，移动购物，场景化消费成为2016年电商行业发展的关键词。同时，电商广告市场规模持续增长，逐渐成为电商企业重要的收入来源。从资本市场看，伴随互联网资本市场趋于理性，VR/AR技术、大数据等技术与电商行业深度融合，传统电商行业正迎来技术变革浪潮，垂直电商和电商跨界融合成为电商行业发展趋势。

## 一　2016年中国电商行业发展环境

伴随社会经济与技术的发展，电子商务不但改变了企业生产经营管理模式，也颠覆了人们的生活方式与社会机构。电子商务作为一种新型商务经济形式，必然会受到政治、经济、文化、技术，甚至是国际关系等外部环境因素的影响。总体来看，中国电子商务行业发展环境良好，政府积极推动电商行业发展，2016年相继出台了一系列促进电子商务发展的政策文件。3月，商务部办公厅印发了《2016年电子商务和信息化工作要点》，要求贯彻落实《国务院办公厅关于推进线上线下互动加快商贸流通创新发展转型升级的意见》，深入推进“互联网+流通”行动计划，四大项十八条工作要点为电子商务市场健康、健全地发展提供了政策支持和指导。12月，商务部、中央网信办、发展改革委三部门又联合发布《电子商务“十三五”发展规划》，进一步明确了电子商务发展的指导思想、基本原则和发展目标，提出了电子商务发展的五大主要任务、17项专项行动和六条保证措施，指导电子商务健康有序地快速发展。

从具体指导方向来看，政府积极推动电子商务的立法工作及信用体系建设，在政府规划层面加强了引领。通过大力发展“互联网+”来鼓励行业创新发展，推动绿色电商、分享经济、农村电商、社区电商、跨境电商等电子商务模式上的创新，促进实体经济转型升级。鼓励协同经济模式发展。在跨境电商方面，在继续推进杭州跨境电子商务综合试验区建设的同时，推动天津等12个新设跨境电子商务综合试验区及海外仓储和展示中心的建设，同时出台新政，以稳妥推进跨境电商零售进口监管模式过渡。在提高行政能效方面，加强开展商务大数据试点工作，通过线上线下数据整合及分析，推动大数据创新流通管理与公共服务。完善电子商务统计监测体系，推进电子政务资源整合，优化公共信息服务，确保网络信息安全，以全面推动电子商务行业发展。

从宏观经济发展环境看，全球经济发展萎靡，中国仍保持了稳定的发展态势，社会消费品零售总额逐年上涨，2016年中国社会消费品零售总额达33.2316万亿元，同比增长10.4%，连续8年增长率保持两位数以上（见图1）。居民可支配收入的增长也推动国内消费市场规模的扩大，这些都为电商行业发展奠定了基础。中国电子商务市场规模于2015年超越美国成为全球第一，而中国网络购物用户规模也达4.67亿人[①]，位居全球第一。随着我国国民个人收入的增加和在线购物体验的改善，未来中国电子商务市场还将保持快速增长态势。

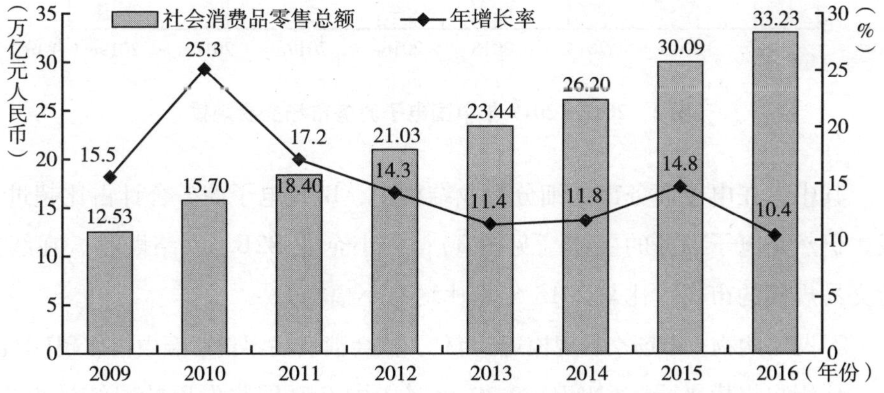


**图1　2009～2016年中国社会消费品零售总额及增长率**

① 中国互联网络信息中心（CNNIC）：《第39次中国互联网络发展状况统计报告》，2017年1月。

## 二 行业整体发展现状

**1. 电子商务行业：市场交易规模超20万亿元，增速与上年基本持平**

2016 年中国电子商务市场交易规模 20.2 万亿元，增长 23.6%（见图 2）。其中网络购物增长 23.9%，本地生活 O2O 增长 28.2%，这两项增长成为推动本年度电子商务市场发展的重要力量。①

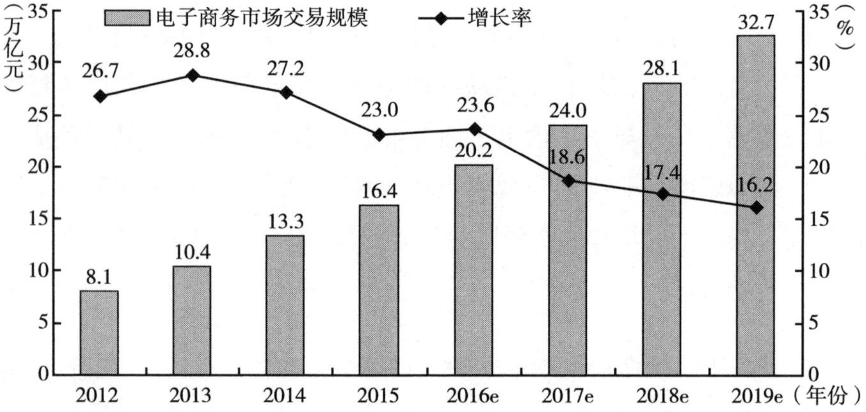


**图 2 2012～2019 年中国电子商务市场交易规模**

其中，在电子商务市场细分行业结构中，B2B 电子商务合计占比超过七成，仍然是电子商务的主体（见图 3）；中小企业 B2B、网络购物、在线旅游交易规模的市场占比与 2015 年相比均有小幅提升。

**2. 网络购物：市场交易规模近5万亿，社会消费品零售总额中占比超14%**

从用户规模来看，CNNIC 第 39 次《中国互联网络发展状况统计报告》显示，截至 2016 年 12 月，我国网络购物用户的规模达到 4.67 亿人，占网民比例 63.8%，同比增长 12.9%。其中手机网络购物用户规模达到 4.41 亿人，占手机网民的 63.4%，年增长 29.8%。

① 除特殊说明外，本文数据、图表均来自艾瑞咨询。

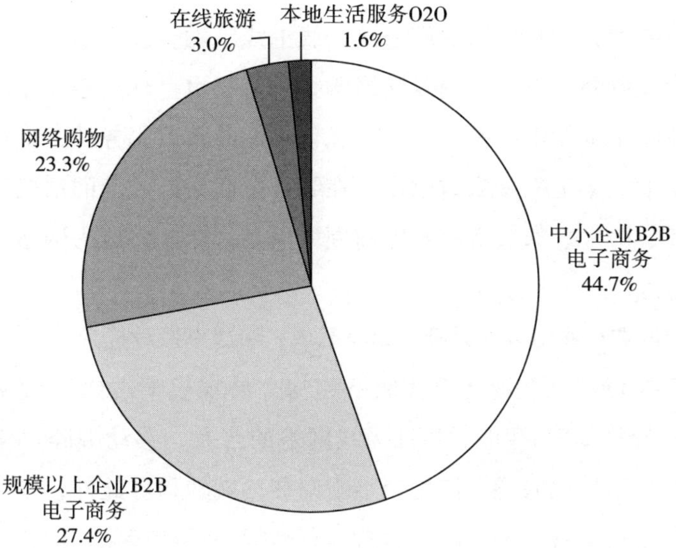


**图 3　2016 年中国电子商务市场细分行业构成**

从交易规模来看，据艾瑞咨询测算，2016 年中国网络购物市场交易规模达4.7 万亿元，较上年增长23.9%，增速放缓（见图4）。

**图 4　2012 ~ 2019 年中国网络购物市场交易规模**

注释：网络购物市场规模为 C2C 交易额和 B2C 交易额之和。

从网络购物市场规模及用户规模的增长情况来看，网络购物行业的发展已经进入成熟期，用户向移动端过渡，线上线下融合进一步加深。受新技术及互联网模式创新影响，电商及网络购物的业态也呈现出多元化的趋势。各家电商企业除了继续不断扩充品类、优化物流及售后服务外，也在积极发展跨境网购、下沉渠道发展农村电商。在综合电商格局已定的情况下，一些企业瞄准母婴、医疗、家装等垂直电商领域深耕，这些将成为网络购物市场发展新的促进点。

**3. 移动网购：移动端交易额占比超七成，渗透率持续提升**

2016 年中国移动购物在整体网络购物交易规模中占比 70.7%，同比增长 15.3%（见图 5）。智能手机和无线网络的普及、移动端碎片化的特点及更加符合消费场景化的特性使用户不断向移动端转移。此外，各家企业持续加强移动端商品运营、丰富内容运营，不断提高用户转化、留存和复购是移动端持续渗透的重要原因。

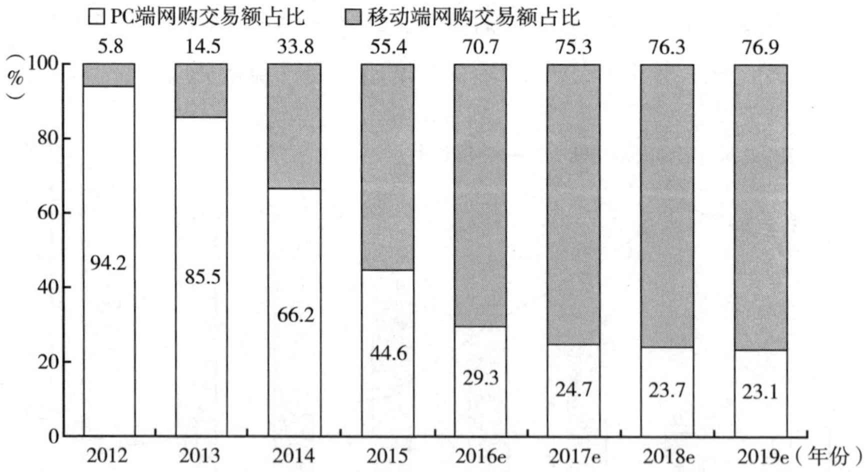


**图 5　2012～2019 年中国网络交易额 PC 端和移动端占比**

4. O2O：本地生活 O2O 市场规模达3271亿元

在过去的两年里，中国涌现出大量 O2O 平台，促使 O2O 市场高速发展。2016 年本地生活 O2O 市场规模达到 3271 亿元，同比增长 28.2%，预计到 2019 年市场规模将达到 5907 亿元（见图 6）。

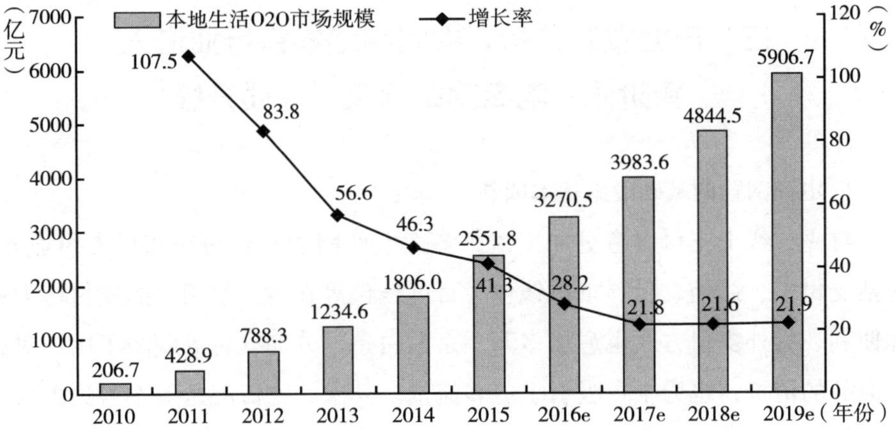


**图 6　2012 ~ 2019 年中国本地生活 O2O 市场交易规模**

**5. 跨境电商：全产业链布局，竞争格局多元化**

随着电商行业增长率放缓，跨境电商成为电商行业新亮点，其中跨境电商 O2O 模式尤为受到业界追捧。苏宁控股集团董事长张近东在 2016 年的两会上就曾提出，“跨境电商 O2O 的发展模式，既能让国内消费者不出国门就能享受到同等的产品和服务，又能带动国内制造业的转型升级，把海外消费留在国内，为国内企业增收创收”，有利于构建便捷的实体消费场景。根据中国电子商务研究中心监测数据显示，2016 年上半年我国跨境电商交易规模达到 5125 亿元，全年规模预计超过 1 万亿元。①

目前，跨境零售电商主要包括以天猫国际、京东全球购为代表的综合平台类，以亚马逊海外购、网易考拉海购为代表的综合自营类，以唯品会、聚美为代表的垂直自营类，和以美丽说、海蜜为代表的垂直平台类四大板块。随着国家针对海外代购的监管的加强，母婴、食品和低价化妆品的税收优势

① 网易新闻，《上半年进口跨境电商交易规模达 5125 亿元》，http：//news.163.com/16/0908/06/C0E1IQ7300014AED.html。

减少，未来直邮模式将逐渐成为主流；跨境物流的流程、模式、成本不断优化，用户黏性和忠诚度将会逐步提升。

## 三　产业发展分析：中国网络零售行业进入新阶段，电商网站探索“提质升级”

**1. 电商网购的基础设施基本成熟**

首先，线上支付渠道更加丰富，各大电商网购平台纷纷布局支付业务，包括支付宝、微信支付、京东钱包、百度钱包等在内，使用户的支付行为更加便利。另外支付方式也愈加多元，京东白条、分期支付等刺激了用户对高价商品的消费，也为平台吸引了更多流量。其次，物流配送效率得到极大提升。一方面配送时间缩短，在部分一线城市，网络购物基本可以实现次日达，部分超市和到家配送服务甚至可以实现1～2小时达，有效提高了网购的用户体验，推动了如生鲜、药品等商品的网购需求。另一方面，快递处理及运力能力得到极大提高。据国家邮政局统计，2016年“双11”期间，从11～16日的6天时间内，全国共揽收快件11.2亿件。菜鸟网络发布的2016年“双11”物流报告显示，每个包裹送到消费者手上只用了3.5天，全国并未出现大面积爆仓现象。

**2. 流量红利渐失，获客成本增加**

移动电商市场交易规模在2015年超过PC端，标志着网络购物市场正式进入移动消费时代。移动购物最主要的优势是便利、随时随地，智能手机的普及与4G网络的发展为这种便利提供了最直接的条件。但是随着互联网的发展和智能手机普及率的提高，网民规模及移动端网民规模增速均放缓，致使市场增量空间减少，移动端流量红利逐渐消失，获客成本将会有所增加。

**3. 后移动电商时代聚焦存量改革，提供精准服务**

移动电商时代，用户的消费路径和习惯发生了很大的变革，消费需求场景化，移动购物模式多样。用户消费习惯从搜索转为推荐，对精准内容的要求越来越高。掌握用户消费习惯和上下游数据，调整供应链和营销策略成为各大企业的重要战略布局。除大数据以外，社交化和内容化营销方式也备受青睐，例如2016年火热的“直播/网红+电商”、“内容+电商”，社交自媒体的发展成为网站吸引流量的重要推动力。

## 四 行业热点及趋势

**1. 新零售打通物流、选品、会员等方面，传统零售品牌优势渐显**

2016年，零售业线上线下一体化加速。2016年天猫“双11”，共100万家门店参加，包括苏宁、优衣库、GAP、索菲亚、百安居等。线上线下的融合，体现在物流、选品、会员等方面，对线上、线下购物的不足实现互补。具体方式包括线上下单、线下提货；基于地理位置人群特征数字化选品；AR购物；线上线下会员打通等各个方面。

在不同类型品牌中，传统品牌优势渐显。艾瑞电商店铺综合实力榜TOP150显示，传统品牌占比约为“淘品牌”的两倍，数量明显占优。此外，传统品牌在访问、关注、商品、物流等各环节的综合表现也明显高于“淘品牌”。

**2. 消费升级，跨境电商、生鲜电商受用户欢迎**

2016年中国网络购物人均消费额突破万元大关，随着网购用户品牌意识不断加强，购买高品质跨境商品的需求也日益扩大。在2015年中国进口零售电商行业爆发的情况下，2016年中国跨境网购仍保持80%以上的高速增长，市场规模超2000亿元，天猫国际、京东全球购、唯品国际等综合电商平台与网易考拉海购、小红书、洋码头等垂直电商均有不俗的表现。

随着居民生活质量不断提升，消费者对食品品质、安全、便捷性方面提出了更高的需求，也为生鲜电商的发展孕育了空间。在平均每年保持80%以上的增长率的基础上，2016年中国生鲜电商市场规模将达到近千亿。百度、阿里、腾讯、京东等企业开始通过投资、自建等方式在生鲜领域进行业务布局，市场竞争日趋激烈，企业模式越发多元，涌现了B2C、O2O、F2C等多种商业模式。

**3. 电商流量成本走高，“直播+网红+电商”成为行业风口**

电商用户增长放缓，用户红利逐渐下降，但电商平台与商户增长仍然非常快，造成流量获取成本越来越高。网红凭借其意见领袖的号召力，能够为电商平台带来巨大的免费且精准的流量，迅速成为行业风口。

2016年3月，淘宝推出直播功能，使用户不退出直播的情况下即可实现购买；6月，苏宁易购启动红人网购直播间；“618”，京东与斗鱼合作的“龙虾激战之夜”网红直播，拉动618期间京东生鲜自营产品的销售，订单量达到上一年同期的6倍。

**4. 优化资源配置，共享经济相关行业快速发展**

中国共享经济行业主要集中在金融、生活服务、交通出行、生产能力、知识技能、房屋短租等六大领域。共享出行领域的滴滴、摩拜、ofo是2016年市场关注的焦点。电商巨头纷纷抢占市场，阿里巴巴将旗下闲置物品交易平台“闲鱼”和“拍卖”业务合并，58赶集独立推出“转转”、京东也发力“拍拍二手”；闲鱼和转转更双双进入App月度独立设备数Top15榜单。

共享模式可从供给侧优化闲置资源使用权，资源的快速流动和高效配置正在改变消费者的观念：不求拥有，但求所用。分享经济目前面临不少挑战，包括交易诚信及安全的约束、政策监管的障碍等，相关政策和制度还有待进一步完善。预测今后共享经济发展的方向主要以车、房等高价值的闲置资源和相对标准化且基于人的服务两个方向为主。

**5. O2O模式继续向细分领域渗透，社区零售O2O潜力大**

除餐饮外卖、旅游等常见领域之外，O2O模式已经延伸到亲子、婚庆、美容、休闲娱乐等各个领域，2016年，医药、汽车、法律等细分领域的O2O企业也开始出现，特别是社区零售O2O展现出强大的势头。

在社区零售方面，京东到家、爱鲜蜂、多点商城、1号店小区雷购、闪电购、俺来也等平台不断涌现。各平台以零食饮料、水果生鲜、日用百货等消费频次高的品类为主，建立起用户的线上消费习惯。2016年，社区零售O2O市场规模达到82亿元，与上一年相比增长63.9%，同时，社区零售O2O市场渗透率仅为0.97%，未来仍具备较大的发展潜力。

**B**.19

# 2016年中国传媒资本运作发展特点

郭全中　胡　洁*

摘　要：　2016年，传媒业资本运作方式更为多元，主要体现为：6家传媒类公司IPO上市融资，巨人网络成功私有化之后借壳世纪游轮在A股上市，各类新媒体基金成立，电影和游戏行业的跨境并购汹涌等，但商誉减值的隐忧需要高度关注。

关键词：　资本运作　跨境并购　商誉减值

2016年，我国经济增速继续放缓、宏观经济疲软，IPO放开，监管力度加大，同时二级市场剧烈震荡。但是传媒业资本市场仍呈快速发展态势，相比于之前的年份，我国传媒业的资本运作方式更为丰富，主要有直接上市融资，海外上市公司从国外资本市场私有化并在国内上市，成立各类基金，引进战略投资者，定向增发融资，发行短期债券、跨境并购等方式。

## 一　传媒资本市场的外部环境有利有弊

**1. 我国正处于消费升级的新时代，为传媒业的发展提供了良好的外部环境**

首先，国家统计局数据显示，2016年，我国国内生产总值为744127亿元，同比增长6.7%；人均GDP为53816.56元，将近8000美元；全年全国

* 郭全中，国家行政学院社会和文化教研部高级经济师；胡洁，中国社会科学院数量经济与技术经济研究所副研究员。

居民人均可支配收入23821元，同比增长6.3%，其中，城镇居民人均可支配收入33616元，同比增长5.6%。根据西方发达国家文化产业的发展实践与经验，当某国的人均GDP超过5000美元时，该国的消费结构会出现根本性的升级，其主要表现是作为精神需求层面的文化消费和传媒消费的比重快速增加。

其次，中产阶层的形成，为传媒产业发展奠定了坚实的基础。根据瑞士信贷银行发布的《全球财富报告2015》，中国中产阶级人数达到1.09亿人，成为全球中产阶级人数最多的国家；《大西洋月刊》联合高盛全球投资研究所发布了一份2015年《中国消费者新消费阶层崛起》的报告：中国城市中产消费者约有1.46亿，人均年收入11733美元。毫无疑问，中产阶层对于精神类产品有着更为强劲的需求，这必将助推精神类需求的进一步爆发。

**2. 我国政策进一步支持传媒业发展**

《中共中央关于制定国民经济和社会发展第十三个五年规划的建议》指出，到2020年文化产业的发展目标是成为国民经济的支柱性产业，文化产业的整体市场规模将超过一万亿元。为了顺利完成该目标，2016年国家出台了相应的“十三五”分规划及配套政策，文化传媒业的政策利好不断。

**3. IPO正常化，助推传媒类企业上市融资**

2015年7月中断IPO后，2015年11月重启，IPO市场正常化。2016年全年新股发行数量达到245只，仅次于2010年的347只和2011年的277只，而在A股历史上排名第三。中影股份、新华网、南方传媒等传媒类企业纷纷通过IPO上市融资。

**4. A股市场监管趋严，定增和并购大幅度降温**

2016年，境内资本市场监管偏严格，表现为战略新兴板暂停推出、中概股回归和跨界并购不断受到垂询、“借壳新规”政策出台、A股宣告终止的并购交易和数量持续上升，这也使得传媒类上市公司的资本运作活动大大降低，尤其是各类跨界并购大幅度降温。

## 二　IPO上市方面，电影和广电网络行业成为赢家

2016年，主要有南方传媒、中国电影、广西广电、上影股份、新华网和贵州广电等6家在上海证交所上市，广电网络和电影各占2家，其中南方传媒是猴年A股第一股，中国电影是目前中国娱乐业最大的IPO，目前广电网络行业的上市公司已经有10家，成为我国传媒类上市公司的重要组成部分（见表1）。

**表1　2016年传媒类主要上市公司**

| 上市公司 | 股票代码 | 上市地点 | 发行股份 | 发行价格 | 募资总额 | 募资用途 |
|---|---|---|---|---|---|---|
| 南方传媒 | 601900 | 上海证券交易所 | 1.6910万股 | 5.85 | 9.9亿元 | 用于品牌教育图书出版、连锁门店升级改造、数字化印刷系统、跨网络教育内容聚合服务平台、信息化系统等项目及补充流动资金。 |
| 中国电影 | 600977 | 上海证券交易所 | 46700万股 | 8.92 | 41.66亿元 | 12亿用于补充影视剧业务运营金、7亿投向数字影院投资、14亿投向数字放映推广应用等项目，另外，5.3亿偿还2007中国电影集团企业债券本金及最后一期利息。 |
| 广西广电 | 600936 | 上海证券交易所 | 30000万股 | 4.80 | 14.40亿元 | 全媒体支撑网络建设项目、全媒体综合信息服务平台项目、补充流动资金。 |
| 上影股份 | 601595 | 上海证券交易所 | 9350万股 | 10.19 | 9.53亿元 | 用于影院新建及升级改造、信息系统与网络平台建设等。 |
| 新华网 | 603888 | 上海证券交易所 | 5190.29万股 | 27.69 | 14.37亿元 | 投向全媒体信息应用服务云平台，移动互联网集成、加工、分发及运营系统业务，政务类大数据智能分析系统，新媒体应用技术研发中心，在线教育等领域。 |
| 贵州广电 | 600996 | 上海证券交易所 | 2.1亿 | 14.98 | 31.46亿元 | 用于广播电视综合信息基础网络建设项目、广电新媒体全业务系统建设项目、网络媒体融合内容建设项目等3个项目。 |

资料来源：根据上市公司资料整理。

在6家通过IPO上市的传媒类公司中，中影股份融资最多，超过41亿元。中影股份的上市之路颇多坎坷，这也直接影响了其发展速度，在万达院线和华谊兄弟上市之前，中影股份的总资产在娱乐业排名第一，而万达院线和华谊兄弟上市之后，已经远远超过中影股份。2013年末，中影股份总资产为79.36亿元，华谊兄弟和万达院线分别为72.12亿元、34.52亿元，而到了2015年末，中影股份、华谊兄弟和万达院线的总资产分别为108.91亿元、178.28亿元和154.59亿元。相信中影股份的上市将在很大程度上助推其快速发展。当然中影股份这样高度依赖政策的国有企业也有较大的风险，一方面，中影股份享受"一家进口、两家发行"的政策红利，2013年、2014年和2015年，发行进口影片收入分别为16.66亿元、27.77亿元和32亿元；另一方面，2015年享受的财政拨款和税收返还高达1.83亿元和4129.33万元。

## 三　海外上市公司纷纷通过私有化退市

前些年，由于我国资本市场的不完善、规模小，很多互联网类传媒公司纷纷到海外资本市场融资，而随着我国资本市场规模的快速发展，尤其是我国对互联网企业加强监管等因素的推动下，加之为了分享国内资本市场的高估值，海外上市公司有的出于安全需要，有的出于国内资本市场的高估值需要，纷纷从海外资本市场私有化退市。

首先，准备私有化的海外上市公司大大增加。2016年，主要有爱奇艺、聚美优品、世纪佳缘、艺龙、奇虎360、合一集团、巨人网络、搜房网、博纳影业等私有化。

其中，已经完成私有化的有巨人网络、搜房网、奇虎360、合一集团和博纳影业。而其中的巨人网络借壳世纪游轮在国内资本市场成功上市，搜房网借壳重庆万里基本失败，而奇虎360、合一集团和博纳影业尚未在国内上市，其他公司因为各种原因取消了私有化。2016年5月22日，世纪游轮发布公告称，巨人网络100%股权已过户至上市公司，并完成相关工商登记变更手续，估值131亿元人民币，并新发行约5139万股股份，募集了近50亿元资金。截至2017年2月17日收盘时，世纪游轮的总市值高达1185亿元。

## 四　战略投资和并购力度大

**1. VC/PE融资规模大幅度提升**

2016年，文化传媒行业回暖，融资规模及数量都呈上升趋势。根据投中集团旗下金融数据产品CVSource统计显示，2016年度文化传媒VC/PE融资规模为38.37亿美元，同比上升26.75%，融资案例数量241起，同比上升15.86%；并购市场宣布交易316起，同比持平，披露交易规模425.91亿美元，同比上升14.22%。

**2. 电影行业并购引起监管部门注意**

虽然2016年，我国票房收入不足460亿元，远远低于600亿元的目标，但是电影行业的投资和并购却是热火朝天。

一是博纳影业集团完成继私有化之后总规模为25亿元人民币的A轮融资，估值150亿元，由阿里影业、腾讯领投，中信证券金石基金、国开金融有限责任公司、中植企业集团、招银国际金融有限公司、工商银行、新华联集团等参投。

二是赵薇控制的西藏龙薇文化传媒拟以30.6亿元收购万家集团持有的上市公司万家文化的1.85亿股后，持股万家文化股权的29.135%而成为第一大股东；但在上交所的问询下，此后万家文化又发布公告显示，转让总价款由30.6亿元调整为5.29亿元，赵薇控股变参股。而上交所对万家文化再次发出问询函，提出市场广泛关注的股权转让生变的具体原因、万家文化控股股东与龙薇传媒的后续运作计划等问题。

三是万达院线对外宣布，将斥资2.8亿美金全资收购时光网，收购完成后，万达院线将持有时光网全部运营实体100%股权。2016年4月，淘票票宣布A轮融资17亿元人民币，光线收购猫眼电影。

四是上市公司高溢价收购明星公司。2016年3月，唐德影视拟收购爱美神51%的股权，对价至少超过4.4亿元，该公司法人为明星范冰冰；暴风科技拟出资10.8亿元收购江苏稻草熊影业60%股权，稻草熊影业的股东包括明星刘诗诗和赵丽颖。这类收购行为引起监管层注意，深交所发出问询，并在之后否决了收购方案。7月，深交所发文严控“明星证券化”现象。此外，引起监管注意的另一热点是跨界定增，针对此现象，证监会一度叫停跨界定增，包括涉及影视行业的并购重组和再融资。

**3. 直播领域成为战略投资的重点领域**

直播对带宽的要求很高，带宽成本、主播费及游戏版权费等耗资巨大，这就要求必须以巨额的资本投入为前提，而且由于直播产业有着巨大的发展潜力，根据华创证券的预测，2020年直播行业市场规模将由2015年的120亿元增长到1060亿元；根据欢聚时代（YY）财报显示，其2016年第三季度来自于直播服务的业务收入为17.904亿元，同比增长54.5%，占总营收20.898亿元的85.67%；根据陌陌财报显示，2016年第三季度，来自于陌陌直播服务的收入为1.086亿美元，占比为70%，而2016年第一季度直播业务仅占比30.65%。正是因为直播行业的广阔前景的诱惑，资本蜂拥而入（见表2）。

**表2　2016年以来直播行业的主要融资**

| 时间 | 融资方 | 融资金额 | 投资方 | 轮次 |
|---|---|---|---|---|
| 2016.1 | 映客 | 8000万元 | 昆仑万维 | A+轮 |
| 2016.3 | 易直播 | 约6000万元 | 不详 | A轮 |
| 2016.3 | 三好网 | 7500万元 | 亦庄互联网等 | Pre-A轮 |
| 2016.3 | 斗鱼TV | 1亿美元 | 腾讯等 | B轮 |
| 2016.4 | 早道网校 | 1500万元 | YY等 | A轮 |
| 2016.5 | 呱呱视频 | 1.31亿元 | 光线传媒 | 被收购 |
| 2016.5 | 野马现场 | 数千万元 | 明嘉资本 | A轮 |
| 2016.8 | 斗鱼TV | 15亿元 | 凤凰资本、腾讯等 | C轮 |
| 2016.10 | 花椒直播 | 3亿元 | 中首建投、奇虎360 | A轮 |

资料来源：根据互联网资料整理。

哪里有市场机遇，哪里就有BAT的身影。BAT意识到直播蕴藏的重大机遇，纷纷布局直播业务，尤其以腾讯最为彻底，目前布局了9家直播平台，其中自建平台就有 NOW 直播、QQ 空间直播、腾讯直播、腾讯新闻、企鹅直播、花样直播等（见表3）。

**表3　BAT 的直播布局**

| 公司 | APP 名称 | 直播形式 | 具体情况 |
|---|---|---|---|
| 腾讯 | QQ 空间直播 | 内嵌式 | 自家产品 |
| | 腾讯新闻 | 内嵌式 | 自家产品 |
| | 企鹅直播 | 纯直播 | 自家产品 |
| | 花样直播 | 纯直播 | 自家产品 |
| | 腾讯直播 | 纯直播 | 自家产品 |
| | NOW 直播 | 纯直播 | 自家产品 |
| | 斗鱼直播 | 纯直播 | 投资 |
| | 哔哩哔哩动画 | 内嵌式 | 投资 |
| | 龙珠 TV | 纯直播 | 投资 |
| 阿里 | 淘宝 | 内嵌式 | 自家产品 |
| | 天猫 | 内嵌式 | 自家产品 |
| | 优土 | 内嵌式 | 收购 |
| | 来疯视频直播秀 | 纯直播 | 优土 |
| | 陌陌 | 内嵌式 | 投资 |
| | 一直播 | 纯直播 | 投资的微博 |
| | AcFun | 内嵌式 | 投资的合一集团 |
| 百度 | 百秀直播 | 纯直播 | 自家产品 |
| | ALa 直播 | 纯直播 | 自家产品 |
| | 爱奇艺 | 内嵌式 | 收购 |

资料来源：根据猎豹全球智库报告和互联网资料整理。

**4. 短视频领域成为重要风口**

在腾讯、今日头条、新浪微博、阿里巴巴、百度等给予内容创业者补贴等各种资源的支持下，短视频创业迎来有史以来最好的时代，不少短视频企业顺利完成融资（见表4）。

此外，澎湃新闻网以超过 30 亿元的估值获得上海国有企业 6.1 亿元的注资；北京时间引入奇虎 360 的资金，具体金额不详。

表 4　2016 年短视频项目融资情况表

| 公司 | 融资时间 | 融资轮次 | 融资金额 |
|---|---|---|---|
| 一下科技 | 2016.11 | E 轮 | 5 亿美元 |
| 梨视频 | 2016.11 | 天使轮 | 5 亿元 |
| 陈翔六点半 | 2016.7 | A 轮 | 数千万人民币 |
| 何仙姑夫 | 2016.7 | A 轮 | 2000 万元人民币 |
| 壹母亲 | 2016.6 | 天使轮 | 数百万元人民币 |
| 即刻视频 | 2016.5 | 天使轮 | 1300 万元人民币 |
| Dailycast | 2016.5 | A 轮 | 数千万元人民币 |
| Musically | 2016.5 | C 轮 | 1 亿美元 |
| 旅行者镜头 | 2016.4 | 天使轮 | 数千万元 |
| Faceu | 2016.3 | B 轮 | 数千万美元 |
| 二更 | 2016.3 | A 轮 | 5000 万元 |
| 小红唇 | 2016.2 | B 轮 | 数千万美元 |
| 日日煮 | 2016.2 | A 轮 | 3500 万元 |

资料来源：根据相关资料整理。

## 五　政府主导成立了各类传媒基金

除了传媒类上市公司组建各类基金之外，政府也牵头组建了各类传媒基金，尤其是广东省坚持“媒体 + 金融”的战略，组建了多个基金。

首先，先后设立两只百亿量级的媒体融合发展基金并投入实质性运作。2016 年 3 月，广东南方媒体融合发展投资基金在广州成立，总规模 100 亿元，首期规模为 10.6 亿元；2016 年 7 月，新媒体产业基金成立，是经广东省政府批准，由广东省委宣传部、省财政厅联合发起设立的政府投资基金。基金由广东省财政出资 10 亿元引导，吸引金融机构等社会资金参与，募集目标规模 100 亿元以上。

其次，推动珠江电影集团与广州越秀集团联合发起设立珠影越秀影视文化产业发展投资基金。2016 年 4 月，广州越秀产业投资基金管理股份有限公司与珠江电影集团有限公司成立珠影越秀影视文化产业发展投资基金，基金目标总金额50亿元人民币，其中首期募集5亿元人民币。

再次，广东省委宣传部又与上海浦发银行签署了《“文化+金融”战略合作协议》，浦发银行将向广东文化企业及文化产业集团提供不低于500亿元的意向性投融资额度。

## 六　主动进行跨境并购

### 1. 游戏行业跨境并购金额过800亿元

根据游戏工委发布的游戏产业报告显示，中国游戏用户数量增长率连续5年下降，2016年我国游戏市场的实际销售收入达1655.7亿元，同比增长17.7%，增速回落。腾讯、网易两家公司游戏收入占据中国游戏市场的半壁江山。国内游戏市场已经饱和。在这种情况下，国内游戏企业为了增强自身的核心竞争力以及更好地拓展国际市场，大力实施跨境并购、进行国际布局。全球游戏市场目前正处于整合期，市场领先者的市场份额正在扩大，领先优势进一步凸显，我国的游戏企业纷纷通过跨境收购来应对挑战。

具体来说，一是腾讯用86亿美元收购了芬兰手游巨头Supercell 84.3%的股份，二是世纪游轮斥资305亿元收购以色列游戏公司Alpha 100%的股权，三是游族网络拟5.8亿元收购德国游戏开发商Bigpoint 100%的股权，四是掌趣科技11亿元收购韩国游戏公司网禅19.24%的股权，五是中技控股以16.32亿元收购英国知名游戏开发商和发行商Jagex。

### 2. 国内影视巨头大有买下好莱坞的势头

第一，2016年1月，万达以35亿美元现金收购著名电影制片厂美国传奇娱乐公司。

第二，万达集团相继收购好莱坞娱乐整合营销公司Propaganda GEM与制作金球奖等颁奖典礼的电视节目制作公司DCP。

第三，2016年7月，万达旗下美国AMC院线买下欧洲最大的院线公司Odeon&UCI；12月，又买下美国第四大院线，使其成为全球最大院线。

第四，2016 年 6 月，腾讯收购好莱坞制片公司 IM Global 的控股权，又在 8 月投资好莱坞制片厂 STX 娱乐公司。

第五，2016 年 10 月，阿里巴巴旗下的阿里影业入股斯皮尔伯格旗下的 Amblin Partners，并达成一系列战略合作。

## 七　定增和发行债券

在国家对定增监管加紧的情况下，2016 年成功定增的案例较少，一些传统媒体又通过发行短期债券来融资。

首先，浙报传媒通过非公开发行定向增发 19.5 亿元以布局大数据产业。根据浙报传媒的公告，经中国证券监督管理委员会《关于核准浙报传媒集团股份有限公司非公开发行股票的批复》核准，公司非公开发行人民币普通股（A 股）113636363 股，每股发行价格为 17.16 元，募集资金总额为人民币 1949999989.08 元，扣除发行费用人民币 14034090.86 元后，实际募集资金净额为人民币 19.36 亿元。

其次，重庆日报报业集团产业有限责任公司成功发行 10 亿元超短期融资券，之前南方报业传媒集团、大众日报报业集团也发行过公司债。不得不说的是，在传统媒体收入和净利润双双下降的情形下，发行债券融资方式比股权融资方式的风险更高。

## 八　商誉减值成为上市公司收购后管理的重要问题

近几年，传媒类上市公司为了实现战略转型和业绩快速增长，纷纷通过并购方式来实现外延式增长。为了降低风险，通常采取的是由被收购方进行利润承诺的对赌方式，但是当被收购方不能完成利润承诺时，就会出现大量的商誉减值，进而对公司造成重大影响。例如，粤传媒收购的香榭丽出现重大问题，粤传媒也因商业减值而导致 2015 年净亏损 4.45 亿元，2016 年如不是广州市财政补贴 3.5 亿元和售卖部分房产，也会导致较大的亏损。

未来，外部宏观经济环境不确定性加强，而技术对传媒业的影响也会进一步加强。在资本市场管控加强的背景下，传媒业资本运作的方式会更加丰富多元，而尤其需要警醒的是，巨额资金并购尤其是没有利润承诺的跨境并购，有可能因为并购后业绩没有达到预期而产生巨大的商业减值，进而把上市公司拖入亏损的深渊。

# B.20
# 2016年中国传媒上市公司绩效及投融资报告

邸 一*

摘 要： 2016年，在经济增速趋缓的大背景下，文化传媒上市公司融资规模达到157.3亿元，总市值15271.05亿元，新三板传媒企业总市值1339亿元。传媒产业发展趋于分化，新兴产业迎来关注和投资，传统媒体持续整合。传媒类企业于主板、中小板、创业板及新三板的上市挂牌提速，融资渠道不断增加，传媒资本市场在机遇和风险并存的情况下将迎来稳健发展和运作多元的局面。

关键词： 传媒资本 传媒板块 传媒概念

## 一 传媒资本市场发展背景和表现

2016年，在经济发展基本面持续放缓、稳中向好的总趋势下，传媒行业资本市场也迎来了继续回暖的良好条件。全年国内生产总值实现744127亿元，比2015年增长6.7%①，传媒产业所在的第三产业增加384221亿元，增长7.8%，增值和增速高于第一、第二产业。全国规模以上文化及相关产业的5万家企业实现营业收入80314亿元，比2015年增长7.5%（名义增长未扣除价格因素），增速比2015年加快0.6个百分点②（见表1）。

* 邸一，清华大学新闻与传播学院硕士研究生。

① 国家统计局：《2016年国民经济实现“十三五”良好开局》，2017年1月20日。

② 国家统计局：《2016年全国规模以上文化及相关产业企业营业收入增长7.5%》，2017年2月6日

**表1　2016 年全国规模以上文化及相关产业企业营业收入情况**

| 项　目 | 绝对额(亿元) | 比 2015 年增长(%) |
|---|---|---|
| 新闻出版发行服务 | 3061 | 5.0 |
| 广播电影电视服务 | 1496 | 5.1 |
| 文化艺术服务 | 312 | 22.8 |
| 文化信息传输服务 | 5752 | 30.3 |
| 文化创意和设计服务 | 9854 | 8.6 |
| 文化休闲娱乐服务 | 1242 | 19.3 |
| 工艺美术品的生产 | 15045 | 3.2 |
| 文化产品生产的辅助生产 | 8926 | 5.4 |
| 文化用品的生产 | 30219 | 7.0 |
| 文化专用设备的生产 | 4407 | 2.7 |
| 东部地区 | 59766 | 7.0 |
| 中部地区 | 13641 | 9.4 |
| 西部地区 | 5963 | 12.5 |
| 东北地区 | 943 | -13.0 |
| 总　计 | 80314 | 7.5 |

说明：1. 表中速度均为未扣除价格因素的名义增速。
2. 表中部分数据因四舍五入的原因，存在总计与分项合不等的情况。
数据来源：国家统计局。

传媒产业的供需方面，我国居民教育文化娱乐的消费支出和供给投入稳步增长。2016 年前三季度，我国居民人均消费支出中教育文化和娱乐类为 1350.84 元，占全部消费支出的 11.03%。2016 年前 10 个月，文化、体育和娱乐业固定资产投资完成额增速回升至 14.80%。[①]

媒介变革刺激传媒业态裂变，资本、技术、渠道、内容加速整合，随着中央深改组对传媒改制的力度加大，“十三五”对文化产业支柱性的明确，传媒产业的发展前景更为明朗。经济的持续稳定发展、互联网服务的进一步发展、国家政策层面的综合作用，为传媒产业通过资本手段优化结构和提升运营水平提供了良好的条件，根据 Bloomberg、Wind、投中信息、中泰证券的数据统计，2016 年上市传媒公司的市场表现情况如下：

① 首创证券：《热点仍须市场检验，低迷还待业绩提振》，2016 年 7 月 20 日。

IPO及融资方面，沪深股市IPO共227笔，增长4%；全年IPO、再融资（现金部分）合计1.33万亿元，同比增长59%；A股公司首破3000家，融资规模1496亿元，略低于2015年。① 在所有行业中，传媒业以157.3亿元规模列第三位，仅次于银行业和化工产业。②

新股发行方面，2016年初至2017年1月底，传媒相关板块共发行新股15只，占同期291只新股的5.2%，其中出版3只，广电2只，游戏4只，院线相关3只，其余3只。

股指表现方面，中信一级口径下，传媒指数下跌37.7%，居一级行业末位，同期跑输沪深300、中小板和创业板（见图1）。2016年1月初熔断后整体下跌30%左右并全年维持此水平，少反弹。波动率和交易量在下半年逐降（见图2），其中万达院线和华谊兄弟最大跌幅接近50%。

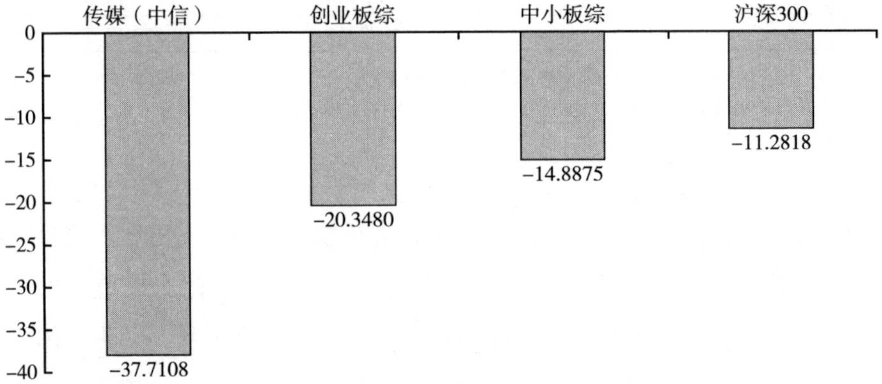


**图1　传媒板块VS沪深300、中小盘、创业板**

数据来源：Wind，中泰证券研究所。

细分板块方面，各大板块有所下跌，其中平面媒体2016年度下跌21.75%，表现好于整合营销（-27.25%）、广播电视（-38.82%）、互联网（-40.75%）和电影动画（-48.45%）（见图3）。

① 人民日报：《2016年IPO家数和融资额创近五年新高》，2017年2月13日。

② 牛牛金融研究中心（数据来源：Choice）：《2016年中国资本市场专题回顾之四：喷涌的IPO，全民抽奖年2016年IPO全景图》，2016年12月31日。

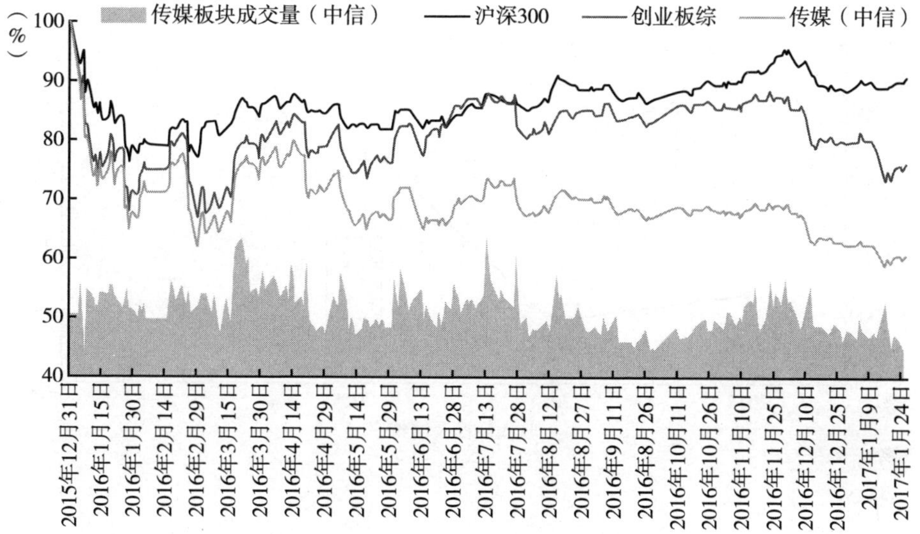


**图 2　传媒板块 2016 年指数走势及成交量**

数据来源：Wind，中泰证券研究所。

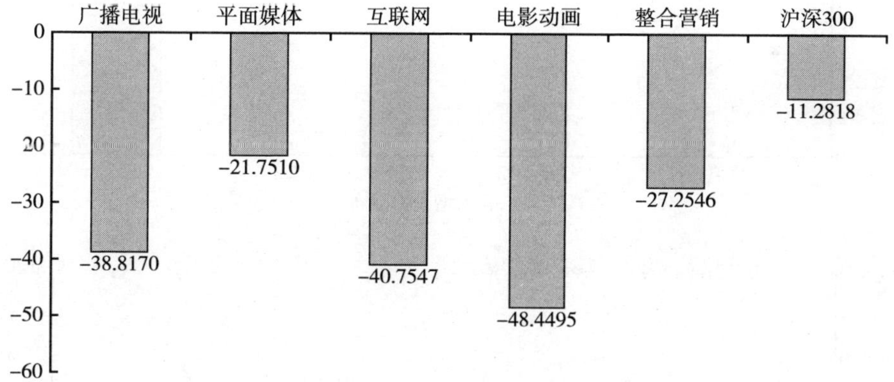


**图 3　传媒子板块与沪深 300 年度涨跌幅比较**

数据来源：Wind，中泰证券研究所。

关于传媒行业的公司业绩和财务指标，随着传媒板块上市公司 2016 年财务报告的陆续披露，Wind 统计显示，2016 年传媒公司的整体盈利水平下降，行业的整体估值水平也有所降低（见图 4），上市公司各自的市值和指标反映了传媒行业的历史表现水平（见表 2）。

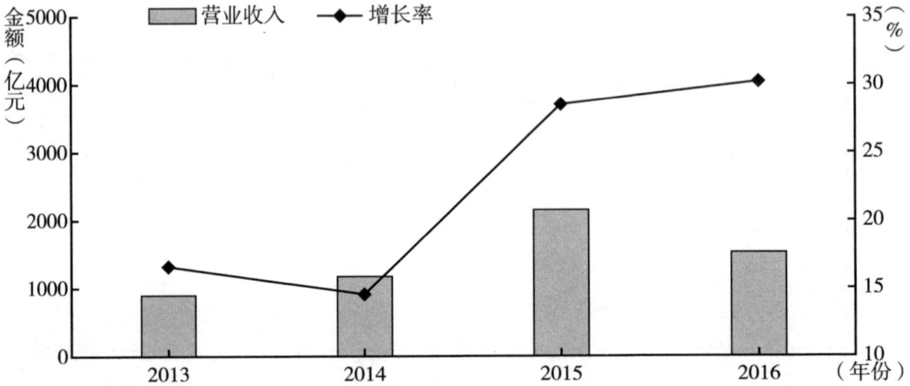


收入规模及增长率

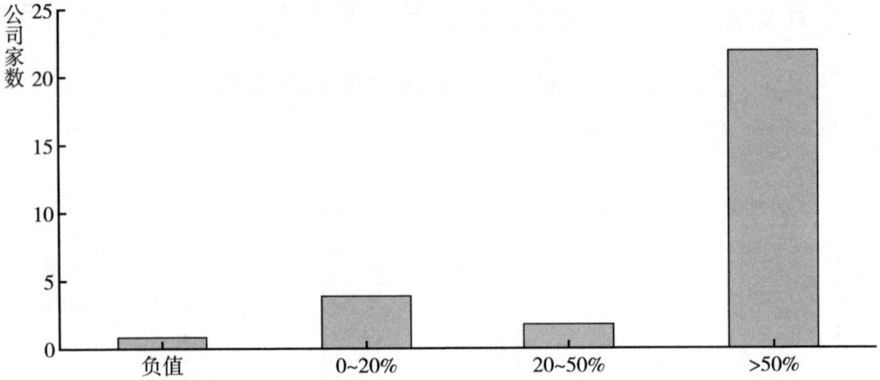


收入增长率分布

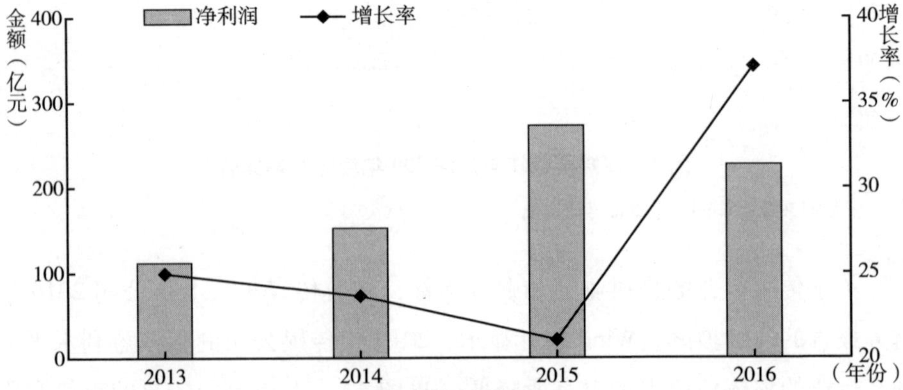


净利润及增长率

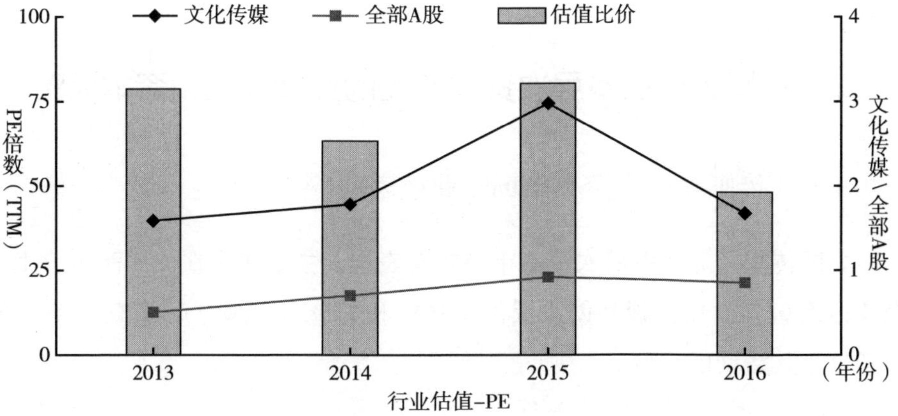


**图4　传媒行业2016年相关财务指标**

数据来源：Wind数据。

第一，营业收入和净利润。2016年全行业上市公司的营业收入及净利润金额较2015年有所减少，收入和利润总额在2015年的营收高峰后呈下降表现，但营业收入增长率（30%）及净利润增长率（37%）实现较大增加，且多数公司的收入增长率都较2015年得到了提高。

第二，行业估值。2016年的行业估值指标（PE）为近4年最低，截至2016年底，传媒板块动态市盈率为47.4倍，目前处于相对估值底部。传媒行业的增速整体符合预期，超预期的公司表现较少，部分优质公司估值已滑入正常区间，并且市场上出现了多支绝对估值较低或者超跌的个股，但总体上传媒行业的估值水平仍高于A股水平。随着传统传媒行业的分化整合，新兴细分行业的发展进步，传媒资本市场的规范，预计将迎来估值向好。

第三，公司市值。根据Wind资讯提供的数据，82家Wind文化传媒行业A股上市公司总市值15271.05亿元，占全部上市公司市值的2.6%，平均市值186.23亿元，上市公司市值前50公司的市值总额为12578.43亿元，市值平均额为251.57亿元，位居前三的龙头企业依次为分众传媒（1024.83亿元）、万达院线（663.48亿元）和东方明珠（607.07亿元），传媒行业上市公司前50的公司市值及相关市场指标反映了传媒行业的历史表现和未来发展潜力。

## 二 传媒企业在多层次资本市场的业绩表现和资本运营

### （一）传媒多层次资本市场的业绩表现

我国传媒企业在多层次资本市场皆有表现，主要集中在沪深两市，主板企业占到67%，中小板和创业板各占16%和17%（见图5），新三板和区域市场也是其活动的平台。

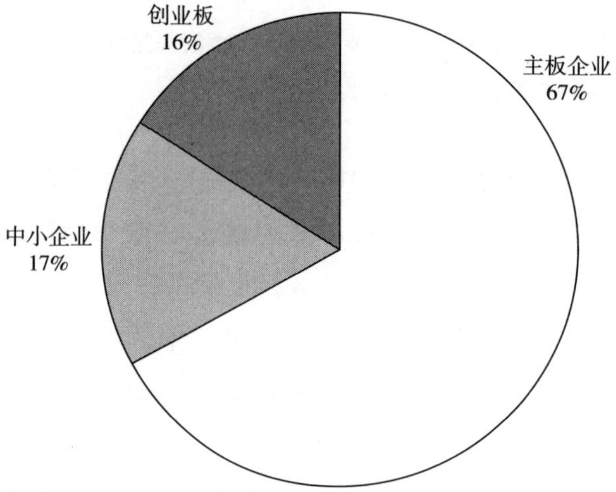


**图5 2016传媒公司市场板块分布**

数据来源：Wind数据。

**1. 沪深交易所传媒板块**

截至2017年2月17日，申万传媒板块108家公司中已有83家公司公布2016年度业绩预告。其中，有58家公司预增，6家公司续盈，8家公司预减，4家公司扭亏，4家公司亏损，3家业绩不确定。其中可看作传媒板块核心的58家文化传媒板块有38家公布了业绩预告，其中有29家预增，3家续盈，1家略减，1家扭亏，2家亏损，2家业绩不确定。

从三季报公布数据来看，58家文化传媒公司中，52家公司盈利，41家公司归属净利润同比增长，43 家公司营业总收入同比增长。文化传媒行业上市公司整体业绩实现了稳速增长。申万文化传媒板块营业总收入合计同比增长 16. 61%，归属净利润合计同比增长 12. 21%。资产负债率 33. 40%，比 2015 年同期增加了约 1 个百分点；平均净资产收益率为 6. 77%，比 2015 年同期下降了 1. 3 个百分点、2016 年行业股指指标波动中下行的趋势明显，5 月至 9 月贴合沪深 300 指标的走势，而 11 月份大幅下降远低于市场水平；行业总营业收入数量上低于 2015 年水平，但同比增长率却有大幅提升（见图 6）。

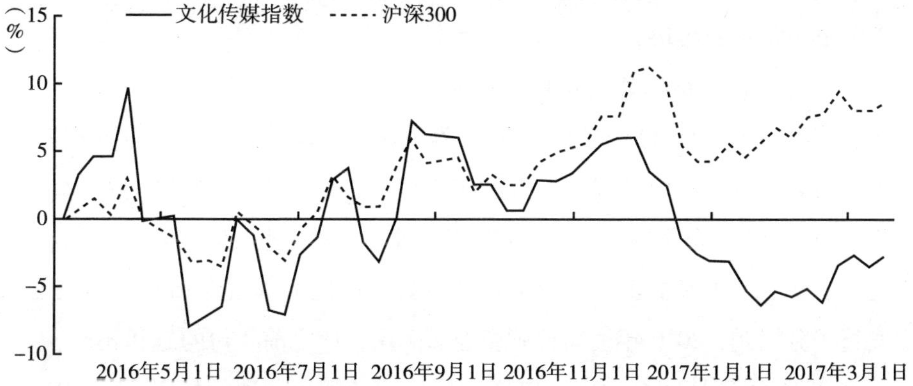


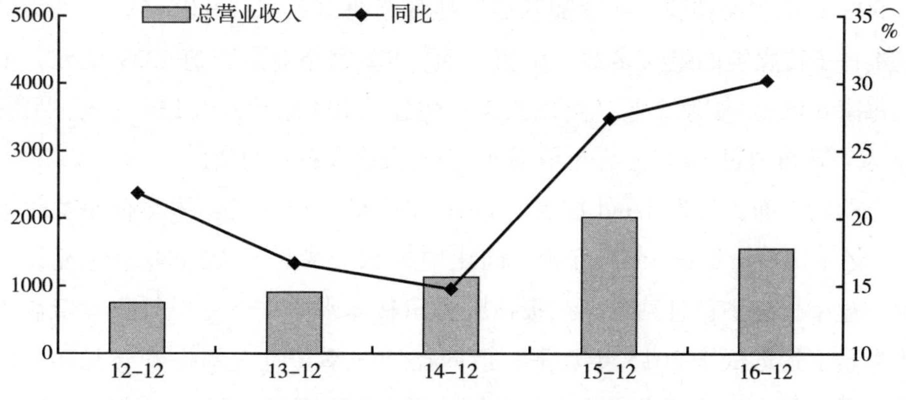


**图 6　沪深传媒行业公司营业收入及市盈率**

数据来源：Wind 数据。

从行业来看，影视娱乐板块业绩表现亮眼，营业总收入合计增长 36.02%，归属净利润同比增长 57.49%。平面媒体板块营业总收入同比增长 14.70%，归属净利润同比增长 3.84%。表现欠佳的是有线电视板块，营业总收入同比长 3.45%，归属净利润同比长 -9.86%。个股方面，业绩增速最快的 10 家公司分别是文投控股、完美世界、万家文化、北京文化、骅威文化、光线传媒、慈文传媒、当代东方、中南文化、当代明诚。

从财务指标来看，沪深传媒企业的盈利能力较强，2016 年的营业收入为 1580.67 亿元，虽不及 2015 年，但实现了较大的同比增长，行业内公司的运营水平良好。但行业短期偿债能力水平降低，股东权益和现金流量大幅下降。

**2. 新三板传媒板块**

2016 年，新三板挂牌公司接近翻番，突破 1 万家，全年融资 1405 亿元，成为我国挂牌企业数量最大的基础性证券市场、全球首家达到 1 万家挂牌企业的证券市场。自新三板经国务院批准扩容以来，截至 2016 年 12 月 31 日，新三板 Wind 媒体类企业达 402 家。402 家企业中 36 家进入标准较高的创新层，占比只有 9%；52 家企业采用做市转让方式，占比 13%。2016 年，新三板首次实行了分层制，2016 年度新挂牌企业 237 家，比之前年份的总和还多。

在 2016 年新挂牌企业中，电影和娱乐业挂牌企业数量最多，达 201 家，占 50%；广告类挂牌企业紧随其后，挂牌企业 182 家，占比 45%，这两类基本占了传媒类的绝大多数。市值方面，402 家企业总市值 1339 亿元，平均每家 6 亿元，1 家企业（英雄互娱）超过了 100 亿元，为 136 亿元，另有 32 家企业市值过 10 亿元，市值前 20 企业市值分布不均匀。

营收方面，根据 Wind 披露的 2016 年中报，新三板媒体类企业总收入 157 亿元，平均每家 4555 万元，同比增长 56.3%，35 家企业过亿元，行业市盈率指标平稳且贴各新三板挂牌公司整体水平，新三板行业总营业收入数量上远远低于 2015 年水平，但同比增长率却有大幅提升（见图 7）。收入最高的大地院线半年收入 8.7 亿元；半年净利润总和 14.6 亿元，平均每家 422 万元，同比增长 87.6%，3 家企业过亿元，另有 45 家超过 1000 万元，利润最高的仍然是英雄互娱，半年利润 2.2 亿元。

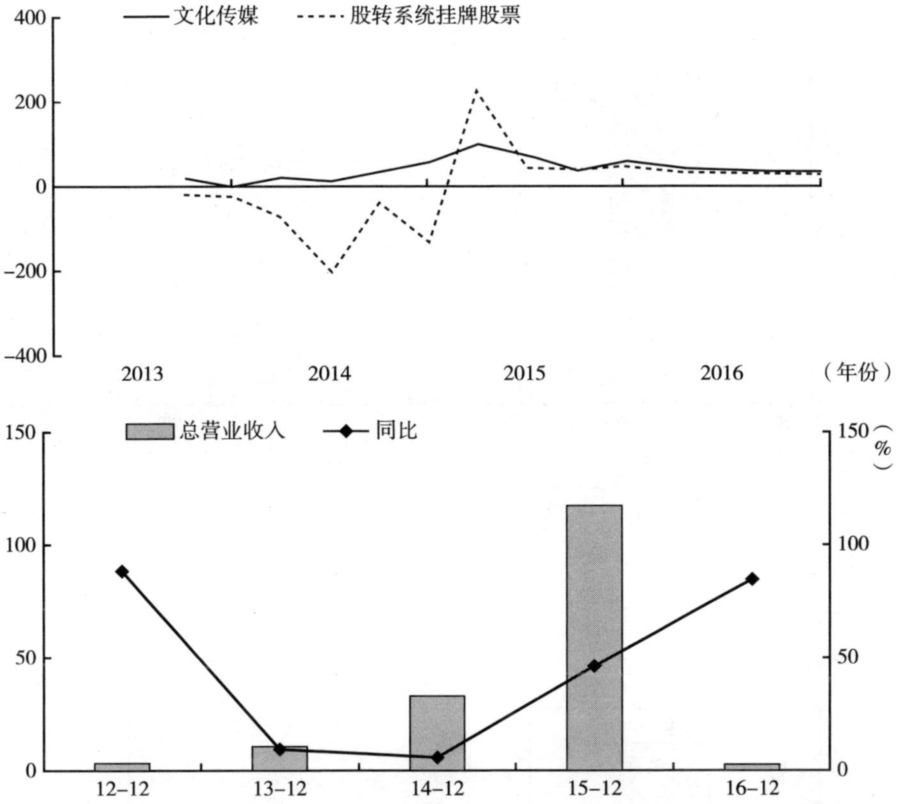


**图7　新三板传媒行业公司营业收入及市盈率**

数据来源：Wind 数据。

创新层企业平均收入9051万元，增长44.70%，平均净利润795万元，增长15.55%；基础层4031万元，增长59.01%，反而超过了创新层，净利润379万元，增长121.63%，同样出乎意料地远超创新层（见图8）。做市企业平均收入7359万元，增长39.80%，净利润466万元，增长2.64%，协议转让企业平均收入4069万元，增长62.5%，净利润414万元，增长122.58%，增速均高于做市企业。可见做市企业和创新层企业的增长还存在巨大潜力。

从财务指标来看，新三板传媒企业的整体盈利水平低，同沪深股市传媒板块的表现较一致，但同比增长幅度大，营业成本大幅下降，实现了毛利率的巨大增长，说明新三板传媒行业的发展空间和成长能力极大，且现金流丰

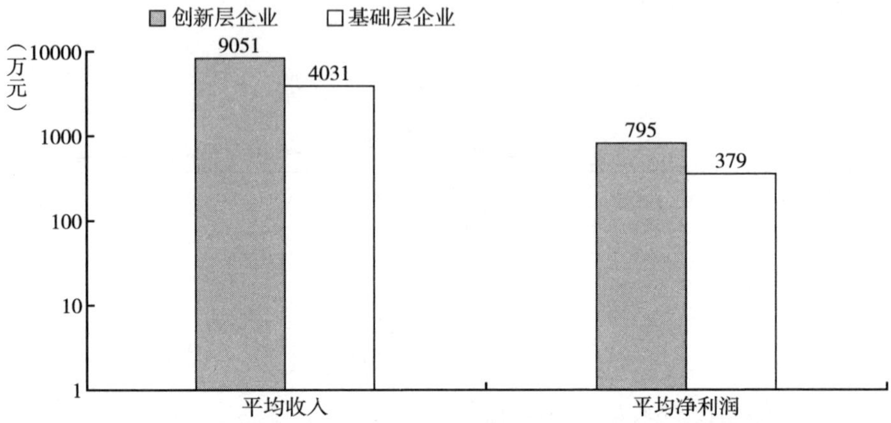

创新层企业
基础层企业
（万元）
10000
1000
100
10
1
9051
4031
795
379
平均收入
平均净利润


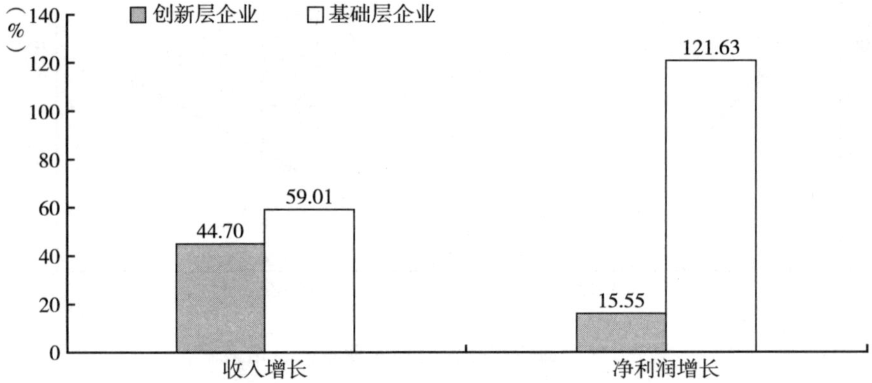

（%）
创新层企业
基础层企业
140
120
100
80
60
40
20
0
44.70
59.01
15.55
121.63
收入增长
净利润增长


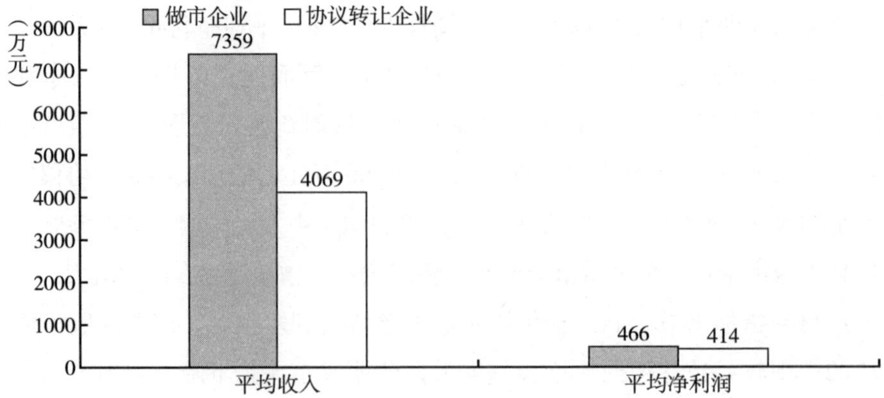

做市企业
协议转让企业
（万元）
8000
7000
6000
5000
4000
3000
2000
1000
0
7359
4069
466
414
平均收入
平均净利润

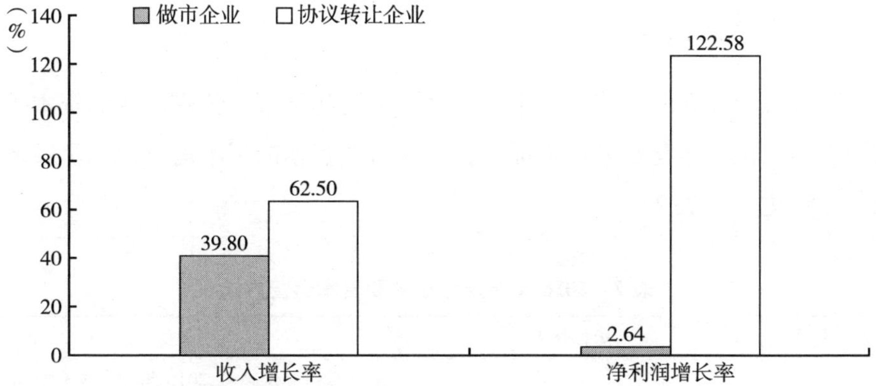


**图8　传媒三板企业分层和分转让方式业绩对比**

数据来源：Wind资讯。

富，投资回报率较高，说明新三板传媒行业的未来前景良好。

新三板中影视文化类企业无疑是媒体类企业中的佼佼者，开心麻花2015年12月挂牌新三板，继《夏洛特烦恼》之后，又将高口碑话剧IP《驴得水》搬上了银幕，收获了1.73亿元票房的佳绩，公司2016年上半年实现收入1.18亿元，同比增长42.01%；实现净利润3270.92万元，同比增长91.61%。2017年1月9日，开心麻花发布公告称，公司准备在合适的时候首次公开发行股票并在创业板上市（IPO），并拟向公司所在地的证监会派出机构申请辅导备案。

**3. 区域股权市场传媒板块**

根据Wind数据，到2016年底，在区域性股权市场（四板，OTC）挂牌的企业共14996家，其中归属于媒体类的企业有1371家，占比9.14%。从部分公布了业绩的企业来看，这些企业平均净资产1030万元，平均营业收入962万元，平均净利润-22万元，总体呈亏损态势。区域股权市场更适合初创期、轻资产的传媒企业利用增发股份、VC投资、股权质押贷款等渠道融资。2017年1月20日国务院办公厅下发《国务院办公厅关于规范发展区域性股权市场的通知》，意味着区域股权市场真正拥有了明确的法律地位、市场定位和展业要求，发展趋势将更加稳定，将为小微传媒企业提供更加便捷高效的融资交易。

## （二）资本运营

随着行业媒介的变革和资本、技术、渠道的整合，传媒产业的资本手段结构不断优化，运营水平逐步提升，传媒行业资本的资本运营形态呈现多样化、灵活化（见表2）。

**表2　2016年传媒企业主要资本运营方式**

| 资本运作方式 | 运作情况 | 案例 |
|---|---|---|
| 并购重组 | 交易316起，与2015年宣布持平，披露交易规模425.91亿美元，同比上升14.22%；文化传媒并购市场完成交易规模为121.53亿美元，同比下降10.80%，案例数量161起，同比下降2.5%①。 | 从具体案例来看，2016年国内文化传媒并购案例中规模最大的大连万达集团股份有限公司旗下美国AMC院线宣布以9.21亿英镑、约9倍EBITDA②并购欧洲第一大院线——Odeon & UCI院线，这是AMC继宣布并购美国卡迈克院线之后的又一大动作，同时为万达首次在欧洲院线行业投资。至此，万达成为横跨中国、美国和欧洲的全球最大院线运营商。 |
| 投资基金 | 文化传媒VC/PE融资规模为38.37亿美元，同比上升26.75%，融资案例数量241起，同比上升15.86%，融资案例的数量规模反映出整体市场逐渐升温。全年文化传媒共涉及22笔退出。四季度账面平均回报率为-0.01倍。 | 微距广告、三人行及观音像的账面回报率较高。 |
| 众筹 | 2016年筹资224.78亿元，是2015年的1.97倍。据盈灿咨询不完全统计，截至2016年8月底，全国影视文化众筹平台共有62家，筹资额达到4.06亿元，其中影视文化众筹综合类平台有37家，垂直型影视文化众筹平台有25家，影视文化类项目为991个，总体众筹成功率约为66%；成功投资人次达到14.3万人次。 | 苏宁众筹的影视众筹项目成功筹资额位居榜首，达到9253万元，成功投资人次达到10263人次；其次为聚米众筹和出品人网。总体来说，影视文化众筹更加大众化，回报方式更加多元化，除了能获得资金收益，还能获得周边产品、探班、客串、参加首映、与明星合影等贴近影视拍摄的附加福利。国内影视文化市场巨大，融资需求量也大，行业前景较为宽阔。 |

数据来源：投中信息、网络信息整理。

① 投中信息：《2016年度文化传媒资本市场一路回暖，2016年12月融资规模创新高》，2017年1月3日。

② 税息折旧及摊销前利润，简称EBITDA，是Earnings Before Interest，Taxes，Depreciation and Amortization的缩写，即未计利息、税项、折旧及摊销前的利润。EBITDA被私人资本公司广泛使用，用以计算公司经营业绩。

## 三　部分概念板块情况

**1. VR、AR 等概念仍待挖潜**

虚拟现实（VR）从 2015 年就被市场寄予厚望，尤其是 2016 年年初，普遍认为 2016 年将是虚拟现实元年。此前习近平主席在 G20 峰会上强调建设创新型世界经济，发展虚拟现实等高新技术，VR、AR 等新兴技术产业发展被列入“十三五”规划，表明从国家层面对高新技术的重视，这将有利于 VR、AR 技术的普及以及与各行业的融合发展，形成“VR +”、“AR +”的新趋势。从市场的表现来看，虚拟现实产品的推进速度远低于市场预期，这也直接导致了 2016 年虚拟现实行业整体跑输大盘约 8 个百分点（沪深 300 指数跌幅 11.31%，虚拟现实指数跌幅 24.23%），一旦 VR 趋势明朗，反弹空间较大。VR 行业从 2016 年开始即颇受资本追捧，各大互联网巨头也纷纷入局逐鹿。新三板是创新性产业的风向标，据挖贝网不完全统计，新三板挂牌公司中有 12 家 VR 概念股，据 2016 年已披露的季报或半年报，盈利的企业仅有 5 家，其他企业均出现不同程度的亏损；4 家企业在 2016 年完成了募资，募资总金额达到 2.73 亿元。

**2. 电影板块增长速度大幅减缓**

作为传媒板块企业最主要的变现手段，电影市场 2016 年整体增速下滑，拖累了整个传媒板块的表现。已上市企业中万达院线在 2016 年下跌了 54.82%，华谊兄弟在 2016 年下跌了 46.81%，华策影视也下跌了 38.93%。原因主要是 2016 年全国电影总票房为 457.12 亿元，同比增长 3.73%，连续 5 年增速都保持在 40% 以上的中国电影票房，突然在 2016 年踩了急刹车。新上市的影视行业新股较多，而凭借着市场对于新股的热爱，股价表现良好，幸福蓝海 2016 年上涨了 238.62%，上海电影、中国电影的股价涨幅分别达到了 170.1% 和 79.83%，但总体上也未得到市场资金的爆炒。根据各影视公司披露的三季度季报，2016 三季度超过一半的公司同比涨幅达 30% 以上，行业平均同比增长率超过 1 倍。部分制作类上市公司依然强势，光线传媒前三季度营业总收入 11.87 亿元，同比增长 41.79%，净利润 5.8 亿元，同比增长 216.55%。

3. 出版行业融资呈现新突破

近年来受新媒体内容及渠道的多维度影响，出版公司利润增速承压。在营业总收入层面，大部分出版公司实现收入的稳健增长，2016 年前三季度的行业增速为 9.74%，大于 2015 年前三季度的行业增速（7.74%），在利润层面，2016 年第三季度归属净利润增速为 8.31%，同比 2015 年第三季度（15.64%）有所下滑。在传统出版行业中，民企的盈利能力要高于国企（见表 3）。其中作为民企的中文在线和天舟文化的销售毛利率均在 50% 以上，普遍高于国企的销售毛利率。

**表 3　出版行业部分国企与民企销售毛利率比较**

单位：%

| 国企 | 销售毛利率 | 民企 | 销售毛利率 |
|---|---|---|---|
| 出版传媒 | 19.96 | 中文在线 | 50.11 |
| 凤凰传媒 | 40.33 | 天舟文化 | 57.97 |
| 皖新传媒 | 20.74 | | |
| 中南传媒 | 41.78 | | |
| 时代出版 | 27.55 | | |
| 大地传媒 | 29.97 | | |

资料来源：长江证券研究所，Wind 资讯。

2016 年又是传统出版企业大力转型拓展的一年，出版企业在资本运作层面、业务拓展层面、融资手段层面均实现了多项突破（见表 4）。部分出版企业的成功转型一方面为行业带来指引，另一方面，全新的行业布局也为 2017 年的发展奠定了坚实的基础。

4. 网红经济引领自媒体发展

2016 年获得千万级融资的自媒体超过 15 家，一条、梨视频、同道大叔涉及的资本远超过亿元，二更、餐饮老板内参获得融资五千万。其中，多数自媒体还处于融资的早期阶段，以天使轮和 A 轮为主，只有一条、有车以后等极少数自媒体到了 B 轮。网红经济成为重要增值点，作为全年最红的网

**表 4　出版领域资本运作、业务拓展、融资手段等方面均实现多项突破**

| 上市公司 | 2016 年转型动作 |
|---|---|
| 时代出版 | 重大资产重组停牌中 |
| 中南传媒 | 继续加码拓展金融、IP 产业链及教育信息化三个创新业务 |
| 凤凰传媒 | 继续加码在线教育、影视、云服务等新兴产业,集团可交债完成发行 |
| 皖新传媒 | 对旗下书店资产进行创新资产方案,集团可交债完成发行 |
| 城市传媒 | 重点拓展新媒体、IP 产业链、VR 教育等新兴领域 |
| 中文传媒 | 游戏业务跻身细分领域龙头 |
| 大地传媒 | 筹划重大资产重组(因故近期终止) |
| 长江传媒 | 大力贸易业务收入大幅增长,幼教等领域发展快速 |
| 出版传媒 | 收购出版集团旗下资产 |
| 南方传媒 | 收购发行资产,实现出版发行整体上市 |
| 新华文轩 | 近期新登陆 A 股 |

资料来源：长江证券研究所，Wind 资讯。

红，Papi 酱所代表的自媒体分分合合的非议一直伴随。罗辑思维退股后，真格基金投资 1200 万增持至 10%，但事实上，这不是对 Papi 酱个人的投资，而是对其背后运作的网红经纪公司的长期看好。

**5. 二次元文化概念成为投资热点**

近年来二次元①用户规模高速增长，待挖掘价值很高。根据艾瑞咨询，2016 年二次元用户规模达到 2.7 亿，核心消费人口超过 1.5 亿，同比增长 23.3%，并形成了腾讯动漫、B 站等二次元平台。2016 年二次元领域的主要融资情况，共有 42 笔融资达成，除 A 站、晨之科等进入 B 轮以上的动漫平台企业外，大多数 A 轮之前的投资集中在内容领域，而包括爱奇艺、B 站、奥飞娱乐、美盛文化等平台、渠道和衍生品商在内也大力进行动漫内容布局②。资本密集布局、下游变现打开的背景下，未来二次元内容领域有望迎来爆发。

① 二次元是一种亚文化现象，广义上指动画、漫画、游戏、小说等，同时泛指喜爱这些内容的人。狭义上指具有日系文化特点的动漫等产品。二次元用户具有追求原版、忠实且狂热，乐于吐槽，沉溺虚拟等特点。

② 中泰证券：《传媒互联网行业 2017 年度投资策略报告》，2017 年 2 月 9 日。

**6. 互联网巨头并购传统媒体**

2016年传统媒体发展形势依然严峻，多家平面媒体陆续停刊，也有不少媒体选择通过资本运营方式谋求资产整合。投资于媒体的资本大都投在了新媒体上，这样的投资价值和赢利前景却还需观望，这使得一些投资机构将目光聚焦在传统媒体。而投资传统媒体及其新媒体平台则成了一个可以尝试的选择，得到意在拓展媒体资源投资人的关注。《华尔街见闻》B轮融资由黎瑞刚操盘的华人文化基金领投1亿元，并计划从财经金融类内容提供切入市场交易服务。蚂蚁金服对《财新》投资2000万元。加上这宗交易，阿里系公开的媒体类投资已有12家，有望打造“新媒体帝国”。

## 四 市场展望

随着人们的付费服务意愿的提高，资本将更多地关注传媒行业。2016年，传媒资本市场在波动中取得缓慢发展，表现未达预期。2017年，国家对资本市场的监管趋严，不确定性增加，但随着多个行业的整合盘点，产业正快速形成从投资、制作到消费的用户生态闭环，传媒资本市场将在机遇和风险并存的情况下迎来业绩稳健增长和估值向好的局面。

在政策方面，2016年多项政策出台，利好传媒行业发展。自2016年年初以来，广电总局、文化部、网信办等监管部门不断出台监管政策，涉及网络剧、网络游戏、网络直播、电视栏目等各个细分领域。《电影产业促进法》等聚焦促进产业发展，广电总局《网络出版服务管理规定》要求网络游戏进行出版前审批。在风险方面，文化改革进一步收紧了对传媒业的监管和导向，行业创新在一定程度上减少了动力，国有企业尤其是出版企业转型改革的效果并不能得到保证，重组效果有可能不如投资者预期；IPO提速抽血效应明显，短期内会对流通性造成一定的影响；传媒企业并购非常活跃，并购标的良莠不齐，部分上市公司重组并购的进度将对个股股价产生较大影响。

2017 年是传媒资本市场发展的重要节点，进入后用户红利时代，深挖用户价值、把握消费升级与寻求新红利市场将带来增长的新驱动力，电影产业将借着新法出台在一段时间内的继续调整后大幅反弹，内容生产和低年龄段互联网消费将成为投资热点，出版传媒企业转型将为文化国企改革带来新动力。随着 IPO 的不断加速，投资机构有了良好的退出渠道，VC 和 PE 的出资意愿会继续强烈，传媒投融资市场也将逐步回暖。

# 国际及港澳台地区传媒产业报告

Media Industry Development Reports of Overseas, Hong Kong, Macao and Taiwan

## B.21 2016年全球传媒产业发展报告

杭 敏　李成章*

摘　要：　2016年，在全球娱乐及传媒产业整体稳健增长的大前提下，不同地区和行业呈现出多样化的发展特点。在复杂多变的全球传媒版图中，新兴市场显现出了巨大的成长空间和发展潜力。在国家和地区的人口地理结构中，年轻人口的数量成为了影响市场的关键因素。2016～2020年，全球移动互联网的普及率和互联网接入的速度都将大幅提高，技术的发展也将推动视频、游戏、电影和广告等行业的发展。展望未来，在竞争激烈、日益复杂的全球市场中，娱乐及传媒产业将依旧

* 杭敏，清华大学新闻与传播学院副教授；李成章，清华大学新闻与传播学院硕士研究生。

保持发展活力。

关键词： 全球传媒产业 全球娱乐产业 新兴市场 数字化

## 一 全球娱乐及传媒产业发展综述

全球娱乐与传媒产业的总产值在过去的一年中持续增长。根据普华永道的最新数据，2015 年全球娱乐与传媒产业的总收入为 1.72 万亿美元，年均复合增长率达到 5.5%。2016 ~ 2020 年间，全球娱乐及传媒产业的年均复合增长率将会维持在 4.4%，增速高于全球 GDP 的平均增长率。与此同时，全球娱乐及传媒产业的总收入也将会继续上涨，并将在 2020 年达到 2.14 万亿美元。①

在普华永道所追踪研究的 54 个地区中，2015 年有 34 个地区的娱乐及传媒产业收入增长率超过了该地区的 GDP 增长率。其中，委内瑞拉的娱乐及传媒产业收入增长率位列第一，紧随其后的是巴西、巴基斯坦、尼日利亚等新兴市场。另外也有一些地区的娱乐及传媒产业收入则经历了下滑，甚至还有一些地区出现了停滞。从市场绝对值来看，美国、中国、日本仍然是全球前三大市场。

数据表明，全球娱乐及传媒产业的主要收入来源已经逐渐从出版行业转向了视频及互联网行业，尤其是近年来兴起的用户数据管理、OTT（Over - The - Top）等新服务都进一步推动了视频及互联网行业的扩张。娱乐及传媒产业主要有三大商业模式：消费者消费、广告主投资和互联网接入，其中消费者贡献的产值依然是产业总收入来源的最重要部分。

2016 ~ 2020 年，全球娱乐及传媒产业在稳步增长的背景下将在五个方面发生巨变：年轻消费者的力量、本地化内容的地位、新型捆绑销售的模

① 数据来源：www. pwc. com。

式、发展中市场的机遇，以及新商业模式的潜力。发达经济体中的互联网普及率更高，但是新兴市场也正在迎头赶上。在未来几年中，新兴市场互联网（包括移动互联网）的普及率将会显著提升，互联网接入将在新兴市场中显现出巨大盈利空间和发展机遇。同时，地区的人口结构也将影响该地区娱乐及传媒行业的增长，年轻人口的数量将成为决定市场收入的关键因素。

## 二　全球娱乐及传媒产业的行业发展特征

### （一）报纸和杂志出版业

在全球范围内，报纸和杂志出版商正努力适应数字技术所带来的挑战和机遇。面对竞争对手（信息替代来源）的多样性，报纸和杂志的传统核心地位也面临着前所未有的挑战。随着出版业广告收入的逐渐减少，2015 年全球报纸的发行收入首次超过了全球报纸的广告收入。展望未来，全球报纸发行量可能会继续增加，而广告收入则将会持续下降。预计在 2020 年，全球报纸出版业总收入的年均复合增长率将下降至 1.5%。其中，报纸广告收入的年均复合增长率为 2.9%，报纸发行收入的年均复合增长率为 3%，电子报收入的年均复合增长率将达到 9.7%（见图 1）。[①]

2015 年全球杂志出版业的发行总收入为 684.3 亿美元。预计在未来几中，全球杂志出版业的发行收入将会继续下滑。2015 年消费性电子杂志的收入占杂志出版业总收入的 16%，预计到 2020 年，这一比例将升至 30%。[②] 虽然消费性电子杂志的收入正在持续稳步增长，但这仍然不能弥补纸质版杂志的印刷成本损失。

### （二）图书业

全球图书出版业总收入的年均复合增长率总体将在未来 4 年达到

① 数据来源：www.pwc.com。

② 数据来源：www.pwc.com。

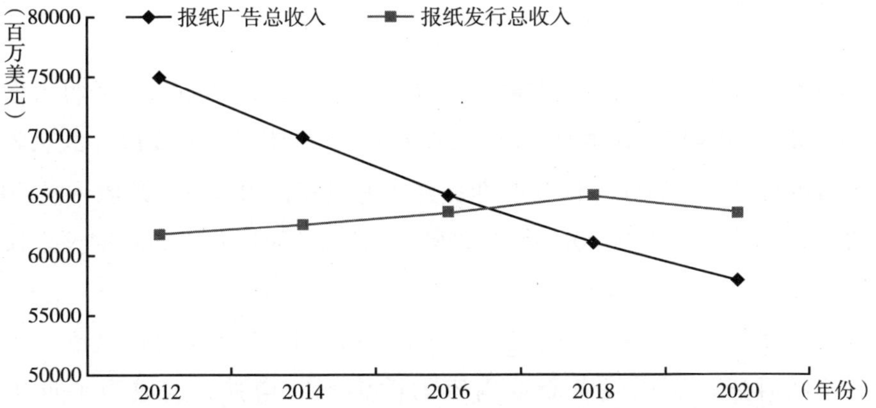


**图1　全球报纸发行总收入与报纸广告总收入（2012～2020）**

数据来源：www. pwc. com。

1.7%。其中，增长速度最快（年均复合增长率1.9%）的是教育类图书，与之相比增长较慢（年均复合增长率1.5%）的消费类图书的销售额却占了整个图书市场的一半。从尼尔森监测的10个区域市场来看，2015年有6个区域市场的纸质图书销量额同比上升。发达国家的图书市场是整体复苏的趋势，而新兴市场国家的增长势头则有所放缓。①

2016年，全球电子书的总收入达到108亿美元，占全球电子出版市场的71%。预计到2020年，印刷图书总收入的年均复合增长率将会下降至0.4%，而电子书总收入的年均复合增长率将会上升至10.4%。传统电子书的增长趋势已经开始放缓，而独立和自出版的电子书以较低的价格受到了更多读者的青睐。专业类图书是整个图书市场中数字化程度最高的区域，预计在2020年专业类电子书总收入的年均复合增长率将达到11.7%，而专业类印刷图书总收入的年均复合增长率则下降至2.8%。②

① 数据来源：www. nielsenbookscan. co. uk。

② 数据来源：www. statista. com。

### （三）电视和视频业

2015 年，全球订阅视频点播服务（SVOD，例如：Netflix）的收入增长了 33.8%。2014 年，该项收入增长了 32.3%；订阅视频点播服务的总收入在这两年共增长了 77%。同一时期，全球电视和视频节目的总收入从 2014 年的 2710 亿美元上升至 2015 年的 2890 亿美元，为期两年的总增长率仅为 6.6%。[①]

在全球智能手机和平板电脑的普及率持续快速上升的背景下，消费者希望随时通过不同设备获取内容的欲望不断增强，这成为了近年来 OTT（Over - The - Top）视频业务收入加速增长的关键因素。虽然流媒体仍然只占全球娱乐及传媒产业的一小部分，但是所有不同类型内容流（content streaming）的收入都在稳步上升。同时，付费电视也已经开始与订阅视频点播服务（SVOD）和非订阅视频点播服务（TVOD）等流媒体展开竞争。

### （四）音乐和广播业

全球数字流媒体音乐的总收入将在未来 4 年内到达 22.2% 的年均复合增长率，而无线广播的总收入在未来 4 年的年均复合增长率只有 2.1%。[②]虽然音乐和广播这两个行业在某些方面有一定的融合与重叠，但这并不意味着数字音乐和广播电台会相互竞争。

随着流媒体音乐的兴起，下载音乐的模式开始衰落。数字音乐收入的不断增长，也将会抵消一部分正在下降的音乐唱片销售额。纵观整个音乐产业，音乐现场演出将会以 3% 的年均复合增长率成为下一个收入增长点。预计 2020 年，音乐现场演出的总收入将达到 117 亿美元，年均复合增长率为 4.7%。[③] 广播产业受到的挑战不仅仅来自数字流媒体服务，同时还来自于

① 数据来源：www. pwc. com。

② 数据来源：www. pwc. com。

③ 数据来源：www. pwc. com。

新的车载智能仪表盘技术对车载广播的冲击。未来，随着智能手机的普及，广播消费的模式又将被进一步改变（见图2）。

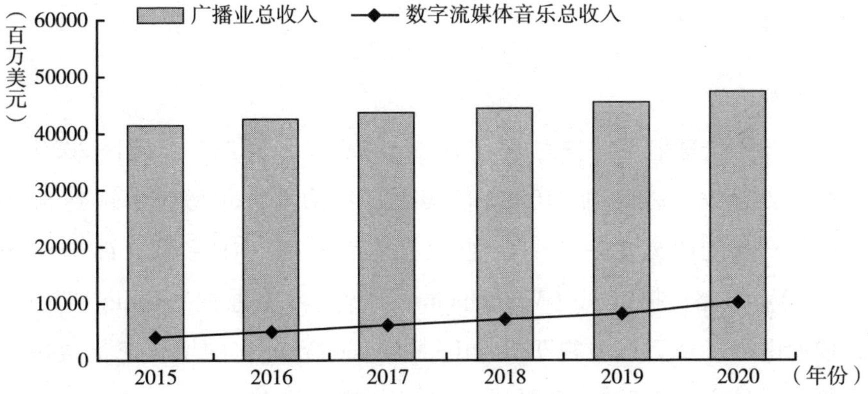


**图2　全球广播业总收入与数字流媒体音乐总收入（2015～2020年）**

数据来源：www. pwc. com。

## （五）电影业

电影行业的主要盈利增长领域包括：票房收入和电子家庭娱乐。全球票房市场在未来几年将会呈现出持续稳定的增长趋势，2020年全球票房收入预计将达到493.2亿美元，年均复合增长率为6%。尽管整个电影行业都将继续保持增长，但是据普华永道预测，美国将在2017年失去全球电影市场的统治地位，而中国将超越美国成为全球第一大票房市场。2020年，美国的电影票房总收入预计达到118.7亿美元，而中国的电影票房总收入将比美国高出28.4%，预计达到152.4亿美元。未来几年中美两国之间的票房差距将会进一步扩大，预计2020年中国电影票房收入的年均复合增长率会达到18.96%，而美国电影票房收入的年均复合增长率仅为1.23%。①

2015年美国的电子家庭视频收入首次超过电影票房收入，但由于不同观影平台给观众带来的体验不同，因此全球视频点播服务（VOD）收入的上升与全

① 数据来源：www. pwc. com。

球票房的增长并不矛盾。在未来几年中，电影票房和视频点播服务（VOD）将会更加繁荣，电子家庭视频总收入将以11.5%的年均复合增长率快速上升。

### （六）广告业

**1. 电视广告**

未来几年全球电视广告总收入也将继续保持上涨态势。预计2020年全球电视广告总收入将达到2102.9亿美元，年均复合年增长率达到4.7%。电视广告产业的收入由三个部分组成：地面电视（或无线电视 Terrestrial television）、多路传播电视（Multichannel TV）、网络电视（Online TV）。其中，地面电视（或无线电视 Terrestrial television）广告的增长率最缓慢，其年均复合增长率为3.8%。预计地面电视（或无线电视 Terrestrial television）广告在电视广告市场的份额将会从2011年的75.7%下滑至2020年的68.4%。这反映了订阅电视普及率上升，以及越来越多的高端娱乐节目、体育赛事节目等仅通过付费频道播出。

**2. 互联网广告**

2015年全球互联网广告收入为1536.5亿美元。未来几年全球互联网广告总收入还将持续增长，但年均复合年增长率将逐渐放缓并维持在11.1%。预计2020年球互联网广告收入将达到2603.6亿美元。[①] 2017年全球互联网广告收入可能会迎来一个重要的转折点：全球互联网广告收入将首次超过全球电视广告收入。

## 三　全球娱乐及传媒产业的区域性特征

### （一）全球报纸发行量将转向新兴市场

虽然全球报纸发行总收入与往年持平，但全球报纸的单位发行量却增长

① 数据来源：www. pwc. com。

强劲。日本的报纸发行量是4650万份/日，在过去的4年中，报纸的日发行量只下降了6.3%。[①] 因此，日本的报纸行业并不需要急于在短期内实现全面数字化。在北美洲和西欧的消费者继续远离印刷业的同时，报纸在亚太地区和拉丁美洲地区将会继续流行。拉丁美洲将会是全球唯一一个报纸行业营收数据会在未来继续增长的地区。随着报纸内容数字化的进程加速，印度的报纸发行量预计将会在2020年开始出现下滑迹象，但在这之前印度的报纸发行量和报纸广告收入都还是会保持短期内的持续上涨。报纸发行量在新兴市场持续增长的事实，为报纸未来的发展提供了新的机会。

### （二）中国将成为电视和视频业的全球领跑者

虽然美国还会继续拥有全球最大和最复杂的娱乐及传媒市场，但实际上美国的电视和视频业整体增长速度已经出现了停滞。预计2020年美国的电视和视频总收入将上升到1220.9亿美元，虽然占全球总量的38.4%，但是年均复合增长率仅为0.4%。与此同时，中国在电子家庭视频的收入将大大超过美国，同时中国也将拥有世界上数量最多的订阅电视家庭用户。中国的电视和视频总收入预计将以8.9%的年均复合增长率上升。预计2020年中国的电子家庭视频、OTT（Over－The－Top）等订阅视频点播服务（SVOD）总收入达到23.4亿美元（不包括电视点播），年复合增长率将飙升至35.7%。[②]

### （三）亚太地区将成为全球最主要的电影市场

未来几年中，亚太地区的票房总收入将以12%的年均复合增长率持续上涨。预计2020年亚太地区的票房收入将达到241.1亿美元，几乎占全球票房总收入的一半。截至2015年9月，中国一共拥有2.9万个电影屏幕，在未来4年内，中国的电影屏幕将以每天新建15个的速度继续扩张，并预计将在2020年达到5万个。相比之下，美国目前有4万个电影屏幕，这一

① 数据来源：www.pwc.com。

② 数据来源：www.pwc.com。

数字在过去的五年内一直保持稳定。所以中国可以通过不断增设大屏幕来扩大观影人数，但是美国的票房市场只能依靠电影票涨价来拉动。

西欧和北美的成熟电影市场可能会逐渐走向衰落，并且差距会继续扩大。同时，拉丁美洲的票房增长也将超过全球平均水平，预计在2020年拉丁美洲的票房收入将达到29.8亿美元，年均复合增长率上升至6.4%。①

## （四）互联网接入将在新兴市场中获得机遇

尽管智能手机的普及率正在快速增长，但是预计到2020年全球仍然有超过1/3的人口没有接入移动互联网。这部分人大多生活在高速发展的新兴市场，例如：巴基斯坦、印度、尼日利亚、印度尼西亚和越南等。发达国家的移动互联网接入可能会在2020年开始逐渐达到饱和点，但是2020年印度和越南的移动互联网普及率将仍低于50%，而在巴基斯坦和尼日利亚则会低于40%。虽然目前新兴市场的移动互联网普及率还处于较低水平，但是未来几年新兴市场移动互联网的普及率和总收入将会大幅上涨。预计2020年巴基斯坦的移动互联网接入总收入将同比增长21.2%。② 因此新兴市场的移动互联网接入存在着巨大的增长空间和大量的潜在机会。

与此同时，一些发达市场脱颖而出成为了互联网接入的领军者。例如：目前韩国已经拥有了86.8%的移动互联网普及率，位列全球第二。预计在2020年，韩国高速移动互联网的普及率将接近100%。2015年，韩国移动互联网接入的收入占互联网接入总收入的57.2%，预计2020年将上升至61.9%。③ 同时，新加坡也因为拥有全球最高的平板电脑普及率，成为了全球最先进的互联网接入市场之一。

① 数据来源：www.pwc.com。

② 数据来源：www.pwc.com。

③ 数据来源：www.pwc.com。

# B.22
# 2016年美国传媒产业发展报告

史安斌　廖鲽尔　王沛楠*

摘　要：2016年是互联网蓬勃发展背景之下美国传媒产业结构继续深化调整的一年。报业、电视等传统媒体不断萎缩，社交媒体、手机移动等新兴媒介发展迅猛，广播、出版业等行业则借助传媒技术的进步不断创新，加速融合，赢得了新的发展机遇。2016年美国传媒产业发展报告从传统媒体与新兴媒体两个不同视角，对当前美国传媒产业运行发展的宏观生态与微观环境进行梳理和分析，并结合最新数据与前沿案例对美国传媒产业中各个行业的发展前景进行预测和展望。

关键词：美国传媒产业　传统媒体　网络媒体　产业结构

2016年，美国传媒产业在互联网蓬勃发展的背景下继续进行结构调整，报业、电视等传统媒体行业面临的生存困境没有明显改观，形势愈发严峻，社交媒体、智能手机等新兴媒体则在各个领域大力拓展、发展迅猛。与此同时，广播、出版等传统媒体行业则借助移动互联、虚拟现实等新兴技术不断创新、加速融合，赢得了全新的发展机遇。从美国国家宏观经济的运行状况来看，国际货币基金组织（IMF）的统计数据显示①，2015年美国GDP总值达到了16.397万亿美元，年增长率为2.596%；2016年美国的GDP总量

---

* 史安斌，清华大学新闻与传播学院副院长，教育部青年长江学者特聘教授；廖鲽尔，清华大学新闻与传播学院博士研究生；王沛楠，清华大学新闻与传播学院博士研究生。

① 资料来源：http：//www.imf.org/external/index.htm。

预期可达16.656万亿美元，增长率则下调为1.578%。由此可见，美国国家宏观经济总量依然在全球处于领先位置，但受近期世界经济整体下行及国内产业结构调整的影响，美国经济的增长速度已明显放缓。聚焦美国传媒产业，传统媒体与新兴媒体发展冷热不均、分化严重，在发行量、用户数和广告收入等方面逐步拉开差距。一方面，以《华尔街日报》《纽约时报》为代表的美国报业发行量急剧下滑，Fox News、CNN等传统电视媒体数字化转型投入和产出相差巨大，负担日趋加重；另一方面，美国互联网普及率屡创历史新高，脸谱网（Facebook）、优兔（YouTube）等社交媒体迅猛发展成为传媒行业创收大户，智能手机、平板电脑等移动穿戴设备也倍受以“千禧一代”为代表的数字土著的欢迎和热捧。本报告以此为切入点，根据相关统计数字对美国传统媒体和新兴媒体行业的发展态势进行系统梳理和分析，具体涉及报业、电视、出版、广播、电影、互联网、社交媒体、移动媒体、广告诸多领域，最后再结合一些典型案例，着重对2016年美国新闻传媒业的变化趋势进行进一步分析与热点预测，为国内同行提供镜鉴。

## 一　报业

美国皮尤研究中心的数据显示①，2015年美国日报的发行量遭遇了2008年全球经济危机以来最惨重的下滑，日报平均发行量下跌幅度达7%，纸媒平均发行量下跌9%。在发行量下跌的同时，收入也呈下降态势，2015年美国报业收入相比2014年总体下降8%。纸媒的数字化转型在加速进行，虽然数字收入在商业报纸总收入中的比重不断增加，但仍不能完全弥补纸质报纸收入急剧下滑带来的损失。

从总体上看，美国报业的衰落是持续十余年的结构性转变。2000~2015年间，报业的广告收入从约600亿美元跌至约200亿美元，几乎将此前50年的收益全部抵消。2016年美国报业的颓势依旧，一方面在发行量上延续

① 资料来源：http：//www.journalism.org/2016/06/15/state-of-the-news-media-2016/。

2015 年的下降趋势，受众的流失进一步加剧，这一趋势在青年受众群体中表现的尤为突出。在现有各类媒体中，报纸的影响力最弱。只有 20% 的美国民众将报纸印刷版作为主要的信息源，在 18 ~ 29 岁的年轻人中这一比重低至 5%（见图 1）。另一方面广告收入继续下滑，在数字化转型上的投入与收益不相匹配，沉重的债务负担加速了报业的衰落。

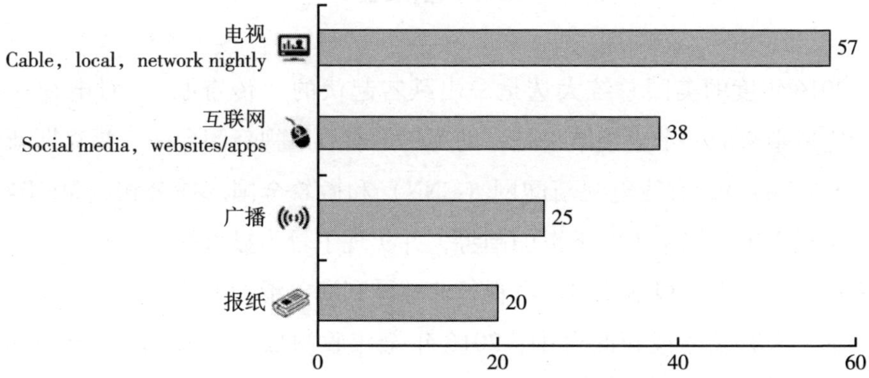


| | 18~29岁 | 30~49岁 | 50~64岁 | 65+岁 |
|---|---|---|---|---|
| 电视 | 27% | 45% | 72% | 85% |
| 互联网 | 50 | 49 | 29 | 20 |
| 广播 | 14 | 27 | 29 | 24 |
| 报纸 | 5 | 10 | 23 | 48 |

**图 1　2016 年美国受众获取新闻的主要来源**

数据来源：美国皮尤研究中心。

为了应对广告收入急剧下滑的状况，传统媒体也各自采取措施积极应对。比如《华尔街日报》对报纸版面进行了改革，设置了“商业与金融”板块，合并了此前独立分散的“商业”“科技与财富”以及“投资”三个部分，同时还将“个人日志及平台”版块融进了“生活与艺术”的页面。此外，作为重组的一部分，报纸还解雇了至少 19 名员工以缩减运营成本[①]。

① 资料来源：Wall Street Journal Begins Layoffs，Cuts Sections. http：//fortune. com/2016/11/02/wall - street - journal - layoffs - cuts - sections/。

相比之下，地方报纸则不具备像《华尔街日报》这样的雄厚财力，陷入了大幅裁员、收购合并或者倒闭破产的困境。在严峻的挑战面前，美国报业结构将战略重点转移到数字版和移动端的发展上，以数字化为中心对采编资源进行重组。

## 二 电视业

2016 年度的美国总统大选是一出跌宕起伏的“传奇剧”。对电视业而言，它所带来的一个直接结果是，助力三大有线电视新闻台——福克斯新闻台（Fox News）、有线电视新闻网（CNN）和微软全国广播公司（MSNBC）扭转了近年来收视率不断下滑的趋势，并实现了较为显著的增长。但是，收视率的增长并未从根本上扭转电视行业整体利润下滑的态势。

在三大有线电视新闻台中，2016 年全年收视成绩最好的是 Fox News。根据美国线上媒体信息统计网站 Indiewire 的数据统计，Fox News 因 2016 年“大选效应”，黄金时间平均吸引了 247.5 万观众同时收看，较上一年增长了 36%。盈利方面，Fox News 在 2016 年的收入约为 273.3 亿美元，较上一年下降了 6%。CNN 也是 2016 年的收视大赢家之一，全年的观看人数为 129.8 万人次，收看人数比去年上涨了 77%①，收入约为 10 亿美元②。同样，MSNBC 的收看人数比上一年上涨了 77%（从 59.6 万人上升到 111.3 万人），收入预计达到 2.7 亿美元。

2016 年各大电视网的收视规模整体出现下滑，哥伦比亚广播公司（CBS）、美国广播公司（ABC）、全国广播公司（NBC）等三大全国性传统电视网也未能幸免。其中 CBS 收视份额最高，并且也是全美电视网的收视冠军，其在 2016 年的总收看人数为 881.4 万，但较之上一年的 942.1 万减

① 资料来源：http：//www.indiewire.com/2016/12/cnn - fox - news - msnbc - nbc - ratings - 2016 - winners - losers - 1201762864/。

② 资料来源：http：//www.recode.net/2016/11/30/13800276/john - martin - trump - presidency - election - cnn - billion - profit。

少了6%。利润方面，CBS在2016年全年总计约130亿美元，预计与2015年全年的138亿美元基本持平。

NBC全美收视排名第二，总观看人数为842.6万人，比上一年增长8%。NBC2016年前三个季度累积利润约为39亿美元，而相比2015年的约86亿美元①，利润显著下降。作为奥运会的独家电视转播商，这显然跟里约奥运会期间NBC的收视规模没有达到预期有很大关联。但值得注意的是，NBC Sports的手机应用和网站流媒体直播的独立用户访问量达到7800万人次，比2012年伦敦奥运会上升了24%。

ABC作为全美排名第三的电视台，全年收视总人数为632.5万人，比上一年下降了8%。② 从近期公布的财报来看，ABC的收入和利润的增长率呈逐年下降趋势，与其主要竞争对手CBS和NBC的差距在加大，出现了明显的"掉队"趋势。相反，福克斯电视网借势而上，全年的观看人数是505.3万人，大有超越ABC成为新的"第三台"的趋势（见表1）。

**表1 2016年美国主要电视台收视规模及变化情况**

| 收视排名 | 电视台 | 2016收视总人数 | 2015收视总人数 | 变化百分比 |
|---|---|---|---|---|
| 1 | CBS | 8814000 | 9421000 | -6 |
| 2 | NBC | 8426000 | 7801000 | 8 |
| 3 | ABC | 6325000 | 6889000 | -8 |
| 4 | Fox | 5053000 | 5247000 | -4 |
| 5 | Fox News | 2475000 | 1826000 | 36 |

数据来源：Indiewire。

上述这些传统的电视运营商面临的整体下滑趋势与有线专业频道（如HBO）、流媒体网站（如Netflix）等新平台造成的收视分流有关。这些流媒体凭借相对低廉的价格和多元化的信息呈现方式赢得了"千禧一代"的喜

① 资料来源：http://financials.morningstar.com/income-statement/is.html? t=NBC&region=tha&culture=en-US。

② 资料来源：http://www.indiewire.com/2016/12/cnn-fox-news-msnbc-nbc-ratings-2016-winners-losers-1201762864/。

爱。值得注意的是，无论哪一种类型的受众，收看直播和付费点播相结合都是他们所青睐的方式。电视机构的品牌效应和内容品质仍然是其能否留住受众的核心竞争力。

## 三　出版业

2016 年美国出版业最引人注目的变化是纸质书和实体书店的回归，风光无限的电子书销量出现显著下滑，它掀起的“数字出版风暴”开始退潮。2015 年，美国图书出版业的销售额提升 2.5%，出现了自 2007 年以来的首次回升。2016 年，这一趋势得以延续，截至 2016 年 10 月，美国传统书店销售额比 2015 年同期上升 3.5%，达到 97.7 亿美元。这在很大程度上依赖于实体书店数量的增长，截至 2016 年 12 月上旬，实体书店销售额同比上升 5%。[①]

而曾风光一时的电子书却在遭遇危机。2015 年的电子书销量已开始下滑，这种态势延续到了 2016 年。根据美国出版商协会的数据，大众图书类的电子书销售额在 2015 年下滑 11 个百分点，2016 年前 6 个月又减少了 20%。专业人士普遍认为，由移动终端迅猛发展所引发的“数字疲劳”（digital fatigue）是造成电子书销量下滑的主要原因。

在期刊业方面，2016 年的美国期刊业依然逃脱不开“纸版停刊”的阴影，新增刊物的速度呈现出明显放缓的态势。2016 年末，曾成功打造《纽约客》（The New Yorker）等旗舰杂志的美国知名传媒集团康泰纳仕宣布旗下女性生活方式类月刊《Self》（中国版为《Self 悦己》）停刊，将主要精力投向其网站 Self. com，彻底转型为线上数字媒体。《Self》的案例是期刊业实现数字化转型的一个缩影，预示着未来期刊业发展的走向。

---

① 资料来源：http：//www. publishersweekly. com/pw/by – topic/industry – news/publisher – news/article/72343 – the – big – book – publishing – stories – of – 2016. html。

## 四 广播业

2016年，线上广播和数字化音频成为美国人收听广播的最重要手段。美国研究机构Edison Research和Triton Digital公司合作开展的“2016年数字化音频用户研究”显示，在12岁以上的美国人中，57%的人每月收听广播，50%的人每周收听广播，总人数超过1.3亿，平均收听时长达12分钟；在12~24岁的听众中，73%的人在过去一周内收听过广播，25~54岁的比例为56%，55岁以上则为24%，各年龄段收听人数较上一年均有明显增长（见图2）；认知度最高的数字音乐广播平台有Pandora、Apple Music、iHeartRadio、Spotify和Amazon Music。①

播客（podcast）仍是数字广播的主要形式。苹果应用商店2016年的播客下载量达到100亿次。传统的广播机构通过数字化转型留住老听众、吸引新用户，开发各种类型的细分播客成为最主要的手段。2016年，36%的美国人曾经收听过播客，较2010年增长23%（见图3）；21%的美国人平均每周收听4~5个播客。目前，美国国家公共广播电台（NPR）的每个旗舰新闻播客都拥有约1200万听众，约为2015年三大全国性电视台（NBC、CBS、ABC）晚间电视新闻节目（相当于中央电视台的“新闻联播”）平均收视人数之和的一半，这是被很多人视为“夕阳产业”的广播业影响力复苏的重要标志②。

据预测，2017年数字媒体将取代电视成为最大的广告平台，对于广播业而言亦是如此。据估计，2016年广播业收入增长14%，而数字广告收入占总收入的比例则高达6.5%③。播客积极融入这种盈利模式中，据媒体咨

① 资料来源：The Infinite Dial 2016. http://edisonresearch.com/wp-content/uploads/2016/03/The-Infinite-Dial-2016.pdf。

② 资料来源：Pew Research Center. 5 Key takeaways about the State of the News Media, http://www.pewresearch.org/fact-tank/2016/06/15/state-of-the-news-media-2016-key-takeaways/。

③ 资料来源：Nielsen. Radio in 2017 Will Play To Digital Ad Advantages, 2017/1/9, http://www.insideradio.com/radio-in-will-play-to-digital-ad-advantages/article_2d471d0c-d617-11e6-952c-db7f1f4cf180.html。

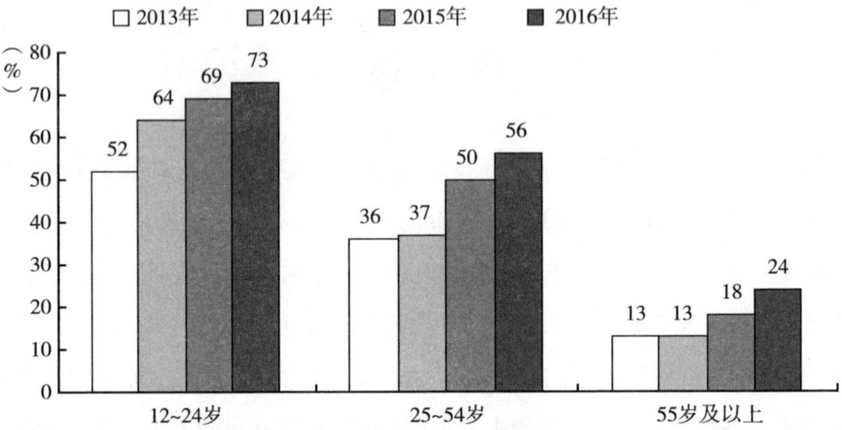


**图 2　美国不同年龄段受众每周收听广播人数比重**

数据来源：Edison the Infinite Dial。

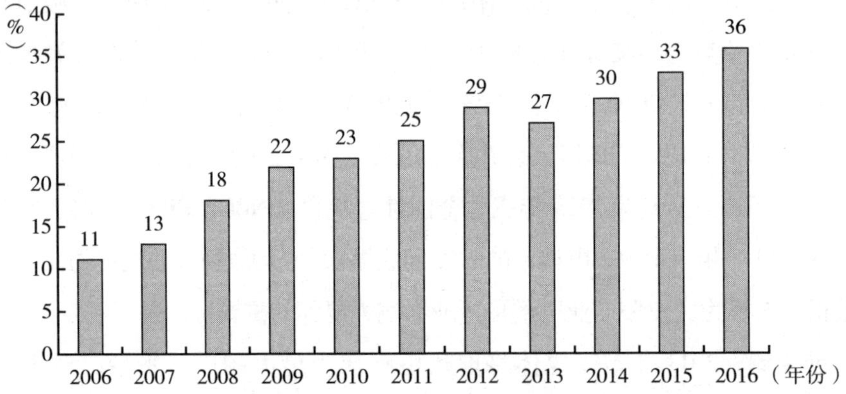


**图 3　美国历年收听播客人数比重**

数据来源：Edison the Infinite Dial。

询公司 Bridge Ratings 调查，2016 年，播客广告将带来 2. 07 亿美元的收入，预计 2017 年将继续上长 17%，至 2020 年，播客广告将创收 5. 34 亿美元。①

---

① 资料来源：Nielsen. Forecast Study：2017 Will Be Breakout Year For Ease，Metrics. 2017/1/12，http：//www. insideradio. com/free/forecast - podcast - ad - spend - to - hit - m - in/article_aeffa6f8 - d710 - 11e6 - 89e2 - 031d2b716060. html。

目前，传统媒体和创业公司延续了2015年的趋势，纷纷投资播客这一热门产品。

## 五　电影业

2016年，全球电影票房累计381亿美元，其中美国好莱坞实现收入289亿美元，占比高达76%。好莱坞共上映影片728部，累计观影人次13.2亿，累计票房113.7亿美元，人次和票房分别较去年上涨了0.1%和2.2%，这些数字均刷新了历史记录。

《2016北美电影市场年报》的数据显示，“‘两幻’与动画齐飞是美国电影业的新格局，票房排名前20的影片有18部是科幻、奇幻或动画类型，前10名更是无一例外”。在此背景下，预计在2017年好莱坞各大厂牌的重心将落在“续集开发”和“IP改编”上。①

2016年美国好莱坞的票房收入之所以能够再创新高，传媒业巨头迪士尼功不可没。多年排行第二的迪士尼以压倒性优势成为2016年的总票房冠军，并刷新了迪士尼年度总发行票房的纪录。② 但在票房刷新纪录的同时，好莱坞票房过亿美元影片的数量却降到了近10年的新低。2016年美国国内只有26部电影的票房超过了1亿美元，仅次于2006年的19部。影片的“龙头效应”和“首周末效应”将成为未来电影业市场竞争的重要指标。

此外，2016年“华莱坞”进军“好莱坞”也是一个不容忽视的变化。2016年上演的好莱坞大片《魔兽》（Warcraft）耗资1.6亿美元，在北美市场首个周末仅收获2500万美元，而在中国上映头5天就入账1.56亿美元，最终带动该片进入全球票房前20名。另一方面，中国投资进入好莱坞的步伐在加快，其中最受关注的是，2016年1月万达集团以35亿美元收购制作了《侏罗纪世界》（Jurassic World）、《哥斯拉》（Godzilla）等大片的传奇影业。

---

① 资料来源：http：//ent.163.com/17/0112/15/CAJEEQ1U000380D0.html。

② 资料来源：http：//ent.qq.com/a/20161227/026407.htm？t=1482941811867。

## 六　互联网

2016年，美国互联网宽带的普及率在保持较高水平的基础上持续上扬，利用智能手机等移动设备上网的人群也在继续增加。美国皮尤研究中心数据显示①，2016年美国家庭宽带拥有率上浮6%，达到73%，创历史新高。88%的美国成年人都在日常生活中使用互联网，较2015年的86%又有所提升（见图4）。此外，有12%的美国成年人选择只通过手机端使用互联网而不在家中安装宽带，这一数据较2015年的13%略有下降。美国18～29岁的年轻人群中，约有20%的人选择只在手机上使用互联网，而这一数据在65岁以上的老年人群中仅占7%，少数族裔及低收入人群也倾向依赖手机上网获得资讯。

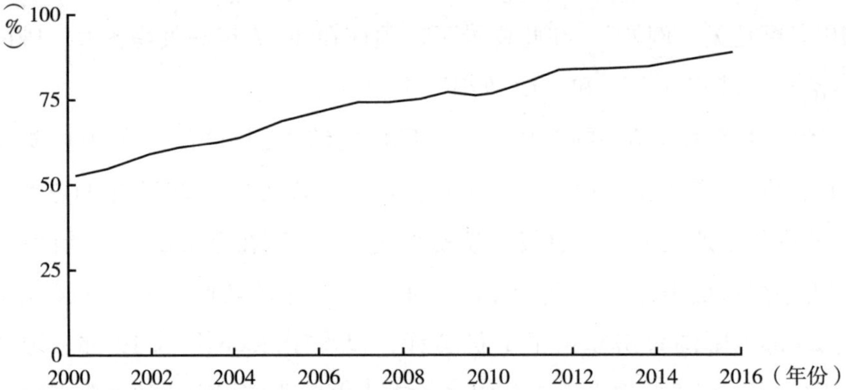


**图4　2000～2016年互联网用户在美国成年人中的比重**

数据来源：美国皮尤研究中心。

## 七　社交媒体

2016年，社交媒体继续蓬勃发展，在美国传媒业的核心地位进一步得

① 资料来源：http：//www. pewinternet. org/fact－sheet/internet－broadband/。

到加强。美国皮尤研究中心 2017 年 1 月针对美国互联网用户的调查显示①，社交媒体已经成为美国国民日常生活中不可或缺的重要组成部分。

这项调查显示，2016 年大约有 69% 的美国成年人日常使用社交媒体（见图 5），而这一数据在 2005 年只有 5%。在 18～29 岁的年轻群体中，社交媒体的使用率已达到创纪录的 86%。在中年人群中，社交媒体的使用率也居高不下，其中 30～49 岁的人群使用率为 80%，50～64 岁的人群使用率为 64%。在 65 岁以上的老年人群体中，社交媒体的使用率也迅速增长到了 34%，而这一数据在 2010 年只有 10%。

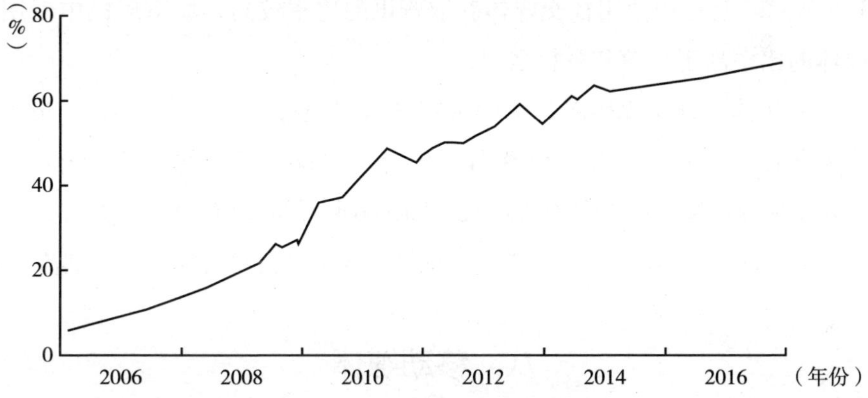


**图 5　2006～2016 年社交媒体用户在美国成年人中的比重**

数据来源：美国皮尤研究中心。

调查还显示②，脸谱网（Facebook）仍是最受欢迎的社交网站。67% 的美国成年人使用 Facebook，其中有 44% 的人会通过 Facebook 来获取新闻信息。18 岁以上的成年人占到 Facebook 总用户数的 66.7%。主打视频的优兔（YouTube）排名第二，其用户总数在美国成年人中占比 48%。但只有约 20% 的用户会通过 YouTube 获取新闻资讯，与 Facebook 相差悬殊。领英（LinkedIn）位列第三，在美国成年人中的使用率为 20%。速拍（Instagram）

① 资料来源：http：//www.pewinternet.org/fact－sheet/social－media/。

② 资料来源：http：//www.journalism.org/2016/05/26/news－use－across－social－media－platforms－2016/。

位列第四，在美国成年人中使用率为 19%。推特（Twitter）位列第五，在美国成年人中使用率为 16%，有 9% 的美国成年人会通过 Twitter 获取新闻资讯，此项指标与 YouTube 基本持平。

在使用频率上，75% 的 Facebook 用户与 50% 的 Instagram 用户每天至少登录网站一次，用户活跃度相对较高。42% 的 Twitter 用户和 25% 的 Pinterest 用户每天至少查看网站一次，每天都查看 LinkedIn 的用户比率则只有 18%。

从人口统计学分类的各项指标上看，受教育程度较高（具有大学及以上学位）的人群中使用社交媒体平台的比率较高，高收入阶层（年收入在 7.5 万美元以上）中使用社交媒体获取资讯的比率较高，城市居民中使用社交媒体的比率高于小镇和乡村居民。

2016 年体现社交媒体新趋势的关键词是“短视频”和“直播”。虽然新闻视频直播已存在了 20 年，但直到 2016 年 Facebook 等新媒体技术公司的加入，才使视频直播呈现出爆炸式增长。Facebook 斥资 5000 万美元开办“脸谱直播”（Facebook Live）专栏，带动其他社交媒体平台纷纷加入这一潮流。

## 八　移动媒体

2016 年，美国的手机及移动通信产业延续了近年来的上升势头，智能手机在民众中的普及率继续稳定增长。此外，为顺应媒体内容产制与信息传播转型的新趋势，平板电脑、笔记本电脑、电子书等移动便携终端的普及率也在稳步上升。

美国皮尤研究中心的调查显示①，2016 年美国成年人中的手机持有率已达 95%，其中智能手机的持有率为 77%，比 2011 年的 35% 有了较大攀升，也比 2015 年的 69% 有了显著增长。在美国 18 ~ 29 岁的年轻人群中，智能手机的普及率高达 92%，几乎人手一部。2016 年智能手机普及率增长最为显著的是 50 ~ 64 岁的中年人群，普及率为 74%，比 2015 年增长了 16%。在

① 资料来源：http：//www. pewinternet. org/fact - sheet/mobile/。

65 岁及以上的老年人群中，智能手机普及率为 42%，比 2015 年增长了 12%。此外，2016 年美国中低收入群体（年收入在 3 万美元以下）智能手机持有率有了显著上升，达到 64%，较 2015 年增长了 12%。

除了普通手机和智能手机，近年来发展迅猛的笔记本电脑、平板电脑、电子书等新兴移动便携设备也备受美国民众青睐。数据显示，2016 年除手机外最受美国人欢迎的移动便携设备是笔记本电脑，在美国成年人中的普及率达 78%，平板电脑次之（51%），电子书位列第三（22%）。从增长速度看，平板电脑普及率的增长速度在近年来最为显著，较上一年的 45% 上升了 6 个百分点，在 2010 年此项指标仅为 3%（见图 6）。

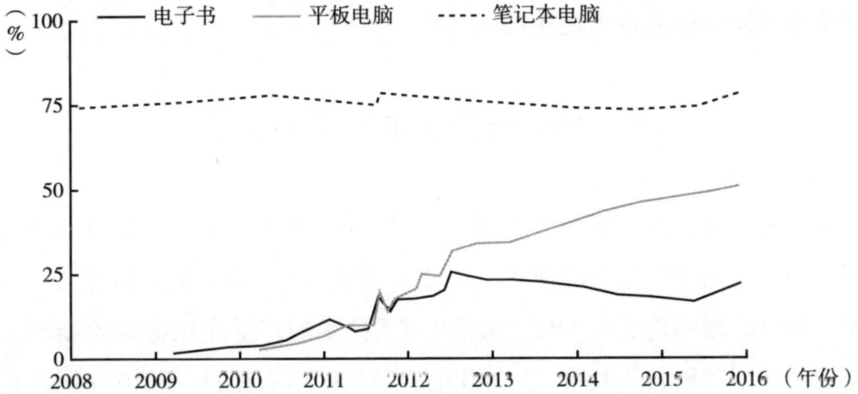


**图 6　美国成年人中电子书、平板电脑及笔记本电脑等移动设备的普及率**

数据来源：美国皮尤研究中心。

## 九　广告业

在互联网产业快速发展的背景下，网络新媒体在 2016 年美国广告市场中所占的份额继续提升，而电视、报业、广播等传统媒介的市场份额迅速萎缩。近 5 年的数据显示①，2011 年以来，网络新媒体广告业（包括搜索引

① 资料来源：http：//www. journalism. org/2016/06/15/digital – news – revenue – fact – sheet/。

擎、社交媒体及其他新闻网站）的年均增长率都在15%～17%间稳定浮动。2015年网络新媒体广告业的年度总额为596亿美元，相比2014年增长了20%。而在网络新媒体广告业的总额中，手机等移动端平台占据了近50%的份额。此外，根据美国皮尤研究中心2015年末的调查数据，传统电视广告仍位列美国媒体广告行业年度收入首位，网络新媒体广告凭借近年来迅猛的上升势头居于次席，传统报纸、广播、户外等形态的广告业务连年萎缩，分列第三、第四和第五名。

牛津大学路透新闻研究所的年度报告显示①，2016年美国广告产业增长都归功于两大互联网巨头公司——谷歌和Facebook，这反映出当下美国商业更加依赖互联网的力量来连接潜在客户。

## 十　亮点梳理及未来趋势预测

2016年，美国传媒业在平稳发展中亦不乏亮点，技术进步与用户迁移共同推动着美国媒介生态的演进。在技术领域，无人机、新闻机器人、虚拟现实（VR）、增强现实（AR）等新兴传播技术的广泛运用推动着新闻业与传媒业的转型和创新，其中尤以VR的普及最为引人注目。2016年因此也被称作“VR元年”。

在内容产制方面，美国大选对新闻业和传媒业造成了巨大的冲击。一方面带动了报业和有线电视新闻业的复苏，另一方面也使传统主流新闻媒体陷入了前所未有的“公信力危机”。在受众结构的变化方面，社交媒体对受众的吸引力日益增加，除了对“千禧一代”继续发挥聚合效应外，越来越多的中老年人和大学以下文化程度的人群加入“低头族”行列，成为影响2016年舆论走向的重要因素。由政治人物和社交媒体刻意营造并海量传播的“后真相”和“另类真实”对以新闻专业主义为准则的美国新闻界造成

① 资料来源：http：//reutersinstitute. politics. ox. ac. uk/publication/journalism – media – and – technology – trends – and – predictions – 2017/。

了颠覆式冲击。

总体上看，2016 年美国新闻业和传媒业所发生的变化给人们带来了深层次的思考，如何重新搭建传统媒体与受众之间的信任桥梁，遏制社交媒体中泛滥的虚假信息对受众的误导，成为包括新闻界、新媒体技术公司和公众在内的所有人需要面对的挑战。

# B.23
# 2016年英国传媒产业发展报告

何丹嵋 *

摘 要： 2016 年英国脱欧，震惊世界。英国经济未来发展的不确定性增强，也波及到英国传媒产业，特别是广告行业。相对于传统媒体，移动互联网快速发展。手机成为英国人主要上网工具，移动广告支出年增长率超过 50%。

关键词： 英国 传媒产业 脱欧 重整

2016 年，对于英国是一定会被载入史册的一年。这一年，英国经过全民公投，决定脱离欧盟。英国脱欧的消息震惊全球，公投结果公布当日，英镑汇率应声跌至 1985 年以来的最低点，首相卡梅伦也宣布辞职，英国社会各界陷入一片混乱，市场不确定性增加，机构纷纷调整了对英国经济发展的预估。然而出人意料的是，英国第三季度和第四季度的国内生产总值（GDP）均呈现出高于平均水准的增速，并未受到脱欧公投的强烈影响。2016 年全年 GDP 增长率为 2.0%，与 2015 年 2.2% 的增长率相比，基本保持稳定。

尽管总体经济水平并未出现太大波动，英国的传媒产业却受到了一定的负面影响，尤其是广告业。英国是欧洲最大的广告服务出口商之一，在英国生活着大批来自欧洲各国的广告行业精英。根据阳狮集团的统计数据，欧盟每年的广告预算约为 7000 万英镑，并有望在 2030 年增长到 10 亿英镑。从

---

* 何丹嵋，清华 - 日经传媒研究所研究员、所长助理。

长期看，脱欧会加大英国广告公司跨境项目的运营成本，并进而阻碍广告市场的进一步增长。

英国传统媒体市场已经形成较为稳定的发展格局，根据 Media UK 统计，目前英国有 830 家广播电台、514 个电视频道、1587 种报纸和 1973 种杂志，分别隶属于 300 家媒体机构。[①] 英国广播电台（BBC）也拥有全球范围内的影响力。然而，随着互联网和移动互联技术的发展，人们获取新闻的途径更广泛、更方便，互联网和移动终端已经成为与传统媒体并驾齐驱的媒体渠道，英国的传媒业格局正在发生巨大变化。

## 一　广电业[②]

**1. 电视业**

由于电视制作前期需要大量经费，经济发展的不确定性将大大影响投资者的信心，社会政治经济的不稳定对电视业的影响更为显著。传媒分析机构 Enders Analysis 的创始人 Claire Enders 表示："外国投资的势头将立刻减缓，外国资本将离开英国以进行面向欧洲的播出，而对英国传媒公司如独立电视台（ITV）的收购活动也会减少。"[③] 同时英国电视行业与欧盟一直保持非常密切的合作，脱欧意味着英国需要重新与欧洲国家签订贸易协议，配额制度、税率变化、人才流动等这些都将使本来就承受巨大压力的电视业雪上加霜。

根据英国通信管理局（Ofcom）的最新统计，英国家庭每天观看电视的时间为 3 小时 36 分钟，这个数字从 2011 年开始连续下降，2015 年起下降趋势略有放缓。与此同时，英国家庭拥有数字电视的比例却在逐年上升，目前已达到 96%。从产业收入看，2015 年电视业总收入为 136 亿英镑，其中广告收入的比例有所上升（见图 1）。

---

① 《英国媒体传播概况 2016》，https：//sanwen8. cn/p/41d0Dzn. html。

② 如无特别标注，本节中数据均引自英国信息通信管理局（Ofcom）2015 年 6 月发布的《The Communications Market Report 2015》。

③ 搜狐，《公投脱欧整个英国电视业蒙圈了》，http：//mt. sohu. com/20160628/n456629801. shtml。

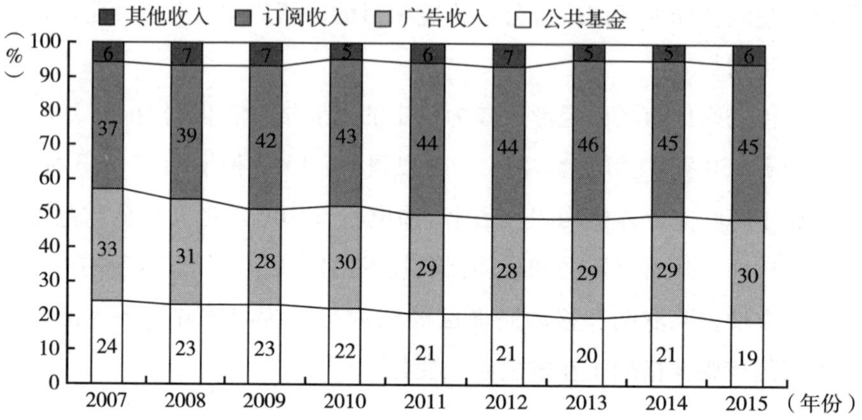


**图1　2007～2015 年英国电视产业收入构成**

数据来源：英国信息通信管理局（Ofcom），2016 年 7 月。

然而，英国广播公司（BBC）的处境却不佳。根据 BBC 发布的 2016 年年度评论，其电视内容投资和 BBC 全球（BBC Worldwide）的利润均有所下降。其中电视内容的投资下降了 5.2%，而数字内容则上涨了 23%，主要是由于 2016 年初 BBC 关闭了 BBC 第 3 频道，并转为网络频道。尽管英国政府于 2016 年 5 月宣布 BBC《皇家宪章》的期限延长 1 年，BBC 仍需面对增加订阅收入、降低运营成本的压力。

**2. 广播业**

英国广播行业见证了广电技术的发展历史，近年来也保持了较为稳定的发展。在英国，广播的到达率依然较高，90% 以上的英国成人保持着每周收听广播的习惯。英国人良好的广播收听习惯确保了广播产业收入的平稳增长。2015 年，英国商业电台的总收入达到 5.19 亿英镑，较上年增长 1.4%（见图 2）。但是，Ofcom 的调研也显示，16～24 岁的年轻人更倾向于使用数字广播和流媒体服务。

**3. 电影产业**

据英国媒体报道，2007～2015 年间，欧盟的 MEDIA 和 Creative Europe Programme 对英国电影产业的资助和补贴达到 1 亿英镑。[①] 同时，英镑贬值

① 环球网，http：//world. huanqiu. com/hot/2016 - 10/9562676. html。

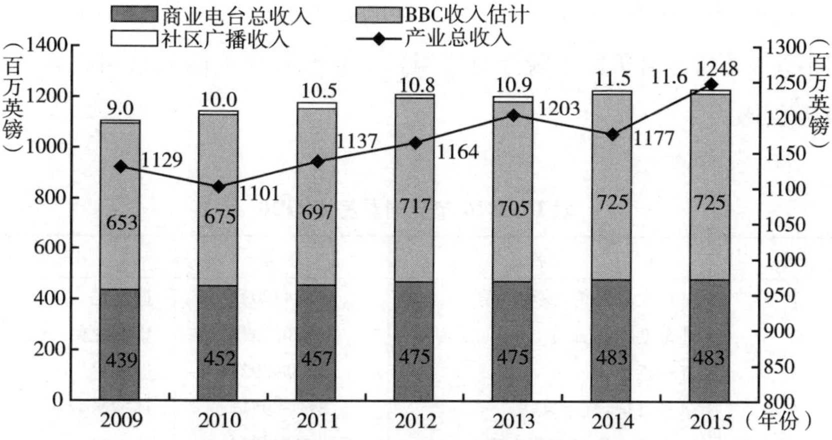


**图2　2009～2015年英国广播产业收入构成**

数据来源：英国信息通信管理局（Ofcom），2016年7月。

也使英国本土的制作公司在与美国及其他国家合作时的成本增加。综合因素影响下，脱欧极大可能使英国电影市场面临严峻的挑战。根据美国电影协会的数据，2016年全球电影票房总收入达381亿美元，较上年增长1%。而英国全年电影票房总收入为7.89亿英镑（约合10.12亿美元），较2015年下降了36.2%（见图3）。从2016年英国票房排名前10的电影列表看（见表1），英国电影市场也基本被好莱坞电影所占领，本土电影公司表现低迷。

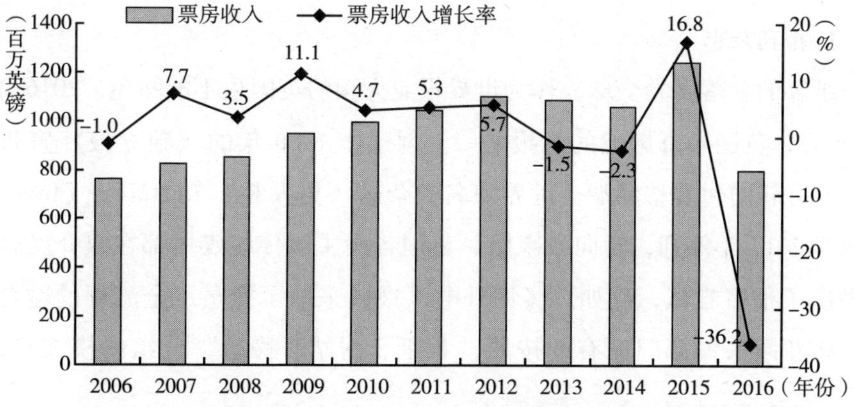


**图3　2006～2016年英国电影票房总收入**

数据来源：根据英国电影协会（BFI）、boxofficemojo.com的数据整理。

根据游戏改编的电影是2016年英国电影市场的一大亮点，《魔兽》《愤怒的小鸟》《刺客信条》《瑞奇与叮当》4部电影在英国的票房收入达到了2850万英镑。①

**表1　2016年英国票房TOP10**

| 排名 | 片名 | 票房 | 出品方 |
|---|---|---|---|
| 1 | 星球大战外传:侠盗一号 | $81432097 | 迪士尼 |
| 2 | 神奇动物在哪里 | $67677378 | 华纳兄弟 |
| 3 | 奇幻森林 | $66598923 | 迪士尼 |
| 4 | 单身日记:好孕来袭 | $60399511 | 环球影业 |
| 5 | 海底总动员2多莉去哪儿 | $56327874 | 迪士尼 |
| 6 | 美国队长3 | $53779860 | 迪士尼 |
| 7 | 爱宠大机密 | $53538139 | 20世纪福克斯 |
| 8 | 死侍 | $53128158 | 华纳兄弟 |
| 9 | 蝙蝠侠大战超人:正义黎明 | $44981290 | 环球影业 |
| 10 | 自杀小队 | $43800000 | 华纳兄弟 |

资料来源：www.boxofficemojo.com/。

## 二　新闻出版业

### 1.报刊杂志

纸媒的衰落席卷全球，作为世界报业大国的英国也不能幸免。2016年3月26日，英国最有影响的日报之一、创建于1986年的《独立报》宣告正式停刊并转向付费移动端。世界知名的杂志《男人装》（FHM）、《InStyle》也将于2017年停刊，转向数字版。英国各大主流传统媒体都在媒介融合方面做出了很多尝试，例如，《每日电讯报》采取了全员、全流程的融合模式，将新闻采编部门原有的按照“报纸、网站、移动”分组的模式打破，

① 搜狐，《一篇文章读懂英国游戏市场：年收入超43亿英镑》，http://game.sohu.com/20170318/n483780771.shtml。

按照新闻报道的垂直领域划分，强调新闻的时效性、准确性和影响力，从而提升新闻内容的质量。

**2. 图书出版**

2016 年是英国纸质图书市场自 2010 年以来表现最好的一年。根据尼尔森公司调查数据，英国纸质图书 2016 年销售量达到 1.95 亿册，较上年增加了 4.5%，由于图书价格的增长，英国消费者在纸质图书上的支出实际增长了 7%，[①] 特别是年轻读者的增加让图书行业为之振奋。同时，2016 年电子书销量却下降了 4%，主要原因是电子书价格上涨，移动终端替代电子阅读设备成为英国读者最常用的设备。

图书销售在年轻人群中的增长很大程度上源自于游戏的周边开发。据美国市场研究公司 SuperData 的分析报告称，《口袋妖怪 GO》（Pokemon Go）带动 2016 年英国图书和杂志的销售收入增长 13.2%，达到 1844.8 万英镑。

英国出版企业的经营状况则喜忧参半。2016 年，英国培生集团发布了利润预警，在英国整体出版市场收入上升的情况下，培生集团的零售销售收入却下降了 5.8%。[②] 英国图书业“三巨头”企业——兰登书屋、阿歇特和柯林斯的纸质书市场份额也有所下降。相对应地，排名第四的麦克米伦的市场表现非常出色，2016 年销售额增长了近 27%。

尽管英国纸质书市场发展趋势向好，但有调查显示，在英国 18～24 岁的人群中，20% 以上的人没有购买纸质书的习惯。由此可见，数字化仍将影响英国图书市场的未来发展。

## 三　互联网与移动媒体[③]

根据 Ofcom 的最新数据显示，英国的互联网普及率已达到 86%，其中

① 数据来源：《图书出版周报》，2017 年 2 月。

② 来源：《出版商务周报》，《2016 英国出版（下）：活跃的出版巨头与阅读市场》，http://www.bingheworks.com/Article_Show.asp?ArticleID=5814。

③ 如无特别标注，本节中数据均引自英国信息通信管理局（Ofcom）2015 年 6 月发布的《The Communications Market Report 2015》。

智能手机普及率已达71%，超过了笔记本电脑（64%），成为英国上网的主要途径（见表2、图4）。并且，手机应用的范围也日趋广泛。2016 年 3 月的一项调查数据显示，有近 30% 的英国人通过移动终端登录银行账号，20%使用手机支付和银行转账服务。

**表 2　2016 年英国互联网发展关键数据**

| 项目 | 2011 年 | 2012 年 | 2013 年 | 2014 年 | 2015 年 | 2016 年 |
|---|---|---|---|---|---|---|
| 互联网普及率(%) | 77 | 79 | 80 | 82 | 85 | 86 |
| 笔记本普及率 | 55 | 61 | 62 | 63 | 65 | 64 |
| 智能手机普及率(%) | 27 | 39 | 51 | 61 | 66 | 71 |
| 智能手机作为主要上网工具占比(%) | N/A | N/A | 15 | 23 | 33 | 36 |
| 数字广告支出(亿英镑) | 48 | 54 | 63 | 73 | 86 | N/A |
| 移动广告支出(百万英镑) | 203 | 529 | 1021 | 1625 | 2627 | N/A |

数据来源：英国信息通信管理局（Ofcom），2016 年 7 月。

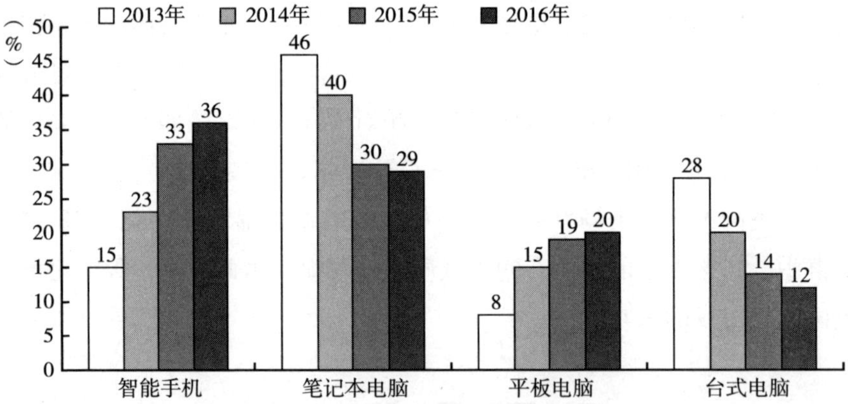


**图 4　2013～2016 年英国网民上网工具选择**

社交媒体用户的数量也保持增长。在 16～24 岁的英国年轻人群中，每周至少使用一次社交媒体的人数占到 99%，65 岁以上人群每周至少使用一次社交媒体的人数也超过了一半，同时超过 50% 的 45 岁以下英国人通过手机使用社交媒体。

移动终端的普及直接带来了移动广告市场的繁荣。IAB 和普华永道发布的最新数据显示，2016 年英国网络广告支出达 103.04 亿英镑，较上年增长 17.3%。移动广告支出为 38.6 亿英镑，年增长率为 50.8%，其占网络广告的比例也从 5 年前的 4% 激增到 38%（见图 5）。

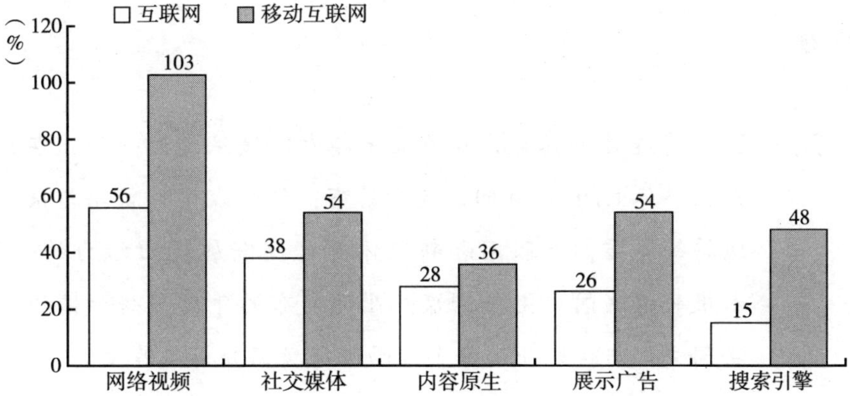


**图 5　2016 年英国互联网及移动互联网分类别广告支出年增长率**

数据来源：IAB、普华永道，2017 年 4 月。

2016 年移动视频广告支出的增长幅度最大，年增长率翻了一番（103%）。YouGov 的数据显示，过去 6 个月 54% 的英国智能手机用户在手机上看过视频短片，其中 2/5 表示比去年看的更多。在智能手机上收看电视节目和电影的用户分别增长 17% 和 11%。这种行为在 18~24 岁消费者中更普遍，其中 75% 在过去 6 个月看过视频短片，44% 在智能手机上看过电视节目，还有 33% 看过电影。3/5 的受访者在户外使用智能手机看视频。①

2016 年英国数字游戏市场快速增长。根据 SuperData 的最新统计数据，英国 2016 年的数字游戏行业收入达 12.2 亿英镑，较上年增长了 11.1%，其中移动游戏市场收入同比增长将近 17%，达 9.95 亿英镑。2016 年火爆全球的手机游戏《口袋妖怪 GO》（Pokemon Go）是英国手机游戏市场增长的重要推手。

① 参见 http：//www.yinhang123.net/zixun/ssxw/2017/0424/863930.html。

# B.24
# 2016年法国传媒产业发展报告

张 伟*

摘 要: 2015年是法国传媒产业表面平稳却暗潮汹涌的一年，在文化产业整体GDP继续回落的背景下，传统媒体如新闻与报纸出版持续萎缩，互联网和新媒体开始逐渐展现出活力的一面。本报告以法国文化与传媒产业部发布的年度报告为依据，对法国文化与传媒业的各个方面进行数据分析与展望。

关键词: 文化与传媒产业 文化经济 新媒体

根据法国本土文化与传媒产业的特点，“文化经济”已经成为法国政府惯用的统计文化与传媒产业数据的专用概念。法国文化与传媒部每年都会发布年度报告，用以分析和总结与文化有关的经济行为的数据。“文化经济”的范畴除了包含电影、电视、互联网、报纸、电台与杂志外，还包括各种文化演出、博物馆、视觉艺术等。

法国国家统计局发布的数据显示，法国2015年GDP约为21836.31亿欧元①，增长1.2%；进口增长6.1%，出口增长5.9%；同期，法国预算赤字占国内生产总值比例降至3.5%，低于3.8%的预估；公共债务占国内生产总值的比例为95.7%，好于96.3%的预估。2014年，“文化经济”创造了约为440亿欧元的附加值，约占法国经济总量的2.3%（见图1、表1、表2）。

---

* 张伟，北京工商大学艺术与传媒学院教师，法国巴黎第八大学博士研究生。

① 法国全国统计和研究所（INSEE）2016年1月29日发布。

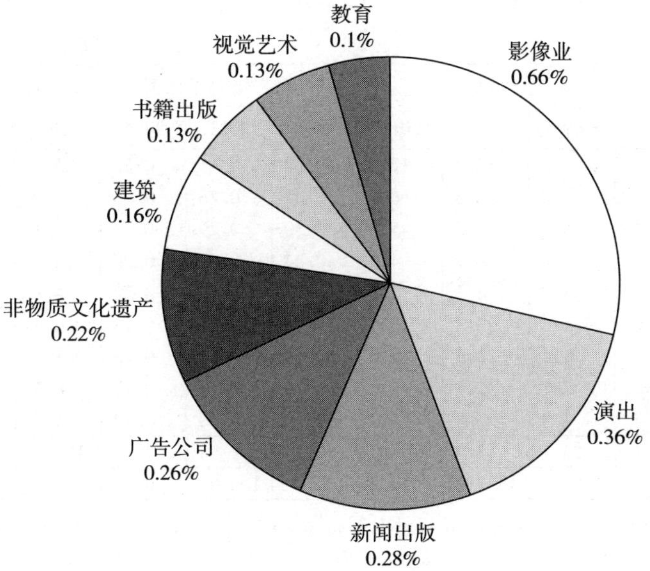


**图1　法国2014年文化产业产值分布表**

**表1　法国2013年文化产业产值分布表**

单位：10亿欧元，百分比

| 文化产品 | 文化类别 | | | | | |
|---|---|---|---|---|---|---|
| | 商业 | | 非商业 | | 总和 | |
| | 价值 | 占比 | 价值 | 占比 | 价值 | 占比 |
| 音像业(广播、电影、电视、视频、光盘) | 28.6 | 40.1 | 0.0 | 0.0 | 28.6 | 32.9 |
| 演出 | 4.9 | 6.9 | 6.5 | 41.9 | 11.4 | 13.1 |
| 书籍、报纸 | 11.3 | 15.8 | 0.0 | 0.0 | 11.5 | 13.2 |
| 广告业(广告公司) | 9.0 | 12.6 | 0.0 | 0.0 | 9.0 | 10.3 |
| 文化遗产(博物馆等) | 0.4 | 0.6 | 6.5 | 41.9 | 6.9 | 7.9 |
| 建筑 | 5.5 | 7.7 | 0.0 | 0.0 | 5.5 | 6.3 |
| 视觉艺术(造型艺术、设计、摄影) | 4.8 | 6.7 | 0.6 | 3.9 | 5.5 | 6.3 |
| 书籍 | 6.4 | 9.0 | 0.0 | 0.0 | 6.4 | 7.4 |
| 文化教育 | 0.4 | 0.6 | 1.9 | 12.3 | 2.2 | 2.5 |
| 文化产业总和 | 71.3 | 100 | 15.5 | 100 | 87 | 100 |

资料来源：Ministère de la Culture et de la Communication，Chiffres Clés Statistique de la Culture et de la Communication，DEPS，Paris，2016，p36（表内数据变动系 Insee 自动更新）。

**表 2　法国 1995、2013、2014 年文化产业产值分布表**

单位：10 亿欧元，%

| | 增加价值 | | | 所占经济总量比例 | | | 所占文化经济比例 | | |
|---|---|---|---|---|---|---|---|---|---|
| | 1995 | 2013 | 2014 | 1995 | 2013 | 2014 | 1995 | 2013 | 2014 |
| 音像 | 6.3 | 12.3 | 12.6 | 0.57 | 0.65 | 0.66 | 25.0 | 28.0 | 28.6 |
| 演出 | 3.0 | 6.8 | 6.9 | 0.27 | 0.36 | 0.36 | 11.9 | 15.6 | 15.7 |
| 新闻出版 | 5.5 | 5.5 | 5.3 | 0.50 | 0.29 | 0.28 | 22.1 | 12.5 | 12.1 |
| 广告公司 | 2.6 | 4.9 | 4.9 | 0.24 | 0.26 | 0.26 | 10.6 | 11.2 | 11.2 |
| 非物质文化遗产 | 1.2 | 4.1 | 4.2 | 0.11 | 0.22 | 0.22 | 4.8 | 9.4 | 9.6 |
| 建筑 | 1.6 | 3.2 | 3.0 | 0.15 | 0.17 | 0.16 | 6.4 | 7.3 | 6.9 |
| 视觉艺术 | 1.4 | 2.6 | 2.6 | 0.13 | 0.14 | 0.13 | 5.7 | 5.9 | 5.9 |
| 书籍 | 2.1 | 2.7 | 2.6 | 0.19 | 0.14 | 0.13 | 8.3 | 6.0 | 5.9 |
| 教育 | 1.3 | 1.8 | 1.8 | 0.12 | 0.10 | 0.10 | 5.2 | 4.1 | 4.2 |
| 文化总计 | 25 | 43.9 | 43.9 | 2.28 | 2.33 | 2.30 | 100.0 | 100.0 | 100.1 |
| 经济总计 | 1097.4 | 1899.3 | 1910.2 | 100.0 | 100.0 | 100.0 | | | |

资料来源：Ministère de la Culture et de la Communication, Chiffres Clés Statistique de la Culture et de la Communication, DEPS, Paris, 2016, p35（表内数据变动系 Insee 自动更新）。

## 一　电影业

根据法国国家电影中心（CNC）统计，2016 年法国电影院观影人次达到 50 年来的次佳数字，共 2.13 亿人次①，比 2015 年多了 3.6%。2016 年上映的电影总数达到了创纪录的 692 部。50 年来，法国本土观影人次最多的一年是 2011 年，纪录是 2.17 亿人次。截至 2016 年末，法国国家电影中心的数据显示，法国国内影院的观影人次已连续 3 年超过 2 亿人次。法国有着欧洲一流的电影院放映体系，电影业处于艺术与经济并重的文化领域，如今正以日新月异的方式成为新一代传媒产业的领军者。法国业界始终呼吁并坚持“文化例外”和“多样性”的原则，政府部门制定多种策略扶持艺术创作，希望达成艺术与经济之间的平衡。

在 2.13 亿的观影人次中，美国电影的观影人次达 1.18 亿，比 2015 年增

① 法国电影票房并非以数额计算，而是以观影人次计算。

加了5.5%；法国本土电影观影人次为7517万，占所有售票数的35.3%，比上一年多3.1%，至少有18部法国电影突破百万观影人次。其中票房最好的是《杜什一家2》（Les Tuche 2：Le reve americain）、《露营3》（Camping 3）。

需要注意的是，2016年所有进入票房榜前20位的法国本土电影都是真人喜剧片，而入榜的好莱坞电影则都是超级英雄片、奇幻大片及动画片。

目前，法国仍是全世界纪录片和动画片制作公司数量及电影节数量最多的国家。正是电影创作题材和形式的多元化，让法国电影的制作、发行和放映市场得以呈现如此多样的面貌。自法国国家电影资助体系①建立以来，一直被用以激励电影人才及新的电影计划。在该体系下，法国电影业得以持续保持多样的本土风格。

## 二　电视业②

今天，几乎所有的法国家庭都至少会有一台电视，高清电视网络已覆盖近97%的人口。其中25%的家庭会接收卫星电视，10%的家庭使用线路，另有约45%的家庭使用互联网盒子。据统计，2014年度法国家庭每日观看电视的时长约为3小时41分钟，比2013年度少了5分钟。截至2015年底，法国共有31个国家频道和42个地方频道（比2013年少了6个）通过有线数字传输的方式（TNT）在法国大区播放。在其他传播网络中，共有236个国家频道（+27）及87个地方频道。

2014年的法国电视业出现了一个明显的趋势，那就是网络数字电视的影响力越来越大。同时，电视台在新媒体方面采取多种经营方式，也使得电视行业本身越来越多元化。网民每天在网站观看视频的时间比去年增加了13%，平均每天29分钟，而15～24岁的年轻人平均每天在网上观看视频的

---

① 由法国国家电影中心通过对电影和视听产品的征税与循环投资，同时在下属各大区的协助管理下，对各类影片制作开展资助申报和经济支持。

② Ministère de la Culture et de la Communication，Chiffres Clés Statistique de la Culture et de la Communication，DEPS，Paris，2016，p214。

时间甚至达到 2 小时 4 分钟。

2014 年电视频道全年收入约为 90.93 亿欧元，比 2013 年减少约 1.7%。

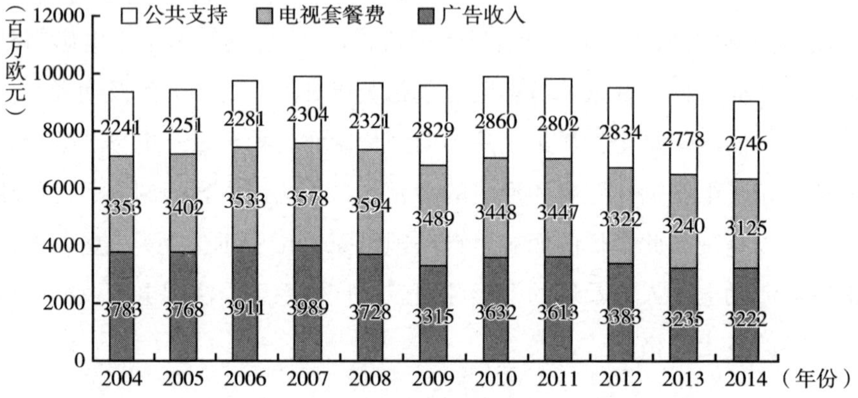


**图 2　2004～2014 年法国电视台收入变化**

资料来源：Ministère de la Culture et de la Communication，Chiffres Clés Statistique de la Culture et de la Communication，DEPS，Paris，2016，p219。

## 三　报刊出版业

2014 年，法国报刊出版收入约为 82 亿欧元，相比 2013 年减少 7%。5 年来，法国报刊出版总体下滑 34%。报刊出版的衰落引起一系列连锁反应。免费的广告报纸完全呈现颓势，比去年下降 13%，一些专业媒体在去年近 20% 的下降后今年下降了 36%。

随着读者和广告客户纷纷转向互联网，法国报纸的处境越发艰难。据世界报业协会调查显示，在法国，每 1000 人平均只买 154 份日报，低于古巴、立陶宛和苏里南，只有德国和英国日报购买量的一半。许多分析人士认为，过度管制是法国报纸比其他国家的报纸更薄、种类更少、更贵的主要原因。①

① 参见 Ministère de la Culture et de la Communication，Chiffres Clés Statistique de la Culture et de la Communication，DEPS，Paris，2016，p187。

为了找到振兴报业的办法，时任总统萨科齐召集了140多名媒体专家，对纸质媒体进行了为期3个月的研究，研究结果表明，报纸经费不足、长期依赖政府补贴是报业说报业衰落的主要原因，但各级政府却认为这样的现状便于它们间接控制报纸。出版人也同意这一安排，因为他们认为昂贵而麻烦的发行机制会使外国媒体公司很难进入他们的市场。长此以往，纸质媒体将走向平缓的消亡（见图3）。

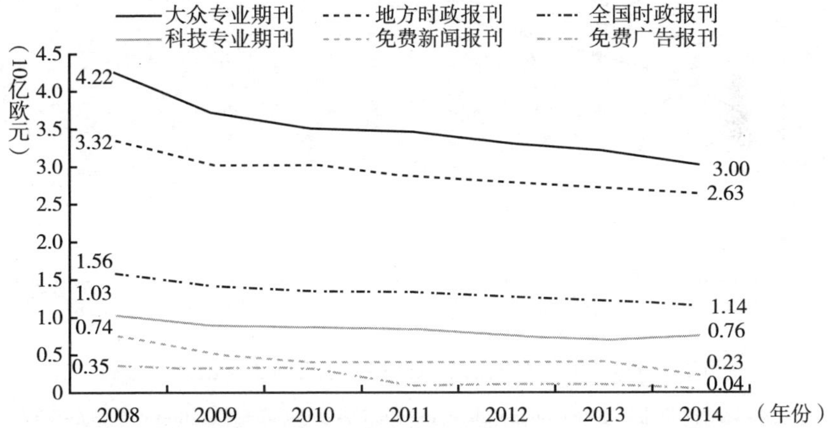


**图3　2004～2014年法国报业收入变化**

资料来源：参见 Ministère de la Culture et de la Communication，Chiffres Clés Statistique de la Culture et de la Communication，DEPS，Paris，2016，p208。

## 四　互联网业

截至2015年，已有84%的法国人口成为互联网用户①，60%的法国人为智能手机用户，将近34%的法国人拥有平板电脑。自2006年起，互联网在法国迅速发展，当年约60%的法国人在住宅装有家用计算机，45%的用

① 参见 Ministère de la Culture et de la Communication，Chiffres Clés Statistique de la Culture et de la Communication，DEPS，Paris，2016，p178。

户可以接入互联网，到了2015年，这两个数据已分别达到80%和83%。据统计，每6个12岁以上的法国人就拥有一台智能手机。截至2015年12月，约有44%的新闻信息通过移动互联网的方式传播，比去年同期上涨了12个百分点（见图4）。

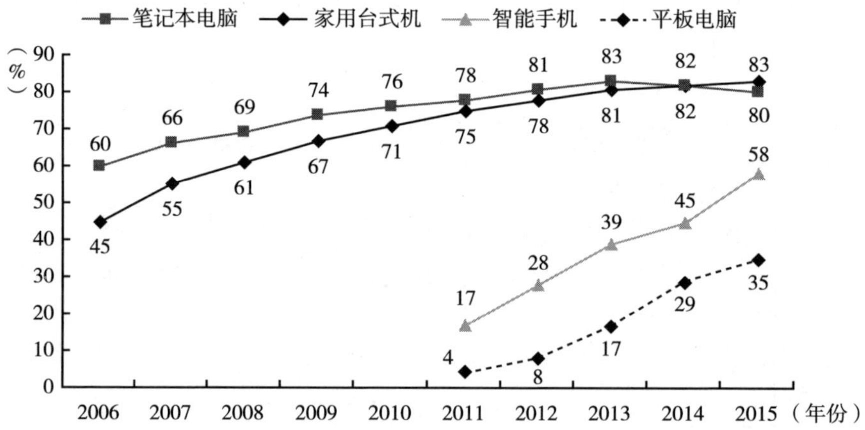


**图4　2006~2015年法国互联网接入设备所占法国人口比例**

资料来源：参见Ministère de la Culture et de la Communication, Chiffres Clés Statistique de la Culture et de la Communication, DEPS, Paris, 2016, p181。

有数据表明，2014年有将近一半的法国人使用互联网获取与文化有关的信息。特别是在35岁以下的人群中表现的更明显，在网上听音乐、看电影、玩游戏已成为一种常态。网络下载服务更是在2014年为音乐产业创造了30%的营业收入（约为1.27亿欧元）。

在互联网政策方面，法国政府2015年11月8日修改了《数字及电子产品管理法》，将电子竞技列入法国政府正式认可的体育项目，将“尽可能宣传其竞技作用，并为可能出现的负面影响考虑，进行及时的疏导来确保这一领域的经济活力。”

除此之外，由于2015年在法国本土发生的数起恐怖袭击，互联网正在成为反恐的新战场。在《查理周刊》遭袭事件发生后的4天内，法国有约2万个站点被黑客入侵，法国军方表示，“如此大规模的网络袭击在法国历史上前所未有”。法国网络安全专家认为，这次网络攻击的特点是势头猛、范围广，而且网络黑客团体组成和解散都十分迅速。包括伊斯兰圣战组织在内的极端恐怖组织，已充分掌握了现代传媒和通讯技术，他们发布消息的渠道是主流社交网络，而不是已日渐式微的网络论坛。他们把社交网站变为煽动理念的阵地。尽管互联网公司一直在删除这些危险信息，但互联网反恐战争的复杂程度甚至超过了网下世界，法国政府已把加强网络监控、安全监听等议题摆上了议事日程。

# B.25

# 2016年俄罗斯与金砖国家传媒产业发展报告

石惠敏*

摘　要：近年来，金砖四国对发达国家经济体和世界新兴经济体起到了引领作用，而媒体产业与国家经济往往呈平行趋势。本文采用 WPP 和 GroupM 两个媒体广告公司数据报告，对俄罗斯、印度与巴西的传媒产业现状与发展趋势进行分析、预测。

关键词：传媒产业　俄罗斯　印度　巴西

## 一　俄罗斯媒体产业发展现状

### 1. 电视、报纸、互联网是俄罗斯境内三大最常接触的媒体

在俄罗斯，大部分的电视、广播、报纸为国家拥有。2017 年主要媒体产值如图 1 所示。俄罗斯境内的 83000 个媒体机构，以 102 种语言传播信息。在众多媒体机构中，杂志占 37%，报纸占 28%，在线媒体 11%，电视机构 10%，广播公司 7%。媒体机构需要申请营业执照。三大电视网络都是国营电视台，吸引全国 75% 的受众观看，是最有影响力的媒体。除了电视，报纸是俄罗斯人的第二选择，而互联网则是第三受欢迎的媒体。值得一提的是，根据 "We Are Social" 报告，俄罗斯互联网渗透率 72%，上网时长 4.7 小时，全球排名第 7。俄罗斯的国产社交媒体 VKontake 是欧洲较普遍的社交平台，以俄语为主要语言。全球社交媒体使用人数排名第 17。

* 石惠敏，新加坡国立大学东亚研究所客座研究员。

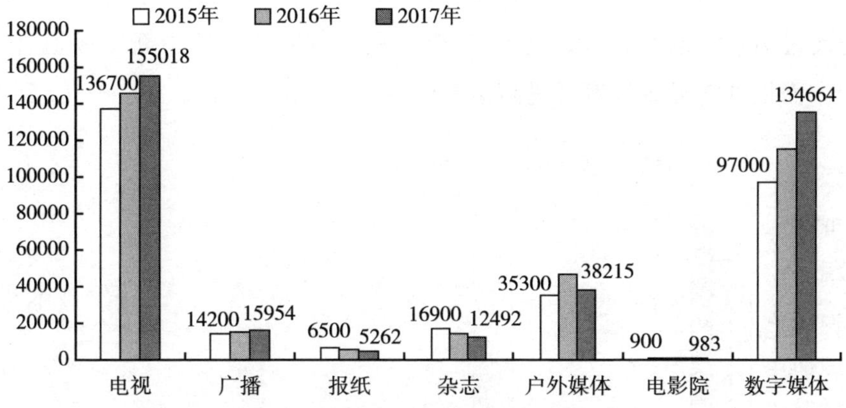


**图1　俄罗斯主要媒体产值比较（2015～2017年）**

**2. 除了电视和数字媒体，俄罗斯媒体均不景气**

2016年俄罗斯的纸媒产业不景气，出版业进行并购重组，而此种消沉随后形成新常态。新进入市场的户外媒体也因为面对高征税和低需求而面临破产。2016年俄罗斯媒体市场趋软的主要原因包括英国前首相卡梅伦宣布公投以及随后的脱欧，另外，国内薪金停滞、出口需求减少、通货膨胀等都为俄罗斯的经济复苏带来许多不确定性。总言之，俄罗斯媒体除了电视产业和数字媒体产业表现不俗外，其他媒体基本上停滞或倒退。尽管经济表现不佳，但随着电视和付费搜索收入的增加，GroupM评估2016年俄罗斯媒体产值增长达9.5%，乐观预期2017年将增长10%。

**3. 数字媒体收入主要来自手机、视频和媒体方案编排**

数字媒体收入主要来自手机、视频和媒体方案编排。2015年手机增长70%，预计2016年手机产值将达350亿卢布。除手机外，视频和媒体方案也展现高增长，产值从2015年的100亿卢布分别增长15%和40%。

## 二　印度传媒产业发展现状

**1. 电视、报纸是印度的主导媒体**

印度主要媒体包括电视、报纸、广播、杂志、电影院和互联网站，其主要媒体产值如图2所示。许多的媒体都被以盈利为目的私人企业所控制。印度有超过70000家报纸和超过1600个卫星电视频道，其中新闻频道有400多个。而报纸曾经每日发行量高达1亿份[①]。

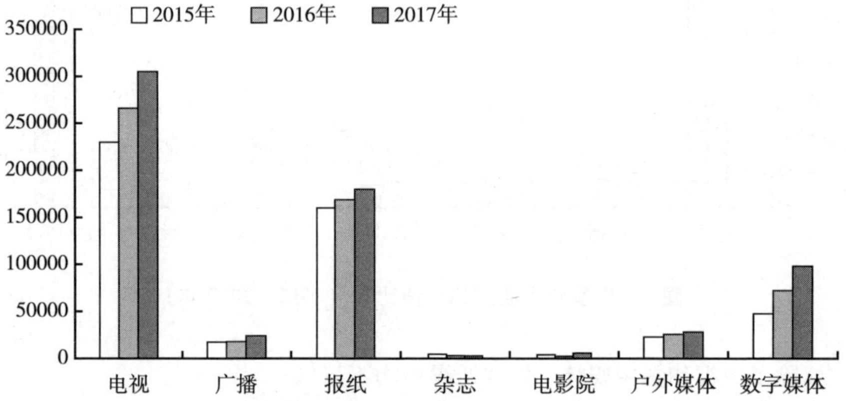


**图2　印度主要媒体产值比较（2015～2017年）**

除了新闻资讯媒体外，印度音乐和电影产业也蓬勃发展，根据福布斯报道，印度是全球电影产量最高的国家[②]。

**2. 亚洲的硅谷在印度**

深厚的文化与政治亲和力，加上大量已在硅谷工作的印度籍高管，使得西方视印度为硅谷的第二基地，大规模外包和程序编写初创公司不断入驻。亚马逊、微软、Twitter、Facebook都在当地设立工程中心，向10亿移动市场进军。众所周知，由于印度曾为英国殖民地，流畅的英语、对西方文化和制度的熟悉，是成为硅谷人的重要优势。目前微软、谷歌的高层主管皆为印度裔。在美国硅谷，虽然印度裔仅占总人数的6%，创办的公司却占到了硅谷所有公司的15.5%。若统计由移民创立的公司，印度人更占32.4%，超过了英国、中国和日本三国加起来的人数。下一个十年，全球最大的互联网

① https：//en. wikipedia. org/wiki/Media_ of_ India。

② http：//www. forbes. com/sites/robcain/2015/10/23/indias – film – industry – a – 10 – billion – business – trapped – in – a – 2 – billion – body/#557010c01005。

国家是中国还是印度，可能需要拭目以待。

**3. 印度电影年产量近2000部，但年度片票房仅达20亿美元**

印度的数字媒体受硅谷的加持，成为2016年增长最快的媒体。而印度的宝莱坞（Bollywood）电影产业，素来以高产量知名。但根据福布斯①报道，印度电影票房收入只及北美票房的1/5、中国票房的1/3，甚至低于人口只及印度1/10的日本。目前印度电影院拥有者正持续整合，特别是二、三线影院。相信优良的影片仍将带来良好的收入。

**4. 印度报业面对增长压力，数字媒体成为媒体的主要收入来源**

印度报业在收入和发行上都面对压力，特别是英语报纸，但兴都语和区域日报却持续增长。反观数字媒体如手机、视频、IPTV播放机销售持续上升，Amazon Prime和Netflix是热门视频平台，也因此带动本土广告营收。随着4G的普及，在线受众和内容将大幅度增加。

**5. 印度广播产业成为政府与民众的桥梁**

印度广播产业随着调频广播和网络广播电台的增加，大幅增加的听众和广告业务带动印度广播产值的显著增加。印度总理穆迪通过国家广播电台All India Radio与老百姓沟通，节目前后时段的广告都能卖出天价。印度的广播业务随着新调频（FM）和网络广播的增设，再加上车上广播以及手机应用程式都助长了广播的收听率和收入的增加（见图2）。

## 三 巴西媒体产业发展现状

**1. 巴西是南美洲最大的媒体市场，广告市场全球排名第五**

根据国际货币基金组织2016年的统计报告，巴西2016年国内生产总值购买力平价（GDP PPP）达31348亿美元，全球排名第7，预计2020年，国

---

① http://www.forbes.com/sites/robcain/2015/10/23/indias-film-industry-a-10-billion-business-trapped-in-a-2-billion-body/#557010c01005。

内生产总值排名将被印尼超越[①]。巴西人口1亿7千多万，主要语言为葡萄牙语、西班牙语、英语和法语。境内有460多份报纸[②]，发行量超过700万；境内有138家电视台，每千人中有13.7人订购卫星电视；境内有1822家广播电台共约7000万名听众，收听率达40%。巴西是南美地区最大的媒体市场，其主要媒体产值如图3所示。

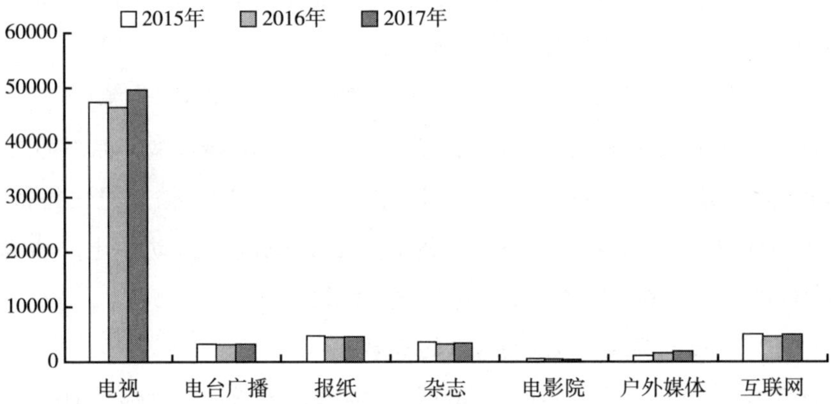


**图3 巴西主要媒体产值比较（2015~2017年）**

资料来源：groupM，worldwide media and marketing forecast，2016 July。

**2. 电视是巴西媒体的龙头产业**

Globo是巴西最大的媒体集团，拥有广播网络、电视、付费电视和报纸。电视一直是最具影响力的媒体。巴西国产肥皂剧Telenovelas、游戏以及真人秀在全球播出颇获好评。巴西宪法保障了新闻媒体自由，美国自由之家虽然评估巴西的新闻自由度为“自由”（free），但政治人物和财团往往以诽谤罪压制记者批判性的报道，因此纸媒的新闻度，也只达到“部分自由”（partly freedom）等级。

---

① http：//statisticstimes. com/economy/countries – by – projected – gdp. php， < International Monetary Fund World Economic Outlook（October – 2016）>21 Oct 2016。

② http：//www. pressreference. com/Be – Co/Brazil. html。

**3. 户外媒体与互联网产值获得较高增长**

2015～2016年，巴西GDP持续下降3.8%、高达10%的失业率以及政府的反贪行动、总统的离职等都导致巴西经济和媒体产值的负增长。但随后的税收调整、社会保障制度改革、鼓励工业和农业发展等举措，拉动经济缓慢复苏。2016年的奥运创收虽不如预期，更不如2014年世界杯所带来巨大赞助商机，但依然推动了户外媒体等媒体产值的增长并摆脱了经济衰退。预计2017年媒体广告收入增加2%。

**4. 巴西电视和付费电视占绝大部分市场份额**

根据“We Are Social”① 的统计，尽管巴西互联网渗透率只有58%，但是网民平均花5.2小时上网，上网时长居全球之冠。网民热衷上网，带动IPTV付费电视业务的发达。电视与付费电视仍占绝大部分媒体市场份额，见图4。

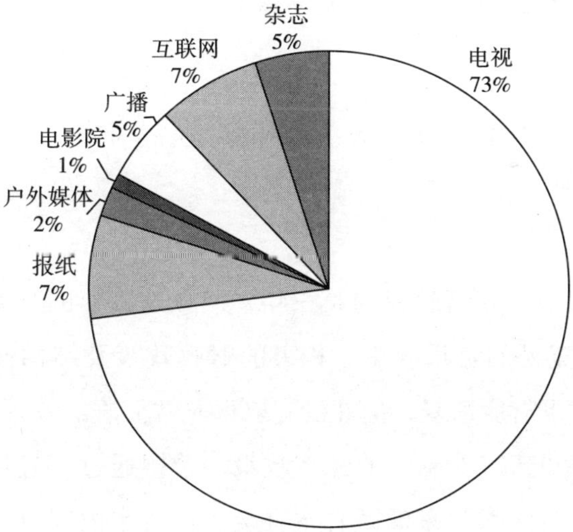


**图4　巴西媒体产值市场份额**

资料来源：groupM，worldwide media and marketing forecast，2016 July。

① https：//d1ri6y1vinkzt0. cloudfront. net/media/documents/We% 20Ares% 20Social% 20Digital% 20in% 202016v02 – 160126235031. pdf。

# B.26
# 2016年日本传媒产业发展报告

林 杨*

摘 要： 2015 年日本传媒产业受到媒体环境变化与经济形势影响，报业、期刊、出版、广播等传统媒体行业均有不同程度缩减，电视、电影、音像制品及电子出版物市场有所增长。在广告开销方面，受智能终端普及和在线视频行业迅速发展的影响，互联网精准广告实现大幅增长。

关键词： 日本 传媒产业 数字化转型 广告市场

2015 年是第二次安倍政权的第三年，回顾这一年的日本经济，虽然在“安倍经济学”宽松的货币政策、积极的财政政策及结构性改革这“三支箭”的政策刺激下有所恢复，但并没有取得非常显著的效果。2015 年 9 月，安倍又提出所谓“新三支箭”的经济政策，希望通过“发展经济、改善育儿环境、推进社会保障”来活跃日本社会。据日本内阁府《国民经济计算确报》显示，2015 年日本名义 GDP 为 530.5 万亿日元，同比增长 3.27%，实现连续 4 年增长；实际 GDP 增长率 1.3%，个人收入和企业所得均有所增长。然而自 2014 年 4 月消费税增税以来，日本家庭消费依然处于较为低迷的状态，改善雇佣、拉动内需仍是日本经济复苏的一个重大课题。

---

* 林杨，清华－日经传媒研究所助理研究员。

## 一　报纸与出版

日本报业协会数据显示，2015 年日本全国报纸的总销售额为 17904 亿日元，同比减少 1.95%（见图 1）。其中报纸销售收入 10466 亿日元，同比减少 2.75%；广告收入 3983 亿日元，同比减少 4.85%；其他收入 3455 亿日元，同比增加 4.29%。

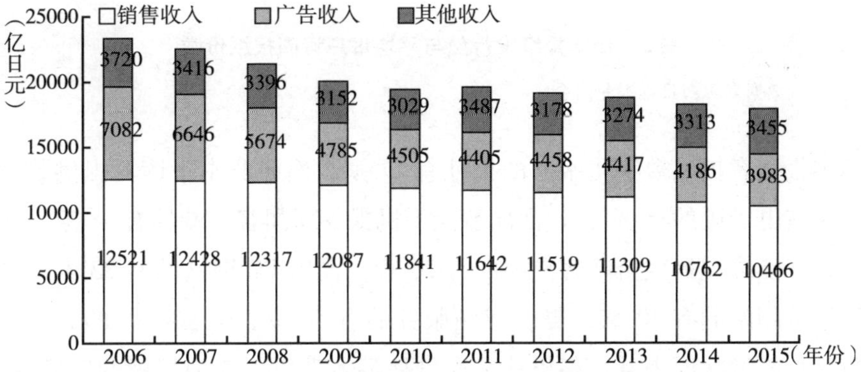


**图 1　日本全国报纸总销售额细目**

数据来源：日本报业协会。

从收入构成来看，报纸销售收入和广告收入占比持续下降，其他收入占比持续提升。从报纸广告的刊登情况来看，广告费、广告位数量及广告刊登量均有所减少，广告收入呈现出连年下跌的态势。

2015 年日本报纸的总发行量为 4425 万份，同比减少 2.4%。每户订阅报纸份数 0.8 份，连年持续减少（见图 2）。从发行渠道来看，配送到户依然是日本报纸的主要发行方式，有 95.07% 的报纸以配送到户方式达读者受众，零售仅占 4.39%。

据日本报业协会对加盟该协会的报社及通讯社进行的数字化服务调查显示①，

① 主要调查面向个人用户提供的数字化服务，调查时间为 2016 年 4 月，108 家报社、通讯社会员单位中有 83 家进行了回答。

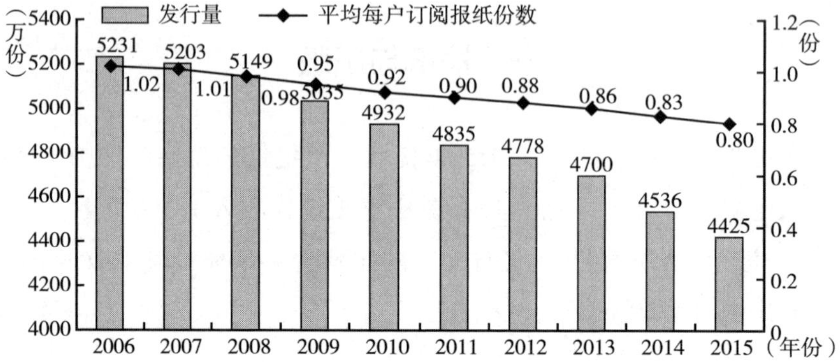


**图 2　日本报纸发行量与平均每户订阅报纸份数**

数据来源：日本报业协会。

面向本报读者提供数字化服务的报社有 17 家，面向非本报读者提供数字报纸及付费电子版的有 33 家，面向智能手机提供新闻客户端的有 38 家，面向非手机智能终端提供新闻客户端的有 26 家，提供 PC 网站的有 83 家，提供智能终端网站的有 70 家，提供视频服务的有 54 家，运营 SNS 的有 43 家。从数字化转型状况来看，各报社及通讯社都体现出了较为积极的转型意愿，但结合包括数字化业务收入在内的“其他收入”年增长情况来看，数字化业务的收入情况依然不容乐观。

根据出版科学研究所的统计数据，2015 年日本图书期刊出版行业的市场规模为 15220 亿日元，同比减少 5.3%，降幅超过 2014 年度的 4.5%，是自 1950 年进行该统计以来降幅最大的一年。其中图书市场规模为 7419 亿日元，同比减少 1.7%；期刊市场规模为 7801 亿日元，同比减少 8.4%，（见图 3）。图书市场 2015 年度跌幅较小，多个领域出现畅销书，推动了市场增长。获得芥川赏的《火花》（作者：又吉直树）取得了 240 万销量的好成绩，也是 2015 年度唯一一本销量过百万册的图书。期刊市场 2015 年度跌幅较大，月刊市场规模同比跌幅 7.2%，周刊同比跌幅 13.6%。导致期刊市场衰退的原因较为复杂，除媒介环境的变化外，中小型书店接连停业、曾经业界排名第四的发行渠道“栗田出版贩卖”申请破产等期刊流通领域的重大变化也是影响市场发展的重要原因之一。

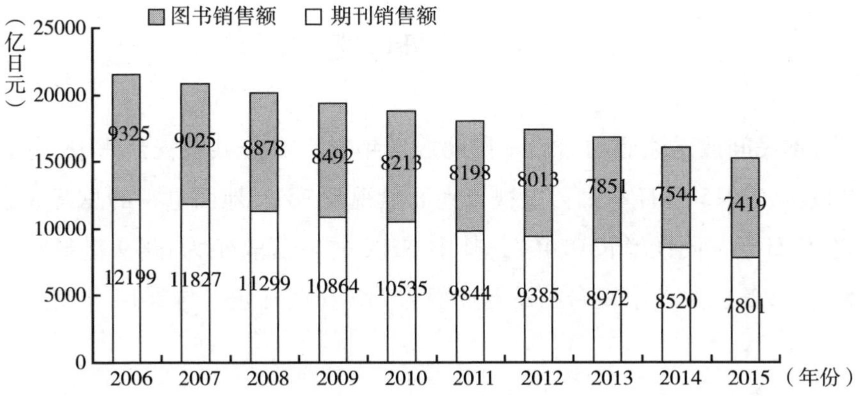


**图3　日本书刊出版销售额**

数据来源：出版科学研究所，《出版指标年报》各年度版。

根据 Impress R&D 的统计数据，2015 年日本电子出版市场总规模为1826 亿日元，其中电子书市场规模约为 1584 亿日元，同比增加 25.1%，电子杂志市场 242 亿日元，同比增加 66.9%（见图 4）。在电子书市场中，电子漫画的市场规模约为 1277 亿日元，占整个电子书市场规模的 81%。电子出版市场增速与 2014 年度相比有所下降，但依然保持了较高的增长。

**图4　日本电子出版市场规模**

数据来源：Impress R&D。

## 二 广播电视

日本民间放送联盟的《日本民间放送年鉴》和公共电视台 NHK 业务报告书显示，2015 年日本民营电视台地面电视及 NHK 地面电视的总营业额为 28449 亿日元，同比增长 0.4%，其中 NHK 的总营业额为 6879 亿日元，同比增加 1.9%；民营电视台的总营业额为 21570 亿日元，与 2014 年基本持平（见图 5）。

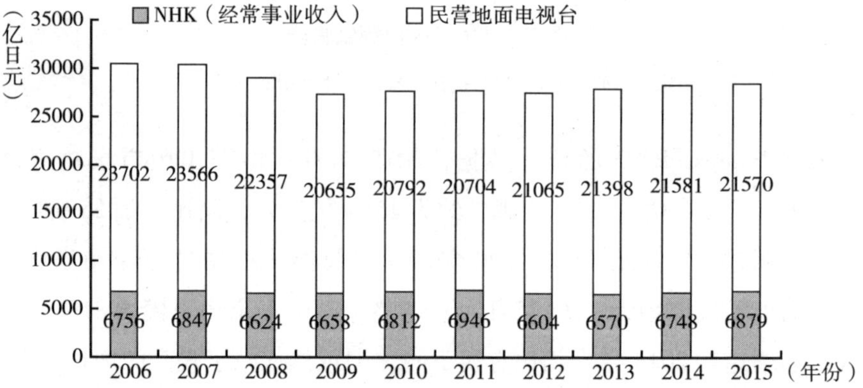


**图 5　日本地面电视单位市场规模**

数据来源：日本民间放送联盟《日本民间放送年鉴》各年度版、《电视广播收入预测》各年度版；NHK 业务报告书各年度版。

以收视费作为主要收入来源的公共放送 NHK 营收状况保持平稳。5 家主要民营电视台受到来自在线视频的冲击，也在积极谋求转型。2015 年 10 月 26 日，总部位于东京的 5 家民营电视台共同推出了免费视频回放服务 TVer，通过广告营收的方式，免费为用户提供过去一周内各自电视台播出的部分节目的回放，以对抗互联网侵权视频的传播。

广播方面，根据日本民间放送联盟的统计数据，2015 年日本地面广播行业全体营业收入 1457 亿日元，同比减少 0.2%。其中中短波 839 亿日元，同比减少 0.6%；FM617 亿日元，同比增加 0.3%。

## 三 电影

根据日本电影制作者联盟统计数据，2015 年，日本电影的年观影人次达到 1.67 亿人次，同比增长 3.4%。票房收入 2171.19 亿日元，同比增长 4.9%。其中国产片票房 1203.67 亿日元，进口片票房 967.52 亿日元（见图 6）。在作品数方面，国产电影 581 部，进口电影 555 部，合计 1136 部。

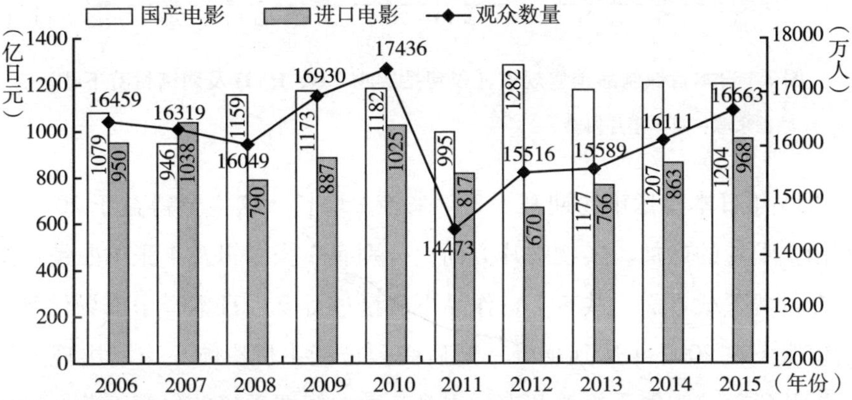


**图 6 日本电影票房收入及观影人次**

数据来源：日本电影制作者联盟。

2015 年日本电影年观影人数及票房收入均保持小幅增长，全年票房前十有 6 部进口电影和 4 部国产电影，“IP” 电影依然是票房主力，全年票房排行前三名分别为《侏罗纪世界》（95.3 亿日元）、《超能陆战队》（91.8 亿日元）、《妖怪手表 诞生的秘密喵!》（78 亿日元）。

## 四 音像

根据日本唱片协会的统计数据，2015 年日本音像市场规模为 3016 亿日元，同比增长 1.3%。其中非数字音像制品 2545 亿日元，同比增长 0.2%，网络付费下载及增值服务 471 亿日元，同比增长 7.8%（见图 7）。

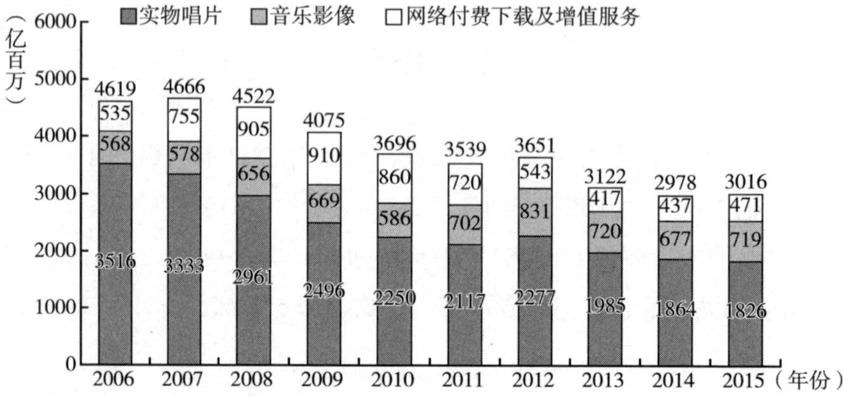


**图 7 日本音像制品销售规模（仅包括实物 CD、DVD 及网络付费下载）**

数据来源：日本唱片协会。

2015 年日本音像市场迎来了 3 年来首次增长，这主要得益于 2015 年度百万销量唱片的增加。实物唱片方面，分别有 3 张专辑及 4 张单曲销量过百万；在付费下载方面，共有 7 首作品下载量过百万。日本音乐市场付费下载及增值服务在 2007 年达到顶峰，此后受到智能手机影响，市场出现连年下跌，近几年随着智能手机普及率的提升，面向智能手机的付费下载及增值服务增加，付费下载用户也基本完成了从传统手机向智能手机的转移，付费市场逐渐回暖。

## 五 互联网

根据总务省的统计数据，2015 年日本网民数量 10046 万人，同比增长 4.1%，人口普及率达到 83.0%（见图 8）。与 2014 年度相比，各年龄层通过智能终端接入互联网的网民数量都有所增加，通过智能手机上网的个人用户占比首次超过 50%。在社交媒体的使用上，最近 1 年曾经使用过社交媒体的回答中，排名前三位的分别为 LINE（37.5%）、Facebook（35.3%）、Twitter（31.0%），其中在 Facebook 及 LINE 的使用当中实名率最高，分别为 84.8% 和 62.8%。

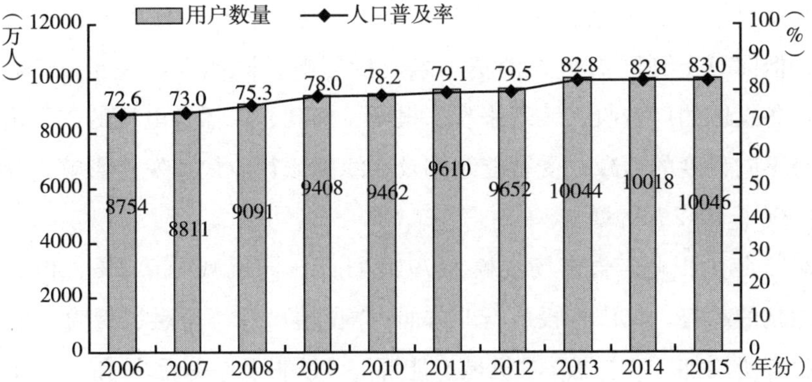


**图 8　日本互联网用户数量及人口普及率**

数据来源：日本总务省《通信利用动向调查》各年度版。

## 六　广告

根据日本电通广告公司的统计数据，2015 年日本广告市场规模为 61710 亿日元，同比增长 0.3%，日本广告市场连续 4 年出现增长，其中互联网广告增长率超过一成，拉动了市场整体表现（见表 1）。

**表 1　2008～2015 年日本各媒体广告费**

单位：亿日元

| 媒体类型＼年份 | 2008 | 2009 | 2010 | 2011 | 2012 | 2013 | 2014 | 2015 |
|---|---|---|---|---|---|---|---|---|
| 报纸 | 8276 | 6739 | 6396 | 5990 | 6242 | 6170 | 6057 | 5679 |
| 杂志 | 4078 | 3034 | 2733 | 2542 | 2551 | 2499 | 2500 | 2443 |
| 广播 | 1549 | 1370 | 1299 | 1247 | 1246 | 1243 | 1272 | 1254 |
| 电视 | 19092 | 17139 | 17321 | 17237 | 17757 | 17913 | 18347 | 18088 |
| 卫星媒体 | 676 | 709 | 784 | 891 | 1013 | 1110 | 1217 | 1235 |
| 互联网 | 6983 | 7069 | 7747 | 8062 | 8680 | 9381 | 10519 | 11594 |
| 其他推销广告 | 26272 | 23162 | 22147 | 21127 | 21424 | 21446 | 21610 | 21417 |

数据来源：电通《日本的广告费》各年度版。

2015 年，受到米兰世博会及企业经济好转的影响，日本广告市场有所增加，但同时受到国内个人消费不景气的影响，同比仅实现了 0.3% 的增长。从各媒体的广告收入表现来看，报纸、期刊、广播及电视的广告市场规模均有不同程度的缩减；受智能终端及在线视频行业快速发展影响，互联网广告实现了 10.2% 的增长。

2015 年度报业广告市场规模 5679 亿日元，同比减少 6.2%，市场呈现长期缩减的趋势。在广告投放行业方面，“食品”及“金融、保险”类的广告投放有所增加，“电器”“机械、能源”“饮料及嗜好品”和“汽车及相关产品”的广告投放明显减少。

2015 年度期刊广告市场规模 2443 亿日元，同比减少 2.3%。由于期刊市场的销售收入出现了史上最大跌幅，也直接影响到其广告市场规模。从广告投放行业来看，“精密仪器、办公用品”投放势头良好，机械式高级手表的广告投放增长尤为明显，“服饰、首饰”“化妆品”的广告投放有所缩减。

2015 年度日本广播广告市场规模 1254 亿日元，同比减少 1.4%。“餐饮、服务”“汽车及相关产品”“药品、医疗用品”的广告投放实现了连年增长，“信息、通信”的广告投放有所减少。

2015 年度地面电视广告市场规模 18088 亿日元，同比减少 1.4%。虽然 2015 年有世界游泳锦标赛、世界田径锦标赛、世界杯排球赛、世界棒球经典赛、足球世界杯等多项在日本广受关注的世界级体育赛事，但受到不明朗的经济前景影响，电视广告的广告主表现出了十分保守的势头。从广告投放行业来看，“食品”“信息、通信”“交通、休闲”“餐饮、服务”行业有所增加，“兴趣、体育用品”“汽车及相关产品”“饮料及奢好品”“电器”等有所减少。

2015 年度卫星媒体的广告市场规模 1235 亿日元，同比增长 1.5%。多家媒体在 2015 年对节目构成都进行了较大调整，增加了体育、音乐、电影等内容的节目种类，获得了广告主的肯定。

2015 年度互联网广告市场规模 11594 亿日元，同比增长 10.2%。以网幅、文本链接、视频等为主的传统型互联网广告市场略有缩减，基于大数据的精准广告大幅增长，成果报酬型广告也呈现出良好的发展势头。

# B.27

# 2016年韩国传媒产业发展报告

申惠善*

**摘　要：** 本文从出版、漫画、游戏、电视、电影、音乐等方面，介绍韩国传媒产业在2016年的整体发展状况，并对其发展趋势进行展望。韩国漫画/网页漫画与游戏、电影和动漫一同被选入了“新成长动力产业”领域。随着美国企业根据韩美FTA放送协定正式进军韩国市场，不少韩国企业开始加紧促进韩中FTA放送协定的缔结并积极寻求进军中国市场的机会。

**关键词：** 韩国　传媒产业　韩中FTA

## 一　出版

韩国出版业于2012年销售额突破21兆韩元，但行业销售额从2013年开始呈现下滑趋势。与2015年203千亿韩元的销售额相比，2016年的销售额为206千亿韩元，增幅为1.5%。出版产业的输出额在2013～2014年间小幅下降了15%以上，2015年的销售额为2.52亿美元。2016年销售额略有回升，达到了2.65亿美元。与2016年相比，2017年的预期销售额为209千亿韩元，增幅为1.6%，输出额为2.8亿美元，增幅为5.8%。①

从2010～2015年间销售额持续呈下滑趋势的韩国纯文学出版行业，在

---

* 申惠善，首尔大学亚洲研究所高级研究员。

① 《2017年内容产业展望》，韩国内容振兴院，2017年1月。

2016 年度大幅上升了 46%。这与韩江以《素食主义者》(The Vegetarian)斩获布克国际文学奖(Man Booker International Prize)密不可分，因为韩江是获得此殊荣的亚洲第一人，同时也是最小龄获奖者。以此为契机，韩国小说、韩国诗集以及韩国散文的销售额均有增加。

从 2010 年开始，网络小说的销售额呈持续增长状态。与 2015 年相比，2016 年的预期销售额将增加 2 倍，有望达到 800 亿韩元。① 网络小说以短篇记叙文体和生动的插图备受年轻人的喜爱。与题材单一的纯文学相比，网络小说是具备爱情、武侠、运动等多种题材。2016 年收视率颇高的电视剧《云画的月光》、《灰姑娘与四骑士》以及《步步惊心：丽》等原著均是网络小说。② 预计 2017 年网络小说的销售额会持续增长。鉴于网络小说对扩大电子书市场有一定程度的影响，2017 年电子书市场的销售规模有望达到 2000 亿韩元，内容种类预计达到 35 万种。

## 二 漫画/网页漫画

2016 年的漫画销售额为 9000 亿韩元，与 2015 年相似；输出额为 3000 万美元，自 2014 年以来，基本没有大变化。漫画产业整体以网页漫画为中心来重组，大规模投资流向门户网站的网页漫画平台。

随着网页漫画市场的扩大，高费用事前企划内容制作逐渐普遍化。在 TV 放送成为网页漫画作家以及内容市场营销的窗口后，以网页漫画原著为创作基础的新内容开发战略日趋多样化。其中提供网页漫画制作的平台增加了 40 个以上，且每周都会有 1000 种以上的新网页漫画被上传。网页漫画平台进入了无限竞争的时代，各平台间的内容差别化、服务差别化以及价格差别化等成为核心竞争要素。

韩国国内的网页漫画平台竞争激烈，因此韩国十分注重网页漫画的海外

① KT 经济经营研究所，2016。

② 韩国以网络小说原著改编的第一部电视剧是《咖啡王子 1 号店》(2007)。

输出，例如出口至印度尼西亚、泰国等东南亚国家。NAVER 通过 LINE 网页漫画平台提供多语言服务的网页漫画，2016 年 LINE 网页漫画的海外使用人数为 1800 万名，超过了韩国国内 1700 万名的使用人数。①

漫画/网页漫画与游戏、电影和动漫一同被选入了“新成长动力产业”领域，对此，企业附属创作研究所和创作主管部门将对符合要求的企业实行扩大免税（中小企业 30%，中坚企业/大企业 20%）政策。同时，相关领域的技术开发不仅会得到中小企业的投资，而且大企业和中坚企业对其投资也有望扩大。2016 年发表的“通过文化繁荣改善经济体制”业务报告②中也提出，网页漫画和游戏这两个新一代潜力内容将成为韩国的重点培养项目。

## 三　电影

电影产业的销售额在 2014 年出现了短暂停滞的现象，但在 2016 年时首次达到 5 兆韩元以上的销售额纪录。2015 年韩国电影的输出规模大幅增长，输出额约为 9000 万美元，2016 年首次达到 1 亿美元以上。2016 年所放映的电影总数为 2543 部（韩国电影 663 部，海外电影 1880 部），观影人数为 217026407 名，销售额为 1743 亿韩元（见图 1）。③

2016 年票房排名靠前的 10 部电影中韩国电影占了 8 部，分别是《釜山行》、《检察官外传》、《密探》、《隧道》、《仁川登陆作战》、《幸运钥匙》、《哭声》、《德惠翁主》。其中《密探》是美国主流制作公司华纳兄弟制作的首部韩国电影，《哭声》是美国 20 世纪福克斯制作的作品。这表明韩国电影市场具备稳定的投资收益率，日后美国好莱坞制作公司对韩国电影市场的投资有望扩大。

① 《韩流故事》，韩国文化产业交流财团，2016 年 10 月。

② 文化体育观光部，https：//www. mcst. go. kr/web/s _ notice/press/pressView. jsp？ pSeq = 14872。

③ 参见电影振兴委员会主页。

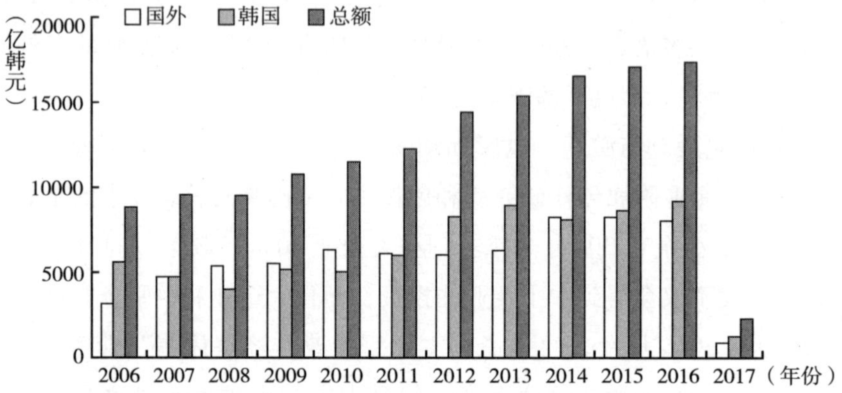


**图1 2006～2017年销售额**

数据来源：电影振兴委员会主题统计，http：//www.kobis.or.kr/kobis/business/stat/them/findYearlyTotalList.do，2017年2月13日。

将于2017年夏上映的奉俊昊导演的新作《玉子》由（NETFLIX）[①] 全额（5000万美元）投资制作而成，其波及效应备受瞩目。以NETFLIX为首的国内外SVOD（Subscription Video On Demand）企业对电影及电视剧的扩大制作投资和流通将有望成为促使韩国电影、电视剧原有制作体系发生一定形式变化的关键要素。

## 四 电视

2016年韩国电视产业的销售额与2015年相似，约为17.3兆韩元；输出额同比增长9.7%，达到4.6亿美元。根据放送市场竞争情况评价数据，2016年整体放送事业销售额的增长率不及4.9%的GDP增长率，只达到4.1%。[②] 与2016年相比，2017年度的销售额有望增幅4.0%，达到18兆韩

① NETFLIX来源于因特网（NET）和电影（Flicks），它是全世界最大的在线影片租赁提供商。2012年，Netflix开始做自制剧，《纸牌屋》是其代表作品。韩国于2016年1月开始提供这种服务。

② 放送通信委员会，2016年12月。

元；输出额有望增幅8.9%，达到5.1亿美元。[①]

电视内容的特征之一是可以反映社会经济趋势的电视内容才具有持续性。例如，随着1人家庭的增加，以1人家庭为素材或是以1人家庭为主要受众的内容集聚了较高的人气。电视剧《独饮男女》（JTBC）和综艺节目《我家的熊孩子》就是1人家庭的代表节目。根据韩国言论振兴财团的《2016年10大青少年媒体使用调查》报告，韩国青少年10名中有9名会使用移动客户端的网络；4名中有1名会通过afreecaTV[②]或YouTube长期收看个人放送节目。2017年，可以满足个人收视要求的MCN（Multi Channel Network）自媒体内容应该会十分活跃。从2015年3月份开始，韩美FTA放送领域的协定正式生效，但市场变化并不明显。然而从2017年NETFLIX对电影和电视剧市场[③]的投资计划来看，美国国际放送企业也许会正式进军韩国市场。在这种情况下，韩国的放送市场将迅速受到美国放送企业的影响。以此类推，韩国企业对韩中FTA放送领域协定的缔结极为关注。

面对国内外的激烈竞争以及朝着最前端快速变化的市场，受众们似乎在奇幻爱情以及正视现实的文化内容中寻求安慰。在极限情况下为祖国献身的《太阳的后裔》、以韩国民间故事为创作基础的《鬼怪》，以及描绘韩国社会现实的《潘多拉》、《金融决战》、《王者》等电影均备受追捧，获得了超高人气。此外，随着美国企业根据韩美FTA放送协定正式进军韩国市场，不少韩国企业开始加紧促进韩中FTA放送协定的缔结并积极寻求进军中国市场的机会。

## 五　音乐

音乐产业的销售规模在2012年首次突破4兆韩元后，预计2016年将首次达到5兆韩元。音乐产业的输出额在2014年首次突破3亿美元大关，预计2016年将增长到3.8亿美元。2017年的销售额预计达到5.3兆韩元；

① 《2016年放送产业实况调查报告书》，未来创造科学部/放送通信委员会，2016年11月。

② 于2006年3月9日开始运营的韩国代表性SNS媒体平台。

③ 网页漫画《Love Alarm》正在被制作成电视剧，预计2018年播出。

输出额有望达到 4 亿美元。

2010 年初，以《我是歌手》开始的音乐综艺节目开始盛行，《Super Star K》（M - net）和《Kpop Star》（SBS）等选秀节目的出现一直维持着较高的人气。2015 年《蒙面歌王》（MBC）引爆收视后，2016 年《神的声音》（SBS 电视台）、《Fantastic Duo》（SBS 电视台）、《合唱歌谣祭》（MBC 电视台）、《Phantom Singer》（JTBC 电视台）等多种形式的音乐综艺节目陆续登场。

2016 年的 Gaon① 指数 400（从第 1 位到第 400 位的合计销售额）与 2015 年相比上升了 8%。年度唱片销售量 TOP 400（从第 1 位到第 400 位的合计销售量）与上一年相比上升了 29%。促进唱片销售量猛增的要素除了 EXO 的粉丝们之外，防弹少年团、Twice 以及 Seventeen 的粉丝们也表现出了超强的购买力。

2016 年 9 月 28 日实施的《金英兰法》② 让各种座谈会发生了天翻地覆的变化。《金英兰法》禁止提供超过 1 万韩元以上的饮料和零食，1 家媒体只能邀请 1 位记者是必须遵守的原则。此法的出台让之前无差别的宣传竞争多少得到缓解。但海外艺人赴韩演出时的门票售价大部分为 10 万韩元以上，在送礼上限为 5 万韩元的情况下，10 万韩元的门票到底是违法还是不违法一度引起极大争议。

## 六 知识信息

知识信息产业的销售额与 2015 年相比上升了 13.1%，2016 年的销售额为 14.2 兆韩元。输出额也大幅增长，2016 年输出额达到 5.8 亿美元。2017 年度的销售额预计会增幅 13.9%，达到 16.2 兆韩元，输出额与去年相比预

① Gaon Chart 是大韩民国大众音乐的公认排行榜。Gaon 的意思是中央、中心，韩语含义为“成为中心的排行榜”。

② 《金英兰法》规定公职人员出于社交和礼仪能够收受的食品、礼品和红白礼金数额不得超过 3 万韩元、5 万韩元和 10 万韩元。金英兰法于 2012 年由前国民权益委员长金英兰促进实施，因此得名《金英兰法》。此法律的正式名称为《禁止不正当请托与收受财物法》。

计将增幅16.4%，达到6.8亿美元。三星电子在2017年的CES（Consumer Electronics Show）上发表了本年度的企业发展战略：随着物联网（IoT：Internet of Things）时代的到来，三星电子将把物联网技术灵活运用到家用电器和TV等产品开发上。依照2017年韩国因特网或智能手机的普及率，韩国物联网的准备水平位居美国之后排名第二位。然而相关企业法律制度的僵化将严重影响物联网的发展，因此政府呼吁相关部门制定物联网特别法。

2016年李世石与AlphaGo进行了谷歌Deep Mind挑战赛。随后人们开始关注人工智能（artificial intelligence，AI）的作用与影响力，与之相关的核心企业更是致力于开发可以确保多种收益源的发展战略。NAVER宣布将从服务型企业过度到技术型企业，核心技术领域将着重开发人工智能技术。SK Telecom设计开发了人工智能识别机器“NUGU”，此举为人工智能大众化开拓了道路。同时SK Telecom还致力于开发人工智能与语音识别以及自然语言处理引擎等业务。

## 七　游戏

韩国游戏在2015年实现了10兆韩元以上的销售额，2016年游戏产业的销售额高达11兆韩元，输出额有望达到34亿美元。2016年，移动游戏市场进入全盛时期，多部大型游戏同时上市。同时，2016年也是VR、AR游戏正式进军韩国市场的一年。于2016年7月发售的“Pokemon Go”在韩国获得了超高人气，这为AR游戏得到大众认可做出了杰出贡献。AR游戏有望在2017年持续维持其超高人气。

从2017年1月1日开始，自身等级分类企业可以在任何平台对除成人游戏之外的所有游戏进行自律审查。与此同时，谷歌、苹果以及Facebook也将重新开始提供游戏服务。Facebook之前因为事前审查的关系无法在韩国提供游戏服务。在韩国允许Facebook提供游戏服务将有利于扩大利用Facebook平台的游戏公司的活动半径。①

① 《2017年游戏产业展望》，游戏产品管理委员会，2016年12月。

# B.28
# 2016年东南亚国家传媒产业发展报告

石惠敏*

摘　要：　2016年，东南亚国家总体实际国内生产总值平均增速为4.9%。菲律宾、印尼，由于债务比例良好、人口相对年轻、城市化进展快，经济增长空间较大，传媒产业出现高速增长。电视是东南亚国家最主要的媒体，而互联网产业则是各国增长最快的媒体。东南亚多国的传统纸媒产业和电台广播产业基本停滞或出现负增长。精准市场策略、专业化运营以及加强受众的黏性或许是传媒业者可以考虑的发展方向。本文依据普华永道《2016~2020年全球娱乐及媒体行业展望》中的数据，结合各国各媒体行业产值，观察传媒产业发展。

关键词：　东南亚国家　传媒产业　产值　发展趋势

## 一　2016年东南亚地区宏观经济环境

根据经合组织发展中心（OECD）于2016年12月发布的报告《东南亚、中国与印度经济展望》，尽管全球经济疲弱，新兴亚洲国家（指东南亚地区、中国和印度）的经济仍在中期保持稳健增长。东南亚诸国2016年总体实际国内生产总值平均增速为4.9%，预计2017~2021年的5年间，平均年增长能达到5.1%。该地区的个人消费是推动增长的主要引擎。

* 石惠敏，新加坡国立大学东亚研究所客座研究员。

根据国际货币基金组织和世界银行 2016 年 10 月发布的报告，2016 年印尼国内生产总值达 30278.27 亿美元，是东南亚最大经济体，全球排名第 8 位。东南亚新兴国家在未来 5 年也将持续增长①。其中菲律宾将超越马来西亚，而越南的经济发展也将往前跃进，但是泰国经济预计在未来 5 年发展迟缓。

根据国际货币基金组织 2016 年发布的《世界经济展望报告》，新加坡的人均 GDP 购买力平价达 87082 美元，全球排名第 4，居东南亚之首，但估计 5 年后，将被中国澳门超越，全球排名第 5。而其他东南亚新兴国家的人均 GDP 在 2020 年的全球排名上都有进步。

## 二　东南亚传媒产业发展趋势

**1. 成熟市场与新兴市场的移动互联网广告产值将超越电视广告**

预计未来 5 年，互联网广告在移动互联网和视频广告的急速增长下，总复合增长率将达 11.1%②，这将首次超过电视广告。而这种互联网广告快速增长的趋势将同时出现在成熟市场和新兴市场。其中亚太地区的互联网广告增长超越欧洲中东地区，成为紧随北美地区的互联网发达地区（见图 1）。

**2. 新媒体具有后发优势，互联网产值增长超越传统媒体产值增长**

东南亚预计在 2050 年将成为全球第四大经济体，是紧跟中国、印度之后的全球第三大劳动力市场。受惠于庞大的人口红利，自 1990 年以来，该地区 60% 的经济增长来自制造、零售、运输与电信领域。③ 庞大的年轻消费人群基础推动东南亚新兴国家互联网和电子媒体的急速发展。根据普华永道报告，中国在 2020 年互联网使用和广告将达到约 1334 亿美元，而东南亚六国在 5 年后将达到约 200 亿美元，复合增长率为 13.14%（见图 2）。

---

① 参见 International Monetary Fund World Economic Outlook（October - 2016），2016 年 10 月 21 日。

② 普华永道，《2016 ~ 2020 年全球娱乐及媒体展望》。

③ 参见 Understanding asean seven things you need to know，http：//www. mckinsey. com/industries/public - sector/our - insights/ 。

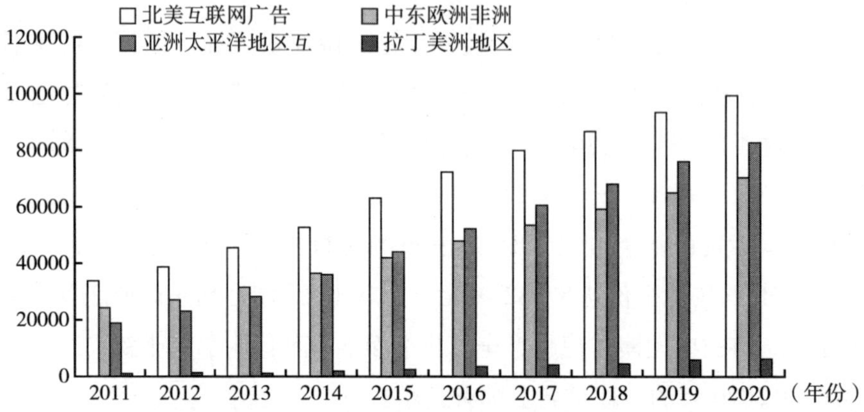


**图1　全球主要区域互联网广告产值增长趋势（2011~2020年）**

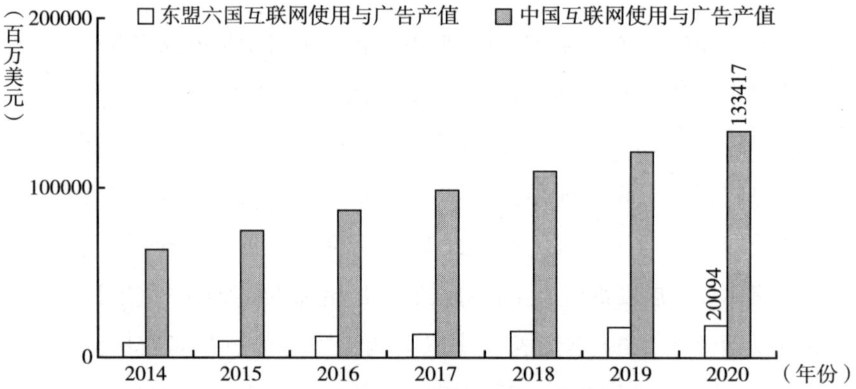


**图2　中国与东南亚主要国家互联网产值比较**

资料来源：普华永道，《2016~2020年全球娱乐和媒体展望》。

**3. 印尼为东南亚诸国媒体娱乐产值最大、增长率最高的国家**

2016年印尼的娱乐传媒总产值达到146.47亿美元，是东南亚传媒和娱乐产值最高的国家，泰国其次，排名第三的是马来西亚。但以增长率而言，越南和菲律宾预估在5年内将有超过8%的增长，与印尼同列发展潜力最大国家。

# 三　印尼传媒产业发展现状

**1. 电视仍为传媒产值最大的产业**

印尼电视市场由四家控股公司拥有，分别是 Media Nusantara Citra（MNC），Emtek Group，Trans Corp 和 Viva Group。2016 年电视产值达 52.95 亿美元。根据普华永道估计，未来 5 年将有 15% 的复合增长，居亚太地区之最，全球排名第三。庞大而多选择的电视网络是印尼电视产业致胜主因。

电视是印尼最主要的大众媒体，2011 ~ 2020 年保持一贯稳健增长势头，尽管 2015 ~ 2020 年的复合增长率低于互联网，但仍然是所有媒体的领头羊（见图 3）。

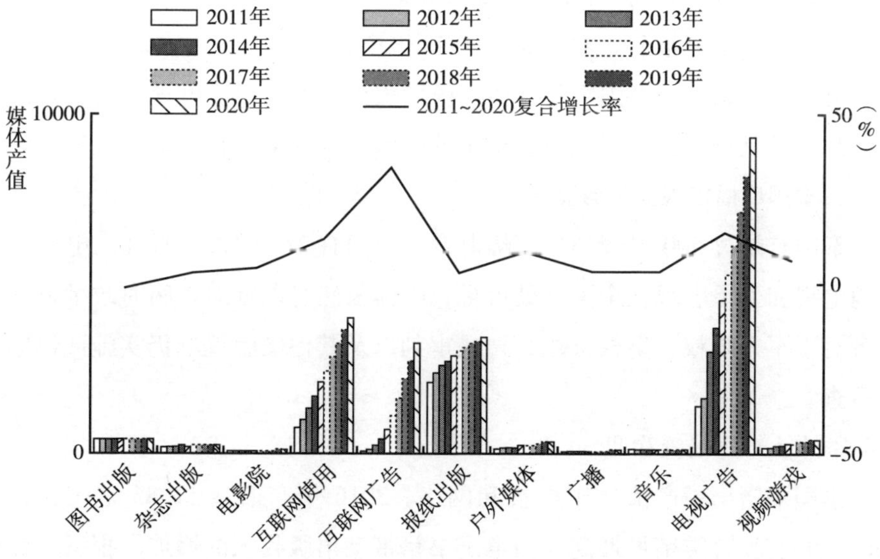


**图 3　印尼媒体娱乐产值增长趋势（2011 ~ 2020 年）**

资料来源：普华永道，《2016 ~ 2020 年全球娱乐和媒体展望》。

**2. 持续增长的报纸产值为第二大传媒产业**

印尼报纸开放民营，许多财团、社团都兴办自己的报纸。2016 年报纸产值达30.31亿美元，随着更多报纸的发刊创办，报业市场的持续扩张，预计2020年报纸的复合增长率将达3.4%。印尼报纸的广告模式各异，许多社区、社团、婚丧喜庆、酬谢答礼都通过报纸广而告之。

**3. Facebook和Twitter为最常见的社交媒体**

根据普华永道的报告，2011年，印尼互联网广告产值仅8800万美元，2015年增长率达69.4%，广告额达7.29亿美元。预计2020年将增长至32.9亿美元。互联网广告收入的高增长主要得益于互联网的高渗透率和总体经济增长。

## 四　泰国传媒产业发展现状

**1. 电视产值居泰国媒体之首，电视剧多来自中韩两国**

根据普华永道报告，泰国的电视广告产值在2016年达22.53亿美元，是产值最高的媒体。泰国主要媒体产值增长如图4所示。电视节目主要是本土自制，最受欢迎的电视剧引进于中韩两国。英语节目在本地受众较少。

**2. 泰国广播电视竞争激烈**

泰国有超过500家调频与调幅电台，全国有2/3的人收听社区电台。而电缆电视和卫星电视在全国随处可见，媒体虽然可以针对贪腐时政批评，但业者对于军人政权、皇权议题、司法审判以及其他敏感议题仍实施谨慎的自我审查。

**3. 本土纸媒最受欢迎**

泰国书籍出版产值次于电视和网络，2016年产值达11.85亿美元，书籍以专业、教育类销量最高，而电子书籍带动出版收入的增加。报纸产业产值达10.78亿美元，退居第四。以本土语言文字为主的媒体尤其是纸媒，仍是最受欢迎、盈利最高的媒体。

**4. Facebook为常用的社交媒体**

2016年1月的《2016年全球互联网、社交媒体、移动设备普及情况报告》显示，泰国互联网渗透率达到57%，而受众每天上网时长高达4.7小时，全球排名第四，次于巴西、菲律宾、南非。Facebook 是泰国网民最常使用的社交媒体①。

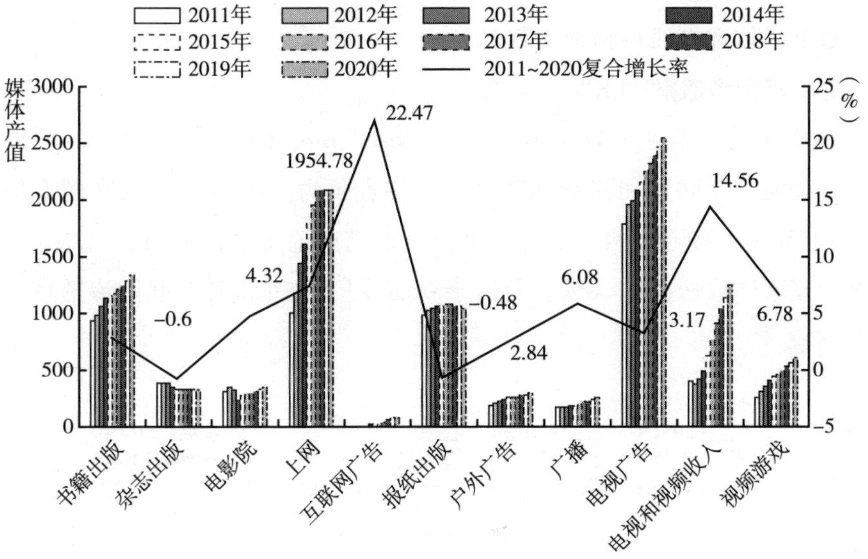


**图 4　泰国主要媒体产值增长趋势**

资料来源：普华永道，《2016～2020 年全球娱乐和媒体展望》。

## 五　马来西亚传媒产业现状与发展趋势

### 1. 民营电视频道受欢迎

RTM 是马来西亚国家广播电视网络，拥有两个电视网络和多个广播电台。TV3 是最受欢迎的民营电视台，包括商业网络和付费电视业务，分别以马来语、淡米尔语、华语和英语广播。民营电视台与执政的国民阵线联盟，保持友好密切的关系。

① 参见 http：//www. smartinsights. com/social - media - marketing/social - media - strategy/new - global - social - media - research/。

**2. 报纸被电视和视频超越**

长期以来，报纸是马来西亚媒体龙头产业，但是从 2015 年开始，电视与视频产值已超越报纸，成为马来西亚最重要的产业。电视与视频的快速发展与数字媒体和在线视频密切相关。

**3. 互联网渗透率达68%**

2015 年马来西亚高速宽频（High Speed Broadband，HSBB）的铺设完成，这增强了互联网和移动互联网产值的竞争力。2016 年，互联网产值达 21.26 亿美元，超越电视，成为马来西亚最高产值媒体，见图 5。2016 年马来西亚互联网渗透率达 68%，仅次于新加坡[①]，是东南亚互联网渗透率第二位的国家。

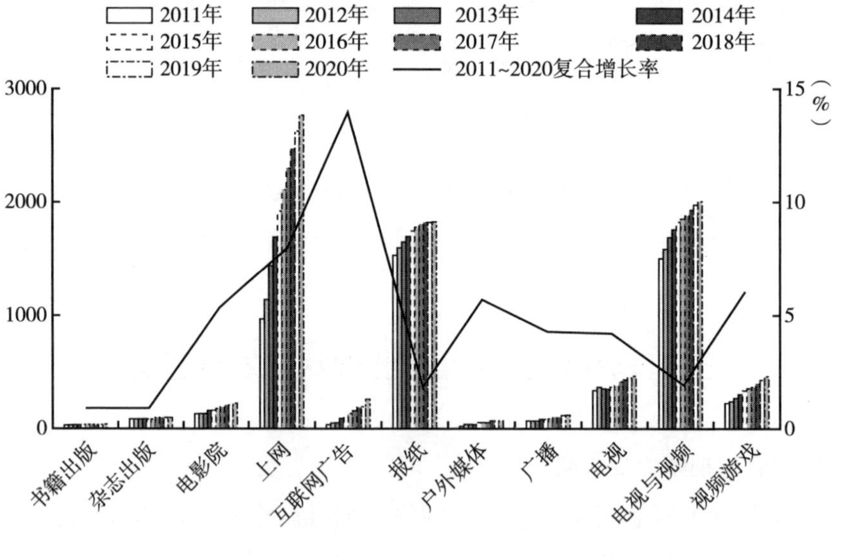


**图 5　马来西亚主要媒体产值增长趋势**

资料来源：普华永道，《2016～2020 年全球娱乐和媒体展望》。

① 根据 we are social 2016 年统计，新加坡互联网渗透率为 82%。

## 六　菲律宾传媒产业现状与发展趋势

**1. 电视广告垄断菲律宾整体媒体市场**

受惠于国内经济的高增长，2016 年电视广告产值达 21.67 亿美元，预计 2020 年将增至 32.7 亿美元。其中地面电视广告收入将继续占主导地位，而数字电视发展缓慢。

**2. 固网宽频发展缓慢，网民渗透率46%**

2015 年，菲律宾固网宽频上网家庭用户只有 14%，高昂的费用和缺乏与其他城市、地区的网络链接，是发展缓慢的主要原因。85% 的固网宽频家庭用户都是低速（low－speed）链接。但是政府对学校、医院、机场、公园提供了免费网络，并计划在 2016 年底，覆盖全国 50% 的面积。菲律宾互联网渗透率只有 46%，但平均上网时长达每天 5.2 小时。

**3. 报纸产值负增长**

菲律宾报纸产值从 2013 年开始出现负增长。2016 年报纸产值达 5.53 亿美元，预计未来 5 年还将持续下降。菲律宾全国 2/3 的人口每天接触移动社交网络（见图 6）。

## 七　越南传媒产业发展现状与趋势

2016 年，越南媒体总产值达 34.57 亿美元①，增长速度迅猛。国家整体经济发展被看好以及媒体产值的基数小是增长率高的主要原因（见图 7）。

**1. 越南报纸和广播电视受越南文化和新闻部控制**

越南有上百家报纸和杂志，最畅销的日报是越南语的《Thanh Nien》日报。越南之声是国家广播电台，通过七个频道提供不同类语言节目，主要语言包括越南语、华语、英语、法语、俄罗斯语、日语等。越南广播电台基本上以政令、文化宣导为主。

① 普华永道，《2016～2020 年全球娱乐和媒体展望》。

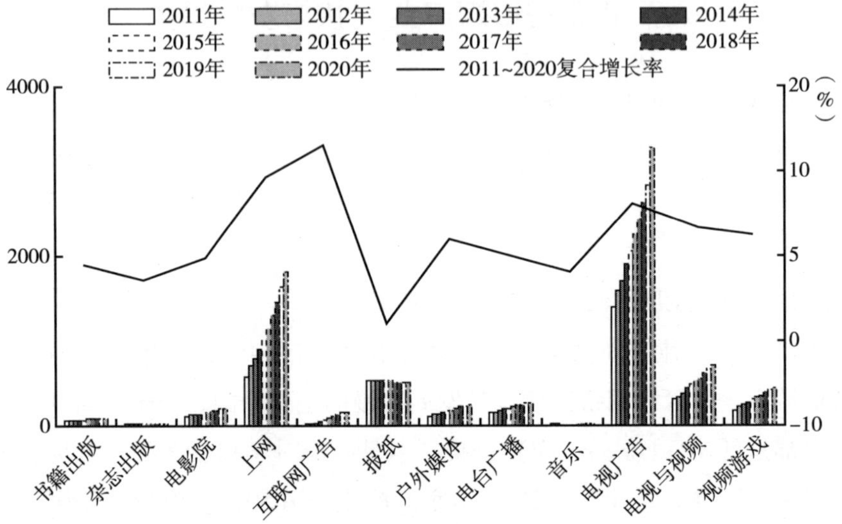


**图6 菲律宾主要媒体增长趋势**

资料来源：普华永道，《2016~2020年全球娱乐和媒体展望》。

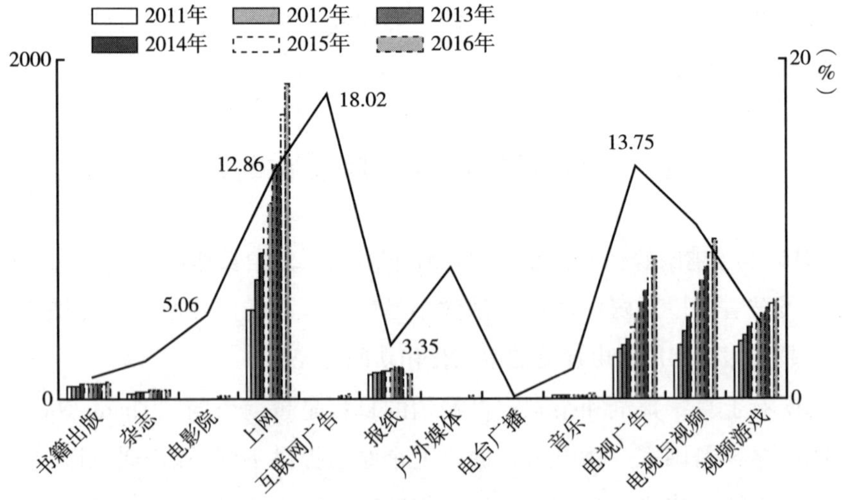


**图7 越南主要媒体产值增长趋势**

资料来源：普华永道，《2016~2020年全球娱乐和媒体展望》。

**2. 电视是越南广告宣传的首选**

2016 年越南电视广告产值达 5.23 亿美元，是广告商最常选用的媒体。随着越南经济的强劲增长和大量年轻人口的增加，预计 2020 年电视广告产值将达 8.45 亿美元。国营越南电视台（Vietnam Television）是境内唯一的无线电视集团，提供六个频道节目。尽管付费电视和有线电视成长迅速，根据普华永道的预估，免付费电视广告营收在未来五年仍将占总电视广告营收的 80.8%，达 6.83 亿美元。

经济的高速成长以及庞大的年轻中产阶层人口推动越南影视娱乐的数字化、移动化发展。越南政府从 2015 年开始电信网络基础设施的铺设，国家电视机构（VTV）组建了境内领先的“越南电缆电视公司”（Vietnam Cable TV，VCTV），并且和当地旅游公司合股组建“西贡旅游电缆电视公司”（Saigon Tourist Cable TV Company，SCTV），预计当地 IPTV、卫星电视、电缆电视之间将形成激烈竞争。

**3. 越南互联网渗透率达52%**

尽管越南固网宽频家庭用户只占 27.5%，但仍高于印度和印尼等国。2015 年住家与办公室的光纤铺设已展开。预计固网宽频将在五年内增长 820 万用户。

由于手机和数据流量价格的低廉、网络覆盖和服务品质的改良，越南 3G 手机上网的使用率急速上升。整体而言，移动互联网用户将在 5 年内增长 25.5%，达到 1.285 亿用户，而移动互联网收入将于 2020 年达到 9.13 亿美元。

## 八　新加坡传媒产业现状与发展

**1. 报业依然是新加坡大众媒体龙头**

新加坡的付费与免费报纸的发行量都在逐年下降，但广告量仍相当稳定，2016 年报纸产值达 9 亿美元，而电视产值为 3.9 亿美元（见图 8）。高速宽频与全国网络的高渗透率，促进在线报纸的快速成长。报纸长期树立的专业、权威形象，使之成为广告商争取形象和可信度的平台。

2. 电视自2012年开始转亏为盈

新传媒是新加坡最大的免付费电视集团，通过7个电视频道提供英语、华语、马来语、淡米尔语节目。华语第八频道是最受欢迎的电视频道。随着新加坡政府发展“智慧国”理念的推广，全国高速宽频铺设几近完成，网络电视、付费电视得以发展。预计付费电视广告产值在2020年将达到2700万美元。新加坡媒体发展管理局规定付费电视广告每小时不得超过14分钟，但点播节目不受次数限制。

3. 新加坡媒体发展管理局与资讯通信管理局合并

新加坡通信与新闻部（Ministry of Communication and Information，MCI）下设法定机构媒体发展管理局和资讯通信科技发展局。2016年8月通过立法，两局成为资讯通信媒体发展局（Infocomm Media Development Authority，IMDA）和政府技术局，以便更有效地驱动数字化转型和应对网络时代信息科技的挑战。

4. 广播与杂志产值逐年下降

新加坡境内有18个调频广播电台。经过3年前的连续增长后，从2015年开始增长减缓，根据普华永道的估计，在未来五年将出现0.3%的负增长 。

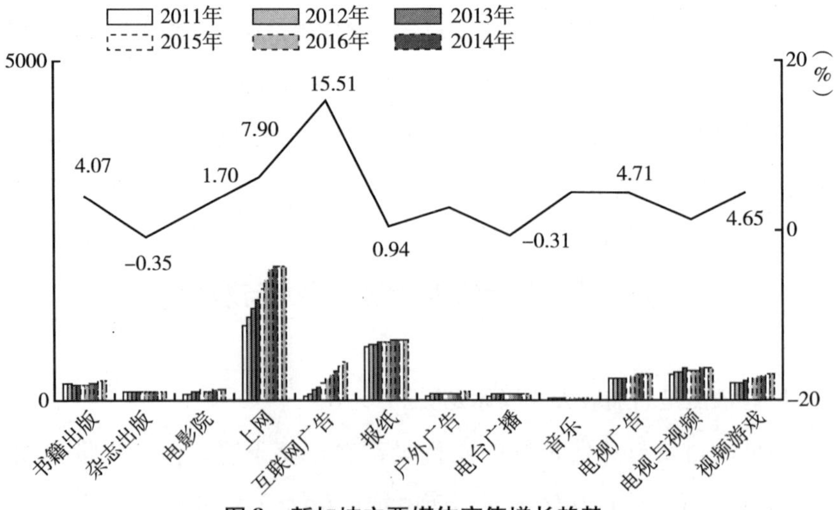


图8　新加坡主要媒体产值增长趋势

资料来源：普华永道，《2016～2020年全球娱乐和媒体展望》。

# B.29
# 2016年中国港澳台地区传媒产业发展报告

郑维雄　李明华*

**摘　要：**2016年台湾传媒产业广告市场总量持平，除互联网外的其他媒体均呈衰退现象。数位汇流政策法规开始上路，视听与消费行为逐渐变化。由于政党政治变化，2016年下半年台湾整体经济衰退，传媒产业出现滑落。香港经济在2015年继续温和增长，本地生产总值实质增长2.4%，低于2014年2.6%的增幅和过去10年3.4%的年均升幅。截至2015年，澳门数码媒体[①]领域共有营运机构512个；总支出达8.8亿元，其中电台及电视节目制作费用占35.3%，其次为资讯业，占比31.5%，出版业占比30.6%。随着信息科技在工商业中的应用日趋普遍，信息业成为数码媒体领域的重要组成部分。

**关键词：**台湾　香港　澳门　传媒产业

## 一　台湾地区

台湾地区随着政党轮替，在2016年5月20日更换新的领导团队，两岸

* 郑维雄，清华大学新闻与传播学院博士；李明华，清华－日经传媒研究所助理研究员。

① 此处的数码领域指：出版业包括报刊、书刊及漫画出版的数据，电子出版业亦计算在内；信息业包括提供计算机硬件、软件、互联网页及游戏软件的开发和设计等为主要业务的机构；电台及电视节目制作；电影的制作及发行；电影院的经营。

交流雪上加霜，政治与社会环境氛围的改变，也使得传媒环境在2016年下半年，开始有了不同。媒体的变貌，因经济方向改变影响产业荣枯，在新政党治理之下，应将有新的政策推出，还待观察。

如同预期，移动与互联网逐渐发展，而传统的影视与纸媒都呈衰退现象，整体传媒产业，增幅不大，需要新技术与内容的驱动得以发展。

### （一）广告

由台北市媒体服务代理商协会（Media Agency Association，简称MAA）发布的台湾地区2015年整体的广告量为610.4亿元新台币，与2014年609亿元新台币持平。

台湾地区的整体广告量进入缓慢成长的态势，与整体的经济迟滞增长有关，虽然广告量没有增加，但是不同媒体的广告量分配落差逐渐扩大，报纸、杂志、广播平均衰退14%，而网络接近20%的增长，数年来的发展趋势，已经非常明显。

### （二）电影

2016年的台湾电影市场，全台上映640部电影，票房收入前十名都没有本土电影，惨况空前。若只以本土片计算，《大尾鲈鳗2》以1.7亿元新台币年度排名第1，最亮眼的是《楼下的房客》，以1.3亿元新台币创下限制级片的最高票房纪录，排名第2，该片改编自九把刀的恐怖小说，票房胜过2015年同为限制级的《角头》，跳脱“小清新”题材；2016年3部校园爱情片分别为票房排行第3的《六弄咖啡馆》（6000万元新台币）、第8名《极乐宿舍》（1000万元新台币）和《风云高手》（230万元新台币）。其他则有《人生按个赞》（3400万元新台币）、《大显神威》、爱情喜剧《我的蛋男情人》（2450万元新台币）、贺岁档《神厨》（1500万元新台币）、《极乐宿舍》，还有儿童剧电影版《萌学园：寻找盘古》、纪录片《我们的那时此刻》（760万元新台币）。整体市场都不如往年，吸金功力减退。台湾与大陆市场关系变化，电影交流与合拍片是否持续，值得继续观察。

## （三）电视

2016 年底台湾地区的电视类统计，共有 5 家无线电视与 171 家无线广播，卫星广播电视 123 家（299 频道），其中包含境外卫星广播电视 33 家（118 频道），境内卫星广播电视 93 家（180 频道），直播卫星业者 6 家，有线电视经营者 63 家，有线电视播送系统 2 家，至 2016 年底订户数 5205565 户，家户普及率 60.80%；有线电视数字订户数达到 4988968 户，普及率 95.84%，电视产业中有线电视的机顶盒装机量已超过 95%，数字化可说是接近完成。

这几年台湾地区戏剧产量和收视仍然呈明显下滑的趋势，收视率较佳的电视剧包括《后菜鸟的灿烂时代》、《白鹭鸶的愿望》、《料理高校生》、《爱上哥们》、《1989 一念间》等。引进大陆的《芈月传》、《琅琊榜》在台湾获得不错的收视率。但是台湾电视业的广告收入下降，三立电视在 8 月中大裁员，后续可能引发倒闭潮的骨牌效应。

电视产业重要观察指标则持续更新数据至 2014 年，电视出口发行收入增加 24%，有线电视户数亦增加 73%，其他则逐步增长。但是多媒体内容频道数减少 23.56%，可能的原因为电视业因总收入减少而减少频道数来降低经营成本。

## （四）广播

2016 年广播产业的总广告量据估计大约下滑 12.5%，近年多数媒体的普及率持续下滑。根据尼尔森媒体大调查，虽然听广播的人口比例从 2004 年的 29.3% 逐年下滑至 2012 年最低点 19.3%，但之后保持稳定成长，至 2016 年已逐渐回复增长至 23.4%。广播收听行为稳定，手机收听比例成长，广播 App 的出现，让广播可以打破功率和地域覆盖限制，数位崛起，逐渐改变收听习惯。

## （五）报业

在网络与新媒体的浪潮下，台湾地区报业的发行量急遽萎缩。2016 年台湾《自由时报》由传媒稽核认证不足56万份，台湾地区仍然是《中国时报》、《联合报》、《自由时报》、《苹果日报》四大报的状态，广告营收与覆盖率都持续衰退。台湾地区报业工作者持续陷入两种困境，一是资本萎缩的焦虑，二是政党的竞争，政治风险评估则经常凌越新闻价值本身。经过新媒体化的网络发行似乎是解决纸媒的困境，争取社群与粉丝数成为一剂解药。四报在社群经营方面，《苹果日报》的粉丝数一路领先达260万，而《自由时报》至2015年底已有80万粉丝数，《中国时报》位居第三有63万，《联合报》进步相当迟缓，只有22万，两年只增加了10万左右的粉丝数。报业的衰退迫使台湾报业必须转型与组织变革，以旺旺中时媒体集团为例，4月将整并旗下媒体《中国时报》、《工商时报》、《时报周刊》，成立“两报一刊”的联合采访部，部门组织重整为7大中心1个组；当时消息一出，为台湾新闻媒体产业投下震撼弹。

### （六）图书

2016年台湾地区共出版3.88万种新书，比2015年减少将近900种，已持续两年减少；出版单位两年间减少约108家。台湾地区新书出版总数持续下滑，出版社与出书数量，都创下近五年新低，再次显示台湾地区出版业不景气。儿童读物显著成长，而属于老人的乐龄阅读市场而有待开发。

在2015年推估全台出版业年度营收统计中，书籍出版的总营收约190亿元新台币，2016年将更下滑，台湾地区出版业跌掉了近1/3产值。面对全世界图书市场的不景气，许多从业者朝向由深耕读者社群服务出发，进而建立分众出版模式，同时也改变了出版社企画流程与结构转型为社群、渠道、经纪三大方向。

## 二　香港地区

香港经济在2015年继续温和增长，本地生产总值实质增长2.4%，低于2014年2.6%的增幅和过去十年3.4%的年均升幅。而香港文化及创意产业[①]是香港最具活力的经济环节之一，2014 年，文化及创意产业的增加价值为 1097 亿港元，较 2013 年上升 3.4%，对香港本地生产总值的贡献为 5.0%。电影、录像及音乐的增加价值为 31 亿港元，占文化及创意产业总增加价值的 2.8%；电视及电台的增加价值为 64 亿港元，占该产业总增加价值的 5.9%；出版在近年的业务表现相对温和，部分原因是由于报纸及杂志业务的激烈竞争，以及免费报纸和资讯网站带来的挑战。出版在文化及创意产业的总增加价值中所占的比重由 2005 年的 27.1% 下降至 2014 年的 12.7%；作为文化及创意产业的最大组成部分，软件、电脑游戏及互动媒体 2014 年的增加价值为 444 亿港币，在文化及创意产业的总增加价值中所占的比重由 2005 年的 31.6% 增加至 2014 年的 40.5%。

香港特别行政区政府新闻处发布的《2016 香港年报》的数据显示[②]，截至 2015 年底，香港的大众传播媒介包括 53 份日报、683 份期刊（比 2014 年减少 42 份，降幅较明显）、3 个本地免费电视节目服务持牌机构、3 个本地收费电视节目服务持牌机构、18 个非本地电视节目服务持牌机构、一个公共广播机构，以及 3 个声音广播持牌机构。

香港中文大学传播与民意调查中心对香港新闻传媒机构的公信力进行了调查[③]，结果显示，2016 年香港整体新闻媒介的公信力评分为 5.89 分，虽然比 2015 年的 5.79 分略微有所提高，但在 1997 ~ 2013 年，该分数从未低于 6.10 分，这或可说明，如何提高自己的公信力仍然是香港媒体面临的重要课题。

### （一）报刊

截至 2015 年底，香港有 53 份日报，其中包括 26 份中文日报、12 份英

---

① 香港文化及创意产业包括以下 11 个组成界别，即艺术品、古董及工艺品；文化教育及图书馆、档案保存和博物馆服务；表演艺术；电影及录像和音乐；电视及电台；出版软件、计算机游戏及互动媒体；设计；建筑；广告及娱乐服务。

② 资料来源：香港特区政府新闻处《香港年报》，http：//www.yearbook.gov.hk/2015/sc/index.html。

③ 资料来源：香港中文大学传播与民意调查中心，http：//www.com.cuhk.edu.hk/ccpos/b5/tracking1.html。

文日报、10份中英文双语日报和5份日文报纸。2016年香港报业比较重要的一件事是，香港东方报业有限公司从4月1日起暂停出版旗下有17年历史的《太阳报》，其电子版和网站也于同日停止运作。《太阳报》曾是香港第三大报纸，香港700万人口，其读者多达174万人。但它一直饱受财务困扰，2014年9月前的集团营利为3632.5万港元，但2015年同期营利大幅下降到631.5万港元。[①] 除了恶性竞争的反噬及免费报纸对它的冲击外，它的陨落也反映了香港纸媒生存环境的日益艰难和转型的困境。

## （二）电视

截至2015年底，香港约有800个数字化的卫星及收费电视频道，网络电视用户超过100万人。此外，香港有18个持牌卫星电视广播机构，为亚太地区提供超过200个频道。截至2015年底，2个模拟信号电视广播机构共提供15个免费电视频道（4个模拟电视频道和11个数码电视频道）。

香港电视行业共有4张免费牌照。其中一张属于官方公共广播香港电台，一张属于无线电视台，另两张分别属于后起之秀的香港电视娱乐和奇妙电视。曾经最具影响力的华语电视台亚洲电视则于2016年4月1日停播，结束了它在香港长达59年的免费电视服务。同年10月，李嘉诚旗下的TOM集团宣布，其下属的华娱卫视广播有限公司及附属的华娱卫视集团将在年底前终止营运。香港的电视台早早体验到了传统媒体衰退的寒冬。

在香港本土电视行业风云变幻之时，大陆和北美企业开始“登陆”，乐视在香港复制了其在大陆的饥饿营销模式，登记销售乐视盒子、电视，同时积极扩大在港的内容布局。美国的Netflix则采用首月免费、其后缴纳会员费的商业模式。同时，香港的邵氏和无线电视台等传媒企业也在积极地寻求到内地扩张的机会。[②]

---

① 资料来源：http：//mt. sohu. com/20160401/n443064214. shtml。

② 资料来源：http：//news. mtime. com/2016/10/27/1562264. html。

## （三）广播电台

在电台广播方面，截至2015年底，香港有4个电台（3个商营电台和一个公营电台），共提供13个模拟声音广播频道及15个数字声音广播频道。2012年，政府曾向3家商营机构发放数字声音广播牌照，但3家机构短时间内均以经营困难及没有足够听众为由退出市场，截至2016年11月，仅剩下公营电台香港电台一家提供数字声音广播服务。

2017年3月28日，香港行政长官会及行政会议决定停止香港的数字声音广播服务。根据香港电台的初步估计，在终止该服务后，每年可节省用于发射设备的场地租金、远程通讯线路及电力费用约190万港元。基于该服务的听众数目不大，停止该服务将不会大幅影响听众选择。且所有商营机构皆已离开市场，所以对经济及就业的影响亦微乎其微。①

## （四）互联网

香港是全球具备最先进固定宽带网络基建的城市之一。根据互联网内容传输商Akamai发表的《2015年第三季互联网发展状况报告》，香港在宽带服务速度方面，全球排名第二。而根据欧洲光纤到户议会2015年2月公布的数据，香港在光纤网络应用方面，全球排名第三。截至2015年12月，根据通讯办公布的数据，登记的光纤到楼或光纤到户的住宅楼约有14500幢，约占全港住户的84%。② 先进的宽带服务速度和极高的光纤网络利用率带动了香港互联网各个方面的高速发展。

香港特别行政区政府统计处2017年4月出版的《主题性住户统计调查第62号报告书—信息科技使用情况和普及程度》③ 显示，互联网的使用显

---

① 资料来源：http：//www. digitalradio. gov. hk/sc/basics/index. html。

② 资料来源：香港特区政府新闻处《香港年报》，http：//www. yearbook. gov. hk/2015/sc/index. html。

③ 资料来源：香港特别行政区政府统计处《主题性住户统计调查第62号报告书—信息科技使用情况和普及程度》http：//www. censtatd. gov. hk/hkstat/sub/sp120_ tc. jsp? productCode = C0000031。

著增长，10岁及以上人群使用互联网的占比由2014年的79.9%上升至2016年的87.5%。该增长在45～64岁（由79.7%上升至92.6%）和65岁及以上人群（由24.0%上升至44.0%）中特别明显。与2014年相比，2016年10岁及以上人群使用互联网听音乐、收听电台节目、观看影视节目的比例有所增加（从2014年的73.9%增长到2016年的83.7%）；阅读报章、新闻（时事、财经、娱乐、体育）和杂志（从2014年的70.7%增长到2016年的78.4%）及进行社交网络活动（从2014年的90.7%增长到2016年的96.5%）的比例都呈上升趋势。

智能手机日趋流行，2016年，10岁及以上用户拥有智能手机的人数接近550万人，较2014年多出约60万人。智能手机的渗透率由2014年的77.2%上升至2016年的85.8%。智能手机使用的增长在年长者中更加明显，在2016年，65岁及以上人群中，大约每5人便有2人使用智能手机，而在2014年这个年龄层4人中只有1人使用智能手机。在45～64岁人群中智能手机也渐趋流行，渗透率由2014年的78.6%上升至2016年的91.5%。使用智能手机上网日趋普及，2016年，在曾使用互联网的10岁及以上人群中，98.0%的人曾通过智能手机使用互联网，而在2014年该比例为94.7%。

## 三　澳门地区

澳门特别行政区政府统计暨普查局发布的《2015文化产业统计》[①]显示，截至2015年，澳门数码媒体[②]领域共有营运机构512个，超过半数的机构（289个）从事信息业，出版业机构有177个。总支出达8.8亿澳门元，

① 资料来源：《2015文化产业统计》，http://www.dsec.gov.mo/Statistic.aspx?NodeGuid=7d5b6e5c-93fc-485d-9dac-87b369f677e3。

② 此处的数码领域指：出版业包括报刊、书刊及漫画出版的数据，电子出版业亦计算在内；信息业包括提供计算机硬件、软件、互联网页及游戏软件的开发和设计等为主要业务的机构；电台及电视节目制作；电影的制作及发行；电影院的经营。

其中电台及电视节目制作费用占35.3%（3.1亿元），其次为资讯业，占比31.5%（2.8亿元），出版业占比30.6%（2.7亿元）。

数码媒体的服务收益为29.9亿元，是文化产业中收益最多的领域，占整体收益的47.9%。随着信息科技在工商业中的应用日趋普遍，信息业成为数码媒体领域的重要组成部分，全年收益达15.0亿元，占比达50.1%；其次为出版业，收益有7.6亿元，占比25.5%。数码媒体的附加价值总额为11.7亿元，其中资讯业为4.4亿元，占38.0%，其次为电台及电视节目制作，为3.5亿元（30.3%）。

## （一）报业

澳门的报业已有100多年历史，目前拥有11家中文日报，总印数超过10万份。葡文报纸在澳门的历史比中文报纸更为久远，当地有3家葡文日报和一家葡文周报。此外，还有3家英文日报，并且每天有数10种香港报纸和杂志运销澳门。

## （二）广播电视

根据澳门特别行政区政府新闻局出版的《2016澳门年鉴》[①] 统计，澳门的电子传媒机构包括一个电视台、2家广播电台、一个有线电视台和3个提供卫星电视广播服务的公司。澳门广播电视股份有限公司（简称澳广视）有中文和葡文2个24小时频道，此外还有体育、信息、高清、中央电视台13套等数码频道；2个广播电台分别是澳广视下属的澳门电台和私营的绿邨电台；澳门有线电视股份有限公司共有96个频道；澳门卫视股份有限公司（原宇宙卫星电视股份有限公司）是澳门首家获准提供卫星电视服务的公司，现有澳门卫视新闻台1个频道；其余的两个卫星频道分别为澳亚卫视有限公司开设的澳门卫视中文台和澳门莲花卫视传媒有限公司开设的澳门莲花

① 若无特别说明，本文资料来源为澳门特别行政区政府新闻局《2016澳门年鉴》，http://yearbook.gcs.gov.mo/zh-hant/books。

卫视24小时频道。澳门居民现在还可收看或收听到香港、内地的电视和电台节目。

### （三）互联网

2002年11月，澳门特区政府正式将互联网服务的提供纳入发牌机制内，目前共有20家公司获发牌照。

据澳门特别行政区政府统计暨普查局发布的《2016住户使用信息科技调查》[①] 显示，互联网日趋普及，2016年使用互联网的住户共有167600户，占住户总数的88.6%，比2015年上升2.3个百分点。手机等移动设备功能的日益完备，使得2016年拥有计算机设备的住户比例（77.9%）下跌了1.1个百分点至147400户，拥有台式机的住户减少了2.1%至106000户，拥有便携式电脑（85600）及平板电脑（88200）的住户也分别减少了6.4%和4.9%。

年龄在3岁及以上的互联网使用者有499900人，比2015年增加了6.2%；互联网普及率为81.6%，上升了4.0个百分点。男、女的互联网普及率分别为82.5%及80.9%，各上升3.6及4.6个百分点。年龄25~34岁人群的互联网普及率达97.1%，比2015年上升了2.1个百分点；年龄在55岁及以上的人群使用互联网的比例为50.8%，上升了5.2个百分点。上网频率方面，每天使用互联网的用户占比为93.2%，比2015年下跌了1.2个百分点。在上网目的方面，主要是使用互联网来通信（91.5%）及搜索信息（61.3%），比2015年分别上升了1.1个及1.3个百分点；使用互联网来进行网上娱乐（76.6%）的人数微跌0.2个百分点。利用网购服务的互联网使用者有7500人，比2015年大幅增加21.7%。使用手机上网的比例为91.9%，比2015年增加0.6个百分点；使用手提/平板电脑及台式机上网的比例分别为34.1%及34.2%，下跌了14.7和7.3个百分点。

---

① 资料来源：《2016住户使用信息科技调查》，http://www.dsec.gov.mo/Statistic.aspx?NodeGuid=0cd0907c-c23a-42b3-90aa-8f849413e70c。

# B.30

# 智能化：未来传媒产业的方向与逻辑

喻国明　兰美娜　李　玮*

摘　要：虚拟现实、“机器新闻写作”、基于大数据手段的“用户洞察”，互联网已演进到智能化发展阶段。人工智能技术在新闻传播领域的全面渗透是近年来的一个现象级的发展。未来传媒业的发展，很大程度上与人工智能技术的引入和应用关联在一起。人工智能技术不仅形塑着整个传媒业的业态面貌，也在微观上重塑着传媒产业的业务链。本报告试图分析人工智能技术对新闻生产和推送的具体环节的优化与创新，以期为人们把握人工智能如何改变未来传媒业的范式和逻辑提供一些参照性的依据。

关键词：智能化　虚拟现实　机器新闻写作　未来传播模式

* 喻国明，教育部长江学者特聘教授，北京师范大学新闻传播学院执行院长，中国人民大学新闻与社会发展研究中心主任；兰美娜、李玮均为北京师范大学新闻传播学院硕士研究生。

互联网的发展已经由最初的网络化、数字化，演进到今天的智能化发展（如作为现阶段热点的虚拟现实、“机器新闻写作”、基于大数据手段的“用户洞察”等）阶段。在可以预见的未来，互联网发展和竞争的高地就是对于广域网络空间中的人与人、人与物、物与物实现其价值匹配与功能整合的高度智能化。

## 一　信息采集环节的创新：传感器技术优化新闻信息源

信息采集是新闻生产模式的第一环节，也是至关重要的一个环节。没有信息的采集，新闻生产便无从谈起。传统媒体时代，信息的采集完全依赖人力提供的信息和数据作为新闻制作的原材料。智能媒体时代，以传感器为载体、大数据处理技术为支撑的传感器技术对丰富和优化新闻源起到了重要的作用。传感器技术是互联网时代的革命性发明，它的广泛应用有助于推动物联网的实现，也由此有了驱动万物媒介化的可能。万物皆媒的时代，搭载传感器或数据处理器的任何物体都有可能成为信息的采集者，今天我们已然感受到传感器给信息采集带来的创新形式。

### （一）传感器技术拓宽信息来源途径

传统媒介的信息主要源自媒体记者的采访、专门机构（如通讯社及传媒联合体）、政府、企业、其他社会组织及个人供稿等渠道，然后进行新闻的编辑、制作，最终呈现在大众面前。新媒介的出现使普通大众获得了参与新闻生产的能力，通过微博、微信、直播等社交媒体平台发布信息，每个人都有机会生产内容并可能成为新闻生产者，新闻信息来源的途径不再局限于传统渠道，而是朝着更加多元化的方向发展。人工智能的应用更是大大拓宽了信息来源的途径，这一点尤以传感器为代表。

传感器（sensor）是一种监测装置，能感受到被监测对象的信息，并能将其按一定规律变换成电信号或其他形式予以输出，以完成信息的记录、传输、存储、显示和控制等；它具有微型化、数字化、智能化、多功能化、系统化、网络化等特点。从本质上讲传感器是一种收集数据信息的方式。[①] 互联网时代传感器无处不在，智能手机、刷卡器、射频识别标签、电子芯片、条形码读码器、可穿戴设备、GPS、无人机、遥感卫星都属于传感器的范畴。目前可作为新闻信息源的传感器数据大致可以分为两类。一类是传感器所记录的环境数据，包括温度、湿度、水质、声音、噪音、土壤、交通、空气质量、人流量等信息。比如，2014 年 8 月美国非营利新闻机构 ProPublica 利用美国国家航空航天局的卫星传感系统，挖掘了海量环境数据，分析跨越 2 万平方英里海岸的检测图像，最终用可视化新闻形式揭示了 1922 ~ 2014 年路易斯安那州海岸萎缩和水土流失的严重情况。另一类是传感器所记录的人的生理特征数据，包括心跳、血压、血糖、睡眠、运动、地理定位、情绪等信息。这类人体生理数据主要通过可穿戴设备和智能手机获取。2014 年中央电视台利用用户安装在手机上的百度地图和其他使用率较高的定位 App 收集大众的位置数据，做出了“据说春运”系列报道，描述了 2 亿部智能手机持有者迁徙路线所构成的春运宏大图景。

传感器对于新闻采编人员来说，是进行数据挖掘、分析的全新天地，每个物体都可以通过传感器源源不断地传输数据，这大大扩展了新闻记者获取真实数据的渠道，有利于充实新闻报道、拓展读者群。

### （二）传感器技术扩增了信息采集的维度

传统的新闻信息采集完全依靠人力，用人的知觉观察“感受”进而收集信息，但是这种知觉有相当的局限性，既有其所达不到的领域，也有其信息遗漏和变形的可能。麦克卢汉在《理解媒介》一书中提出“媒介即人的延伸”，任何媒介都不外乎是人的感觉和感官的扩展或延伸：文字和印刷媒介是人的视觉能力的延伸，广播是人的听觉能力的延伸，电视则是人的视觉、听觉和触觉能力的综合延伸。[②] 传感器与印刷媒介、广播及电视等传统

---

① 许向东：《数据新闻中传感器的应用》，《新闻与写作》2015 年第 12 期。

② 〔加〕马歇尔·麦克卢汉：《理解媒介》，何道宽译，译林出版社，2011，第 15 页。

媒介相比，显然更增强了“人的延伸”，它不仅可以“看”到人看不到的图像，“听”到人听不到的声音，还可以从更多角度获取人无法用感官得到的信息，因此传感器技术增加了信息采集的维度。

从时间维度上看，传感器获取的信息不仅可以描述现在，还可以预测未来。因为传感器检测到的数据是不断变化的，它可以动态地体现监测对象的变化趋势，而这一特征是传统媒体无法通过此前的信息采集渠道获取的。2014 年，武汉鹦鹉洲长江大桥、江汉六桥、武汉长江二桥、汉江特大桥 4 座特大桥安装传感器，实时监测桥梁“健康”状况，自动采集数据并进行分析。风速、风向、应力等数据先传到桥梁附近的采集点，再通过网络传到桥科院健康监测云计算中心的电脑上，通过计算分析，最终判断大桥是否“健康”。这不仅能够防范风险，还为预测性报道提供了依据。类似的还有对地震、海平面等的监测。从空间维度上看，传感器获取的信息不仅仅局限于某一区域，还可以扩展到更为宏观的范围，因为传感器收集到的数据是永不关闭、不断扩张的，它可以用一种更加广阔的视角洞悉事件的全貌。例如，近年来兴起的无人机，作为一种飞行传感器，机上搭载了各式各样的传感设备，其收集的图像、视频以及影像追踪增加了信息采集的维度，在突发事件直播、灾难性报道等新闻中发挥着越来越重要的作用。

因此，传感器在挖掘信息的深度和广度、提升信息和数据的准确性方面有着传统信息来源无法比拟的独特优势。从优化新闻信息源的角度来看，传感器技术对信息采集是一种极大的创新。

## 二　新闻编辑制作环节的创新：智能机器人辅助新闻报道

新闻编辑制作是新闻生产链条上的重要环节，没有完整的新闻稿件就没有进一步的信息传播。在过去，新闻写作靠的是记者的妙笔，因为写作是一个手脑互动协作完成的过程，是非人的智能所无法完成的。现如今，科技的发展让许多看似无法实现的事情变成了现实，比如机器写作，这是人工智能进步的结果，也是传媒发展的现实需求。智能机器人改写了新闻稿件只能由人撰写的历史，机器写作逐渐成为新闻生产的新常态，创新了新闻编写方式。

机器人新闻（Robot Journalism 或 Automated Journalism）是指运用算法程序对输入或搜集的数据自动进行加工处理，依靠计算机程序自动生成“成品”样态的新闻报道。早在 2010 年，华尔街就聘请了一位机器人来撰写财经新闻；2014 年美国《洛杉矶时报》上的一条关于地震事件的新闻的报道者也是一位机器人——Quakebot，这也是洛杉矶地震的第一个报道者；2015 年 9 月，腾讯财经网启动机器人 Dreamwriter 撰写财经新闻《8 月 CPI 同比上涨 2.0% 创 12 个月新高》，引发各方关注；2015 年 11 月，名为“快笔小新”的机器人入驻新华社成为新成员。以上会写新闻的机器人都是人工智能的产物，研发者设计出智能写作的软件程序，经过相应的训练，就可以将采集到的数据转化为有故事情节的叙述文，甚至还可以根据要求在不同行文风格之间自由转换。如今，美联社、《福布斯》、《纽约时报》、《洛杉矶时报》、ProPublica 作为先锋，已经在日常新闻生产中使用机器人新闻。[①] 机器人加入新闻生产者的阵营，加快了新闻生产速度、增加了新闻生产内容、提高了新闻质量、减少了写作成本。

### （一）机器人写作加快新闻生产速度

陆定一先生曾提出，“新闻的定义，即新近发生的事实报道”，这个定义中包含着对新闻时效性的要求。随着时代的发展与变迁，“新近”显然已经无法满足受众对新闻时效性的需求，不同媒体在新闻报道领域的竞争乃是分秒之争，谁能抢占先机谁就能树立权威、立于不败之地。不少媒体在重大事件发生之前会战略性地提前备好稿件，体育赛事的结果甚至会准备两种不同的版本，但是面对非常规突发事件，媒体往往束手

① 叶韦明：《机器人新闻：变革历程与社会影响》，《中国出版》2016 年第 10 期。

无策。

2015 年 5 月，为了测试机器人和记者谁能写出更好的报道，NPR 驻白宫记者、前任商业记者 Scott Horsley 和机器人 WordSmith 进行了一场较量。比赛规则是：Horsley 和 WordSmith 一起等 Denny's 餐饮公司出财报，两“人”同时开始写一篇短报道，比的主要是速度和质量。最终，Horsley 稿件的质量略胜一筹，然而在速度上遭到了挫败：机器人 2 分钟就写完了，他却花了整整 7 分钟。在这场比赛中，我们可以看出机器人在写作速度上具有绝对性的优势，主要原因是强大的数据库为机器人写作提供了数据支持，从数据库中提取相关数据，再套用系统中预先设置的模板，一篇简短的新闻稿在分秒中即可完成，而这种速度对人工写作来说是不可能完成的。

### （二）机器人写作擅长海量数据处理，大幅度提升新闻生产的数量，并消灭人为的技术差错

目前，机器人新闻以简单事实类为主，比如体育赛事、财经报道、突发事件等。整体特征是篇幅短小，结构简单，写作模式固定，无复杂叙事，但对数据的要求很高。机器人与人相比，缺少自我意识和思维能力，但机器人高效的生产力弥补了个性上的缺陷，可将传统记者从单调的工作中解放出来。尤其是需要数据处理的新闻，机器人对浩渺如烟的数据非常敏感，能够从海量的数据中快速找到相互关联的内容，并在短时间内写出具有新闻价值的报道。以新华社的“快笔小新”为例，只要在系统里输入一个股票代码，点击鼠标，大约 3 秒钟一篇财报分析便瞬间成稿，成稿速度之快令人咂舌。据报道，WordSmith 公司的写作机器人仅在 2013 年一年中就生产出 3 亿多篇报道，而这种生产能力还在不断增强。除了海量内容，机器人对大数据的高效处理也减少了报道差错。大数据时代的今天，通过复杂、琐碎的大数据分析用户的需求信息是一个不可阻挡的发展趋势，可是如果单纯由人力直接进行大数据分析，稍不留意输错一个数字便可能导致严重差错。而机器人新闻是算法自动成稿，

只要设计程序无误，机器人对数据处理的精确度相对较高，比记者的报道出错率要低得多。①

### （三）机器人写作减少生产成本

尽管机器人新闻的软件程序的设计开发需要大量的资金，但机器人新闻算法一经研发定型就可以持续利用，无休止地为媒体工作，不必像对记者一样支付酬金，长远来看可以大大减少新闻生产成本。

未来，新闻最为可能的报道方式是，机器人和记者相互协同配合，辅助新闻报道。前者负责快速、全面、准确地编制消息的粗成品，后者负责对重点稿件进行必要的确认、后续跟进及深入分析。

## 三　新闻认知体验环节的创新：基于感官系统与认知逻辑的双重体验

伴随互联网技术和数字媒体技术的发展与普及，受众接受与阅读信息的习惯发生改变，由传统媒体时代文字阅读的“逻辑思考”到新媒体时代视听阅读的“沉浸体验”，受众对信息可感知性的需求增加，这一阅读习惯的改变对新闻内容的生产提出了新的要求，在内容传达上要突出用户认知的“体验性”特征，其具体要求主要表现在感官体验与认知体验上。

### （一）“沉浸式新闻”实现场景重构，打造身临其境的现场感

传统媒体时代，新闻生产通过文字、图片、音频与视频为受众构建起新闻事实甚至是客观环境，新闻生产者本质上是新闻事实的“编码者”，而受众是新闻文本的“解码者”。根据霍尔曾提出的受众的三种解读模式——顺

① 熊国荣、李贤秀：《“机器人记者”对新闻记者就业的冲击及应对》，《编辑之友》2016 年第 11 期。

向解读、妥协式解读和对抗式解读可知，受众在解读新闻文本时，常会受到主客观各种因素的影响和扰动。

近年来，随着人工智能背景下虚拟现实技术、增强现实技术与混合现实技术的发展，媒体开始尝试利用 VR 与 AR 技术生产“沉浸式新闻”，为受众打造“身临其境”的在场感。所谓“沉浸”，其本质是一种思维和感觉高度融入的状态。“沉浸式新闻”的生产就是在新闻报道中运用 VR 与 AR 技术，全方位对新闻事实的采集与录制，经过后期技术编辑呈现在 VR 与 AR 的客户端，将用户“直接置身”于新闻场景之中，实现现实场景与虚拟场景的融合，让用户暂时“剥离”所处的环境而置身于新闻报道环境的“现实”中，从而满足受众对新闻报道场景与事实的全方位把握与客观认知。例如，2016 年 3 月全国“两会”期间，新华社、《经济日报》、《光明日报》等国内多家媒体均采用 VR 设备对会议进行全景式报道；新浪网推出《人民大会堂全景巡游》的 VR 全景式图片报道，网民只需打开手机便可实现对人民大会堂内各个方位的场景体验。

### （二）“第一人称”视角增强用户的“代入感”

对受众感官体验的满足，除了全方位的场景体验外，还有交互式的感官感受。VR 与 AR 技术在新闻报道中的使用直接改变了新闻的报道逻辑。传统媒体时代，为保证新闻信息的客观真实，采用第三人称的报道模式，通过对新闻事件的讲述，为受众建构新闻事实或客观世界。而 VR 与 AR 技术的使用，则在新闻报道以第一人称的逻辑展开叙述，使用户由传统媒体时代的被动观看者、局外旁观者变成新闻的“现场”目击者、事件参与者，用户真实体验场景中的声音与对话，通过加入交互动画实现场景转移，增强受众的主动性，强化受众对新闻场景的“代入”体验，实现受众与新闻当事人之间的“共情与共振”。

### （三）建构知识图谱，实现全新认知体验

人工智能时代对新闻信息的体验除场景连接带来的感官体验外，还有

基于人类认知逻辑上的个性化认知体验。通过机器人对不同语料库进行深度学习，对人的认知逻辑精准定位与区分，构建起用户的认知图谱，从而在新闻信息的生产过程中，自动生成适应不同认知水平人群的报道内容与报道方式，帮助编辑选择最为恰当的表述方式，对于用户认知水平之下的内容进行简略表述，而对于用户认知水平之上的内容进行深度解说，使未来的新闻信息报道更具有针对性，亦更符合人的认知逻辑，从而使信息更有效地为人类服务，一定程度上可以净化人的信息世界，使信息世界变得更加有序。

概言之，未来新闻内容的生产在注重信息选择的同时更要考虑信息的表达方式，从感官体验与认知逻辑的角度对新闻信息内容进行合理建构，契合时代发展背景下受众对信息感知的体验性要求。

## 四　内容推送环节的创新：人工智能构建内容产品推送的个性化数据通路，“聪明算法”让新闻产品更“懂你”

新闻生产如同其他生产一样，最终目的是触达受众用户并为用户所接受。由此，新闻生产环节的完成离不开有效的传送渠道。互联网时代的无限生产和媒介融合的趋势推动了平台型媒体的出现，平台型媒体成为人们触达和选择信息服务的“第一入口”。在这一“入口型平台”上，大数据对于“用户洞察”的智能化整合处理是必不可少的。

### （一）智能平台的产生

传统媒体时代，新闻信息的传递依靠固有而稳定的传播路径，与受众的连接呈现单向线性的特点。伴随互联网技术的发展与普及，传统媒体与受众之间的固态定向传播连接被打破，受众黏性下降，传播中断、渠道失灵演化成传统媒体的危机。由此，解构用户需求的社会关系链的“用户洞察”成为市场主题，而在互联网业态发展变化的这一过程中，新闻信息传送平台的形态也在随之发生深刻改变。

Web1.0 时代又被称为门户时代，门户网站的内容以网络编辑为核心，根据编辑的判断对网站内容进行整合与筛选，内容取向大多与主流媒体保持一致，实现集中控制式的传播。Web2.0 时代形成了以社交媒体为基础的开放型平台，用户的内容偏好被激活，用户个体因素成为平台内容聚合的根本依据与核心。此时信息传送平台的两大重要因素是优势内容与可观流量。在此基础上，随着个性化推荐系统的形成与发展，实现了新闻信息的精准定向传播，从而完成用户需求与信息供给之间的匹配。Web3.0 时代与 Web4.0 时代，智能平台的形成仍然以用户需求为导向，在大数据与算法不断完善的基础上，实现平台的智能化服务，为用户提供特定场景下最优化的需求供给匹配，即构建起一个有效的、实现个性化连接的数据通路。

### （二）智能平台的构建实现了新闻传送的个性化推送与优化

智能平台构建的根本目的在于将内容与用户进行准确匹配，个性化、人性化地为用户提供最优的服务。智能化平台的构建基于内容平台、大数据资源平台和用户沉淀平台的形成。① 新闻信息生产的根本目的是到达受众，为受众服务。未来智能媒体平台的构建不仅将成为提高新闻信息传播效率的有效途径，也将成为未来媒体的一大发展趋势，它对新闻信息传送的优化主要表现在以下几个方面。

**1. 打造内容平台——优化整合各层次新闻信息**

互联网作为一种“高维”媒体，将用户个人因素激活，变用户为互联网节点，用户的话语权被解放，媒体中信息的采集节点不再仅仅局限于商业或非商业性机构以及专业化的新闻机构，新闻信息内容及形式将变得丰富多样。内容平台构建基于信息的丰富，实现新闻信息专题化，即对新闻信息不同形式的内容，如文字、图片、音频、视频等实现分类筛选、整合与深度加

① 郭全中、胡洁：《智能传播平台的构建——以今日头条为例》，《新闻爱好者》2016 年第 6 期。

工，满足受众对信息全方位、多层次的认知需求。正如前推特 CEO 迪克·科斯特罗所说："我们要为我们的用户在组织内容方面提供更好的服务，我们不仅要按照时间顺序提供最快最新的内容，还要按照话题、主题、专题来组织内容。"① 可见，内容平台的构建在优化整合新闻信息的基础上，为受众打造了更有条理且舒适的信息环境。

**2. 打造大数据资源平台——个性化服务基础**

大数据技术平台是硬件、软件、数据、云存储和平台服务的组合，具体包括大数据资源中心、大数据智能分析中心、大数据组件服务、虚拟化云平台、大数据运营系统、安全管理体系等方面的建设内容。大数据资源平台的构建，本质上是以大数据与算法为依托，在保证用户流量的基础上，利用大数据挖掘和分析技术，对用户行为进行长期的系统跟踪与分析，从而掌握用户的内容偏好，为用户打造个性化"档案"，建立起信息服务的大数据资源，为实现受众与信息的精准定向匹配做基础，建立起内容产品通往用户的"直通车"式的数据通路，从而更好地满足用户需求。

**3. 打造用户沉淀平台——增强用户黏性**

无论是内容平台还是大数据资源平台的构建，其最终目的是为建立用户沉淀平台。所谓用户沉淀平台是指传媒机构通过优势内容传递以及线上线下特色活动的开展，保证用户的黏性，并实现用户信息需求的规范化与规律化，进而对优质用户的相关数据进行整合、清洗、认证、管理、记录以及深入挖掘与分析，通过智能化、个性化信息与数据服务，为用户打造特别的新闻阅读体验，提高用户的参与度与满意度。② 用户沉淀平台的建立是未来媒体发展的最终目标，它代表着用户与媒体之间关系的稳定性。而用户沉淀平台的真正建立无疑对媒体优势内容的生产与整合以及大数据算法的精准度均提出了较高的要求。

目前，创建于 2012 年 3 月的"今日头条"是国内智能化新闻信息生产

---

① 喻国明、焦建、张鑫：《"平台型媒体"的缘起、理论与操作关键》，《中国人民大学学报》2015 年第 6 期。

② 郭全中：《重建用户连接的三大平台建设》，《新闻与写作》2015 年第 10 期。

平台的主要代表，其迅猛发展的关键秘诀在于算法技术的应用。“今日头条”通过对用户社交与阅读行为的分析，确定用户的内容偏向，进而通过自然语言处理和图像识别技术对平台中的新闻信息进行降维、相似计算和聚类优化整合新闻信息，并根据机器学习推荐引擎实现受众与信息的个性化匹配，从而完成信息的投递。①

国外典型的智能化媒体主要以 Facebook 为代表。Facebook 同“今日头条”的推送模式基本一致，不同之处是其基于社交媒体平台。Facebook 主要通过用户自发分享和 News Feed 算法推送，以此扩大信息传播的力度。2015 年，Facebook 通过对 News Feed 算法进行调整，直接导致众多主流媒体流量的大幅下降，这充分体现出智能媒体时代渠道为王的特点，传送渠道即话语权。② 此外，2015 年，Facebook 还推出了“即时新闻”服务，这项服务可对新闻形式进行自动优化，帮助传播者将新闻信息以不同的形式直接推送给用户，其便捷性在于，用户无须跳转至媒体网站即可阅读新闻内容，与之相比，“今日头条”的入口便显得窄化了。与此同时，Facebook 还能够及时地向用户提供数据流量的监测数据，体现出智能媒体的人性化特征。

综上所述，未来的智能媒体将更加个性化与人性化，它们不但是新闻工作者的外脑，帮助采编人员完成内容的整合与个性化推送，也是受众的外脑，通过对用户所处的信息世界进行整合，净化用户的信息世界，不再让受众被信息包围。此时的用户不再是传统媒体时代别无选择的受众，亦不是大数据时代无从选择的受众，而是信息王国的主宰力量。智能平台的存在使得新闻信息为用户而生，使媒体越来越懂用户所想与所需。

---

① 吕尚彬、刘奕夫：《传媒智能化与智能传媒》，《当代传播》2016 年第 4 期。

② 彭兰：《移动化、智能化技术趋势下新闻生产的再定义》，《新闻记者》2016 年第 1 期。

## 皮书起源

“皮书”起源于十七、十八世纪的英国，主要指官方或社会组织正式发表的重要文件或报告,多以“白皮书”命名。在中国,“皮书”这一概念被社会广泛接受,并被成功运作、发展成为一种全新的出版形态，则源于中国社会科学院社会科学文献出版社。

## 皮书定义

皮书是对中国与世界发展状况和热点问题进行年度监测，以专业的角度、专家的视野和实证研究方法，针对某一领域或区域现状与发展态势展开分析和预测，具备原创性、实证性、专业性、连续性、前沿性、时效性等特点的公开出版物，由一系列权威研究报告组成。

## 皮书作者

皮书系列的作者以中国社会科学院、著名高校、地方社会科学院的研究人员为主，多为国内一流研究机构的权威专家学者，他们的看法和观点代表了学界对中国与世界的现实和未来最高水平的解读与分析。

## 皮书荣誉

皮书系列已成为社会科学文献出版社的著名图书品牌和中国社会科学院的知名学术品牌。2016 年，皮书系列正式列入“十三五”国家重点出版规划项目；2012~2016 年，重点皮书列入中国社会科学院承担的国家哲学社会科学创新工程项目;2017 年,55 种院外皮书使用“中国社会科学院创新工程学术出版项目”标识。

1997~2017

皮书品牌20年

YEAR BOOKS

# 皮书系列

2017年

智 库 成 果 出 版 与 传 播 平 台

社会科学文献出版社
SOCIAL SCIENCES ACADEMIC PRESS (CHINA)

# 社长致辞

2017年正值皮书品牌专业化二十周年之际，世界每天都在发生着让人眼花缭乱的变化，而唯一不变的，是面向未来无数的可能性。作为个体，如何获取专业信息以备不时之需？作为行政主体或企事业主体，如何提高决策的科学性让这个世界变得更好而不是更糟？原创、实证、专业、前沿、及时、持续，这是1997年“皮书系列”品牌创立的初衷。

1997～2017，从最初一个出版社的学术产品名称到媒体和公众使用频率极高的热点词语，从专业术语到大众话语，从官方文件到独特的出版型态，作为重要的智库成果，“皮书”始终致力于成为海量信息时代的信息过滤器，成为经济社会发展的记录仪，成为政策制定、评估、调整的智力源，社会科学研究的资料集成库。“皮书”的概念不断延展，“皮书”的种类更加丰富，“皮书”的功能日渐完善。

1997～2017，皮书及皮书数据库已成为中国新型智库建设不可或缺的抓手与平台，成为政府、企业和各类社会组织决策的利器，成为人文社科研究最基本的资料库，成为世界系统完整及时认知当代中国的窗口和通道！“皮书”所具有的凝聚力正在形成一种无形的力量，吸引着社会各界关注中国的发展，参与中国的发展。

二十年的“皮书”正值青春，愿每一位皮书人付出的年华与智慧不辜负这个时代！

社会科学文献出版社社长
中国社会学会秘书长

2016年11月

# 社会科学文献出版社简介

社会科学文献出版社成立于1985年，是直属于中国社会科学院的人文社会科学学术出版机构。成立以来，社科文献出版社依托于中国社会科学院和国内外人文社会科学界丰厚的学术出版和专家学者资源，始终坚持“创社科经典，出传世文献”的出版理念、“权威、前沿、原创”的产品定位以及学术成果和智库成果出版的专业化、数字化、国际化、市场化的经营道路。

社科文献出版社是中国新闻出版业转型与文化体制改革的先行者。积极探索文化体制改革的先进方向和现代企业经营决策机制，社科文献出版社先后荣获“全国文化体制改革工作先进单位”、中国出版政府奖·先进出版单位奖，中国社会科学院先进集体、全国科普工作先进集体等荣誉称号。多人次荣获“第十届韬奋出版奖”“全国新闻出版行业领军人才”“数字出版先进人物”“北京市新闻出版广电行业领军人才”等称号。

社科文献出版社是中国人文社会科学学术出版的大社名社，也是以皮书为代表的智库成果出版的专业强社。年出版图书2000余种，其中皮书350余种，出版新书字数5.5亿字，承印与发行中国社科院院属期刊72种，先后创立了皮书系列、列国志、中国史话、社科文献学术译库、社科文献学术文库、甲骨文书系等一大批既有学术影响又有市场价值的品牌，确立了在社会学、近代史、苏东问题研究等专业学科及领域出版的领先地位。图书多次荣获中国出版政府奖、“三个一百”原创图书出版工程、“五个‘一’工程奖”、“大众喜爱的50种图书”等奖项，在中央国家机关“强素质·做表率”读书活动中，入选图书品种数位居各大出版社之首。

社科文献出版社是中国学术出版规范与标准的倡议者与制定者，代表全国50多家出版社发起实施学术著作出版规范的倡议，承担学术著作规范国家标准的起草工作，率先编撰完成《皮书手册》对皮书品牌进行规范化管理，并在此基础上推出中国版芝加哥手册——《SSAP学术出版手册》。

社科文献出版社是中国数字出版的引领者，拥有皮书数据库、列国志数据库、“一带一路”数据库、减贫数据库、集刊数据库等4大产品线11个数据库产品，机构用户达1300余家，海外用户百余家，荣获“数字出版转型示范单位”“新闻出版标准化先进单位”“专业数字内容资源知识服务模式试点企业标准化示范单位”等称号。

社科文献出版社是中国学术出版走出去的践行者。社科文献出版社海外图书出版与学术合作业务遍及全球40余个国家和地区并于2016年成立俄罗斯分社，累计输出图书500余种，涉及近20个语种，累计获得国家社科基金中华学术外译项目资助76种、“丝路书香工程”项目资助60种、中国图书对外推广计划项目资助71种以及经典中国国际出版工程资助28种，被商务部认定为“2015-2016年度国家文化出口重点企业”。

如今，社科文献出版社拥有固定资产3.6亿元，年收入近3亿元，设置了七大出版分社、六大专业部门，成立了皮书研究院和博士后科研工作站，培养了一支近400人的高素质与高效率的编辑、出版、营销和国际推广队伍，为未来成为学术出版的大社、名社、强社，成为文化体制改革与文化企业转型发展的排头兵奠定了坚实的基础。

# 经 济 类

经济类皮书涵盖宏观经济、城市经济、大区域经济，
提供权威、前沿的分析与预测

## 经济蓝皮书

2017 年中国经济形势分析与预测

李扬 / 主编　2017 年 1 月出版　定价：89.00 元

◆　本书为总理基金项目，由著名经济学家李扬领衔，联合中国社会科学院等数十家科研机构、国家部委和高等院校的专家共同撰写，系统分析了 2016 年的中国经济形势并预测 2017 年中国经济运行情况。

## 中国省域竞争力蓝皮书

中国省域经济综合竞争力发展报告（2015 ~ 2016）

李建平　李闽榕　高燕京 / 主编　2017 年 5 月出版　定价：108.00 元

◆　本书融多学科的理论为一体，深入追踪研究了省域经济发展与中国国家竞争力的内在关系，为提升中国省域经济综合竞争力提供有价值的决策依据。

## 城市蓝皮书

中国城市发展报告 No.10

潘家华　单菁菁 / 主编　2017 年 9 月出版　估价：89.00 元

◆　本书是由中国社会科学院城市发展与环境研究中心编著的，多角度、全方位地立体展示了中国城市的发展状况，并对中国城市的未来发展提出了许多建议。该书有强烈的时代感，对中国城市发展实践有重要的参考价值。

## 人口与劳动绿皮书

中国人口与劳动问题报告 No.18

蔡昉　张车伟 / 主编　2017 年 10 月出版　估价：89.00 元

◆　本书为中国社会科学院人口与劳动经济研究所主编的年度报告，对当前中国人口与劳动形势做了比较全面和系统的深入讨论，为研究中国人口与劳动问题提供了一个专业性的视角。

## 世界经济黄皮书

2017 年世界经济形势分析与预测

张宇燕 / 主编　2017 年 1 月出版　定价：89.00 元

◆　本书由中国社会科学院世界经济与政治研究所的研究团队撰写，2016 年世界经济增速进一步放缓，就业增长放慢。世界经济面临许多重大挑战同时，地缘政治风险、难民危机、大国政治周期、恐怖主义等问题也仍然在影响世界经济的稳定与发展。预计 2017 年按 PPP 计算的世界 GDP 增长率约为 3.0%。

## 国际城市蓝皮书

国际城市发展报告（2017）

屠启宇 / 主编　2017 年 2 月出版　定价：79.00 元

◆　本书作者以上海社会科学院从事国际城市研究的学者团队为核心，汇集同济大学、华东师范大学、复旦大学、上海交通大学、南京大学、浙江大学相关城市研究专业学者。立足动态跟踪介绍国际城市发展时间中，最新出现的重大战略、重大理念、重大项目、重大报告和最佳案例。

## 金融蓝皮书

中国金融发展报告（2017）

王国刚 / 主编　2017 年 2 月出版　定价：79.00 元

◆　本书由中国社会科学院金融研究所组织编写，概括和分析了 2016 年中国金融发展和运行中的各方面情况，研讨和评论了 2016 年发生的主要金融事件，有利于读者了解掌握 2016 年中国的金融状况，把握 2017 年中国金融的走势。

## 农村绿皮书

### 中国农村经济形势分析与预测（2016 ~ 2017）

魏后凯　杜志雄　黄秉信 / 主编　2017 年 4 月出版　估价：89.00 元

◆　本书描述了 2016 年中国农业农村经济发展的一些主要指标和变化，并对 2017 年中国农业农村经济形势的一些展望和预测，提出相应的政策建议。

## 西部蓝皮书

### 中国西部发展报告（2017）

徐璋勇 / 主编　2017 年 7 月出版　估价：89.00 元

◆　本书由西北大学中国西部经济发展研究中心主编，汇集了源自西部本土以及国内研究西部问题的权威专家的第一手资料，对国家实施西部大开发战略进行年度动态跟踪，并对 2017 年西部经济、社会发展态势进行预测和展望。

## 经济蓝皮书 · 夏季号

### 中国经济增长报告（2016 ~ 2017）

李扬 / 主编　2017 年 9 月出版　估价：98.00 元

◆　中国经济增长报告主要探讨 2016~2017 年中国经济增长问题，以专业视角解读中国经济增长，力求将其打造成一个研究中国经济增长、服务宏微观各级决策的周期性、权威性读物。

## 就业蓝皮书

### 2017 年中国本科生就业报告

麦可思研究院 / 编著　2017 年 6 月出版　估价：98.00 元

◆　本书基于大量的数据和调研，内容翔实，调查独到，分析到位，用数据说话，对中国大学生就业及学校专业设置起到了很好的建言献策作用。

# 社会政法类

社会政法类皮书聚焦社会发展领域的热点、难点问题，
提供权威、原创的资讯与视点

## 社会蓝皮书

2017 年中国社会形势分析与预测

李培林　陈光金　张翼 / 主编　2016 年 12 月出版　定价：89.00 元

◆　本书由中国社会科学院社会学研究所组织研究机构专家、高校学者和政府研究人员撰写，聚焦当下社会热点，对 2016 年中国社会发展的各个方面内容进行了权威解读，同时对 2017 年社会形势发展趋势进行了预测。

## 法治蓝皮书

中国法治发展报告 No.15（2017）

李林　田禾 / 主编　2017 年 3 月出版　定价：118.00 元

◆　本年度法治蓝皮书回顾总结了 2016 年度中国法治发展取得的成就和存在的不足，对中国政府、司法、检务透明度进行了跟踪调研，并对 2017 年中国法治发展形势进行了预测和展望。

## 社会体制蓝皮书

中国社会体制改革报告 No.5（2017）

龚维斌 / 主编　2017 年 3 月出版　定价：89.00 元

◆　本书由国家行政学院社会治理研究中心和北京师范大学中国社会管理研究院共同组织编写，主要对 2016 年社会体制改革情况进行回顾和总结，对 2017 年的改革走向进行分析，提出相关政策建议。

## 社会心态蓝皮书

### 中国社会心态研究报告（2017）

王俊秀　杨宜音 / 主编　2017 年 12 月出版　估价：89.00 元

◆　本书是中国社会科学院社会学研究所社会心理研究中心“社会心态蓝皮书课题组”的年度研究成果，运用社会心理学、社会学、经济学、传播学等多种学科的方法进行了调查和研究，对于目前中国社会心态状况有较广泛和深入的揭示。

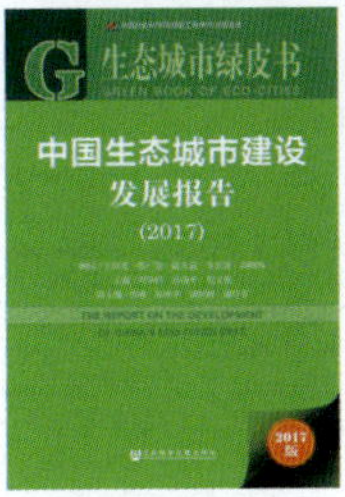


## 生态城市绿皮书

### 中国生态城市建设发展报告（2017）

刘举科　孙伟平　胡文臻 / 主编　2017 年 7 月出版　估价：118.00 元

◆　报告以绿色发展、循环经济、低碳生活、民生宜居为理念，以更新民众观念、提供决策咨询、指导工程实践、引领绿色发展为宗旨，试图探索一条具有中国特色的城市生态文明建设新路。

## 城市生活质量蓝皮书

### 中国城市生活质量报告（2017）

中国经济实验研究院 / 主编　2017 年 7 月出版　估价：89.00 元

◆　本书对全国 35 个城市居民的生活质量主观满意度进行了电话调查，同时对 35 个城市居民的客观生活质量指数进行了计算，为中国城市居民生活质量的提升，提出了针对性的政策建议。

## 公共服务蓝皮书

### 中国城市基本公共服务力评价（2017）

钟君　刘志昌　吴正杲 / 主编　2017 年 12 月出版　估价：89.00 元

◆　中国社会科学院经济与社会建设研究室与华图政信调查组成联合课题组，从 2010 年开始对基本公共服务力进行研究，研创了基本公共服务力评价指标体系，为政府考核公共服务与社会管理工作提供了理论工具。

# 行业报告类

行业报告类皮书立足重点行业、新兴行业领域，
提供及时、前瞻的数据与信息

## 企业社会责任蓝皮书

### 中国企业社会责任研究报告（2017）

黄群慧　钟宏武　张蒽　翟利峰 / 著　2017 年 10 月出版　估价：89.00 元

◆　本书剖析了中国企业社会责任在 2016 ~ 2017 年度的最新发展特征，详细解读了省域国有企业在社会责任方面的阶段性特征，生动呈现了国内外优秀企业的社会责任实践。对了解中国企业社会责任履行现状、未来发展，以及推动社会责任建设有重要的参考价值。

## 新能源汽车蓝皮书

### 中国新能源汽车产业发展报告（2017）

中国汽车技术研究中心　日产（中国）投资有限公司

东风汽车有限公司 / 编著　2017 年 7 月出版　估价：98.00 元

◆　本书对中国 2016 年新能源汽车产业发展进行了全面系统的分析，并介绍了国外的发展经验。有助于相关机构、行业和社会公众等了解中国新能源汽车产业发展的最新动态，为政府部门出台新能源汽车产业相关政策法规、企业制定相关战略规划，提供必要的借鉴和参考。

## 杜仲产业绿皮书

### 中国杜仲橡胶资源与产业发展报告（2016 ~ 2017）

杜红岩　胡文臻　俞锐 / 主编　2017 年 4 月出版　估价：85.00 元

◆　本书对 2016 年杜仲产业的发展情况、研究团队在杜仲研究方面取得的重要成果、部分地区杜仲产业发展的具体情况、杜仲新标准的制定情况等进行了较为详细的分析与介绍，使广大关心杜仲产业发展的读者能够及时跟踪产业最新进展。

## 企业蓝皮书

### 中国企业绿色发展报告 No.2（2017）

李红玉　朱光辉 / 主编　　2017 年 8 月出版　　估价：89.00 元

◆　本书深入分析中国企业能源消费、资源利用、绿色金融、绿色产品、绿色管理、信息化、绿色发展政策及绿色文化方面的现状，并对目前存在的问题进行研究，剖析因果，谋划对策，为企业绿色发展提供借鉴，为中国生态文明建设提供支撑。

## 中国上市公司蓝皮书

### 中国上市公司发展报告（2017）

张平　王宏淼 / 主编　　2017 年 10 月出版　　估价：98.00 元

◆　本书由中国社会科学院上市公司研究中心组织编写的，着力于全面、真实、客观反映当前中国上市公司财务状况和价值评估的综合性年度报告。本书详尽分析了 2016 年中国上市公司情况，特别是现实中暴露出的制度性、基础性问题，并对资本市场改革进行了探讨。

## 资产管理蓝皮书

### 中国资产管理行业发展报告（2017）

智信资产管理研究院 / 编著　　2017 年 6 月出版　　估价：89.00 元

◆　中国资产管理行业刚刚兴起，未来将成为中国金融市场最有看点的行业。本书主要分析了 2016 年度资产管理行业的发展情况，同时对资产管理行业的未来发展做出科学的预测。

## 体育蓝皮书

### 中国体育产业发展报告（2017）

阮伟　钟秉枢 / 主编　　2017 年 12 月出版　　估价：89.00 元

◆　本书运用多种研究方法，在体育竞赛业、体育用品业、体育场馆业、体育传媒业等传统产业研究的基础上，并对 2016 年体育领域内的各种热点事件进行研究和梳理，进一步拓宽了研究的广度、提升了研究的高度、挖掘了研究的深度。

# 国际问题类

国际问题类皮书关注全球重点国家与地区，
提供全面、独特的解读与研究

## 美国蓝皮书

美国研究报告（2017）

郑秉文　黄平 / 主编　2017 年 6 月出版　估价：89.00 元

◆　本书是由中国社会科学院美国研究所主持完成的研究成果，它回顾了美国 2016 年的经济、政治形势与外交战略，对 2017 年以来美国内政外交发生的重大事件及重要政策进行了较为全面的回顾和梳理。

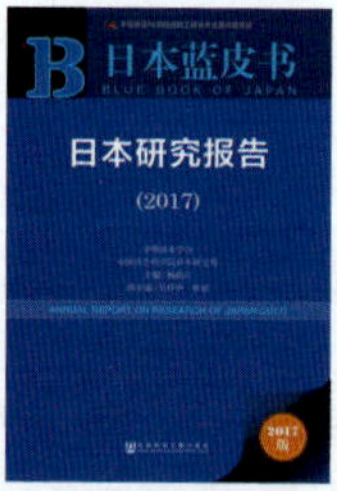


## 日本蓝皮书

日本研究报告（2017）

杨伯江 / 主编　2017 年 5 月出版　估价：89.00 元

◆　本书对 2016 年日本的政治、经济、社会、外交等方面的发展情况做了系统介绍，对日本的热点及焦点问题进行了总结和分析，并在此基础上对该国 2017 年的发展前景做出预测。

## 亚太蓝皮书

亚太地区发展报告（2017）

李向阳 / 主编　2017 年 4 月出版　估价：89.00 元

◆　本书是中国社会科学院亚太与全球战略研究院的集体研究成果。2017 年的"亚太蓝皮书"继续关注中国周边环境的变化。该书盘点了 2016 年亚太地区的焦点和热点问题，为深入了解 2016 年及未来中国与周边环境的复杂形势提供了重要参考。

## 德国蓝皮书

德国发展报告（2017）

郑春荣 / 主编　2017 年 6 月出版　估价：89.00 元

◆　本报告由同济大学德国研究所组织编撰，由该领域的专家学者对德国的政治、经济、社会文化、外交等方面的形势发展情况，进行全面的阐述与分析。

## 日本经济蓝皮书

日本经济与中日经贸关系研究报告（2017）

张季风 / 编著　2017 年 5 月出版　估价：89.00 元

◆　本书系统、详细地介绍了 2016 年日本经济以及中日经贸关系发展情况，在进行了大量数据分析的基础上，对 2017 年日本经济以及中日经贸关系的大致发展趋势进行了分析与预测。

## 俄罗斯黄皮书

俄罗斯发展报告（2017）

李永全 / 编著　2017 年 7 月出版　估价：89.00 元

◆　本书系统介绍了 2016 年俄罗斯经济政治情况，并对 2016 年该地区发生的焦点、热点问题进行了分析与回顾；在此基础上，对该地区 2017 年的发展前景进行了预测。

## 非洲黄皮书

非洲发展报告 No.19（2016 ~ 2017）

张宏明 / 主编　2017 年 8 月出版　估价：89.00 元

◆　本书是由中国社会科学院西亚非洲研究所组织编撰的非洲形势年度报告，比较全面、系统地分析了 2016 年非洲政治形势和热点问题，探讨了非洲经济形势和市场走向，剖析了大国对非洲关系的新动向；此外，还介绍了国内非洲研究的新成果。

# 地方发展类

地方发展类皮书关注中国各省份、经济区域，
提供科学、多元的预判与资政信息

## 北京蓝皮书

北京公共服务发展报告（2016~2017）

施昌奎 / 主编　2017 年 3 月出版　定价：79.00 元

◆　本书是由北京市政府职能部门的领导、首都著名高校的教授、知名研究机构的专家共同完成的关于北京市公共服务发展与创新的研究成果。

## 河南蓝皮书

河南经济发展报告（2017）

张占仓　完世伟 / 主编　2017 年 4 月出版　估价：89.00 元

◆　本书以国内外经济发展环境和走向为背景，主要分析当前河南经济形势，预测未来发展趋势，全面反映河南经济发展的最新动态、热点和问题，为地方经济发展和领导决策提供参考。

## 广州蓝皮书

2017 年中国广州经济形势分析与预测

庾建设　陈浩钿　谢博能 / 主编　2017 年 7 月出版　估价：85.00 元

◆　本书由广州大学与广州市委政策研究室、广州市统计局联合主编，汇集了广州科研团体、高等院校和政府部门诸多经济问题研究专家、学者和实际部门工作者的最新研究成果，是关于广州经济运行情况和相关专题分析、预测的重要参考资料。

# 文化传媒类

文化传媒类皮书透视文化领域、文化产业，
探索文化大繁荣、大发展的路径

## 新媒体蓝皮书

### 中国新媒体发展报告 No.8（2017）

唐绪军 / 主编　2017 年 6 月出版　估价：89.00 元

◆　本书是由中国社会科学院新闻与传播研究所组织编写的关于新媒体发展的最新年度报告，旨在全面分析中国新媒体的发展现状，解读新媒体的发展趋势，探析新媒体的深刻影响。

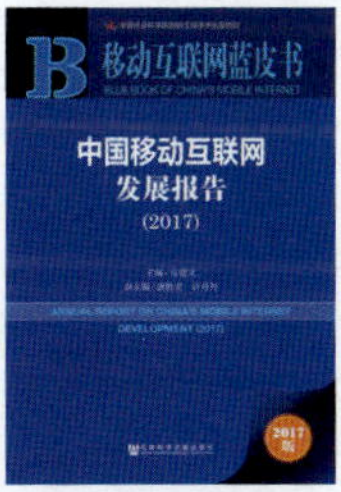


## 移动互联网蓝皮书

### 中国移动互联网发展报告（2017）

官建文 / 主编　2017 年 6 月出版　估价：89.00 元

◆　本书着眼于对 2016 年度中国移动互联网的发展情况做深入解析，对未来发展趋势进行预测，力求从不同视角、不同层面全面剖析中国移动互联网发展的现状、年度突破及热点趋势等。

## 传媒蓝皮书

### 中国传媒产业发展报告（2017）

崔保国 / 主编　2017 年 5 月出版　估价：98.00 元

◆　“传媒蓝皮书”连续十多年跟踪观察和系统研究中国传媒产业发展。本报告在对传媒产业总体以及各细分行业发展状况与趋势进行深入分析基础上，对年度发展热点进行跟踪，剖析新技术引领下的商业模式，对传媒各领域发展趋势、内体经营、传媒投资进行解析，为中国传媒产业正在发生的变革提供前瞻行参考。

# 经济类

**“三农”互联网金融蓝皮书**
中国“三农”互联网金融发展报告（2017）
著(编)者：李勇坚 王弢　2017年8月出版 / 估价：98.00元
PSN B-2016-561-1/1

**G20国家创新竞争力黄皮书**
二十国集团（G20）国家创新竞争力发展报告（2016~2017）
著(编)者：李建平 李闽榕 赵新力 周天勇
2017年8月出版 / 估价：158.00元
PSN Y-2011-229-1/1

**产业蓝皮书**
中国产业竞争力报告（2017）No.7
著(编)者：张其仔　2017年12月出版 / 估价：98.00元
PSN B-2010-175-1/1

**城市创新蓝皮书**
中国城市创新报告（2017）
著(编)者：周天勇 旷建伟　2017年11月出版 / 估价：89.00元
PSN B-2013-340-1/1

**城市蓝皮书**
中国城市发展报告 No.10
著(编)者：潘家华 单菁菁　2017年9月出版 / 估价：89.00元
PSN B-2007-091-1/1

**城乡一体化蓝皮书**
中国城乡一体化发展报告（2016~2017）
著(编)者：汝信 付崇兰　2017年7月出版 / 估价：85.00元
PSN B-2011-226-1/2

**城镇化蓝皮书**
中国新型城镇化健康发展报告（2017）
著(编)者：张占斌　2017年8月出版 / 估价：89.00元
PSN B-2014-396-1/1

**创新蓝皮书**
创新型国家建设报告（2016~2017）
著(编)者：詹正茂　2017年12月出版 / 估价：89.00元
PSN B-2009-140-1/1

**创业蓝皮书**
中国创业发展报告（2016~2017）
著(编)者：黄群慧 赵卫星 钟宏武等
2017年11月出版 / 估价：89.00元
PSN B-2016-578-1/1

**低碳发展蓝皮书**
中国低碳发展报告（2016~2017）
著(编)者：齐晔 张希良　2017年3月出版 / 估价：98.00元
PSN B-2011-223-1/1

**低碳经济蓝皮书**
中国低碳经济发展报告（2017）
著(编)者：薛进军 赵忠秀　2017年6月出版 / 估价：85.00元
PSN B-2011-194-1/1

**东北蓝皮书**
中国东北地区发展报告（2017）
著(编)者：姜晓秋　2017年2月出版 / 定价：79.00元
PSN B-2006-067-1/1

**发展与改革蓝皮书**
中国经济发展和体制改革报告No.8
著(编)者：邹东涛 王再文　2017年4月出版 / 估价：98.00元
PSN B-2008-122-1/1

**工业化蓝皮书**
中国工业化进程报告（2017）
著(编)者：黄群慧　2017年12月出版 / 估价：158.00元
PSN B-2007-095-1/1

**管理蓝皮书**
中国管理发展报告（2017）
著(编)者：张晓东　2017年10月出版 / 估价：98.00元
PSN B-2014-416-1/1

**国际城市蓝皮书**
国际城市发展报告（2017）
著(编)者：屠启宇　2017年2月出版 / 定价：79.00元
PSN B-2012-260-1/1

**国家创新蓝皮书**
中国创新发展报告（2017）
著(编)者：陈劲　2017年12月出版 / 估价：89.00元
PSN B-2014-370-1/1

**金融蓝皮书**
中国金融发展报告（2017）
著(编)者：王国刚　2017年2月出版 / 定价：79.00元
PSN B-2004-031-1/6

**京津冀金融蓝皮书**
京津冀金融发展报告（2017）
著(编)者：王爱俭 李向前
2017年4月出版 / 估价：89.00元
PSN B-2016-528-1/1

**京津冀蓝皮书**
京津冀发展报告（2017）
著(编)者：文魁 祝尔娟　2017年4月出版 / 估价：89.00元
PSN B-2012-262-1/1

**经济蓝皮书**
2017年中国经济形势分析与预测
著(编)者：李扬　2017年1月出版 / 定价：89.00元
PSN B-1996-001-1/1

**经济蓝皮书·春季号**
2017年中国经济前景分析
著(编)者：李扬　2017年6月出版 / 估价：89.00元
PSN B-1999-008-1/1

**经济蓝皮书·夏季号**
中国经济增长报告（2016~2017）
著(编)者：李扬　2017年9月出版 / 估价：98.00元
PSN B-2010-176-1/1

**经济信息绿皮书**
中国与世界经济发展报告（2017）
著(编)者：杜平　2017年12月出版 / 定价：89.00元
PSN G-2003-023-1/1

**就业蓝皮书**
2017年中国本科生就业报告
著(编)者：麦可思研究院　2017年6月出版 / 估价：98.00元
PSN B-2009-146-1/2

**就业蓝皮书**
2017年中国高职高专生就业报告
著(编)者：麦可思研究院 2017年6月出版 / 估价：98.00元
PSN B-2015-472-2/2

**科普能力蓝皮书**
中国科普能力评价报告（2017）
著(编)者：李富 强李群 2017年8月出版 / 估价：89.00元
PSN B-2016-556-1/1

**临空经济蓝皮书**
中国临空经济发展报告（2017）
著(编)者：连玉明 2017年9月出版 / 估价：89.00元
PSN B-2014-421-1/1

**农村绿皮书**
中国农村经济形势分析与预测（2016～2017）
著(编)者：魏后凯 杜志雄 黄秉信
2017年4月出版 / 估价：89.00元
PSN G-1998-003-1/1

**农业应对气候变化蓝皮书**
气候变化对中国农业影响评估报告 No.3
著(编)者：矫梅燕 2017年8月出版 / 估价：98.00元
PSN B-2014-413-1/1

**气候变化绿皮书**
应对气候变化报告（2017）
著(编)者：王伟光 郑国光 2017年6月出版 / 估价：89.00元
PSN G-2009-144-1/1

**区域蓝皮书**
中国区域经济发展报告（2016～2017）
著(编)者：赵弘 2017年6月出版 / 估价：89.00元
PSN B-2004-034-1/1

**全球环境竞争力绿皮书**
全球环境竞争力报告（2017）
著(编)者：李建平 李闽榕 王金南
2017年12月出版 / 估价：198.00元
PSN G-2013-363-1/1

**人口与劳动绿皮书**
中国人口与劳动问题报告 No.18
著(编)者：蔡昉 张车伟 2017年11月出版 / 估价：89.00元
PSN G-2000-012-1/1

**商务中心区蓝皮书**
中国商务中心区发展报告 No.3（2016）
著(编)者：李国红 单菁菁 2017年4月出版 / 估价：89.00元
PSN B-2015-444-1/1

**世界经济黄皮书**
2017年世界经济形势分析与预测
著(编)者：张宇燕 2017年1月出版 / 定价：89.00元
PSN Y-1999-006-1/1

**世界旅游城市绿皮书**
世界旅游城市发展报告（2017）
著(编)者：宋宇 2017年4月出版 / 估价：128.00元
PSN G-2014-400-1/1

**土地市场蓝皮书**
中国农村土地市场发展报告（2016～2017）
著(编)者：李光荣 2017年4月出版 / 估价：89.00元
PSN B-2016-527-1/1

**西北蓝皮书**
中国西北发展报告（2017）
著(编)者：高建龙 2017年4月出版 / 估价：89.00元
PSN B-2012-261-1/1

**西部蓝皮书**
中国西部发展报告（2017）
著(编)者：徐璋勇 2017年7月出版 / 估价：89.00元
PSN B-2005-039-1/1

**新型城镇化蓝皮书**
新型城镇化发展报告（2017）
著(编)者：李伟 宋敏 沈体雁 2017年4月出版 / 估价：98.00元
PSN B-2014-431-1/1

**新兴经济体蓝皮书**
金砖国家发展报告（2017）
著(编)者：林跃勤 周文 2017年12月出版 / 估价：89.00元
PSN B-2011-195-1/1

**长三角蓝皮书**
2017年新常态下深化一体化的长三角
著(编)者：王庆五 2017年12月出版 / 估价：88.00元
PSN B-2005-038-1/1

**中部竞争力蓝皮书**
中国中部经济社会竞争力报告（2017）
著(编)者：教育部人文社会科学重点研究基地
南昌大学中国中部经济社会发展研究中心
2017年12月出版 / 估价：89.00元
PSN B-2012-276-1/1

**中部蓝皮书**
中国中部地区发展报告（2017）
著(编)者：宋亚平 2017年12月出版 / 估价：88.00元
PSN B-2007-089-1/1

**中国省域竞争力蓝皮书**
中国省域经济综合竞争力发展报告（2017）
著(编)者：李建平 李闽榕 高燕京
2017年2月出版 / 定价：198.00元
PSN B-2007-088-1/1

**中三角蓝皮书**
长江中游城市群发展报告（2017）
著(编)者：秦尊文 2017年9月出版 / 估价：89.00元
PSN B-2014-417-1/1

**中小城市绿皮书**
中国中小城市发展报告（2017）
著(编)者：中国城市经济学会中小城市经济发展委员会
中国城镇化促进会中小城市发展委员会
《中国中小城市发展报告》编纂委员会
中小城市发展战略研究院
2017年11月出版 / 估价：128.00元
PSN G-2010-161-1/1

**中原蓝皮书**
中原经济区发展报告（2017）
著(编)者：李英杰 2017年6月出版 / 估价：88.00元
PSN B-2011-192-1/1

**自贸区蓝皮书**
中国自贸区发展报告（2017）
著(编)者：王力 2017年7月出版 / 估价：89.00元
PSN B-2016-559-1/1

# 社会政法类

**北京蓝皮书**
中国社区发展报告（2017）
著(编)者：于燕燕　　2017年 4 月出版 / 估价：89.00元
PSN B-2007-083-5/8

**殡葬绿皮书**
中国殡葬事业发展报告（2017）
著(编)者：李伯森　　2017年4月出版 / 估价：158.00元
PSN G-2010-180-1/1

**城市管理蓝皮书**
中国城市管理报告（2016~2017）
著(编)者：刘林　刘承水　2017年5月出版 / 估价：158.00元
PSN B-2013-336-1/1

**城市生活质量蓝皮书**
中国城市生活质量报告（2017）
著(编)者：中国经济实验研究院
2018年7月出版 / 估价：89.00元
PSN B-2013-326-1/1

**城市政府能力蓝皮书**
中国城市政府公共服务能力评估报告（2017）
著(编)者：何艳玲　　2017年4月出版 / 估价：89.00元
PSN B-2013-338-1/1

**慈善蓝皮书**
中国慈善发展报告（2017）
著(编)者：杨团　　2017年6月出版 / 估价：89.00元
PSN B-2009-142-1/1

**党建蓝皮书**
党的建设研究报告 No.2（2017）
著(编)者：崔建民　陈东平　　2017年4月出版 / 估价：89.00元
PSN B-2016-524-1/1

**地方法治蓝皮书**
中国地方法治发展报告 No.3（2017）
著(编)者：李林　田禾　　2017年4出版 / 估价：108.00元
PSN B-2015-442-1/1

**法治蓝皮书**
中国法治发展报告 No.15（2017）
著(编)者：李林 田禾　　2017年3月出版 / 定价：118.00元
PSN B-2004-027-1/1

**法治政府蓝皮书**
中国法治政府发展报告（2017）
著(编)者：中国政法大学法治政府研究院
2017年4月出版 / 估价：98.00元
PSN B-2015-502-1/2

**法治政府蓝皮书**
中国法治政府评估报告（2017）
著(编)者：中国政法大学法治政府研究院
2017年11月出版 / 估价：98.00元
PSN B-2016-577-2/2

**法治蓝皮书**
中国法院信息化发展报告 No.1（2017）
著(编)者：李林 田禾　　2017年2月出版 / 定价：108.00元
PSN B-2017-604-3/3

**反腐倡廉蓝皮书**
中国反腐倡廉建设报告 No.7
著(编)者：张英伟　　2017年12月出版 / 估价：89.00元
PSN B-2012-259-1/1

**非传统安全蓝皮书**
中国非传统安全研究报告（2016～2017）
著(编)者：余潇枫 魏志江　　2017年6月出版 / 估价：89.00元
PSN B-2012-273-1/1

**妇女发展蓝皮书**
中国妇女发展报告 No.7
著(编)者：王金玲　　2017年9月出版 / 估价：148.00元
PSN B-2006-069-1/1

**妇女教育蓝皮书**
中国妇女教育发展报告 No.4
著(编)者：张李玺　　2017年10月出版 / 估价：78.00元
PSN B-2008-121-1/1

**妇女绿皮书**
中国性别平等与妇女发展报告（2017）
著(编)者：谭琳　　2017年12月出版 / 估价：99.00元
PSN G-2006-073-1/1

**公共服务蓝皮书**
中国城市基本公共服务力评价（2017）
著(编)者：钟君 刘志昌 吴正杲　　2017年12月出版 / 估价：89.
PSN B-2011-214-1/1

**公民科学素质蓝皮书**
中国公民科学素质报告（2016～2017）
著(编)者：李群　陈雄　马宗文
2017年4月出版 / 估价：89.00元
PSN B-2014-379-1/1

**公共关系蓝皮书**
中国公共关系发展报告（2017）
著(编)者：柳斌杰　　2017年11月出版 / 估价：89.00元
PSN B-2016-580-1/1

**公益蓝皮书**
中国公益慈善发展报告（2017）
著(编)者：朱健刚　　2018年4月出版 / 估价：118.00元
PSN B-2012-283-1/1

**国际人才蓝皮书**
中国国际移民报告（2017）
著(编)者：王辉耀　　2017年4月出版 / 估价：89.00元
PSN B-2012-304-3/4

**国际人才蓝皮书**
中国留学发展报告（2017）No.5
著(编)者：王辉耀 苗绿　　2017年10月出版 / 估价：89.00元
PSN B-2012-244-2/4

**海洋社会蓝皮书**
中国海洋社会发展报告（2017）
著(编)者：崔凤 宋宁而　　2017年7月出版 / 估价：89.00元
PSN B-2015-478-1/1

**行政改革蓝皮书**
中国行政体制改革报告（2017）No.6
著(编)者：魏礼群 2017年5月出版 / 估价：98.00元
PSN B-2011-231-1/1

**华侨华人蓝皮书**
华侨华人研究报告（2017）
著(编)者：贾益民 2017年12月出版 / 估价：128.00元
PSN B-2011-204-1/1

**环境竞争力绿皮书**
中国省域环境竞争力发展报告（2017）
著(编)者：李建平 李闽榕 王金南
2017年11月出版 / 估价：198.00元
PSN G-2010-165-1/1

**环境绿皮书**
中国环境发展报告（2017）
著(编)者：刘鉴强 2017年4月出版 / 估价：89.00元
PSN G-2006-048-1/1

**基金会蓝皮书**
中国基金会发展报告（2016~2017）
著(编)者：中国基金会发展报告课题组
2017年4月出版 / 估价：85.00元
PSN B-2013-368-1/1

**基金会绿皮书**
中国基金会发展独立研究报告（2017）
著(编)者：基金会中心网 中央民族大学基金会研究中心
2017年6月出版 / 估价：88.00元
PSN G-2011-213-1/1

**基金会透明度蓝皮书**
中国基金会透明度发展研究报告（2017）
著(编)者：基金会中心网 清华大学廉政与治理研究中心
2017年12月出版 / 估价：89.00元
PSN B-2015-509-1/1

**家庭蓝皮书**
中国“创建幸福家庭活动”评估报告（2017）
国务院发展研究中心“创建幸福家庭活动评估”课题组著
2017年8月出版 / 估价：89.00元
PSN B-2015-508-1/1

**健康城市蓝皮书**
中国健康城市建设研究报告（2017）
著(编)者：王鸿春 解树江 盛继洪
2017年9月出版 / 估价：89.00元
PSN B-2016-565-2/2

**教师蓝皮书**
中国中小学教师发展报告（2017）
著(编)者：曾晓东 鱼霞 2017年6月出版 / 估价：89.00元
PSN B-2012-289-1/1

**教育蓝皮书**
中国教育发展报告（2017）
著(编)者：杨东平 2017年4月出版 / 估价：89.00元
PSN B-2006-047-1/1

**科普蓝皮书**
中国基层科普发展报告（2016～2017）
著(编)者：赵立 新陈玲 2017年9月出版 / 估价：89.00元
PSN B-2016-569-3/3

**科普蓝皮书**
中国科普基础设施发展报告（2017）
著(编)者：任福君 2017年6月出版 / 估价：89.00元
PSN B-2010-174-1/3

**科普蓝皮书**
中国科普人才发展报告（2017）
著(编)者：郑念 任嵘嵘 2017年4月出版 / 估价：98.00元
PSN B-2015-512-2/3

**科学教育蓝皮书**
中国科学教育发展报告（2017）
著(编)者：罗晖 王康友 2017年10月出版 / 估价：89.00元
PSN B-2015-487-1/1

**劳动保障蓝皮书**
中国劳动保障发展报告（2017）
著(编)者：刘燕斌 2017年9月出版 / 估价：188.00元
PSN B-2014-415-1/1

**老龄蓝皮书**
中国老年宜居环境发展报告（2017）
著(编)者：党俊武 周燕珉 2017年4月出版 / 估价：89.00元
PSN B-2013-320-1/1

**连片特困区蓝皮书**
中国连片特困区发展报告（2017）
著(编)者：游俊 冷志明 丁建军
2017年4月出版 / 估价：98.00元
PSN B-2013-321-1/1

**流动儿童蓝皮书**
中国流动儿童教育发展报告（2016）
著(编)者：杨东平 2017年1月出版 / 定价：79.00元
PSN B-2017-600-1/1

**民调蓝皮书**
中国民生调查报告（2017）
著(编)者：谢耘耕 2017年12月出版 / 估价：98.00元
PSN B-2014-398-1/1

**民族发展蓝皮书**
中国民族发展报告（2017）
著(编)者：郝时远 王延中 王希恩
2017年4月出版 / 估价：98.00元
PSN B-2006-070-1/1

**女性生活蓝皮书**
中国女性生活状况报告 No.11（2017）
著(编)者：韩湘景 2017年10月出版 / 估价：98.00元
PSN B-2006-071-1/1

**汽车社会蓝皮书**
中国汽车社会发展报告（2017）
著(编)者：王俊秀 2017年12月出版 / 估价：89.00元
PSN B-2011-224-1/1

**青年蓝皮书**
中国青年发展报告（2017）No.3
著(编)者：廉思 等　2017年4月出版 / 估价：89.00元
PSN B-2013-333-1/1

**青少年蓝皮书**
中国未成年人互联网运用报告（2017）
著(编)者：李文革 沈洁 季为民
2017年11月出版 / 估价：89.00元
PSN B-2010-165-1/1

**青少年体育蓝皮书**
中国青少年体育发展报告（2017）
著(编)者：郭建军 杨桦　2017年9月出版 / 估价：89.00元
PSN B-2015-482-1/1

**群众体育蓝皮书**
中国群众体育发展报告（2017）
著(编)者：刘国永 杨桦　2017年12月出版 / 估价：89.00元
PSN B-2016-519-2/3

**人权蓝皮书**
中国人权事业发展报告 No.7（2017）
著(编)者：李君如　2017年9月出版 / 估价：98.00元
PSN B-2011-215-1/1

**社会保障绿皮书**
中国社会保障发展报告（2017）No.8
著(编)者：王延中　2017年1月出版 / 估价：98.00元
PSN G-2001-014-1/1

**社会风险评估蓝皮书**
风险评估与危机预警评估报告（2017）
著(编)者：唐钧　2017年8月出版 / 估价：85.00元
PSN B-2016-521-1/1

**社会管理蓝皮书**
中国社会管理创新报告 No.5
著(编)者：连玉明　2017年11月出版 / 估价：89.00元
PSN B-2012-300-1/1

**社会蓝皮书**
2017年中国社会形势分析与预测
著(编)者：李培林　陈光金　张翼
2016年12月出版 / 定价：89.00元
PSN B-1998-002-1/1

**社会体制蓝皮书**
中国社会体制改革报告No.5（2017）
著(编)者：龚维斌　2017年3月出版 / 定价：89.00元
PSN B-2013-330-1/1

**社会心态蓝皮书**
中国社会心态研究报告（2017）
著(编)者：王俊秀 杨宜音　2017年12月出版 / 估价：89.00元
PSN B-2011-199-1/1

**社会组织蓝皮书**
中国社会组织发展报告（2016~2017）
著(编)者：黄晓勇　2017年1月出版 / 定价：89.00元
PSN B-2008-118-1/2

**社会组织蓝皮书**
中国社会组织评估发展报告（2017）
著(编)者：徐家良 廖鸿　2017年12月出版 / 估价：89.00元
PSN B-2013-366-1/1

**生态城市绿皮书**
中国生态城市建设发展报告（2017）
著(编)者：刘举科 孙伟平 胡文臻
2017年9月出版 / 估价：118.00元
PSN G-2012-269-1/1

**生态文明绿皮书**
中国省域生态文明建设评价报告（ECI 2017）
著(编)者：严耕　2017年12月出版 / 估价：98.00元
PSN G-2010-170-1/1

**土地整治蓝皮书**
中国土地整治发展研究报告 No.4
著(编)者：国土资源部土地整治中心
2017年7月出版 / 估价：89.00元
PSN B-2014-401-1/1

**土地政策蓝皮书**
中国土地政策研究报告（2017）
著(编)者：高延利 李宪文
2017年12月出版 / 定价：89.00元
PSN B-2015-506-1/1

**医改蓝皮书**
中国医药卫生体制改革报告（2017）
著(编)者：文学国　房志武　2017年11月出版 / 估价：98.00元
PSN B-2014-432-1/1

**医疗卫生绿皮书**
中国医疗卫生发展报告 No.7（2017）
著(编)者：申宝忠 韩玉珍　2017年4月出版 / 估价：85.00元
PSN G-2004-033-1/1

**应急管理蓝皮书**
中国应急管理报告（2017）
著(编)者：宋英华　2017年9月出版 / 估价：98.00元
PSN B-2016-563-1/1

**政治参与蓝皮书**
中国政治参与报告（2017）
著(编)者：房宁　2017年9月出版 / 估价：118.00元
PSN B-2011-200-1/1

**宗教蓝皮书**
中国宗教报告（2016）
著(编)者：邱永辉　2017年4月出版 / 估价：89.00元
PSN B-2008-117-1/1

# 行业报告类

SUV蓝皮书
中国SUV市场发展报告（2016~2017）
著(编)者：靳军　　2017年9月出版 / 估价：89.00元
PSN B-2016-572-1/1

保健蓝皮书
中国保健服务产业发展报告 No.2
著(编)者：中国保健协会 中共中央党校
2017年7月出版 / 估价：198.00元
PSN B-2012-272-3/3

保健蓝皮书
中国保健食品产业发展报告 No.2
著(编)者：中国保健协会
中国社会科学院食品药品产业发展与监管研究中心
2017年7月出版 / 估价：198.00元
PSN B-2012-271-2/3

保健蓝皮书
中国保健用品产业发展报告 No.2
著(编)者：中国保健协会
国务院国有资产监督管理委员会研究中心
2017年4月出版 / 估价：198.00元
PSN B-2012-270-1/3

保险蓝皮书
中国保险业竞争力报告（2017）
著(编)者：项俊波　　2017年12月出版 / 估价：99.00元
PSN B-2013-311-1/1

冰雪蓝皮书
中国滑雪产业发展报告（2017）
著(编)者：孙承华 伍斌 魏庆华 张鸿俊
2017年8月出版 / 估价：89.00元
PSN B-2016-560-1/1

彩票蓝皮书
中国彩票发展报告（2017）
著(编)者：益彩基金　　2017年4月出版 / 估价：98.00元
PSN B-2015-462-1/1

餐饮产业蓝皮书
中国餐饮产业发展报告（2017）
著(编)者：邢颖　　2017年6月出版 / 估价：98.00元
PSN B-2009-151-1/1

测绘地理信息蓝皮书
新常态下的测绘地理信息研究报告（2017）
著(编)者：库热西·买合苏提
2017年12月出版 / 估价：118.00元
PSN B-2009-145-1/1

茶业蓝皮书
中国茶产业发展报告（2017）
著(编)者：杨江帆 李闽榕　　2017年10月出版 / 估价：88.00元
PSN B-2010-164-1/1

产权市场蓝皮书
中国产权市场发展报告（2016~2017）
著(编)者：曹和平　　2017年5月出版 / 估价：89.00元
PSN B-2009-147-1/1

产业安全蓝皮书
中国出版传媒产业安全报告（2016~2017）
著(编)者：北京印刷学院文化产业安全研究院
2017年4月出版 / 估价：89.00元
PSN B-2014-384-13/14

产业安全蓝皮书
中国文化产业安全报告（2017）
著(编)者：北京印刷学院文化产业安全研究院
2017年12月出版 / 估价：89.00元
PSN B-2014-378-12/14

产业安全蓝皮书
中国新媒体产业安全报告（2017）
著(编)者：北京印刷学院文化产业安全研究院
2017年12月出版 / 估价：89.00元
PSN B-2015-500-14/14

城投蓝皮书
中国城投行业发展报告（2017）
著(编)者：王晨艳　丁伯康　　2017年11月出版 / 估价：300.00元
PSN B-2016-514-1/1

电子政务蓝皮书
中国电子政务发展报告（2016~2017）
著(编)者：李季 杜平　　2017年7月出版 / 估价：89.00元
PSN B-2003-022-1/1

杜仲产业绿皮书
中国杜仲橡胶资源与产业发展报告（2016~2017）
著(编)者：杜红岩 胡文臻 俞锐
2017年4月出版 / 估价：85.00元
PSN G-2013-350-1/1

房地产蓝皮书
中国房地产发展报告 No.14（2017）
著(编)者：李春华 王业强　　2017年5月出版 / 估价：89.00元
PSN B-2004-028-1/1

服务外包蓝皮书
中国服务外包产业发展报告（2017）
著(编)者：王晓红 刘德军
2017年6月出版 / 估价：89.00元
PSN B-2013-331-2/2

服务外包蓝皮书
中国服务外包竞争力报告（2017）
著(编)者：王力 刘春生 黄育华
2017年11月出版 / 估价：85.00元
PSN B-2011-216-1/2

工业和信息化蓝皮书
世界网络安全发展报告（2016~2017）
著(编)者：洪京一　　2017年4月出版 / 估价：89.00元
PSN B-2015-452-5/5

工业和信息化蓝皮书
世界信息化发展报告（2016~2017）
著(编)者：洪京一　　2017年4月出版 / 估价：89.00元
PSN B-2015-451-4/5

**工业和信息化蓝皮书**
世界信息技术产业发展报告（2016~2017）
著(编)者：洪京一　2017年4月出版 / 估价：89.00元
PSN B-2015-449-2/5

**工业和信息化蓝皮书**
移动互联网产业发展报告（2016~2017）
著(编)者：洪京一　2017年4月出版 / 估价：89.00元
PSN B-2015-448-1/5

**工业和信息化蓝皮书**
战略性新兴产业发展报告（2016~2017）
著(编)者：洪京一　2017年4月出版 / 估价：89.00元
PSN B-2015-450-3/5

**工业设计蓝皮书**
中国工业设计发展报告（2017）
著(编)者：王晓红 于炜 张立群
2017年9月出版 / 估价：138.00元
PSN B-2014-420-1/1

**黄金市场蓝皮书**
中国商业银行黄金业务发展报告（2016~2017）
著(编)者：平安银行　2017年4月出版 / 估价：98.00元
PSN B-2016-525-1/1

**互联网金融蓝皮书**
中国互联网金融发展报告（2017）
著(编)者：李东荣　2017年9月出版 / 估价：128.00元
PSN B-2014-374-1/1

**互联网医疗蓝皮书**
中国互联网医疗发展报告（2017）
著(编)者：宫晓东　2017年9月出版 / 估价：89.00元
PSN B-2016-568-1/1

**会展蓝皮书**
中外会展业动态评估年度报告（2017）
著(编)者：张敏　2017年4月出版 / 估价：88.00元
PSN B-2013-327-1/1

**金融监管蓝皮书**
中国金融监管报告（2017）
著(编)者：胡滨　2017年6月出版 / 估价：89.00元
PSN B-2012-281-1/1

**金融蓝皮书**
中国金融中心发展报告（2017）
著(编)者：王力 黄育华　2017年11月出版 / 估价：85.00元
PSN B-2011-186-6/6

**建筑装饰蓝皮书**
中国建筑装饰行业发展报告（2017）
著(编)者：刘晓一 葛道顺　2017年7月出版 / 估价：198.00元
PSN B-2016-554-1/1

**客车蓝皮书**
中国客车产业发展报告（2016~2017）
著(编)者：姚蔚　2017年10月出版 / 估价：85.00元
PSN B-2013-361-1/1

**旅游安全蓝皮书**
中国旅游安全报告（2017）
著(编)者：郑向敏 谢朝武　2017年5月出版 / 估价：128.00元
PSN B-2012-280-1/1

**旅游绿皮书**
2016~2017年中国旅游发展分析与预测
著(编)者：宋瑞　2017年2月出版 / 定价：89.00元
PSN G-2002-018-1/1

**煤炭蓝皮书**
中国煤炭工业发展报告（2017）
著(编)者：岳福斌　2017年12月出版 / 估价：85.00元
PSN B-2008-123-1/1

**民营企业社会责任蓝皮书**
中国民营企业社会责任报告（2017）
著(编)者：中华全国工商业联合会
2017年12月出版 / 估价：89.00元
PSN B-2015-510-1/1

**民营医院蓝皮书**
中国民营医院发展报告（2017）
著(编)者：庄一强　2017年10月出版 / 估价：85.00元
PSN B-2012-299-1/1

**闽商蓝皮书**
闽商发展报告（2017）
著(编)者：李闽榕 王日根 林琛
2017年12月出版 / 估价：89.00元
PSN B-2012-298-1/1

**能源蓝皮书**
中国能源发展报告（2017）
著(编)者：崔民选 王军生 陈义和
2017年10月出版 / 估价：98.00元
PSN B-2006-049-1/1

**农产品流通蓝皮书**
中国农产品流通产业发展报告（2017）
著(编)者：贾敬敦 张东科 张玉玺 张鹏毅 周伟
2017年4月出版 / 估价：89.00元
PSN B-2012-288-1/1

**企业公益蓝皮书**
中国企业公益研究报告（2017）
著(编)者：钟宏武 汪杰 顾一 黄晓娟 等
2017年12月出版 / 估价：89.00元
PSN B-2015-501-1/1

**企业国际化蓝皮书**
中国企业国际化报告（2017）
著(编)者：王辉耀　2017年11月出版 / 估价：98.00元
PSN B-2014-427-1/1

**企业蓝皮书**
中国企业绿色发展报告 No.2（2017）
著(编)者：李红玉 朱光辉　2017年8月出版 / 估价：89.00元
PSN B-2015-481-2/2

**企业社会责任蓝皮书**
中国企业社会责任研究报告（2017）
著(编)者：黄群慧 钟宏武 张蒽 翟利峰
2017年11月出版 / 估价：89.00元
PSN B-2009-149-1/1

**企业社会责任蓝皮书**
中资企业海外社会责任研究报告（2016~2017）
著(编)者：钟宏武 叶柳红 张蒽
2017年1月出版 / 定价：79.00元
PSN B-2017-603-2/2

**汽车安全蓝皮书**
**中国汽车安全发展报告（2017）**
著(编)者：中国汽车技术研究中心
2017年7月出版 / 估价：89.00元
PSN B-2014-385-1/1

**汽车电子商务蓝皮书**
**中国汽车电子商务发展报告（2017）**
著(编)者：中华全国工商业联合会汽车经销商商会
北京易观智库网络科技有限公司
2017年10月出版 / 估价：128.00元
PSN B-2015-485-1/1

**汽车工业蓝皮书**
**中国汽车工业发展年度报告（2017）**
著(编)者：中国汽车工业协会 中国汽车技术研究中心
丰田汽车（中国）投资有限公司
2017年4月出版 / 估价：128.00元
PSN B-2015-463-1/2

**汽车工业蓝皮书**
**中国汽车零部件产业发展报告（2017）**
著(编)者：中国汽车工业协会 中国汽车工程研究院
2017年10月出版 / 估价：98.00元
PSN B-2016-515-2/2

**汽车蓝皮书**
**中国汽车产业发展报告（2017）**
著(编)者：国务院发展研究中心产业经济研究部
中国汽车工程学会 大众汽车集团（中国）
2017年8月出版 / 估价：98.00元
PSN B-2008-124-1/1

**人力资源蓝皮书**
**中国人力资源发展报告（2017）**
著(编)者：余兴安 2017年11月出版 / 估价：89.00元
PSN B-2012-287-1/1

**融资租赁蓝皮书**
**中国融资租赁业发展报告（2016～2017）**
著(编)者：李光荣 王力 2017年8月出版 / 估价：89.00元
PSN B-2015-443-1/1

**商会蓝皮书**
**中国商会发展报告No.5（2017）**
著(编)者：王钦敏 2017年7月出版 / 估价：89.00元
PSN B-2008-125-1/1

**输血服务蓝皮书**
**中国输血行业发展报告（2017）**
著(编)者：朱永明 耿鸿武 2016年8月出版 / 估价：89.00元
PSN B-2016-583-1/1

**社会责任管理蓝皮书**
**中国上市公司社会责任能力成熟度报告（2017）No.2**
著(编)者：肖红军 王晓光 李伟阳
2017年12月出版 / 估价：98.00元
PSN B-2015-507-2/2

**社会责任管理蓝皮书**
**中国企业公众透明度报告(2017)No.3**
著(编)者：黄速建 熊梦 王晓光 肖红军
2017年4月出版 / 估价：98.00元
PSN B-2015-440-1/2

**食品药品蓝皮书**
**食品药品安全与监管政策研究报告（2016～2017）**
著(编)者：唐民皓 2017年6月出版 / 估价：89.00元
PSN B-2009-129-1/1

**世界能源蓝皮书**
**世界能源发展报告（2017）**
著(编)者：黄晓勇 2017年6月出版 / 估价：99.00元
PSN B-2013-349-1/1

**水利风景区蓝皮书**
**中国水利风景区发展报告（2017）**
著(编)者：谢婵才 兰思仁 2017年5月出版 / 估价：89.00元
PSN B-2015-480-1/1

**碳市场蓝皮书**
**中国碳市场报告（2017）**
著(编)者：定金彪 2017年11月出版 / 估价：89.00元
PSN B-2014-430-1/1

**体育蓝皮书**
**中国体育产业发展报告（2017）**
著(编)者：阮伟 钟秉枢 2017年12月出版 / 估价：89.00元
PSN B-2010-179-1/4

**网络空间安全蓝皮书**
**中国网络空间安全发展报告（2017）**
著(编)者：惠志斌 唐涛 2017年4月出版 / 估价：89.00元
PSN B-2015-466-1/1

**西部金融蓝皮书**
**中国西部金融发展报告（2017）**
著(编)者：李忠民 2017年8月出版 / 估价：85.00元
PSN B-2010-160-1/1

**协会商会蓝皮书**
**中国行业协会商会发展报告（2017）**
著(编)者：景朝阳 李勇 2017年4月出版 / 估价：99.00元
PSN B-2015-461-1/1

**新能源汽车蓝皮书**
**中国新能源汽车产业发展报告（2017）**
著(编)者：中国汽车技术研究中心
日产（中国）投资有限公司 东风汽车有限公司
2017年7月出版 / 估价：98.00元
PSN B-2013-347-1/1

**新三板蓝皮书**
**中国新三板市场发展报告（2017）**
著(编)者：王力 2017年6月出版 / 估价：89.00元
PSN B-2016-534-1/1

**信托市场蓝皮书**
**中国信托业市场报告（2016～2017）**
著(编)者：用益信托研究院
2017年1月出版 / 定价：198.00元
PSN B-2014-371-1/1

**信息化蓝皮书**
**中国信息化形势分析与预测（2016~2017）**
著(编)者：周宏仁 2017年8月出版 / 估价：98.00元
PSN B-2010-168-1/1

**信用蓝皮书**
中国信用发展报告（2017）
著(编)者：章政 田侃 2017年4月出版 / 估价：99.00元
PSN B-2013-328-1/1

**休闲绿皮书**
2017年中国休闲发展报告
著(编)者：宋瑞 2017年10月出版 / 估价：89.00元
PSN G-2010-158-1/1

**休闲体育蓝皮书**
中国休闲体育发展报告（2016～2017）
著(编)者：李相如 钟炳枢 2017年10月出版 / 估价：89.00元
PSN G-2016-516-1/1

**养老金融蓝皮书**
中国养老金融发展报告（2017）
著(编)者：董克用 姚余栋
2017年8月出版 / 估价：89.00元
PSN B-2016-584-1/1

**药品流通蓝皮书**
中国药品流通行业发展报告（2017）
著(编)者：佘鲁林 温再兴 2017年8月出版 / 估价：158.00元
PSN B-2014-429-1/1

**医院蓝皮书**
中国医院竞争力报告（2017）
著(编)者：庄一强 曾益新 2017年3月出版 / 定价：108.00元
PSN B-2016-529-1/1

**邮轮绿皮书**
中国邮轮产业发展报告（2017）
著(编)者：汪泓 2017年10月出版 / 估价：89.00元
PSN G-2014-419-1/1

**智能养老蓝皮书**
中国智能养老产业发展报告（2017）
著(编)者：朱勇 2017年10月出版 / 估价：89.00元
PSN B-2015-488-1/1

**债券市场蓝皮书**
中国债券市场发展报告（2016～2017）
著(编)者：杨农 2017年10月出版 / 估价：89.00元
PSN B-2016-573-1/1

**中国节能汽车蓝皮书**
中国节能汽车发展报告（2016~2017）
著(编)者：中国汽车工程研究院股份有限公司
2017年9月出版 / 估价：98.00元
PSN B-2016-566-1/1

**中国上市公司蓝皮书**
中国上市公司发展报告（2017）
著(编)者：张平 王宏淼
2017年10月出版 / 估价：98.00元
PSN B-2014-414-1/1

**中国陶瓷产业蓝皮书**
中国陶瓷产业发展报告（2017）
著(编)者：左和平 黄速建 2017年10月出版 / 估价：98.00
PSN B-2016-574-1/1

**中国总部经济蓝皮书**
中国总部经济发展报告（2016～2017）
著(编)者：赵弘 2017年9月出版 / 估价：89.00元
PSN B-2005-036-1/1

**中医文化蓝皮书**
中国中医药文化传播发展报告（2017）
著(编)者：毛嘉陵 2017年7月出版 / 估价：89.00元
PSN B-2015-468-1/1

**装备制造业蓝皮书**
中国装备制造业发展报告（2017）
著(编)者：徐东华 2017年12月出版 / 估价：148.00元
PSN B-2015-505-1/1

**资本市场蓝皮书**
中国场外交易市场发展报告（2016～2017）
著(编)者：高峦 2017年4月出版 / 估价：89.00元
PSN B-2009-153-1/1

**资产管理蓝皮书**
中国资产管理行业发展报告（2017）
著(编)者：智信资产管理研究院
2017年6月出版 / 估价：89.00元
PSN B-2014-407-2/2

# 文化传媒类

**传媒竞争力蓝皮书**
中国传媒国际竞争力研究报告（2017）
著(编)者：李本乾 刘强
2017年11月出版 / 估价：148.00元
PSN B-2013-356-1/1

**传媒蓝皮书**
中国传媒产业发展报告（2017）
著(编)者：崔保国 2017年5月出版 / 估价：98.00元
PSN B-2005-035-1/1

**传媒投资蓝皮书**
中国传媒投资发展报告（2017）
著(编)者：张向东 谭云明
2017年6月出版 / 估价：128.00元
PSN B-2015-474-1/1

**动漫蓝皮书**
中国动漫产业发展报告（2017）
著(编)者：卢斌 郑玉明 牛兴侦
2017年9月出版 / 估价：89.00元
PSN B-2011-198-1/1

**非物质文化遗产蓝皮书**
中国非物质文化遗产发展报告（2017）
著(编)者：陈平 2017年5月出版 / 估价：98.00元
PSN B-2015-460-1/1

**广电蓝皮书**
中国广播电影电视发展报告（2017）
著(编)者：国家新闻出版广电总局发展研究中心
2017年7月出版 / 估价：98.00元
PSN B-2006-072-1/1

**广告主蓝皮书**
中国广告主营销传播趋势报告 No.9
著(编)者：黄升民 杜国清 邵华冬 等
2017年10月出版 / 估价：148.00元
PSN B-2005-041-1/1

**国际传播蓝皮书**
中国国际传播发展报告（2017）
著(编)者：胡正荣 李继东 姬德强
2017年11月出版 / 估价：89.00元
PSN B-2014-408-1/1

**国家形象蓝皮书**
中国国家形象传播报告（2016）
著(编)者：张昆 2017年3月出版 / 定价：98.00元
PSN B-2017-605-1/1

**纪录片蓝皮书**
中国纪录片发展报告（2017）
著(编)者：何苏六 2017年9月出版 / 估价：89.00元
PSN B-2011-222-1/1

**科学传播蓝皮书**
中国科学传播报告（2017）
著(编)者：詹正茂 2017年7月出版 / 估价：89.00元
PSN B-2008-120-1/1

**两岸创意经济蓝皮书**
两岸创意经济研究报告（2017）
著(编)者：罗昌智 林咏能
2017年10月出版 / 估价：98.00元
PSN B-2014-437-1/1

**媒介与女性蓝皮书**
中国媒介与女性发展报告(2016~2017)
著(编)者：刘利群 2017年9月出版 / 估价：118.00元
PSN B-2013-345-1/1

**媒体融合蓝皮书**
中国媒体融合发展报告（2017）
著(编)者：梅宁华 宋建武 2017年7月出版 / 估价：89.00元
PSN B-2015-479-1/1

**全球传媒蓝皮书**
全球传媒发展报告（2017）
著(编)者：胡正荣 李继东 唐晓芬
2017年11月出版 / 估价：89.00元
PSN B-2012-237-1/1

**少数民族非遗蓝皮书**
中国少数民族非物质文化遗产发展报告（2017）
著(编)者：肖远平（彝） 柴立（满）
2017年8月出版 / 估价：98.00元
PSN B-2015-467-1/1

**视听新媒体蓝皮书**
中国视听新媒体发展报告（2017）
著(编)者：国家新闻出版广电总局发展研究中心
2017年7月出版 / 估价：98.00元
PSN B-2011-184-1/1

**文化创新蓝皮书**
中国文化创新报告（2017）No.7
著(编)者：于平 傅才武 2017年7月出版 / 估价：98.00元
PSN B-2009-143-1/1

**文化建设蓝皮书**
中国文化发展报告（2016~2017）
著(编)者：江畅 孙伟平 戴茂堂
2017年6月出版 / 估价：116.00元
PSN B-2014-392-1/1

**文化科技蓝皮书**
文化科技创新发展报告（2017）
著(编)者：于平 李凤亮 2017年11月出版 / 估价：89.00元
PSN B-2013-342-1/1

**文化蓝皮书**
中国公共文化服务发展报告（2017）
著(编)者：刘新成 张永新 张旭
2017年12月出版 / 估价：98.00元
PSN B-2007-093-2/10

**文化蓝皮书**
中国公共文化投入增长测评报告（2017）
著(编)者：王亚南 2017年2月出版 / 定价：79.00元
PSN B-2014-435-10/10

**文化蓝皮书**
中国少数民族文化发展报告（2016~2017）
著(编)者：武翠英 张晓明 任乌晶
2017年9月出版 / 估价：89.00元
PSN B-2013-369-9/10

**文化蓝皮书**
中国文化产业发展报告（2016~2017）
著(编)者：张晓明 王家新 章建刚
2017年4月出版 / 估价：89.00元
PSN B-2002-019-1/10

**文化蓝皮书**
中国文化产业供需协调检测报告（2017）
著(编)者：王亚南 2017年2月出版 / 定价：79.00元
PSN B-2013-323-8/10

**文化蓝皮书**
中国文化消费需求景气评价报告（2017）
著(编)者：王亚南 2017年2月出版 / 定价：79.00元
PSN B-2011-236-4/10

**文化品牌蓝皮书**
中国文化品牌发展报告（2017）
著(编)者：欧阳友权 2017年5月出版 / 估价：98.00元
PSN B-2012-277-1/1

**文化遗产蓝皮书**
中国文化遗产事业发展报告（2017）
著(编)者：苏杨 张颖岚 王宇飞
2017年8月出版 / 估价：98.00元
PSN B-2008-119-1/1

**文学蓝皮书**
中国文情报告（2016～2017）
著(编)者：白烨 2017年5月出版 / 估价：49.00元
PSN B-2011-221-1/1

**新媒体蓝皮书**
中国新媒体发展报告No.8（2017）
著(编)者：唐绪军 2017年6月出版 / 估价：89.00元
PSN B-2010-169-1/1

**新媒体社会责任蓝皮书**
中国新媒体社会责任研究报告（2017）
著(编)者：钟瑛 2017年11月出版 / 估价：89.00元
PSN B-2014-423-1/1

**移动互联网蓝皮书**
中国移动互联网发展报告（2017）
著(编)者：官建文 2017年6月出版 / 估价：89.00元
PSN B-2012-282-1/1

**舆情蓝皮书**
中国社会舆情与危机管理报告（2017）
著(编)者：谢耘耕 2017年9月出版 / 估价：128.00元
PSN B-2011-235-1/1

**影视蓝皮书**
中国影视产业发展报告（2017）
著(编)者：司若 2017年4月出版 / 估价：138.00元
PSN B-2016-530-1/1

## 地方发展类

**安徽经济蓝皮书**
合芜蚌国家自主创新综合示范区研究报告（2016～2017）
著(编)者：黄家海 王开玉 蔡宪
2017年7月出版 / 估价：89.00元
PSN B-2014-383-1/1

**安徽蓝皮书**
安徽社会发展报告（2017）
著(编)者：程桦 2017年4月出版 / 估价：89.00元
PSN B-2013-325-1/1

**澳门蓝皮书**
澳门经济社会发展报告（2016～2017）
著(编)者：吴志良 郝雨凡 2017年6月出版 / 估价：98.00元
PSN B-2009-138-1/1

**北京蓝皮书**
北京公共服务发展报告（2016～2017）
著(编)者：施昌奎 2017年3月出版 / 定价：79.00元
PSN B-2008-103-7/8

**北京蓝皮书**
北京经济发展报告（2016～2017）
著(编)者：杨松 2017年6月出版 / 估价：89.00元
PSN B-2006-054-2/8

**北京蓝皮书**
北京社会发展报告（2016～2017）
著(编)者：李伟东 2017年6月出版 / 估价：89.00元
PSN B-2006-055-3/8

**北京蓝皮书**
北京社会治理发展报告（2016～2017）
著(编)者：殷星辰 2017年5月出版 / 估价：89.00元
PSN B-2014-391-8/8

**北京蓝皮书**
北京文化发展报告（2016～2017）
著(编)者：李建盛 2017年4月出版 / 估价：89.00元
PSN B-2007-082-4/8

**北京律师绿皮书**
北京律师发展报告No.3（2017）
著(编)者：王隽 2017年7月出版 / 估价：88.00元
PSN G-2012-301-1/1

**北京旅游蓝皮书**
北京旅游发展报告（2017）
著(编)者：北京旅游学会 2017年4月出版 / 估价：88.00元
PSN B-2011-217-1/1

**北京人才蓝皮书**
北京人才发展报告（2017）
著(编)者：于淼　2017年12月出版 / 估价：128.00元
PSN B-2011-201-1/1

**北京社会心态蓝皮书**
北京社会心态分析报告（2016～2017）
著(编)者：北京社会心理研究所
2017年8月出版 / 估价：89.00元
PSN B-2014-422-1/1

**北京社会组织管理蓝皮书**
北京社会组织发展与管理（2016～2017）
著(编)者：黄江松　2017年4月出版 / 估价：88.00元
PSN B-2015-446-1/1

**北京体育蓝皮书**
北京体育产业发展报告（2016～2017）
著(编)者：钟秉枢 陈杰 杨铁黎
2017年9月出版 / 估价：89.00元
PSN B-2015-475-1/1

**北京养老产业蓝皮书**
北京养老产业发展报告（2017）
著(编)者：周明明 冯喜良　2017年8月出版 / 估价：89.00元
PSN B-2015-465-1/1

**滨海金融蓝皮书**
滨海新区金融发展报告（2017）
著(编)者：王爱俭 张锐钢　2017年12月出版 / 估价：89.00元
PSN B-2014-424-1/1

**城乡一体化蓝皮书**
中国城乡一体化发展报告•北京卷（2016～2017）
著(编)者：张宝秀 黄序　2017年5月出版 / 估价：89.00元
PSN B-2012-258-2/2

**创意城市蓝皮书**
北京文化创意产业发展报告（2017）
著(编)者：张京成 王国华　2017年10月出版 / 估价：89.00元
PSN B-2012-263-1/7

**创意城市蓝皮书**
天津文化创意产业发展报告（2016～2017）
著(编)者：谢思全　2017年6月出版 / 估价：89.00元
PSN B-2016-537-7/7

**创意城市蓝皮书**
武汉文化创意产业发展报告（2017）
著(编)者：黄永林 陈汉桥　2017年9月出版 / 估价：99.00元
PSN B-2013-354-4/7

**创意上海蓝皮书**
上海文化创意产业发展报告（2016～2017）
著(编)者：王慧敏 王兴全　2017年8月出版 / 估价：89.00元
PSN B-2016-562-1/1

**福建妇女发展蓝皮书**
福建省妇女发展报告（2017）
著(编)者：刘群英　2017年11月出版 / 估价：88.00元
PSN B-2011-220-1/1

**福建自贸区蓝皮书**
中国（福建）自由贸易实验区发展报告（2016～2017）
著(编)者：黄茂兴　2017年4月出版 / 估价：108.00元
PSN B-2017-532-1/1

**甘肃蓝皮书**
甘肃经济发展分析与预测（2017）
著(编)者：安文华 罗哲　2017年1月出版 / 定价：79.00元
PSN B-2013-312-1/6

**甘肃蓝皮书**
甘肃社会发展分析与预测（2017）
著(编)者：安文华 包晓霞 谢增虎
2017年1月出版 / 定价：79.00元
PSN B-2013-313-2/6

**甘肃蓝皮书**
甘肃文化发展分析与预测（2017）
著(编)者：王俊莲 周小华　2017年1月出版 / 定价：79.00元
PSN B-2013-314-3/6

**甘肃蓝皮书**
甘肃县域和农村发展报告（2017）
著(编)者：朱智文 包东红 王建兵
2017年1月出版 / 定价：79.00元
PSN B-2013-316-5/6

**甘肃蓝皮书**
甘肃舆情分析与预测（2017）
著(编)者：陈双梅 张谦元　2017年1月出版 / 定价：79.00元
PSN B-2013-315-4/6

**甘肃蓝皮书**
甘肃商贸流通发展报告（2017）
著(编)者：张应华 王福生 王晓芳
2017年1月出版 / 定价：79.00元
PSN B-2016-523-6/6

**广东蓝皮书**
广东全面深化改革发展报告（2017）
著(编)者：周林生 涂成林　2017年12月出版 / 估价：89.00元
PSN B-2015-504-3/3

**广东蓝皮书**
广东社会工作发展报告（2017）
著(编)者：罗观翠　2017年6月出版 / 估价：89.00元
PSN B-2014-402-2/3

**广东外经贸蓝皮书**
广东对外经济贸易发展研究报告（2016~2017）
著(编)者：陈万灵　2017年8月出版 / 估价：98.00元
PSN B-2012-286-1/1

**广西北部湾经济区蓝皮书**
广西北部湾经济区开放开发报告（2017）
著(编)者：广西北部湾经济区规划建设管理委员会办公室
广西社会科学院广西北部湾发展研究院
2017年4月出版 / 估价：89.00元
PSN B-2010-181-1/1

**巩义蓝皮书**
巩义经济社会发展报告（2017）
著(编)者：丁同民 朱军　2017年4月出版 / 估价：58.00元
PSN B-2016-533-1/1

**广州蓝皮书**
2017年中国广州经济形势分析与预测
著(编)者：庾建设 陈浩钿 谢博能
2017年7月出版 / 估价：85.00元
PSN B-2011-185-9/14

**广州蓝皮书**
2017年中国广州社会形势分析与预测
著(编)者：张强 陈怡霓 杨秦　2017年6月出版 / 估价：85.00元
PSN B-2008-110-5/14

**广州蓝皮书**
广州城市国际化发展报告（2017）
著(编)者：朱名宏　2017年8月出版 / 估价：79.00元
PSN B-2012-246-11/14

**广州蓝皮书**
广州创新型城市发展报告（2017）
著(编)者：尹涛　2017年7月出版 / 估价：79.00元
PSN B-2012-247-12/14

**广州蓝皮书**
广州经济发展报告（2017）
著(编)者：朱名宏　2017年7月出版 / 估价：79.00元
PSN B-2005-040-1/14

**广州蓝皮书**
广州农村发展报告（2017）
著(编)者：朱名宏　2017年8月出版 / 估价：79.00元
PSN B-2010-167-8/14

**广州蓝皮书**
广州汽车产业发展报告（2017）
著(编)者：杨再高 冯兴亚　2017年7月出版 / 估价：79.00元
PSN B-2006-066-3/14

**广州蓝皮书**
广州青年发展报告（2016～2017）
著(编)者：徐柳 张强　2017年9月出版 / 估价：79.00元
PSN B-2013-352-13/14

**广州蓝皮书**
广州商贸业发展报告（2017）
著(编)者：李江涛 肖振宇 荀振英
2017年7月出版 / 估价：79.00元
PSN B-2012-245-10/14

**广州蓝皮书**
广州社会保障发展报告（2017）
著(编)者：蔡国萱　2017年8月出版 / 估价：79.00元
PSN B-2014-425-14/14

**广州蓝皮书**
广州文化创意产业发展报告（2017）
著(编)者：徐咏虹　2017年7月出版 / 估价：79.00元
PSN B-2008-111-6/14

**广州蓝皮书**
中国广州城市建设与管理发展报告（2017）
著(编)者：董皞 陈小钢 李江涛
2017年7月出版 / 估价：85.00元
PSN B-2007-087-4/14

**广州蓝皮书**
中国广州科技创新发展报告（2017）
著(编)者：邹采荣 马正勇 陈爽
2017年7月出版 / 估价：79.00元
PSN B-2006-065-2/14

**广州蓝皮书**
中国广州文化发展报告（2017）
著(编)者：徐俊忠 陆志强 顾涧清
2017年7月出版 / 估价：79.00元
PSN B-2009-134-7/14

**贵阳蓝皮书**
贵阳城市创新发展报告No.2（白云篇）
著(编)者：连玉明　2017年10月出版 / 估价：89.00元
PSN B-2015-491-3/10

**贵阳蓝皮书**
贵阳城市创新发展报告No.2（观山湖篇）
著(编)者：连玉明　2017年10月出版 / 估价：89.00元
PSN B-2011-235-1/1

**贵阳蓝皮书**
贵阳城市创新发展报告No.2（花溪篇）
著(编)者：连玉明　2017年10月出版 / 估价：89.00元
PSN B-2015-490-2/10

**贵阳蓝皮书**
贵阳城市创新发展报告No.2（开阳篇）
著(编)者：连玉明　2017年10月出版 / 估价：89.00元
PSN B-2015-492-4/10

**贵阳蓝皮书**
贵阳城市创新发展报告No.2（南明篇）
著(编)者：连玉明　2017年10月出版 / 估价：89.00元
PSN B-2015-496-8/10

**贵阳蓝皮书**
贵阳城市创新发展报告No.2（清镇篇）
著(编)者：连玉明　2017年10月出版 / 估价：89.00元
PSN B-2015-489-1/10

**贵阳蓝皮书**
贵阳城市创新发展报告No.2（乌当篇）
著(编)者：连玉明　2017年10月出版 / 估价：89.00元
PSN B-2015-495-7/10

**贵阳蓝皮书**
贵阳城市创新发展报告No.2（息烽篇）
著(编)者：连玉明　2017年10月出版 / 估价：89.00元
PSN B-2015-493-5/10

**贵阳蓝皮书**
贵阳城市创新发展报告No.2（修文篇）
著(编)者：连玉明　2017年10月出版 / 估价：89.00元
PSN B-2015-494-6/10

**贵阳蓝皮书**
贵阳城市创新发展报告No.2（云岩篇）
著(编)者：连玉明　2017年10月出版 / 估价：89.00元
PSN B-2015-498-10/10

**贵州房地产蓝皮书**
贵州房地产发展报告No.4（2017）
著(编)者：武廷方　2017年7月出版 / 估价：89.00元
PSN B-2014-426-1/1

**贵州蓝皮书**
贵州册亨经济社会发展报告(2017)
著(编)者：黄德林　2017年3月出版 / 估价：89.00元
PSN B-2016-526-8/9

**贵州蓝皮书**
贵安新区发展报告（2016~2017）
著(编)者：马长青 吴大华 2017年6月出版 / 估价：89.00元
PSN B-2015-459-4/9

**贵州蓝皮书**
贵州法治发展报告（2017）
著(编)者：吴大华 2017年5月出版 / 估价：89.00元
PSN B-2012-254-2/9

**贵州蓝皮书**
贵州国有企业社会责任发展报告（2016～2017）
著(编)者：郭丽 周航 万强
2017年12月出版 / 估价：89.00元
PSN B-2015-511-6/9

**贵州蓝皮书**
贵州民航业发展报告（2017）
著(编)者：申振东 吴大华 2017年10月出版 / 估价：89.00元
PSN B-2015-471-5/9

**贵州蓝皮书**
贵州民营经济发展报告（2017）
著(编)者：杨静 吴大华 2017年4月出版 / 估价：89.00元
PSN B-2016-531-9/9

**贵州蓝皮书**
贵州人才发展报告（2017）
著(编)者：于杰 吴大华 2017年9月出版 / 估价：89.00元
PSN B-2014-382-3/9

**贵州蓝皮书**
贵州社会发展报告（2017）
著(编)者：王兴骥 2017年6月出版 / 估价：89.00元
PSN B-2010-166-1/9

**贵州蓝皮书**
贵州国家级开放创新平台发展报告（2017）
著(编)者：申晓庆 吴大华 李泓
2017年6月出版 / 估价：89.00元
PSN B-2016-518-1/9

**海淀蓝皮书**
海淀区文化和科技融合发展报告（2017）
著(编)者：陈名杰 孟景伟 2017年5月出版 / 估价：85.00元
PSN B-2013-329-1/1

**杭州都市圈蓝皮书**
杭州都市圈发展报告（2017）
著(编)者：沈翔 戚建国 2017年5月出版 / 估价：128.00元
PSN B-2012-302-1/1

**杭州蓝皮书**
杭州妇女发展报告（2017）
著(编)者：魏颖 2017年6月出版 / 估价：89.00元
PSN B-2014-403-1/1

**河北经济蓝皮书**
河北省经济发展报告（2017）
著(编)者：马树强 金浩 张贵
2017年4月出版 / 估价：89.00元
PSN B-2014-380-1/1

**河北蓝皮书**
河北经济社会发展报告（2017）
著(编)者：郭金平 2017年1月出版 / 定价：79.00元
PSN B-2014-372-1/2

**河北蓝皮书**
京津冀协同发展报告（2017）
著(编)者：陈路 2017年1月出版 / 定价：79.00元
PSN B-2017-601-2/2

**河北食品药品安全蓝皮书**
河北食品药品安全研究报告（2017）
著(编)者：丁锦霞 2017年6月出版 / 估价：89.00元
PSN B-2015-473-1/1

**河南经济蓝皮书**
2017年河南经济形势分析与预测
著(编)者：王世炎 2017年3月出版 / 定价：79.00元
PSN B-2007-086-1/1

**河南蓝皮书**
2017年河南社会形势分析与预测
著(编)者：刘道兴 牛苏林 2017年4月出版 / 估价89.00元
PSN B-2005-043-1/8

**河南蓝皮书**
河南城市发展报告（2017）
著(编)者：张占仓 王建国 2017年5月出版 / 估价：89.00元
PSN B-2009-131-3/8

**河南蓝皮书**
河南法治发展报告（2017）
著(编)者：丁同民 张林海 2017年5月出版 / 估价：89.00元
PSN B-2014-376-6/8

**河南蓝皮书**
河南工业发展报告（2017）
著(编)者：张占仓 丁同民 2017年5月出版 / 估价：89.00元
PSN B-2013-317-5/8

**河南蓝皮书**
河南金融发展报告（2017）
著(编)者：河南省社会科学院
2017年6月出版 / 估价：89.00元
PSN B-2014-390-7/8

**河南蓝皮书**
河南经济发展报告（2017）
著(编)者：张占仓 完世伟 2017年4月出版 / 估价：89.00元
PSN B-2010-157-4/8

**河南蓝皮书**
河南农业农村发展报告（2017）
著(编)者：吴海峰 2017年4月出版 / 估价：89.00元
PSN B-2015-445-8/8

**河南蓝皮书**
河南文化发展报告（2017）
著(编)者：卫绍生 2017年4月出版 / 估价：88.00元
PSN B-2008-106-2/8

**河南商务蓝皮书**
河南商务发展报告（2017）
著(编)者：焦锦淼 穆荣国 2017年6月出版 / 估价：88.00元
PSN B-2014-399-1/1

**黑龙江蓝皮书**
黑龙江经济发展报告（2017）
著(编)者：朱宇 2017年1月出版 / 定价：79.00元
PSN B-2011-190-2/2

**黑龙江蓝皮书**
黑龙江社会发展报告（2017）
著(编)者：谢宝禄 2017年1月出版 / 定价：79.00元
PSN B-2011-189-1/2

**湖北文化蓝皮书**
湖北文化发展报告（2017）
著(编)者：吴成国 2017年10月出版 / 估价：95.00元
PSN B-2016-567-1/1

**湖南城市蓝皮书**
区域城市群整合
著(编)者：童中贤 韩未名
2017年12月出版 / 估价：89.00元
PSN B-2006-064-1/1

**湖南蓝皮书**
2017年湖南产业发展报告
著(编)者：梁志峰 2017年5月出版 / 估价：128.00元
PSN B-2011-207-2/8

**湖南蓝皮书**
2017年湖南电子政务发展报告
著(编)者：梁志峰 2017年5月出版 / 估价：128.00元
PSN B-2014-394-6/8

**湖南蓝皮书**
2017年湖南经济展望
著(编)者：梁志峰 2017年5月出版 / 估价：128.00元
PSN B-2011-206-1/8

**湖南蓝皮书**
2017年湖南两型社会与生态文明发展报告
著(编)者：梁志峰 2017年5月出版 / 估价：128.00元
PSN B-2011-208-3/8

**湖南蓝皮书**
2017年湖南社会发展报告
著(编)者：梁志峰 2017年5月出版 / 估价：128.00元
PSN B-2014-393-5/8

**湖南蓝皮书**
2017年湖南县域经济社会发展报告
著(编)者：梁志峰 2017年5月出版 / 估价：128.00元
PSN B-2014-395-7/8

**湖南蓝皮书**
湖南城乡一体化发展报告（2017）
著(编)者：陈文胜 王文强 陆福兴 邝奕轩
2017年6月出版 / 估价：89.00元
PSN B-2015-477-8/8

**湖南县域绿皮书**
湖南县域发展报告 No.3
著(编)者：袁准 周小毛 黎仁寅
2017年3月出版 / 定价：79.00元
PSN G-2012-274-1/1

**沪港蓝皮书**
沪港发展报告（2017）
著(编)者：尤安山 2017年9月出版 / 估价：89.00元
PSN B-2013-362-1/1

**吉林蓝皮书**
2017年吉林经济社会形势分析与预测
著(编)者：邵汉明 2016年12月出版 / 定价：79.00元
PSN B-2013-319-1/1

**吉林省城市竞争力蓝皮书**
吉林省城市竞争力报告（2016~2017）
著(编)者：崔岳春 张磊 2016年12月出版 / 定价：79.00元
PSN B-2015-513-1/1

**济源蓝皮书**
济源经济社会发展报告（2017）
著(编)者：喻新安 2017年4月出版 / 估价：89.00元
PSN B-2014-387-1/1

**健康城市蓝皮书**
北京健康城市建设研究报告（2017）
著(编)者：王鸿春 2017年8月出版 / 估价：89.00元
PSN B-2015-460-1/2

**江苏法治蓝皮书**
江苏法治发展报告 No.6（2017）
著(编)者：蔡道通 龚廷泰 2017年8月出版 / 估价：98.00元
PSN B-2012-290-1/1

**江西蓝皮书**
江西经济社会发展报告（2017）
著(编)者：张勇 姜玮 梁勇 2017年10月出版 / 估价：89.00元
PSN B-2015-484-1/2

**江西蓝皮书**
江西设区市发展报告（2017）
著(编)者：姜玮 梁勇 2017年10月出版 / 估价：79.00元
PSN B-2016-517-2/2

**江西文化蓝皮书**
江西文化产业发展报告（2017）
著(编)者：张圣才 汪春翔
2017年10月出版 / 估价：128.00元
PSN B-2015-499-1/1

**街道蓝皮书**
北京街道发展报告No.2（白纸坊篇）
著(编)者：连玉明 2017年8月出版 / 估价：98.00元
PSN B-2016-544-7/15

**街道蓝皮书**
北京街道发展报告No.2（椿树篇）
著(编)者：连玉明 2017年8月出版 / 估价：98.00元
PSN B-2016-548-11/15

**街道蓝皮书**
北京街道发展报告No.2（大栅栏篇）
著(编)者：连玉明 2017年8月出版 / 估价：98.00元
PSN B-2016-552-15/15

**街道蓝皮书**
北京街道发展报告No.2（德胜篇）
著(编)者：连玉明 2017年8月出版 / 估价：98.00元
PSN B-2016-551-14/15

**街道蓝皮书**
北京街道发展报告No.2（广安门内篇）
著(编)者：连玉明 2017年8月出版 / 估价：98.00元
PSN B-2016-540-3/15

街道蓝皮书
北京街道发展报告No.2（广安门外篇）
著(编)者：连玉明　2017年8月出版 / 估价：98.00元
PSN B-2016-547-10/15

街道蓝皮书
北京街道发展报告No.2（金融街篇）
著(编)者：连玉明　2017年8月出版 / 估价：98.00元
PSN B-2016-538-1/15

街道蓝皮书
北京街道发展报告No.2（牛街篇）
著(编)者：连玉明　2017年8月出版 / 估价：98.00元
PSN B-2016-545-8/15

街道蓝皮书
北京街道发展报告No.2（什刹海篇）
著(编)者：连玉明　2017年8月出版 / 估价：98.00元
PSN B-2016-546-9/15

街道蓝皮书
北京街道发展报告No.2（陶然亭篇）
著(编)者：连玉明　2017年8月出版 / 估价：98.00元
PSN B-2016-542-5/15

街道蓝皮书
北京街道发展报告No.2（天桥篇）
著(编)者：连玉明　2017年8月出版 / 估价：98.00元
PSN B-2016-549-12/15

街道蓝皮书
北京街道发展报告No.2（西长安街篇）
著(编)者：连玉明　2017年8月出版 / 估价：98.00元
PSN B-2016-543-6/15

街道蓝皮书
北京街道发展报告No.2（新街口篇）
著(编)者：连玉明　2017年8月出版 / 估价：98.00元
PSN B-2016-541-4/15

街道蓝皮书
北京街道发展报告No.2（月坛篇）
著(编)者：连玉明　2017年8月出版 / 估价：98.00元
PSN B-2016-539-2/15

街道蓝皮书
北京街道发展报告No.2（展览路篇）
著(编)者：连玉明　2017年8月出版 / 估价：98.00元
PSN B-2016-550-13/15

经济特区蓝皮书
中国经济特区发展报告（2017）
著(编)者：陶一桃　2017年12月出版 / 估价：98.00元
PSN B-2009-139-1/1

辽宁蓝皮书
2017年辽宁经济社会形势分析与预测
著(编)者：曹晓峰　梁启东
2017年4月出版 / 估价：79.00元
PSN B-2006-053-1/1

洛阳蓝皮书
洛阳文化发展报告（2017）
著(编)者：刘福兴 陈启明　2017年7月出版 / 估价：89.00元
PSN B-2015-476-1/1

南京蓝皮书
南京文化发展报告（2017）
著(编)者：徐宁　2017年10月出版 / 估价：89.00元
PSN B-2014-439-1/1

南宁蓝皮书
南宁法治发展报告（2017）
著(编)者：杨维超　2017年12月出版 / 估价：79.00元
PSN B-2015-509-1/3

南宁蓝皮书
南宁经济发展报告（2017）
著(编)者：胡建华　2017年9月出版 / 估价：79.00元
PSN B-2016-570-2/3

南宁蓝皮书
南宁社会发展报告（2017）
著(编)者：胡建华　2017年9月出版 / 估价：79.00元
PSN B-2016-571-3/3

内蒙古蓝皮书
内蒙古反腐倡廉建设报告 No.2
著(编)者：张志华 无极　2017年12月出版 / 估价：79.00元
PSN B-2013-365-1/1

浦东新区蓝皮书
上海浦东经济发展报告（2017）
著(编)者：沈开艳 周奇　2017年2月出版 / 定价：79.00元
PSN B-2011-225-1/1

青海蓝皮书
2017年青海经济社会形势分析与预测
著(编)者：陈玮　2016年12月出版 / 定价：79.00元
PSN B-2012-275-1/1

人口与健康蓝皮书
深圳人口与健康发展报告（2017）
著(编)者：陆杰华 罗乐宣 苏杨
2017年11月出版 / 估价：89.00元
PSN B-2011-228-1/1

山东蓝皮书
山东经济形势分析与预测（2017）
著(编)者：李广杰　2017年7月出版 / 估价：89.00元
PSN B-2014-404-1/4

山东蓝皮书
山东社会形势分析与预测（2017）
著(编)者：张华 唐洲雁　2017年6月出版 / 估价：89.00元
PSN B-2014-405-2/4

山东蓝皮书
山东文化发展报告（2017）
著(编)者：涂可国　2017年11月出版 / 估价：98.00元
PSN B-2014-406-3/4

山西蓝皮书
山西资源型经济转型发展报告（2017）
著(编)者：李志强　2017年7月出版 / 估价：89.00元
PSN B-2011-197-1/1

**陕西蓝皮书**
陕西经济发展报告（2017）
著(编)者：任宗哲 白宽犁 裴成荣
2017年1月出版 / 定价：69.00元
PSN B-2009-135-1/5

**陕西蓝皮书**
陕西社会发展报告（2017）
著(编)者：任宗哲 白宽犁 牛昉
2017年1月出版 / 定价：69.00元
PSN B-2009-136-2/5

**陕西蓝皮书**
陕西文化发展报告（2017）
著(编)者：任宗哲 白宽犁 王长寿
2017年1月出版 / 定价：69.00元
PSN B-2009-137-3/5

**上海蓝皮书**
上海传媒发展报告（2017）
著(编)者：强荧 焦雨虹 2017年2月出版 / 定价：79.00元
PSN B-2012-295-5/7

**上海蓝皮书**
上海法治发展报告（2017）
著(编)者：叶青 2017年6月出版 / 估价：89.00元
PSN B-2012-296-6/7

**上海蓝皮书**
上海经济发展报告（2017）
著(编)者：沈开艳 2017年2月出版 / 定价：79.00元
PSN B-2006-057-1/7

**上海蓝皮书**
上海社会发展报告（2017）
著(编)者：杨雄 周海旺 2017年2月出版 / 定价：79.00元
PSN B-2006-058-2/7

**上海蓝皮书**
上海文化发展报告（2017）
著(编)者：荣跃明 2017年2月出版 / 定价：79.00元
PSN B-2006-059-3/7

**上海蓝皮书**
上海文学发展报告（2017）
著(编)者：陈圣来 2017年6月出版 / 估价：89.00元
PSN B-2012-297-7/7

**上海蓝皮书**
上海资源环境发展报告（2017）
著(编)者：周冯琦 汤庆合
2017年2月出版 / 定价：79.00元
PSN B-2006-060-4/7

**社会建设蓝皮书**
2017年北京社会建设分析报告
著(编)者：宋贵伦 冯虹 2017年10月出版 / 估价：89.00元
PSN B-2010-173-1/1

**深圳蓝皮书**
深圳法治发展报告（2017）
著(编)者：张骁儒 2017年6月出版 / 估价：89.00元
PSN B-2015-470-6/7

**深圳蓝皮书**
深圳经济发展报告（2017）
著(编)者：张骁儒 2017年7月出版 / 估价：89.00元
PSN B-2008-112-3/7

**深圳蓝皮书**
深圳劳动关系发展报告（2017）
著(编)者：汤庭芬 2017年6月出版 / 估价：89.00元
PSN B-2007-097-2/7

**深圳蓝皮书**
深圳社会建设与发展报告（2017）
著(编)者：张骁儒 陈东平 2017年7月出版 / 估价：89.00元
PSN B-2008-113-4/7

**深圳蓝皮书**
深圳文化发展报告(2017)
著(编)者：张骁儒 2017年7月出版 / 估价：89.00元
PSN B-2016-555-7/7

**丝绸之路蓝皮书**
丝绸之路经济带发展报告（2017）
著(编)者：任宗哲 白宽犁 谷孟宾
2017年1月出版 / 定价：75.00元
PSN B-2014-410-1/1

**法治蓝皮书**
四川依法治省年度报告 No.3（2017）
著(编)者：李林 杨天宗 田禾
2017年3月出版 / 定价：118.00元
PSN B-2015-447-1/1

**四川蓝皮书**
2017年四川经济形势分析与预测
著(编)者：杨钢 2017年1月出版 / 定价：98.00元
PSN B-2007-098-2/7

**四川蓝皮书**
四川城镇化发展报告（2017）
著(编)者：侯水平 陈炜 2017年4月出版 / 估价：85.00元
PSN B-2015-456-7/7

**四川蓝皮书**
四川法治发展报告（2017）
著(编)者：郑泰安 2017年4月出版 / 估价：89.00元
PSN B-2015-441-5/7

**四川蓝皮书**
四川企业社会责任研究报告（2016～2017）
著(编)者：侯水平 盛毅 翟刚
2017年4月出版 / 估价：89.00元
PSN B-2014-386-4/7

**四川蓝皮书**
四川社会发展报告（2017）
著(编)者：李羚 2017年5月出版 / 估价：89.00元
PSN B-2008-127-3/7

**四川蓝皮书**
四川生态建设报告（2017）
著(编)者：李晟之 2017年4月出版 / 估价：85.00元
PSN B-2015-455-6/7

**四川蓝皮书**
四川文化产业发展报告（2017）
著(编)者：向宝云 张立伟
2017年4月出版 / 估价：89.00元
PSN B-2006-074-1/7

**体育蓝皮书**
上海体育产业发展报告（2016～2017）
著(编)者：张林 黄海燕
2017年10月出版 / 估价：89.00元
PSN B-2015-454-4/4

**体育蓝皮书**
长三角地区体育产业发展报告（2016～2017）
著(编)者：张林　2017年4月出版 / 估价：89.00元
PSN B-2015-453-3/4

**天津金融蓝皮书**
天津金融发展报告（2017）
著(编)者：王爱俭 孔德昌
2017年12月出版 / 估价：98.00元
PSN B-2014-418-1/1

**图们江区域合作蓝皮书**
图们江区域合作发展报告（2017）
著(编)者：李铁　2017年6月出版 / 估价：98.00元
PSN B-2015-464-1/1

**温州蓝皮书**
2017年温州经济社会形势分析与预测
著(编)者：潘忠强 王春光 金浩
2017年4月出版 / 估价：89.00元
PSN B-2008-105-1/1

**西咸新区蓝皮书**
西咸新区发展报告（2016~2017）
著(编)者：李扬 王军　2017年6月出版 / 估价：89.00元
PSN B-2016-535-1/1

**扬州蓝皮书**
扬州经济社会发展报告（2017）
著(编)者：丁纯　2017年12月出版 / 估价：98.00元
PSN B-2011-191-1/1

**长株潭城市群蓝皮书**
长株潭城市群发展报告（2017）
著(编)者：张萍　2017年12月出版 / 估价：89.00元
PSN B-2008-109-1/1

**中医文化蓝皮书**
北京中医文化传播发展报告（2017）
著(编)者：毛嘉陵　2017年5月出版 / 估价：79.00元
PSN B-2015-468-1/2

**珠三角流通蓝皮书**
珠三角商圈发展研究报告（2017）
著(编)者：王先庆 林至颖
2017年7月出版 / 估价：98.00元
PSN B-2012-292-1/1

**遵义蓝皮书**
遵义发展报告（2017）
著(编)者：曾征 龚永育 雍思强
2017年12月出版 / 估价：89.00元
PSN B-2014-433-1/1

# 国际问题类

**“一带一路”跨境通道蓝皮书**
“一带一路”跨境通道建设研究报告（2017）
著(编)者：郭业洲　2017年8月出版 / 估价：89.00元
PSN B-2016-558-1/1

**“一带一路”蓝皮书**
“一带一路”建设发展报告（2017）
著(编)者：孔丹 李永全　2017年7月出版 / 估价：89.00元
PSN B-2016-553-1/1

**阿拉伯黄皮书**
阿拉伯发展报告（2016～2017）
著(编)者：罗林　2017年11月出版 / 估价：89.00元
PSN Y-2014-381-1/1

**北部湾蓝皮书**
泛北部湾合作发展报告（2017）
著(编)者：吕余生　2017年12月出版 / 估价：85.00元
PSN B-2008-114-1/1

**大湄公河次区域蓝皮书**
大湄公河次区域合作发展报告（2017）
著(编)者：刘稚　2017年8月出版 / 估价：89.00元
PSN B-2011-196-1/1

**大洋洲蓝皮书**
大洋洲发展报告（2017）
著(编)者：喻常森　2017年10月出版 / 估价：89.00元
PSN B-2013-341-1/1

**德国蓝皮书**
德国发展报告（2017）
著(编)者：郑春荣　　2017年6月出版 / 估价：89.00元
PSN B-2012-278-1/1

**东盟黄皮书**
东盟发展报告（2017）
著(编)者：杨晓强 庄国土
2017年4月出版 / 估价：89.00元
PSN Y-2012-303-1/1

**东南亚蓝皮书**
东南亚地区发展报告（2016～2017）
著(编)者：厦门大学东南亚研究中心　王勤
2017年12月出版 / 估价：89.00元
PSN B-2012-240-1/1

**俄罗斯黄皮书**
俄罗斯发展报告（2017）
著(编)者：李永全　　2017年7月出版 / 估价：89.00元
PSN Y-2006-061-1/1

**非洲黄皮书**
非洲发展报告 No.19（2016～2017）
著(编)者：张宏明　　2017年8月出版 / 估价：89.00元
PSN Y-2012-239-1/1

**公共外交蓝皮书**
中国公共外交发展报告（2017）
著(编)者：赵启正 雷蔚真
2017年4月出版 / 估价：89.00元
PSN B-2015-457-1/1

**国际安全蓝皮书**
中国国际安全研究报告(2017)
著(编)者：刘慧　　2017年7月出版 / 估价：98.00元
PSN B-2016-522-1/1

**国际形势黄皮书**
全球政治与安全报告（2017）
著(编)者：张宇燕
2017年1月出版 / 定价：89.00元
PSN Y-2001-016-1/1

**韩国蓝皮书**
韩国发展报告（2017）
著(编)者：牛林杰 刘宝全
2017年11月出版 / 估价：89.00元
PSN B-2010-155-1/1

**加拿大蓝皮书**
加拿大发展报告（2017）
著(编)者：仲伟合　　2017年9月出版 / 估价：89.00元
PSN B-2014-389-1/1

**拉美黄皮书**
拉丁美洲和加勒比发展报告（2016～2017）
著(编)者：吴白乙　　2017年6月出版 / 估价：89.00元
PSN Y-1999-007-1/1

**美国蓝皮书**
美国研究报告（2017）
著(编)者：郑秉文 黄平　　2017年6月出版 / 估价：89.00元
PSN B-2011-210-1/1

**缅甸蓝皮书**
缅甸国情报告（2017）
著(编)者：李晨阳　　2017年12月出版 / 估价：86.00元
PSN B-2013-343-1/1

**欧洲蓝皮书**
欧洲发展报告（2016～2017）
著(编)者：黄平 周弘 江时学
2017年6月出版 / 估价：89.00元
PSN B-1999-009-1/1

**葡语国家蓝皮书**
葡语国家发展报告（2017）
著(编)者：王成安 张敏　　2017年12月出版 / 估价：89.00元
PSN B-2015-503-1/2

**葡语国家蓝皮书**
中国与葡语国家关系发展报告·巴西（2017）
著(编)者：张曙光　　2017年8月出版 / 估价：89.00元
PSN B-2016-564-2/2

**日本经济蓝皮书**
日本经济与中日经贸关系研究报告（2017）
著(编)者：张季风　　2017年5月出版 / 估价：89.00元
PSN B-2008-102-1/1

**日本蓝皮书**
日本研究报告（2017）
著(编)者：杨伯江　　2017年5月出版 / 估价：89.00元
PSN B-2002-020-1/1

**上海合作组织黄皮书**
上海合作组织发展报告（2017）
著(编)者：李进峰 吴宏伟 李少捷
2017年6月出版 / 估价：89.00元
PSN Y-2009-130-1/1

**世界创新竞争力黄皮书**
世界创新竞争力发展报告（2017）
著(编)者：李闽榕 李建平 赵新力
2017年4月出版 / 估价：148.00元
PSN Y-2013-318-1/1

**泰国蓝皮书**
泰国研究报告（2017）
著(编)者：庄国土 张禹东
2017年8月出版 / 估价：118.00元
PSN B-2016-557-1/1

**土耳其蓝皮书**
土耳其发展报告（2017）
著(编)者：郭长刚 刘义　　2017年9月出版 / 估价：89.00元
PSN B-2014-412-1/1

**亚太蓝皮书**
亚太地区发展报告（2017）
著(编)者：李向阳　　2017年4月出版 / 估价：89.00元
PSN B-2001-015-1/1

**印度蓝皮书**
印度国情报告（2017）
著(编)者：吕昭义　　2017年12月出版 / 估价：89.00元
PSN B-2012-241-1/1

**印度洋地区蓝皮书**
印度洋地区发展报告（2017）
著(编)者：汪戎　　2017年6月出版 / 估价：89.00元
PSN B-2013-334-1/1

**英国蓝皮书**
英国发展报告（2016~2017）
著(编)者：王展鹏　　2017年11月出版 / 估价：89.00元
PSN B-2015-486-1/1

**越南蓝皮书**
越南国情报告（2017）
著(编)者：谢林城
2017年12月出版 / 估价：89.00元
PSN B-2006-056-1/1

**以色列蓝皮书**
以色列发展报告（2017）
著(编)者：张倩红　　2017年8月出版 / 估价：89.00元
PSN B-2015-483-1/1

**伊朗蓝皮书**
伊朗发展报告（2017）
著(编)者：冀开远　　2017年10月出版 / 估价：89.00元
PSN B-2016-575-1/1

**中东黄皮书**
中东发展报告 No.19（2016~2017）
著(编)者：杨光　　2017年10月出版 / 估价：89.00元
PSN Y-1998-004-1/1

**中亚黄皮书**
中亚国家发展报告（2017）
著(编)者：孙力 吴宏伟　　2017年7月出版 / 估价：98.00元
PSN Y-2012-238-1/1

皮书序列号是社会科学文献出版社专门为识别皮书、管理皮书而设计的编号。皮书序列号是出版皮书的许可证号，是区别皮书与其他图书的重要标志。

它由一个前缀和四部分构成。这四部分之间用连字符“-”连接。前缀和这四部分之间空半个汉字（见示例）。

《国际人才蓝皮书：中国留学发展报告》序列号示例

从示例中可以看出，《国际人才蓝皮书：中国留学发展报告》的首次出版年份是2012年，是社科文献出版社出版的第244个皮书品种，是“国际人才蓝皮书”系列的第2个品种（共4个品种）。

## 皮书起源

“皮书”起源于十七、十八世纪的英国，主要指官方或社会组织正式发表的重要文件或报告，多以“白皮书”命名。在中国，“皮书”这一概念被社会广泛接受，并被成功运作、发展成为一种全新的出版形态，则源于中国社会科学院社会科学文献出版社。

## 皮书定义

皮书是对中国与世界发展状况和热点问题进行年度监测，以专业的角度、专家的视野和实证研究方法，针对某一领域或区域现状与发展态势展开分析和预测，具备原创性、实证性、专业性、连续性、前沿性、时效性等特点的公开出版物，由一系列权威研究报告组成。

## 皮书作者

皮书系列的作者以中国社会科学院、著名高校、地方社会科学院的研究人员为主，多为国内一流研究机构的权威专家学者，他们的看法和观点代表了学界对中国与世界的现实和未来最高水平的解读与分析。

## 皮书荣誉

皮书系列已成为社会科学文献出版社的著名图书品牌和中国社会科学院的知名学术品牌。2016 年，皮书系列正式列入“十三五”国家重点出版规划项目；2012~2016 年，重点皮书列入中国社会科学院承担的国家哲学社会科学创新工程项目；2017 年，55 种院外皮书使用“中国社会科学院创新工程学术出版项目”标识。

# 中国皮书网

www.pishu.cn

发布皮书研创资讯，传播皮书精彩内容

引领皮书出版潮流，打造皮书服务平台

## 栏目设置

关于皮书：何谓皮书、皮书分类、皮书大事记、皮书荣誉、
皮书出版第一人、皮书编辑部

最新资讯：通知公告、新闻动态、媒体聚焦、网站专题、视频直播、下载专区

皮书研创：皮书规范、皮书选题、皮书出版、皮书研究、研创团队

皮书评奖评价：指标体系、皮书评价、皮书评奖

互动专区：皮书说、皮书智库、皮书微博、数据库微博

## 所获荣誉

2008 年、2011 年，中国皮书网均在全国新闻出版业网站荣誉评选中获得“最具商业价值网站”称号；

2012 年，获得“出版业网站百强”称号。

## 网库合一

2014 年，中国皮书网与皮书数据库端口合一，实现资源共享。更多详情请登录 www.pishu.cn。

# 子库介绍
# Sub-Database Introduction

## 中国经济发展数据库

涵盖宏观经济、农业经济、工业经济、产业经济、财政金融、交通旅游、商业贸易、劳动经济、企业经济、房地产经济、城市经济、区域经济等领域，为用户实时了解经济运行态势、 把握经济发展规律、 洞察经济形势、 做出经济决策提供参考和依据。

## 中国社会发展数据库

全面整合国内外有关中国社会发展的统计数据、 深度分析报告、 专家解读和热点资讯构建而成的专业学术数据库。涉及宗教、社会、人口、政治、外交、法律、文化、教育、体育、文学艺术、医药卫生、资源环境等多个领域。

## 中国行业发展数据库

以中国国民经济行业分类为依据，跟踪分析国民经济各行业市场运行状况和政策导向，提供行业发展最前沿的资讯，为用户投资、从业及各种经济决策提供理论基础和实践指导。内容涵盖农业，能源与矿产业，交通运输业，制造业，金融业，房地产业，租赁和商务服务业，科学研究，环境和公共设施管理，居民服务业，教育，卫生和社会保障，文化、体育和娱乐业等 100 余个行业。

## 中国区域发展数据库

对特定区域内的经济、社会、文化、法治、资源环境等领域的现状与发展情况进行分析和预测。涵盖中部、西部、东北、西北等地区，长三角、珠三角、黄三角、京津冀、环渤海、合肥经济圈、长株潭城市群、关中—天水经济区、海峡经济区等区域经济体和城市圈，北京、上海、浙江、河南、陕西等 34 个省份及中国台湾地区 。

## 中国文化传媒数据库

包括文化事业、文化产业、宗教、群众文化、图书馆事业、博物馆事业、档案事业、语言文字、文学、历史地理、新闻传播、广播电视、出版事业、艺术、电影、娱乐等多个子库。

## 世界经济与国际关系数据库

以皮书系列中涉及世界经济与国际关系的研究成果为基础，全面整合国内外有关世界经济与国际关系的统计数据、深度分析报告、专家解读和热点资讯构建而成的专业学术数据库。包括世界经济、国际政治、世界文化与科技、全球性问题、国际组织与国际法、区域研究等多个子库。

# 法律声明